Robert Jungk
Zukunft zwischen Angst
und Hoffnung

Robert Jungk

Zukunft zwischen Angst und Hoffnung

Ein Plädoyer für die politische Phantasie

Wilhelm Heyne Verlag
München

Umschlaggestaltung: Adolf Bachman, Reischach
Satz: Kort Satz GmbH, München
Druck und Bindung: Mohndruck, Graphische Betriebe, Gütersloh
Printed in Germany 1990

ISBN 3-453-04380-4

Inhaltsverzeichnis

Vorwort

Auf dem Weg zu einer neuen Zivilisation

1.

Angesichts der rasch zunehmenden Bedrohung allen Lebens auf dieser Erde hat in der letzten Hälfte des Jahrhunderts ein Umdenken begonnen, das immer mehr Menschen erfaßt. Die folgenden aus jenem Zeitraum stammenden Beiträge reflektieren diesen historischen Wandel und waren in dem Bemühen geschrieben, ihn voranzubringen. Rückblickend meine ich behaupten zu können, daß diese Anstrengung sich gelohnt hat. Noch leben wir zwar in einer Risikogesellschaft, deren Entscheidungsträger in der Mehrzahl durch einen Mangel an politischer Phantasie, Verantwortung und Mut gekennzeichnet sind, aber die Betroffenen sind ihren Herren in Wirtschaft und Staat voraus. Sie drängen sie zu Schritten, die diese nicht wagen wollen.

Immer deutlicher zeigt es sich, daß angesichts der zunehmenden Zerstörung aller natürlicher Grundlagen eine Ressource allen Beschädigungen zu widerstehen und sie zu überdauern vermag: der leidende, bedrängte und dennoch denkende, erfindungsreiche, handelnde Mensch. Er muß nicht Opfer der von anderen Menschen zur Steigerung ihrer Macht eingesetzten Instrumente werden, sondern kann sich aktivieren und auf die täglich neubeginnende Zukunft Einfluß nehmen.

Außer den Aktiven mehrt sich allerdings auch die Zahl derer, die – vielleicht auch nur vorübergehend – resignieren oder ganz und gar verzweifeln. Sie meinen, es sei schon zu spät, einen durch viele einander bedingende Fehler, unbedachte Nebenwirkungen oder Versäumnisse näherrückenden Untergang noch zu verhindern. Was immer dagegen unternommen werde, sei ungenügend, meinen sie, ja, es beschleunige sogar noch das Kommen des Unvermeidlichen, weil es gefährliche Erschütterungen auslöse.

2.

Wenn ich dennoch wage, in dieser Lage an eine erträgliche, vielleicht sogar bessere Zukunft zu glauben, so ist das nicht nur auf ein starkes, rational nicht beweisbares Gefühl der Zuversicht gegründet, sondern auch auf vorzeigbare Beobachtungen, deutlich wahrnehmbare Tendenzen sowie die durch geschichtliche Erfahrungen erwiesene Fähigkeit der Gattung Mensch, Krisen zu erkennen und – wenn auch meist nur unter furchtbaren Verlusten – weitgehend zu bewältigen. Das ist kein blinder Optimismus, sondern das Ergebnis einer ebenso aufmerksamen wie erwartungsvollen Bestandsaufnahme. Sie wird allerdings von vornherein nicht durch übertriebene Erwartungen auf schnelle und vollständige Erfolge vorprogrammiert, sondern begnügt sich zunächst mit hoffnungsvollen Ansätzen, erweiterungsfähigen Teilergebnissen und unerwartet, aber dennoch häufig genug auftretenden Lichtblicken. Das sind oft unterschätzte Gelegenheiten zu neuem und anderem Vorgehen, marginale Versuche, alternativ zu denken, zu leben, zu arbeiten. Vorangetrieben durch dringende Notwendigkeiten rücken sie aus zunächst aussichtslosen Positionen allmählich in den Vordergrund oder in »Leerstellen« ein, die der Zusammenbruch vormals beherrschender Ideologien oder Institutionen geschaffen hat.

Beispielhaft für diesen Vorgang ist der seit den sechziger Jahren ständig zunehmende Einfluß unabhängig voneinander, ohne zentrale Lenkung handelnder Basisgruppen, die in einer unübersehbaren Zahl von Versuchen sich zunächst selbst zu helfen bemüht sind, aber darüber hinaus für die in Schwierigkeiten geratene Gesamtheit sowohl theoretische wie praktische Pionierarbeit leisten.

Es gibt wohl kein Problem, das von dieser oder jener Selbsthilfegruppe nicht aufgegriffen wurde. Den immer riskanteren Produktionsweisen, dem zwanghaften, ungezügelten Konsum, dem oft unerträglichen täglichen Streß, der unschöpferischen, entfremdeten Arbeit, der gegenseitigen Ausbeutung und der Mißachtung demokratischer Mitbestimmung wird da nicht nur in

Worten, sondern mit Taten entgegengearbeitet. Auch wenn sich zunächst nur einige dieser Keime künftigen Lebens im giftigen Klima einer anormalen Normalität halten, so darf doch ihre Wirkung nicht unterschätzt werden.

»Das Undenkbare denken« hieß eine Forderung amerikanischer Strategen der Jahrhundertmitte. Nun hat sie eine ganz andere Bedeutung erhalten, denn in ihr kommt jetzt die Hoffnung auf den Sieg des Lebens, nicht länger auf jenen der Waffen zum Ausdruck.

Wohl am folgenreichsten wird sich das erst in den siebziger Jahren einsetzende Bestreben erweisen, solche unabhängigen Initiativen in den Ländern der Dritten Welt zu gründen. Es sind dort, so die Information des Waadtländers Marc Nerfin vom »Institute for Development Alternatives« (Nyon, Schweiz), in den letzten zwei Jahrzehnten mindestens viertausend kleinere und größere autonome Organisationen entstanden, die sich zu »kontinentalen Netzwerken« zusammengeschlossen haben. In Lateinamerika, Asien und Afrika ist auf diese Weise ein »drittes System« entstanden, das, unbeeinflußt von Regierungen oder Parteizentralen, versucht, auf eine pluralistische, den jeweiligen lokalen und regionalen Bedürfnissen entsprechende Art, das eigene Schicksal zu gestalten. Die von dem ermordeten Widerstandsführer Chico Mendes ins Leben gerufene Bewegung der Gummizapfer im brasilianischen Regenwald ist ein Beispiel für diese Art von Selbsthilfe, die auf eigene Kraft und Tradition vertraut, statt auf die an Export, Einfluß und Macht interessierte Entwicklungshilfe der Industrienationen. Angesichts der Bevölkerungsentwicklung, die das »demographische Schwergewicht« der Erdbevölkerung immer deutlicher in die früheren Kolonialländer verschiebt, kommt diesen neuen Bemühungen gewiß weltgeschichtliche Bedeutung zu.

3.

So bedeutsam es ist, daß diese mit ihren eigenen, unmittelbaren Nöten und Wünschen beschäftigten Gruppierungen an der Lösung der dringendsten Probleme arbeiten: es wird nicht genügen. Deswegen sind darüber hinaus nach wie vor Institutionen notwendig, die globale Zusammenhänge überblicken. Ihnen ist es an diesem Jahrtausendende aufgetragen, ständig möglichst viele soziale, ökologische, politische, technische Vorgänge, gefahrenträchtige wie hoffnungsverheißende, zu beobachten, zu registrieren, zu dokumentieren und dann sowohl den Fachleuten wie der Öffentlichkeit so schnell wie möglich zur Kenntnis zu bringen. Je freier und ungehinderter solche »planetaren Wetterwarten« arbeiten können, je genauere Einblicke sie in weitverstreute und verborgene Vorhaben erhalten, desto eher wäre es möglich, sich entwickelnde Krisen und Chancen zu erkennen, um zu warnen oder anzuregen.

Das unter dem US-Präsidenten Carter begonnene und unter seinem Nachfolger Ronald Reagan leider abgebrochene Projekt »Global 2000« versuchte sich an einer solchen Aufgabe. Seither ist kein ähnlich weitgehender Versuch einer umfassenden Bestandsaufnahme unternommen worden. Das »21st Century Project«, das einer der damals leitenden Wissenschaftler initiierte, soll wohl die Lücke füllen, kann es aber nur teilweise, weil eine so große Aufgabe mit privaten Finanzmitteln und Möglichkeiten kaum geleistet werden kann.

Immerhin haben einige der internationalen staatlichen Organisationen versucht, in diese Richtung vorzustoßen. Wohl am umfassendsten ist das »International Futures Programme« der Organisation for Economic Cooperation and Development (OECD) mit Hauptsitz in Paris, das, technisch und finanziell hervorragend ausgerüstet, bemüht ist, ein weltweites Netz von Informatoren aufrechtzuerhalten, um wirtschaftliche und soziale Entwicklungen von Bedeutung rechtzeitig erkennen zu können.

Allerdings ist ein solches Unterfangen auf mehrfache Weise behindert. Auf der Seite der Informationsschöpfung stoßen die Kundschafter tausendfach auf die Mauern der Geheimhaltung, die von Behörden und Firmen errichtet worden sind und die sich in letzter Zeit eher noch vermehrt als verringert haben. Auf der anderen Seite stößt eine solche von den Interessen der großen Industrieländer bestimmte Organisation auf das verständliche Mißtrauen vieler, die gegen Machtmißbrauch antreten, weil sie befürchten, irregeführt zu werden.

Hier können korrigierend andere, kritische Institutionen eingreifen, die allerdings über sehr viel geringere Mittel verfügen. Dennoch sind die Studien des »World Watch Institute« in Washington, das jedes Jahr einen ausgezeichneten Übersichtsband über den »Zustand der Welt« herausbringt, ebenso unentbehrlich wie die Berichte des »World Resources Institute« in der amerikanischen Hauptstadt, die Arbeiten des »Wissenschaftszentrums Berlin« und die Forschungsergebnisse des ursprünglich viel großzügiger geplanten »Instituts für angewandte Systemforschung« (IASA) in Laxenburg bei Wien.

Immer noch ungenügend ist allerdings die verständliche Vermittlung dieses Wissens über Zustand und Aussichten der Menschheit an möglichst viele Erdenbürger, von denen noch zu viele uninformiert oder halbinformiert den »Lauf der Welt« mitlaufen oder bedrängt, gestoßen, humpelnd zurückbleiben. Es ist meine Absicht gewesen – und ist es noch heute –, gegen diesen Zustand anzukämpfen, und ich weiß, daß eine zunehmende Zahl von Kollegen in den Medien sich dieser Aufgabe widmen.

4.

Wenn ich gefragt würde, welches Buch ich für das aufklärendste und aufregendste der Jahrtausendwende halte, so müßte ich auf einen enorm umfangreichen Band von über tausend großformatigen Seiten hinweisen, den der Australier Anthony Judge im Auftrage des Dachverbands aller internationalen nichtstaatlichen Organisationen der Welt in mehrjährigen Abständen zusammenstellt und herausgibt *(Encyclopedia of World Problems and Human Potential, edited by Union of International Associations).* Dieser in Brüssel redigierte Wälzer hat sich eine enorme Aufgabe gestellt. Er versucht nämlich, alle zur Zeit erkennbaren, sozialen, politischen und ökologischen Probleme in kurzen Beschreibungen aufzulisten. Dabei wird jedem Stichwort eine Reihe von Verweisen angefügt, die auf weiterführende Zusammenhänge hinlenken. So ist einem geduldigen Leser – und die Benutzer dieses einzigartigen Katalogs müssen in der Tat sehr beharrlich sein – der Einstieg in ein weites Netz einander bedingender Ursachen und Wirkungen möglich, die meist auf den ersten Blick gar nicht erkannt werden.

Das Problem der Probleme ist es, wie die Menschheit mit dieser Fülle von Herausforderungen fertig werden kann. Ihre Auflistung und kritische Analyse ist gewiß unentbehrlich. Wie aber kann die Lösung der vielen drängenden Fragen angegangen werden? Und wer soll das tun? Sieht man sich um und sucht nach

Persönlichkeiten, die sich ausschließlich dieser Aufgabe widmen, so wird das Resultat enttäuschend sein. Gewiß gibt es zahlreiche Studiengruppen, Enquete-Kommissionen und Forschungsinstitute, die sich mit den Fragen beschäftigen, die für den Fortbestand der Menschheit und ihres Lebensraums wichtig sind, aber es überwiegt bei weitem die beobachtende, analysierende, diagnostizierende Tätigkeit im Vergleich zu therapeutischen, entwerfenden, konstruktiven Bemühungen.

Das gilt besonders für die Gesellschaftswissenschaften und die von ihren Erkenntnissen beeinflußte Politik. Sie ist selten genug auf der Höhe ihrer Zeit und fast nie, wie sie behauptet, ihr voraus. Die Maxime »Gouverner c'est prévoir« (»Regieren heißt voraussehen«) findet in der politischen Wirklichkeit wenig Entsprechung. Der Notschrei »Die Phantasie an die Macht!«, den die Pariser Studenten im Jahre 1968 weit hörbar ausstießen, hat zwar viel Widerhall gefunden, aber wenig wirklich neuartige und originelle Erfindungen gebracht.

So bleibt die Aufforderung von damals bestehen, ja sie wird angesichts der Lawine ungelöster Probleme, die auf uns zurast, noch dringlicher als bisher. Wenn ich auf meine publizistische und gesellschaftliche Tätigkeit in den letzten Jahrzehnten zurückblicke, so erscheint mir der Versuch, politische Phantasie und soziale Erfindungstätigkeit zu aktivieren, am sinnvollsten. Dabei wende ich mich nicht nur an diejenigen, die beruflich mit gesellschaftlichen Problemlösungen befaßt sein sollten, sondern vor allem an die große Menge der Betroffenen, die nicht mehr warten können und nicht mehr warten sollten, daß Experten ihnen sagen, was zu geschehen habe.

Im letzten Jahrzehnt fast jeden Jahrhunderts werden erfahrungsgemäß mehr fruchtbare neue Ideen geboren als zu anderen Zeiten. In der Hoffnung, daß in der abschließenden Dekade des zweiten Jahrtausends besonders viele Anregungen in besonders vielen Köpfen entstehen, die jenseits der noch ungelösten Krisen eine *neue Zivilisation* begründen helfen, übergebe ich dieses Buch der Öffentlichkeit.

Kapitel 1

Zeitzeuge mit Blick nach vorn – Persönliches

Eine menschengerechte Zukunft erfinden Robert Jungk im Gespräch mit Ingo Hermann

Wie kann ich mit »Mr. Zukunft« über die Vergangenheit reden? Wie kann ich mit Robert Jungk reden, wie es sich für ein Gespräch mit einem »Zeugen des Jahrhunderts« gebührt?

Wie kann man diese Persönlichkeit, diese einmalige Mischung aus Wissenschafts- und Basismann, aus Journalist und Wissenschaftler auch einem Publikum vermitteln, dem ein entschiedenes Engagement für Umwelt und Frieden und gegen Atomwirtschaft und Wirtschaftsfetischismus nicht viel mehr ist als »linke Umtriebe«?

Wie kann man einen Mann vorstellen, der die deutsche, amerikanische und österreichische Staatsbürgerschaft besitzt, ohne daß jemand fragt, wo gehört der eigentlich hin?

Wie kann man ein Frühwarnsystem zum Sprechen bringen, das lange als Fortschrittsfeind und Utopist diffamiert wurde, dessen Gedanken aber inzwischen zum Allgemeingut geworden sind und bis in die Enquete-Kommissionen des Bundestages hineinwirken?

Wie kann man zur Person eines Menschen vordringen, dessen Zeugenschaft über dieses Jahrhundert so viele Namen umfaßt, daß er selbst dabei immer wieder zurücktritt: Martin Buber, Elias Canetti, Albert Schweitzer, Erich Fromm, Ivan Illich, Jean Amery, Karl Popper, Alfred Kerr, Hermann Hesse, Lion Feuchtwanger, Friedrich Dürrenmatt, Egon Erwin Kisch, Heinrich Böll, Eugen Kogon, Johann Galtung, Walter Jens?

All das waren Fragen, die mich vor der Begegnung mit Robert Jungk ständig beschäftigten. Als ich dann Robert Jungk, nach mehr als zwanzig Jahren, in Salzburg wiedertraf, waren diese Fragen mit einem einzigen Blick in die merkwürdigen, »heller als tausend Sonnen« leuchtenden Augen beantwortet: Man muß ihn nur einfach erzählen lassen.

Das gesamte Interview hat das ZDF in seiner Reihe »Zeugen des Jahrhunderts« am 22. Januar und 4. Februar 1990 gesendet. Hier sind die Teile zusammengestellt, in denen Robert Jungk über sein Leben erzählt. Der spontan gesprochene Text ist erhalten geblieben.

Eigentlich müßte ich Robert Baum heißen. Daß dem nicht so ist, hängt mit der Profession meines Vater zusammen. Er war der Sohn eines böhmischen Landarztes und alle seine Geschwister schlugen denn auch die akademische Laufbahn ein. Nicht so mein Vater! Er wollte Schauspieler werden. Doch Ende des vorigen Jahrhunderts waren Schauspieler ein eher anrüchiges Volk. »Hängt die Kleider weg, die Schauspieler kommen«, war ein geflügeltes Wort, wenn eine Schauspielertruppe in einer Ortschaft gastierte. Und da er den ehrenwerten Namen seines Vaters nicht in Mißkredit bringen wollte, nahm er einen anderen Namen an. Große Gedanken über den künftigen Namen machte er sich jedoch nicht: Er war damals noch sehr jung, was ihn postwendend auf den Namen Jung brachte, an den er dann noch ein »k« drangehängt hat, damit der Name »ein bißchen anders« wurde. Und auch mit der Bürokratie nahm er es nicht so genau: So hat er sich den Namen nie legalisieren lassen. Selbst ich erfuhr erst viel später, daß das gar nicht mein legaler Name ist – das brachte mir ab und zu schon Ungelegenheiten. Als ich zum Beispiel in der Emigration an der Universität in Zürich inskribierte, mußte ich mich mit meinem legalen Namen »Baum« einschreiben. Legal hin oder her, letztlich bin ich als Sohn des Schauspielers, Dramaturgen, Szenarienschreibers Max Jungk am 11. Mai 1913 auf die Welt gekommen.

Bewußt erinnere ich mich erst an die Zeit unmittelbar nach dem Ersten Weltkrieg. Ein Erlebnis ist mir dabei besonders in Erinnerung geblieben – es war auch sehr aufregend für einen kleinen Jungen wie mich. Wir lebten damals in Neu-Tempelhof bei Berlin. Dort befand sich ein großer Exerzierplatz, das Tempelhofer Feld, und als die geschlagenen Truppen aus dem Krieg in ihre Kasernen zurückkehrten, stand ich natürlich auch dort mit meiner Mutter und sah zu. Plötzlich hob mich einer der Soldaten hoch und setzte mich auf sein Pferd. Es war für mich ein großartiges Erlebnis. Ich bin so fast eine Viertelstunde auf dem Rücken dieses Pferdes mitgeritten. Meine Mutter lief zwar hinterher, versuchte es zu verhindern, konnte es aber nicht. Für mich war das Ende des Krieges also ein eher lustvolles Erlebnis – für alle anderen um mich herum war es jedoch ein sehr tragisches.

Überhaupt war meine Kindheit sehr aufregend. Mein Vater war damals Regisseur am Theater an der Königgrätzer Straße – heute das Hebbel-Theater in Berlin – und meine Mutter stand noch einen Tag vor meiner Geburt – ich bin zwei Monate zu früh gekommen, war also schon immer ein sehr ungeduldiger Mensch – noch auf der Bühne. Ich bin sozusagen am und mit dem Theater aufgewachsen. All die Schauspieler, die mir über den Kopf gestreichelt, mit mir gesprochen haben, aber auch immer wieder in anderer Verkleidung auf mich zukamen, in den verschiedensten Kostümen, das war für einen kleinen Jungen schon eine sehr aufregende Sache. Ich erinnere mich, daß ich einmal bei einem Stück, in dem ein guter Bekannter meiner Eltern auf der Bühne immerzu jammern und jammern mußte, er bekomme nichts zu essen, er hungere, daß ich da aus dem Zuschauerraum auf die Bühne geschrien habe: »Ja, dann komm doch zu uns nach Hause.« Ich begriff nicht, daß es nicht er selbst war, der jammerte, sondern nur eine Bühnenfigur. Das ist ein ganz starkes, prägendes Erlebnis für mich geworden. Ein Erlebnis, das mir etwas Wichtiges beigebracht hat: Es hat mir gezeigt, wie viele Rollen Menschen spielen können. Ich selber habe ja dann auch viele Rollen spielen müssen. Es hat mich sozusagen auf die Wechselfälle des Lebens vorbereitet.

Die Zeit, in der ich aufwuchs, war sehr lehrreich und aufregend, weil wechselhaft – es waren ja schließlich die Goldenen Zwanziger. Wenn ich mein Taschengeld bekam, wußte ich gleich, daß es am nächsten Tag nichts mehr wert war. Doch wir Kinder hatten da einen feinen Trick: Wir sind auf die Post gegangen und haben Briefmarkenbögen gekauft – hundert Stück zu zwanzig Millionen Mark –, die waren wertbeständig und man konnte sie auch noch nach Wochen für einen guten Preis verkaufen. So erhielten wir uns den Wert des Taschengeldes.

Die Zeit der Inflation hat einen Rieseneindruck bei mir hinterlassen – und natürlich die politischen Kämpfe dieser Zeit. Auch als Kinder erlebten wir die Politik hautnah mit: Da waren zunächst einmal die Aufmärsche des Reichsbanners, der Sozialdemokraten, der Kommunisten, der Rotfrontkämpfer und dann schließlich das martialische Auftreten der SA. Auch die Straßenkämpfe wurden von uns registriert. Ich war damals schon ein sehr neugieriger Mensch, außerdem als Jugendlicher sehr engagiert, zwar nicht parteipolitisch, aber bei der Arbeiterhilfe. Regelmäßig fuhr ich in die Arbeiterviertel, um dort Leuten zu helfen, die im Gefängnis einsaßen. Außerdem wurde ich noch ins Schulparlament gewählt und habe damals an der Schulzeitschrift *Der Schulkampf* mitgeschrieben. Wir versuchten, fortschrittliche Ideen an unsere Mitschüler heranzubringen.

Obendrein war man natürlich als Jugendlicher in dieser Zeit organisiert. Das war fast schon ein Muß. Und auch ich war Mitglied in der sogenannten Jugendbewegung – der Jugendbewegung, die mit der Gründung des »Wandervogels« am Hohen Meißner 1913 diese Zeit mitgeprägt hat. Sonntags ging man immer auf Fahrt, sang die alten Landsknechtslieder und genoß die Natur. Da ich aber Jude war, hatte ich keine Chance, im »Wandervogel« aufgenommen zu werden. Deshalb schloß ich mich dem deutsch-jüdischen Bund »Die Kameraden« an.

Die Erfahrungen in der Jugendbewegung haben mich außerordentlich geprägt. Wir wollten anders sein als die Generation vor uns. Antibürgerlich war das Schlagwort. Wir haben das bürgerliche Leben und die bürgerliche Karrieresucht verachtet. Wenn man so will, waren wir eine alternative Bewegung, lange vor den Alternativen, die wir heute haben. Immer am Sonntag sind wir dann aufgebrochen – regelrechte Abenteuerfahrten waren das – ohne bestimmtes Ziel, einfach ins Blaue. Wir haben uns immer gesagt: »Wir fahren irgendwohin und schauen, wo wir hinkommen. Laß das Ungewisse auf uns zukommen, und wir werden uns schon zurechtfinden – irgendwie.« Berlin hat eine wunderschöne Umgebung und wir sind mit der Bahn raus gefahren, sind dort ausgestiegen, wo es uns gefiel, und sind losgewandert. Im Sommer und in den Ferien, zu Ostern und Michaelis ging's dann auf große Fahrt, drei bis vier Wochen in der Regel. Es war einfach schön. Nur eins tut mir heute noch weh: Meine Eltern wollten mich natürlich auch sonntags mal zu Hause haben, was für mich immer ungeheuer schrecklich war. Ich nannte dann das Wochenende den »Schwarzen Sonntag«. Wenn ich daran denke, wie meine Eltern darunter gelitten haben müssen, daß ich das Wochenende mit ihnen als »schwarz« bezeichnet habe, dann schmerzt mich das noch heute.

Aber für mich waren die Ausflüge einfach ein Ausdruck meiner Lebensfreude. Es machte mir Spaß. Außerdem hatte ich das Riesenglück, daß ich Eltern hatte, die mich nicht unterdrückten, die mir sehr viel Freiraum ließen und mich in meinem Freiheitsdrang auch noch bestärkten. Angst hatte ich nur wenig. Bin ja schließlich auch am Pfingstsonntag geboren, was zwar nichts Besonderes ist, aber meine Mutter hat mir immer gesagt: »Dir kann nichts passieren, Du bist ein Pfingstsonntagskind.« Das redet man sich natürlich nur ein, aber... Man erwirbt sich durch so was eine unbeschwerte Sicherheit und Freude, die jemand sonst nicht kennt. Viele Kinder werden in ihrer frühen Jugend von den Eltern, von den Lehrern kleingemacht, zurückgeschraubt, ja sogar gebrochen. All das habe ich nicht erlebt.

Dazu kam noch diese wunderbare Gesellschaft der Schauspieler, wo alles möglich ist, wo man auch Kinder ernst nimmt. Eins werde ich beispielsweise nie vergessen: Es läutete einmal spät nachts bei uns an der Tür, und meine Eltern merkten es nicht. Ich – damals war ich vielleicht zehn Jahre alt – bin an die Tür gegangen. Draußen stand der Theaterdirektor meines Vaters. Er sagte völlig außer Atem: »Laß mich schnell rein, ich muß... ich werde verfolgt.« Ich machte ihm die Tür auf und richtete ihm ein Bett. Und tatsächlich wurde er damals auch verfolgt, von einer Geliebten. Er hatte schlicht Angst, sie würde ihn umbringen. Natürlich war ich sehr stolz. Ich hatte meine Eltern nicht geweckt, selbst entschieden, was zu tun und zu lassen sei. Am nächsten Morgen bin ich dann zu ihnen hin und habe gesagt: »Ganz leise! Im Herrenzimmer schläft der Direktor Meinhardt.« Das sind solche Erlebnisse... Man weiß gar nicht, wie solche Kindheitserlebnisse, die einen Menschen sicher und die ihn auch – ich möchte beinahe sagen – lebensbejahend machen, wie die später weiterwirken.

Es war dann auch so, daß mich der Beruf meiner Eltern dazu inspirierte, etwas ähnlich Kreatives zu machen. Mein Vater war ja neben der Arbeit am Theater einer der führenden Stummfilmautoren, und ich habe mir seither immer gewünscht, Filmautor oder Regisseur zu werden. Verstärkend kam hinzu, daß ich in den letzten beiden Jahren am Gymnasium noch zu der Gewißheit gelangte, etwas Überdauerndes schaffen zu müssen, ein Meister meines Faches zu werden. Aber was und worin? Romancier, da gab es Dostojewski, Dichter, da gab es Hölderlin und Goethe. Also, was kann ein junger Mensch noch schaffen, wenn er immerzu in der Schule diese monumentalen Figuren vorgeführt bekam? Im Film gab es noch nicht so viele große Meister. Und das gab für mich den Ausschlag: Vielleicht konnte ich ein großer Meister im Film werden. In meinem Abiturzeugnis steht auch der Vermerk »will Filmregisseur werden«. Ja, ich wollte Filmregisseur werden. Ich hatte auch noch während der Schulzeit kleine Filme mit der Schmalfilmkamera gemacht – so für den Eigengebrauch, zum Experimentieren. Ich drehte beispielsweise einen ganzen Film aus der Perspektive eines Menschen, der in einen Verkehrsunfall verwickelt wird – eine Technik, die man heute subjektive Kamera nennt.

Nach Schulende habe ich dann auch sozusagen einen Doppelberuf ergriffen. Meine Eltern bestanden darauf, daß ich noch studieren sollte. Ich studierte auch gern, hab' das nie als Zwang empfunden. Es war mir nur klar, daß ich Film und Studium miteinander verbinden mußte. Ich habe mich also im März 1932 an der Berliner Uni eingeschrieben und gleichzeitig angefangen, als Assistent beim Film mitzuarbeiten, unter dem Regisseur Richard Oswald. Der Film hieß *Unheimliche Geschichten,* und ich durfte sogar in diesem Film selbst auftreten, weil ein Schauspieler zum Drehtermin nicht erschienen war. Es war aber nur eine ganz kleine Rolle.

So habe ich das Filmgewerbe lieben gelernt, denn auch dort ging es sehr lebendig zu. Man baute Dekorationen auf und riß sie wieder ab. Da gab es Streit und Krach. Da gab es Szenen. Da gab es Lachen und Weinen – einfach eine tolle Atmosphäre, so voller Leben. Ich hab' dann bis 1933 abwechselnd in der Universität und im Studio gearbeitet.

Dann kam dieses Jahr 1933, das mein Leben so entscheidend umgestalten sollte. Ein Tag nach dem Reichstagsbrand hatten die nationalsozialistischen Studenten die erste Seite des *Völkischen Beobachters* an die Bretter aller Studentenvereinigungen gepinnt, was mich unheimlich störte, es war einfach nicht richtig. Sie hatten kein Recht, es dort anzuheften. Ich bin dann von einem Brett zum anderen gegangen und habe überall diese Seite heruntergerissen. Daraufhin riefen die die Polizei in die Uni, was ja vor Hitlers Machtantritt noch gar nicht rechtmäßig war, und man führte mich ab. Ich wurde ins Polizeipräsidium am Alexanderplatz gebracht und mußte erst mal meine Taschen ausleeren. Und da geschah etwas ganz Merkwürdiges – etwas ganz Schlimmes: Unter den Sachen, die in meiner Hosentasche waren, befand sich auch eine Schachtel Streichhölzer. Der Untersuchungsbeamte fragte mich postwendend nach meinen Zigaretten. »Ich rauche nicht!« antwortete ich ihm. »Ja, warum besitzen Sie dann Streichhölzer? Sie müssen doch damit etwas wollen?« bohrte er nach. »Ich werde Ihnen das erklären. Sicher sind das Streichhölzer. Streichhölzer, die ich einem Bettler abgekauft habe!« war meine Rechtfertigung. Und es war ja wirklich so: Der Bettler war Tag für Tag vor der Uni in Berlin gesessen und hatte Streichhölzer verkauft. Jeden Tag hab' ich ihm zehn Pfennig gegeben und auf die Streichhölzer verzichtet. Nur an diesem Tag war es so, daß ich sein Naziabzeichen bemerkte. Bestürzt fragte ich ihn: »Du also auch?« – wir haben uns schon längere Zeit geduzt – und er antwortete nur: »Ja, ich bin jetzt kein Bettler mehr. Ich bin ein Händler, ein Kaufmann. Und für Deine zehn Pfennig nimmst Du jetzt Deine Streichhölzer. Geschenkt will ich nichts.« Versuchen Sie diese Geschichte mal einem Untersuchungsbeamten zu erklären, der weiß, daß einen Tag zuvor der Reichstag gebrannt hatte und man fiebernd nach dem Täter suchte. Es sah also schlimm aus. Gott sei Dank durfte ich meine Mutter anrufen und ich konnte ihr sagen, sie sollte den Sven, den Sven Schacht, anrufen. Der war immerhin der Neffe des späteren Reichsfinanzministers Hjalmar Schacht.

Der Sven erschien auf dem Präsidium und schrie die Leute an – er war ja in der SA: »Der gehört zu uns. Laßt ihn sofort los!« und hat mich einfach mitgenommen. Das waren damals alles noch einfache Beamte, die nichts mit der SA zu tun haben wollten. Und das hat mir praktisch das Leben gerettet, denn die meisten Leute, die dort im Präsidium wegen ähnlicher »Delikte« landeten, wurden von den Nazis abgeholt und ins Columbia-Haus gebracht, wo viele von ihnen zu Tode geprügelt wurden. Nichtsdestotrotz mußte ich nach diesem Vorkommnis schnellstmöglich verschwinden. Eigene Papiere hatte ich nicht. Deshalb bin ich auf dem Kollektivpaß einer Skigruppe bereits am nächsten Tag nach Seefeld abgehauen.

So ganz klar war mir jedoch nicht, was ich jetzt machen sollte. Ich hatte die Vorstellung, die viele andere mit mir teilten: »Der Hitler, der hält sich doch höchstens zwei, drei Wochen. Das ist doch ein Phantast, ein Wahnsinniger. Und die Deutschen sind doch viel zu vernünftig, als daß sie diesen Mann auf die Dauer weiterhin als Reichskanzler anerkennen.« Ich bin also in Seefeld gesessen, mit vielen anderen – unter ihnen auch Theodor Wolf, der Chefredakteur des *Berliner Tageblatts* – und habe gewartet, bis ich nach ein paar Wochen wieder nach Hause zurückkehren können würde. Seefeld liegt ja so schön nahe an der Grenze.

Nach vier, fünf Wochen, sah die Lage aber schon etwas düsterer aus. Hitler war noch an der Macht, ich wurde strafrechtlich verfolgt und an ein Zurückkehren nach Deutschland war nicht zu denken. Notgedrungen entschloß ich mich, nach Paris zu gehen. Ich war schon einmal im Schüleraustausch in Frankreich gewesen und liebte es sehr. »Na ja, gut«, dachte ich mir, dann würde ich halt an der Sorbonne in Paris studieren.

Die Fahrt von Seefeld nach Paris war für mein späteres Leben sehr wichtig. Ich hatte in Salzburg einen längeren Halt und konnte mir die Stadt ansehen. Es war so wunderschön, daß ich mir damals geschworen hatte, hier immer wieder herzukommen – was ich ja nun geschafft habe.

Mit 20 Jahren bin ich also nach Paris, um an der Sorbonne zu studieren. Ohne Geld. Zwar konnten die Eltern damals aus Deutschland zehn Mark ins Ausland schicken und meine Mutter hatte alle Freunde zusammengetrommelt, mir auch zehn Mark zuzuschicken, so daß ich im Monat auf 130 oder 140 Mark kam. Aber damit konnte man nur so einigermaßen über die Runden kommen.

Meine Mutter mußte mir natürlich immer mitteilen, wieviel sie geschickt hatte. Offen schreiben durfte sie es aber nicht. Also hatten wir einen Code ausgemacht: Zehn Mark waren ein Buch. Einmal schrieb sie mir dann, daß sie mir achteinhalb Bücher geschickt habe – also 85 Mark. Aber ein halbes Buch… Gott sei Dank hat das damals keiner entschlüsselt.

Ich hatte also genug zum Überleben, aber mußte mir sofort

etwas zum Dazuverdienen suchen. Ich fand dann auch bald eine Artikelagentur, für die ich Kurzgeschichten schrieb. Es war damals ein ganz neuer Typ von Kurzgeschichte, nämlich die aktuelle, das heißt, ich habe immer Zeitereignisse zu Kurzgeschichten verarbeitet. Im Monat kam ich auf etwa zwanzig Stück. Reich konnte man davon nicht werden, es wurde schrecklich schlecht bezahlt. Aber es genügte, um weiterzukommen.

Nebenbei studierte ich – übrigens eine sehr merkwürdige Kombination, die ich auch schon in Berlin belegt hatte: Geschichte und Psychologie. Mich hatte schon immer besonders interessiert, welche Rolle die Seele in der Geschichte gespielt hat. Im Gegensatz dazu sprach man damals sehr viel von der ökonomischen Fundierung der Geschichte. Der Marxismus war ja schon sehr bekannt. Doch mir genügte die ökonomische Grundlage der Geschichte nicht. Es gibt ja seelische Bewegungen, seelische Veränderungen, die eine große Rolle spielen können. Ich wollte Geschichte und Seele und Psychologie zusammenbringen, miteinander vereinen. Schon damals sprach ich von Psychogeschichte, Psychohistorie, und habe ganz bewußt Geschichte und Psychologie und auch Psychiatrie miteinander verbunden. Nebenbei habe ich auch noch Soziologie studiert. Das waren meine drei Hauptfächer.

Auf die Dauer warf aber auch das Kurzgeschichtenschreiben zu wenig ab, und ich begann, als sogenannter »Neger« bei Filmautoren mitzuschreiben. Es gab damals sehr viele bekannte UfA-Filmautoren, die emigrieren mußten und nun in Paris waren. Ich arbeitete damals vor allem für Robert Liebmann, der unter anderem den Film *Der Kongreß tanzt* mit Lilian Harvey und Willy Fritsch gedreht hatte. Er hatte mich als Ideengeber und Mitarbeiter engagiert. Natürlich nur als »Neger«, ich wurde also nicht genannt. Was mir übrigens ganz recht war, denn ich wollte ja nicht Autor, sondern Regisseur werden, zudem verachtete ich den Kommerzfilm. Aber eine Menge gelernt habe ich dort trotzdem.

Ich stritt mich damals unwahrscheinlich oft mit Liebmann, er schimpfte mit mir, ich warf alles hin, und er holte mich wieder zurück. Da lernte ich, auch solche Spannungen auszuhalten.

Im Grunde war die Zeit bei Liebmann sehr schön. Aber ich wollte doch eigene Filme machen. Und hatte wieder einmal großes Glück: Ich bin Rudolf Bamberger begegnet, einem Filmarchitekten, der jedoch mit dem Dokumentarfilmer Ertl, kurz vor Hitlers Machtergreifung, einen Film über den Naumburger Dom gemacht hatte. Die beiden sind damals in nicht üblicher Weise um die Naumburger Figuren herumgegangen und haben sie quasi »zum Leben erweckt«, als wären sie Gestalten in einem Spiel. Bamberger fragte mich damals, ob ich nicht das Manuskript für einen Film über das Straßburger Münster schreiben wollte, und ich habe zugesagt. Wie sehr oft in meinem Leben ist mir auch da wieder der Zufall zu Hilfe gekommen. Einige Monate vor dem Angebot hatte mich beim Trampen ein Geistlicher mitgenommen, der mir von seinem Hobby erzählt hatte: Er hatte alle, auch die versteckten, von unten nicht einsehbaren Figuren am Straßburger Münster fotografiert und deren Geschichte aufgeschrieben. Und dann war Bamberger mit diesem Angebot auf mich zugekommen.

Ich suchte natürlich sofort den Geistlichen auf, von dem ich mich mit »Auf Wiedersehen« verabschiedet und der mir geantwortet hatte: »Wir werden uns wohl nie mehr wiedersehen!«, kam zu ihm und sagte: »Sehen Sie, wir sehen uns doch wieder. Sie haben eben keinen Glauben.« Er hat mir sofort geholfen, das Manuskript zu schreiben, eine Geschichte über die Figuren am Straßburger Münster, aber eigentlich eine Geschichte über das Leben, über die Weisheit und den Tod. Der Film hat dann auch einen Preis bekommen. Wahrscheinlich war es diese Beschäftigung mit den Kathedralen – neben meinem jüdischen Glauben –, die meinem Denken die Zukunftsorientiertheit gegeben hat. Ausschlaggebend war, daß ich nach dem Film über das Münster endlich meinen ersten eigenen Film machen durfte: ein Film über die »Sagrada Familia« in Barcelona. Gaudi hat diese Kathedrale entworfen, in riesigen Dimensionen, mit zwölf Türmen. Er wußte nicht, woher er das Geld nehmen sollte, wann das Bauwerk fertig werden und ob er es noch erleben würde, aber er fing an. Und ich habe nun diesen Film über die unfertige Kathedrale, an der von zwölf geplanten nur vier Türme standen, gedreht, und ich habe damals erfahren, daß man in Jahrhunderten denken können muß, ehe man etwas richtig fertig machen kann. Die Beschäftigung mit Gaudi hat mir das ganz stark eingeimpft.

Natürlich waren es verschiedene Einflüsse, die meine Zukunftsorientiertheit geweckt haben. Dazu gehört auch – ich habe es schon erwähnt – die Zukunftsorientiertheit des jüdischen Glaubens, des Messianismus...

Was aber nicht heißt, daß ich besonders gläubig erzogen worden wäre. Ich bin wie viele andere Juden in Deutschland völlig assimiliert aufgewachsen. Wir haben zwar die wichtigsten Feiertage wahrgenommen, aber die jüdischen Riten nicht befolgt. Erst im jüdischen Jugendbund habe ich einige sehr wichtige Erfahrungen gemacht. So habe ich dort Martin Buber kennengelernt, der ein bißchen der Protektor des Bundes war. Buber hat ja das chassidische Judentum, den Messianismus im Judentum »entdeckt«; dieses messianische Judentum, das das Kommen des Messias nicht im Jenseits, sondern im Diesseits erwartet. Das heißt, noch dieser Welt werde der Messias erscheinen und sie erlösen. Ich bin also sehr früh mit einem jüdischen Weltverbesserer in Berührung gekommen, der auch an eine andere, bessere Zukunft glaubte.

Es fällt mir, wenn ich so erzähle, immer wieder auf, daß man erst in der Rückschau die einzelnen Mosaikbausteine des Lebens erkennt, die für einen wichtig sind. Vor fünfzig Jahren war mir das überhaupt nicht klar, wie wichtig die zwei Erlebnisse mit Gaudi und Buber für mich waren. Erst viel später im Leben merkt man, was wichtig für einen ist. Im Augenblick, wo man es tut, tut man es einfach. Erst in der Rückschau wird deutlich, da ist etwas belichtet worden auf dieser Platte, auf der Platte des Lebens. Der Fluß, die Einheit des Lebens entsteht erst sehr viel später. Zunächst einmal sind da lauter Stückchen, lauter einzelne Erlebnisse, Partikel. Später merkt man, daß aus diesen Teilchen ein bestimmtes Muster entsteht, und ich bin jetzt in dem Alter, wo dieses Muster sichtbar wird.

Doch zurück... Nach dem Spanienaufenthalt entschloß ich mich, wieder nach Deutschland zurückzukehren. Es war eigentlich eher ein Muß, denn ein Wollen – und das auch nicht aus politischen Gründen. Ich könnte mich zwar jetzt als Helden aufspielen und sagen, ich wollte im Untergrund arbeiten, was ich tatsächlich später auch machte, aber das war nicht der wahre Grund. Ich hatte mir in Spanien den Magen verdorben. So schlimm, daß ich ihn nicht wieder in Ordnung brachte. Ich sagte mir, daß da nur meine Mutter helfen konnte, also machte ich mich auf nach Berlin.

Automatisch ergab es sich dort für einen Illegalen, daß man

mit Oppositionellen und Menschen, die im Widerstand arbeiteten, in Kontakt kam. Ich habe als Kurier und dann in einer Presseagentur mitgearbeitet, die Anti-Hitler-Stories, Anti-Nazi-Stories verbreitete. Das Ganze aber auf eine sehr raffinierte Weise. Sie verkaufte die Geschichten nämlich an die damals noch existierende bürgerliche Presse und die Geschichten hatten quasi einen »doppelten Boden«. Ich habe zum Beispiel eine Geschichte über einen griechischen König geschrieben, der ein Volksbegehren abhält, mogelt und betrügt und dann mit fast 100 Prozent der Stimmen wieder zum König gewählt wird. Nun war das die Zeit, in der Hitler fortwährend Volksabstimmungen durchführte, bei denen die Nazis immer mit 93 und 98 Prozent gewannen. Daß so ein Arbeiten nicht lange gutgehen konnte, war klar. Der Pressedienst ist dann auch kurz darauf hochgegangen. Ich wurde wieder einmal rechtzeitig gewarnt und bin mit den Skiern über die Grenze in die Tschechoslowakei.

Man schrieb das Jahr 1936, als ich wieder in Berlin war, während der Olympiade. Ich war sogar im Olympiastadion und habe miterleben dürfen, wie Jesse Owens, der schwarze Ausnahmeathlet siegte und Hitler ihm die Hand geben mußte – einem Neger. 1936 war eigentlich unter der Nazidiktatur das ruhigste Jahr in Berlin. Man glaubt immer, daß die Gestapo von Anfang an so stark war und alles gewußt hatte. Dem war aber nicht so: Ich habe ganz ruhig bei meinen Eltern gewohnt, ich war nur nicht angemeldet. Aber alle Nachbarn kannten mich, selbst der Milchmann, und niemand hat mich verraten. Das Netz der Überwachung war noch keineswegs so engmaschig, wie viele später glaubten. Es hat auch damals noch Menschen in Deutschland gegeben, die ohne Erlaubnis gearbeitet haben. Mein Vater hat zum Beispiel ohne Namensnennung weiterhin an unpolitischen Filmmanuskripten mitgearbeitet. Und ich habe andere Leute gekannt, die noch bei der Presse gearbeitet haben, obwohl sie schon »rausgesetzt« worden waren. Erst 1937/38 fing es an, sich zuzuspitzen.

Ich bin nach meiner Flucht sofort nach Prag und habe begonnen, einen ähnlichen Artikeldienst, zuerst unter dem Namen *Heute aktuell,* dann als *Mondialpress,* wie in Berlin aufzuziehen. Ich schrieb meine acht Artikel in der Woche, vervielfältigte sie und schickte sie überall herum, wo es noch deutschsprachige Zeitungen gab, die noch nicht unter der Hitler-Herrschaft waren.

Die gab's damals noch in der Schweiz, in Österreich, im Elsaß und in Holland. Teilweise nahmen die Zeitungen sogar Abonnements, so daß ich mir sogar eine Sekretärin leisten konnte – das Studium mußte ich jedoch aufgeben. Meine besten Kunden waren die demokratischen Blätter. Da ich vor allem die Anti-Nazi-Presse versorgte, begannen mir linientreue Sudetendeutsche, die auf das »Heim ins Reich« warteten, schlimme Drohbriefe zu schreiben. Ich hatte zwar versucht, diese Briefe vor meinen Verwandten und Freunden zu verheimlichen, aber die wurden schließlich so aufdringlich, daß man die Bedrohung nicht mehr von sich wegschieben konnte. Kurz vor der Unterzeichnung des Münchener Abkommens mußte ich meiner Mutter, die damals in die Tschechoslowakei mitgegangen war, gestehen, daß ich den Dienst in Prag nicht mehr aufrechterhalten konnte, weil ich um mein Leben fürchtete. Meine Mutter ging mit dem Dienst, der übrigens inzwischen gut florierte, nach Paris – wir konnten es uns sogar leisten, andere Autoren hinzuzunehmen. Und ich wollte endlich mein abgebrochenes Studium fortsetzen. Ich sehnte mich danach und so ging ich in die Schweiz. Unterstützt hat mich dabei mein alter Schulkamerad Hermann Goldschmidt. Die ersten Monate gab er mir einen zinslosen Kredit von 200 Mark im Monat. Nebenbei arbeitete ich schwarz für unseren Artikeldienst und mehrere Schweizer Zeitungen. Was nicht erlaubt war, denn in der Schweiz unterstand ich als Ausländer einem Arbeitsverbot. Trotzdem blieb ich von den Behörden weitgehend unbehelligt. Ich galt ja offiziell als vermögend. Was die Schweizer Behörden aber nicht wußten, war, daß das Konto, auf dem ganz ansehnliche Beträge lagen, von mir nur verwaltet wurde. Es war nämlich das Konto einer sozialdemokratischen Untergrundorganisation namens »Die Neubeginner«. Und so war ich als »vermögender« Ausländer nicht gezwungen, wie viele andere Emigranten ins Arbeitslager zu gehen. Ich konnte frei sein, weil ich angeblich Geld hatte. Die Schweizer haben die Emigranten sehr, sehr unterschiedlich behandelt.

Daß ich schließlich doch noch im Zuchthaus St. Gallen gelandet bin, hatte andere Gründe. Ich bin, obwohl ich unter sechs verschiedenen Pseudonymen für Schweizer Zeitungen schrieb, durch meine Artikel aufgefallen. Ich verfügte damals über sehr gute Quellen, die mich über die Vorkommnisse im Dritten Reich informierten. Da war ein Onkel einer Freundin, der für die Abwehr gearbeitet hat, und der deutsche Vizekonsul in Zürich, der später auch zum Kreis des 20. Juli gehörte, und auch der Rabbiner in Zürich, zu dem natürlich viele geflüchtete Juden kamen und berichteten.

Von den Massenvergasungen habe ich durch Verbindungen zum polnischen Untergrund erfahren. Nur wollte Ende '42 keiner meine Geschichte hören.

Ich hatte so viele Informationen, daß ich gar nicht alle in meinen Artikeln verwenden konnte. Zudem war *Die Weltwoche* nicht völlig frei. Ich mußte also viel vorsichtiger schreiben, als ich wollte. Und die Redaktion hatte natürlich Angst, daß die Zeitung von der Schweizer Presseaufsicht geschlossen werden würde. So habe ich dann die interessantesten Sachen nach Bern zu meinen ausländischen Kollegen gebracht. Die wußten damals schon, daß sie auf meine Informationen vertrauen konnten, sie hatten keinen Grund, mir zu mißtrauen. Doch als ich von den Vergasungen berichtete, wollte mir auf einmal niemand mehr glauben. Ich erinnere mich noch an ein Gespräch mit einem französischen Journalisten, der mich brüderlich in den Arm nahm und mir folgendes »anvertraute«: »Ich hab' Dir ja vieles geglaubt bisher, aber daß der Hitler Frauen und Kinder und alte Leute umbringt, das nehme ich Dir nicht ab! So was kann nur eine Propagandalüge sein. Das gibt es nicht. Da bist Du jemandem auf den Leim gegangen.« Ich war verzweifelt, aber wie konnte ich es ihnen beibringen. Der Gedanke schien so entsetzlich, daß er einfach nicht in das Begriffsystem hineinpaßte. Es war zu irreal. Man schaute lieber weg.

Übrigens eine menschliche Verhaltensweise, die heute auch bei der atomaren Bedrohung nachzuweisen ist. Ich war ja nur ein Einzelinformant, wieso sollte man mir glauben. Wenn was Wahres dran gewesen wäre, hätten doch die alliierten Geheimdienste längst eingegriffen und Transportwege oder Vernichtungslager bombardiert. So oder ähnlich klangen die ausweichenden Antworten meiner ausländischen Kollegen.

Was aber meine Kollegen nicht wahr haben wollten, lag für den deutschen Geheimdienst bald völlig auf der Hand. Ich hatte eine Menge »echte« Nachrichten über die Nazi-Herrscher und ich wurde unbequem. Deutsche Spione fanden schließlich meine

Identität heraus und übten auf die Schweizer Fremdenpolizei Druck aus: »Der muß weg!«

Und so wurde ich wegen illegaler Arbeitstätigkeit zu einer hohen Geldbuße verurteilt und sollte über die Grenze abgeschoben werden – was 1943 natürlich meinen sicheren Tod bedeutet hätte. Nach längeren Diskussionen ließen sich die Schweizer jedoch überzeugen, und so wurde ich in das Zuchthaus St. Gallen eingeliefert und dort auf unbestimmte Zeit interniert – strenggenommen hatte ich ja gar kein Verbrechen begangen. Aber auch in St. Gallen holte mich mein fast schon sprichwörtliches Glück wieder ein. Der Direktor des Gefängnisses war Lyriker und sympathisierte natürlich sofort mit mir, daß er wußte, daß ich ebenfalls zur schreibenden Zunft gehörte: »Sie sind Schriftsteller«, sagte er zu mir und fuhr fort: »Ich kann Ihnen Ihr Los leider nur insofern erleichtern, als ich Ihnen ein Arbeitszimmer gebe, wo Sie schreiben können.«

Und so kam es, daß ich endlich an meiner Dissertation arbeiten konnte – über den Kampf der Schweizer um die Pressefreiheit während der Restauration, zur Zeit des Fürsten Metternich. Eigentlich war mein Anliegen ein viel größeres, aber mein Professor, ein sehr kluger Kopf, hatte mich gerade noch rechtzeitig gebremst. Ich wollte zuerst über die seelischen Ursachen des Zusammenbruchs von Staatssystemen dissertieren. Wollte zeigen, wie es zu eben diesen geschichtlichen Veränderungen kommt... zu den Veränderungen, bevor ein Staat zusammenbricht, sein inneres Selbstverständnis verliert. Doch der Professor holte mich auf den Boden der Tatsachen zurück: »Lieber Baum-Jungk«, – ich mußte ja Baum heißen – »lieber Baum-Jungk, das ist ein Lebenswerk. Das ist keine Dissertation. Dissertation bedeutet, Sie müssen sich das Handwerkszeug zurechtschneidern, Sie müssen das Handwerk erst richtig erlernen. Das heißt, Sie müssen lernen, zu recherchieren! Und jetzt suchen Sie sich ein Thema aus, das Ihrer Situation entspricht!«

Ich konnte als emigrierter Journalist in der Schweiz zwar heimlich, da ohne Arbeitserlaubnis, aber einigermaßen frei für eine im Prinzip freie Presse schreiben. Jedoch war diese Pressefreiheit durch die politischen Umstände beschnitten. Eine ähnliche Situation hatte in der Schweiz unter Metternich existiert. Deutsche Flüchtlinge hatten in der Schweiz gearbeitet und dort mit ähn-

gungen zu kämpfen gehabt wie ich. Es war also im Endeffekt meine Situation – nur einhundert Jahre zuvor. Das konnte ich beschreiben: die Geschichte des Werdegangs der liberalen Schweizer Presse bis zum Jahr 1830. Und ich habe wirklich gelernt, zu recherchieren, Quellen aufzufinden, was für meine spätere Arbeit ungeheuer wichtig wurde.

Meine Internierung hing natürlich eng mit der internationalen Situation zusammen. Von dem Augenblick an, als Hitler anfing zu verlieren, ging es mir automatisch besser. Nach den Niederlagen von Rommel und in Stalingrad, kamen denn auch die Verantwortlichen zu mir und sagten: »Herr Jungk, wir können Ihnen Ihre Internierung erleichtern. Wir schicken Sie jetzt aus dem Gefängnis in ein Arbeitslager nach Mölln bei Basel.« Dort kam ich dann hin. Wenn auch nur einen Monat. Meine nächste Station hieß Schloß Burg. Dort bin ich dann noch ein paar Monate geblieben. Fortan war alles viel leichter. Ich konnte mich jederzeit frei bewegen. Und ich bin dann auch ein paar Monate früher 'rausgekommen – wenn auch nur durch einen Trick. Wir bekamen alle sechs Wochen ein Wochenende frei, um Freunde zu besuchen. Ich habe mir bei einem der Besuche soviel Pfeffer über das Essen gestreut, daß ich eine Magenkolik bekam und in eine Klinik eingewiesen werden mußte. Danach war ich frei. Ich konnte das Kriegsende in Freiheit erleben.

Wie es mit mir weiterging, nach dem Kriege, das war wieder so ein Zufall. Eigentlich wollte ich gar nicht nach Kalifornien, überhaupt nicht in den Westen der USA, wo sich während des Krieges all diese neuen wissenschaftlich-technischen Komplexe entwikkelt hatten. Ich wollte in Washington bleiben. Doch meine Frau litt sehr unter dem Klima in Washington. Sie schwärmte mir immer wieder von diesem wunderbaren Kalifornien vor – sie hatte als Schauspielerin lange in Hollywood gearbeitet. So faßte ich schließlich den Entschluß, meinen Beruf in Kalifornien auszuüben. Ich schrieb damals für mehr als ein Dutzend deutschsprachige Zeitungen, war also auf die Washington-Berichterstattung nicht angewiesen, überließ das politische Alltagsgeschehen einem Kollegen und siedelte in das Traumland Kalifornien über. Doch Kalifornien war nicht mehr nur Traumland, es war jener Teil der USA geworden, der die Zukunft Amerikas bestimmte. Dort befanden sich fast alle großen Entwicklungsabteilungen, die neuen großen Fabriken. Dort wurde die Elektronik entwickelt, wurden Überschallflugzeuge gebaut. Dort wurden aber vor allem die Atomenergie, die Atomkraft und die Atombombe entwickelt. Damals konnte ich Einblick in diese »Zukunft« gewinnen, nicht mit den Augen des Wissenschaftsjournalisten, sondern mit denen des Politik-Berichterstatters, der sich Gedanken darüber machte, was diese enorme wissenschaftlich-technische Anstrengung bedeutete – ich will es nicht Fortschritt nennen, denn ich glaube, daß diese Entwicklungen zum Teil ein sehr schlimmer Rückschritt waren. Ich fragte mich angesichts der Unzahl neuer Techniken, was sie für die Zukunft der Politik, für die Zukunft der Menschheit bedeuten würden?

Auf diese Weise bin ich sozusagen in mein eigenes Spezialgebiet hineingestolpert. Mein Interesse war zwar schon etwas früher, in Washington, entstanden, als ich die sogenannten Hearings miterleben durfte, in denen junge Atomforscher von den Senatoren regelrecht verhört wurden, wie man denn in Zukunft mit der Atomenergie verfahren sollte. Ob denn weiterhin das Militär oder aber eine zivile Stelle die Weichen stellen sollte. Schon damals hatte ich einen Vorgeschmack auf diese Materie bekommen. Aber was ich in Kalifornien erlebte, war viel beeindruckender, viel prägender. Und was hinzukam: Zu dieser Zeit war es für einen Europäer unwahrscheinlich einfach, in die Schaltstellen der neuen Technik zu gelangen. Es gab damals noch jene Offenheit – eigentlich eine amerikanische Tradition, die sich später völlig ins Gegenteil verkehrte –, es gab noch die freiheitlichen Traditionen Amerikas. Und so konnte ich ganz unverfälscht mit den neuen Möglichkeiten in Kontakt kommen. Und aus dieser Tatsache hat sich ein Buch nach dem anderen ergeben. Im Lauf der Recherchen für *Die Zukunft hat schon begonnen* – das waren zunächst nur Zeitungsartikel, die erst später zu einem Buch zusammengefügt wurden – besuchte ich bereits Los Alamos, das Zentrum der »friedlichen« und »kriegerischen« atomaren Technologie.

Ich übernachtete damals bei einem Physiker, der mich die ganze Zeit über begleitete und erfuhr bei der Abfahrt – wir hatten zwei Stunden Zeit, weil mein Bus zum Flugplatz kaputtgegangen war – so einige Dinge aus seinem Leben. Als Emigrant und Sozialist kam er in dieses Land, in das Land des Kapitalismus.

Auf einmal kam er, ein Pazifist, mit dem Bau von Waffen in Berührung, mußte selbst an deren Entwicklung mitarbeiten. Ich hatte schon immer einen Roman schreiben wollen und merkte auf einmal, daß dieser Physiker meine Romanfigur war. »Ich werde über diesen Mann schreiben«, dachte ich mir, und die Idee, über Atomforscher zu schreiben, reifte in mir heran. Nur, im Lauf der Recherchen mußte ich erfahren, daß das, was diese Forscher wirklich erlebt hatten, allein schon romanhaft war, und ich keinen eigenen Roman um die Geschichten der Forscher herumspinnen mußte. Ein Professor fragte mich denn auch, wieso ich einen Roman schreiben wollte, das, was sie erlebt hätten, wäre doch viel interessanter, viel wichtiger und viel aufregender als irgendein Roman. Ich konnte ihm damals nur antworten, daß ich kein Physiker sei und mir deshalb auch nicht vorstellen könnte, über Physiker wirklich authentisch zu schreiben. Da hat er mir bloß geantwortet: »Nur ein Nicht-Physiker kann die Wahrheit über uns schreiben. Denn wenn Sie ein Physiker wären, dann hätten Sie Freunde, die Sie nicht verletzen wollen. Dann sind Sie ein Teil des Betriebs. Dann sind Sie betriebsblind. Nur ein Außenstehender kann die Geschichte der Atombombe, der Atomforscher, die Geschichte der Gewissenskonflikte beschreiben!« Aufgrund dieser Empfehlung habe ich mich darangemacht, die Geschichte zu erzählen. Natürlich hatte ich Glück, daß mein erstes Buch *Die Zukunft hat schon begonnen* so ein großer Erfolg war. Das hat mich unabhängig gemacht. Ich hatte das Geld, um zu recherchieren, um herumzufahren, um jeden nicht nur einmal sondern mehrmals zu besuchen – und ich habe dabei etwas sehr Interessantes erfahren: Menschen, die sich erinnern, erzählen einem unter Umständen oft etwas Falsches oder aber etwas Wahres in einem falschen Zusammenhang. Erst von anderen erfährt man dann, daß die eine oder andere Geschichte gar nicht stimmen kann. Menschen sehen durch die eigene Betroffenheit und durch inzwischen vergangene Zeit Zusammenhänge anders – auch ein Grund, weshalb ich mir selbst oft mißtraue, wenn ich etwas aus der Vergangenheit erzähle.

Im Lauf der Recherche habe ich einen Mann in Los Alamos getroffen, der hieß Agnew, James Agnew. Ich glaube, er war damals Forschungsdirektor. Den habe ich ganz harmlos, mit der Naivität des Reporters gefragt: »Sagen Sie mal, ich habe gehört, Sie waren beim Anflug auf Hiroschima dabei. Sie haben die Filmaufnahmen vom Abwurf gemacht. Sind Sie eigentlich jemals nachher wieder hingefahren? Sie haben doch diesen Rauchpilz gesehen? Sie haben doch alles miterlebt? Haben Sie sich nachher angesehen, was Sie dort angerichtet haben?« Die Antwort war erst einmal Schweigen. Der Mann lehnte sich zurück und sagte zunächst gar nichts. Dann fing er auf einmal an, ganz langsam zu sprechen, aber nur einen Satz, der ihm sichtlich schwer über die Lippen ging: »Ich würde niemals wagen, dorthin zu gehen.« Das war für mich der Ausgangspunkt für mein nächstes Projekt. Ich – ich mußte dorthin gehen. Wenn ich die Geschichte der Atombombe und der Atomforscher schreiben wollte, dann mußte ich auch die Geschichte der Opfer schreiben. Ich machte mich auf nach Hiroschima. Doch ich wäre dort nie so weit gekommen, wenn ich nicht wieder Hilfe gehabt hätte. Ich las vor meinem Abflug nach Hiroschima in einer Zeitung über einen amerikanischen Biologieprofessor aus Seattle. Der hatte sein gesamtes Privatvermögen, so über 100 000 Dollar, aus Erschütterung darüber, was dort geschehen war, zur Verfügung gestellt, um in Hiroschima Häuser und Hütten für die Betroffenen zu bauen. Ich nahm sofort mit ihm Kontakt auf, und er empfahl mich seinem dortigen Verwalter. So bekam ich Zugang zu jenen Menschen, die sonst westlichen Journalisten gegenüber verständlicherweise nicht gerade aufgeschlossen waren. Der Weiße war der Vernichter. Aber ich kam eben von diesem Professor und der war fast ein Heiliger für sie. Nur auf diese Weise konnte ich *Strahlen aus der Asche* schreiben. Ich habe mich diesen Menschen aber auch verbunden gefühlt. Wenn man selber erfahren mußte, daß die meisten Verwandten als Juden durch eine Massenvernichtung umgekommen sind, ist man für das Leiden mehr sensibilisiert als irgendein Reporter, der dort nur seine Story schreiben möchte. Ich habe deren Gefühle gekannt. Und so ist dieses Hiroschima-Buch eigentlich das wichtigste Buch in meinem Leben geworden. Es hat mich ganz entscheidend für mein weiteres Leben motiviert.

Ich habe erkannt, daß die Politik der Gegenwart und der nächsten Zukunft nicht mehr irgendwo in den Kanzleien gemacht werden kann, nicht mehr nur die alte Diplomatenpolitik sein wird, sondern daß das, was in den Laboratorien und in den Entwicklungsabteilungen vorgeht, ganz entscheidend die Politik mitbeeinflussen wird. Was für mich von Anfang gleichbedeutend damit war, daß Bürger und Politiker sich viel stärker mit wissenschaftlich-technischen Entwicklungen würden befassen müssen – unter politischen Gesichtspunkten, was für mein, für unser Überleben von größter Wichtigkeit werden mußte. Denn wie kann man in einer Welt weiterleben, die von bestimmten Wissenschaften und Techniken und deren Schutzmechanismen oder gar deren totalitären Einflüssen deformiert wird? Ich habe gemerkt, daß das Entscheidende in der Geschichte, in der neuen Geschichte nicht mehr nur der Gegensatz der Klassen ist, sondern der Umgang mit dem wissenschaftlich-technischen Fortschritt. Natürlich war mir das nicht sofort klar, das kam Stück für Stück, durch viele Gespräche. Ich habe damals nicht bemerkt, daß ich mich quasi auf Neuland bewegte. Und es wäre auch falsch zu sagen, ich habe das ganz bewußt gemacht. Ich werde nie vergessen, wie Lion Feuchtwanger zu mir sagte: »Jungk, Sie merken es gar nicht. Aber Sie haben eine neue Form der Berichterstattung, ein neues Feld für die Berichterstattung entdeckt.« Und auch andere Kollegen haben anklingen lassen, daß das etwas Neues war: »Wissen Sie, Sie sind in einem Augenblick, wo die ganze Welt schon entdeckt war, so es schon im entferntesten Amazonasgebiet Reporter gab, auf ein Gebiet gestoßen, in das sich bisher nur die wenigsten gewagt haben, nämlich in die wissenschaftlich-technische Welt, in diese Geheimlaboratorien, in die Welt der Testplätze und auch des Managements, der Organisation dieser neuen Welt. Dorthin haben Sie sich gewagt und damit eine Welt als Berichterstatter entdeckt, die die anderen nicht wahrgenommen haben.« Das war für mich entscheidend. Ich bin im Grunde, wenn Sie so wollen, in meine Karriere hineingestolpert – jedoch mit offenen, nicht mit geschlossenen Augen; ich habe mir das ganz bewußt angesehen, beobachtet. Und wenn manche Leute mir heute unterstellen, ich hätte eine besondere Art der Voraussicht oder sogar prophetische Gaben, dann sage ich immer: »Das stimmt nicht. Ich habe mir die Dinge nur angesehen, die ihr nicht sehen wolltet oder nicht sehen konntet und die ihr für unwichtig gehalten habt. Ich habe nur Signale wahrgenommen, die ihr nicht gehört habt oder nicht hören wolltet.« Beobachtung einer Gegenwart, die in die Zukunft hineinreicht. Eine Zukunft, die nicht wahrgenommen wird, weil sie Angst macht.

Obwohl ich glaube, daß die Menschen schon immer in die Zukunft geblickt haben. Aber sich dabei immer ihrer Sterblichkeit bewußt waren und immer gewußt haben, daß ihnen nur eine gewisse Lebensspanne zur Verfügung steht; danach machen dann die Töchter und Söhne weiter und danach die Enkel – das ist wie eine Fackel, die man weitergibt. Man hat eigentlich nur in Lebensabschnitten, in Generationen gerechnet. Daß es heute Entwicklungen gibt, die weit über eine einzige Lebenszeit hinausreichen, diese Erfahrung hatten die Menschen noch nicht gemacht. Im Grunde heute noch nicht. Wir wissen nur, daß es so ist. Aber die Erfahrung wird man erst viel später machen. Das heißt, daß dieses Neu-Denken, das aufgrund einer neuen Situation entsteht, bisher viel zu wenige nachvollziehen können. Verständlicherweise, denn die Geschichte hat ja noch nie mit einem solchen Phänomen zu tun gehabt. Wir haben heute – wir, das heißt die Mächtigen oder die, die diese Instrumente besitzen – Entwicklungen in Gang gesetzt, die unter Umständen Schäden verursachen, die nie wieder gutzumachen sind. Der alte Rhythmus von Krieg und Frieden oder von Schaden anrichten und ihn wiedergutmachen, der existiert nicht mehr. Man kann nichts wiedergutmachen, neu aufbauen. Die Wirkung unserer Vernichtungswaffen ist zu verheerend, das gilt auch für die Umweltsünden, man kann sie bald nicht mehr wiedergutmachen. Und dieses Phänomen des Nicht-wiedergutmachen-Könnens, der Irreversibilität heutiger Handlung, das ist es, was mich am allermeisten bedrängt. Daß sich erst die wenigsten Menschen der Situation bewußt sind und nicht wissen, daß man heute es heute verhindern muß. Sonst wird die Menschheit entweder untergehen oder so verkrüppelt, daß sie kaum mehr lebensfähig sein wird. Heute kann man noch handeln. Nachher kann man es nicht mehr. Das haben die meisten noch nicht begriffen. Und so sehe ich mich als reisendes Alarmsignal – manchmal verspüre ich Lust, Leute auf der Straße anzureden, sie zu schütteln, wachzurütteln. Und manchmal spüre ich dann wieder diese ohnmächtige Wut, wenn ich hören muß oder eben erfahre, daß es Leute gibt, die sich überhaupt nicht betroffen fühlen von diesen Entwicklungen und die so tun, als ob man ruhig weiter Atombomben bauen könnte, ruhig weiter Chemikalien in die Umwelt bringen, ruhig weiter Wälder roden, ohne zu bedenken, was das für die künftigen Generationen bedeutet... Ich gehe so weit zu sagen – ich war ja Korrespondent bei den Nürnberger Kriegsverbrecherprozessen –, wir werden irgendwann mal Atomverbrecherprozesse haben. Doch dann wird es leider viel zu spät sein...

Ich bin deshalb noch lange kein Maschinenstürmer. Das Allerwichtigste ist die Zähmung der Technologie, nicht die Zerstörung. Ich trete für das Zähmen der Maschinen ein! Man muß die Maschinen fast als wilde Tiere ansehen, die man sozusagen zur Räson bringen muß. Man muß sich also einer Entwicklung, die immer mehr mit Superlativen arbeitet, widersetzen. Man muß sich immer wieder fragen, wie könnte diese Welt humaner werden, wie könnte sie überhaupt erst eine humane Welt werden, eine lebenswerte Welt, eine freudige Welt? Das ist nicht mit Rekorden zu erreichen, mit Attributen wie höher, schneller, weiter, das ist nicht mit hohen Produktionsziffern zu machen. Dazu benötigt man eine völlig andere Haltung. Die große Gefahr ist dieses »immer«, diese ständige Steigerung, in der wir leben, immer größeres Tempo, immer schneller, immer hastiger, immer mehr produzieren und damit immer weniger Rücksicht nehmen auf die Menschen und auf die Welt, auf die Umwelt – dem müssen wir widerstehen. Das ist die Wurzel von allem. Nur meine ich, daß der Widerstand zwei Seiten hat: Es gibt den Widerstand, der gegen etwas ist, der nein sagt. Der muß natürlich sehr stark werden, und er wird auch immer stärker. Aber der allein genügt nicht. Es muß auch den Widerstand geben, der anstelle dieses Neins auch ein Ja setzt. Das heißt, wir haben zu wenig Kräfte, die die Möglichkeiten – die Visionen möchte ich beinahe sagen –, die die Visionen von neuen Möglichkeiten entwickeln, die zeigen, daß es Anfänge gibt. Anfänge einer anderen Zivilisation, die vom Nein zum Ja kommt – ohne aber aufzuhören, weiterhin Nein zu sagen, zu widerstehen. Man muß versuchen, immer mehr Menschen dazuzubringen, daß sie – wenn man so will – eine andere Zukunft, eine menschenmögliche, menschengerechte, menschengeeignete, humane Zukunft erfinden und erproben.

Dazu müssen die Zusammenhänge zwischen Wirtschaft und Entwicklung aufgezeigt werden. Unser wissenschaftlich-technischer Fortschritt wird ganz wesentlich nach wirtschaftlichen Gesichtspunkten oder nach Machtgesichtspunkten gestaltet. Er wird entweder von der Macht, vom Militär oder Staat oder von der Wirtschaft dirigiert und nicht von den Bedürfnissen der Menschen. Das heißt, wir brauchen im Grunde eine an den Menschen orientierte Wissenschaft. Die Menschen müssen an der Erfindung, an der Gestaltung eines humanen Fortschritts beteiligt werden. Man muß vor allem den jungen Menschen das Gefühl geben, mitreden zu können, mitzubestimmen. Sie müssen wieder einen Horizont sehen, einen Ausweg erkennen, nicht nur eine unüberwindliche Mauer. Man muß ihnen klar machen, daß sie Vorschläge machen können, die ein Experte gar nicht bringen kann, weil er viel zu fixiert auf seinen Forschungsgegenstand ist, weil er darüber hinaus nichts wahrnimmt, weil er eben viel zu sehr auf sein eigenes Wissen festgelegt ist. Wenn man dieses Bewußtsein, ein neues Fortschrittsbewußtsein schaffen könnte – das wäre großartig.

Dazu braucht man natürlich auch eine Utopie. Ich glaube, daß wir ohne Utopie gar nicht leben können. Wenn man heute vom Tod der Utopie spricht, spricht man in Wirklichkeit nur vom eigenen Tod. Denn diese Menschen sind nicht mehr lebendig genug, um sich diese gewünschte, konkrete Utopie vorzustellen, obwohl wir in einer verwirklichten technischen Utopie leben. Was wir aber verlernt haben, ist, uns die soziale, die menschliche Utopie vorzustellen. Wir haben ein Manko an sozialer Phantasie, aber auch einen Mangel an Phantasie, unser persönliches Leben zu gestalten.

Doch ich glaube, wir sind auf dem Weg, uns diese Phantasie durch engagiertes Nachdenken und Tun zurückzuholen.

(1990)

Ich hoffe, denn nur dann werde ich überleben

»Woher nehmen Sie Hoffnung für diese Welt?« Das ist die Frage, die immer wieder an mich herangetragen wird, zweifelnd zwar, doch wohl meist in der Erwartung, es könnte die Antwort ermutigen. Eigentlich bin ich, geboren 1913, ein Jahr vor dem Beginn einer nicht enden wollenden Reihe von Kriegen, Revolutionen, Zerstörungen, aufgrund meiner Lebenserfahrungen doch kaum der Richtige, wenn Beruhigung oder gar Optimismus verlangt wird. Ich bin nicht nur ein gebranntes »enfant du siècle«, sondern müßte eigentlich wie so viele Gleichaltrige verbrannt oder wie die meisten meiner Verwandten vergast worden sein. Daß ich überlebt habe, war vermutlich purer Zufall, der mich nicht berechtigt, daraus irgendwelche Überlebensrezepte abzuleiten.

Und dennoch: Allen Erfahrungen zum Trotz, allen Wahrscheinlichkeiten widersprechend, jeder historischen Logik spottend spucke ich gegen den bösen Wind, der uns herumwirbelt, balle ich die Faust gegen die Mächtigen, die uns herumstoßen, widerspreche ich heftig meinen Freunden, den »Realisten«, die uns plausibel vorrechnen können, wie minimal heute die Chancen der Menschheit sind. Mit dem vordergründigen Verstand muß ich ihnen recht geben, mit dem Herzen, mit dem Instinkt, mit dem Temperament wehre ich mich dagegen aufzugeben. Meine unverdiente Rettung legt mir das als Pflicht auf. Wozu wäre ich sonst verschont worden?

»Ich denke, also bin ich«, verkündete Descartes am Beginn einer Entwicklung, deren Befürworter auf der vorläufig letzten Etappe eines Weges in Richtung Abgrund erschrocken bekennen müssen: »Ich habe nur gedacht, deshalb werde ich gewesen sein.«

Mein Leitspruch im Zeitalter der menschenmöglichen Apokalypse heißt: »Ich hoffe, denn nur dann werde ich sein.« Beweisbar oder gar gesichert ist diese Erwartung nicht, ja vieles, fast alles sogar spricht gegen ihre Erfüllung. Soll ich also von ihr lassen, weil sie mich schon so oft betrogen hat? Muß ich auf sie verzichten, sie als Illusion, als Ablenkung, als Irreführung wegwerfen?

Das ist der Rat, den mir mein kritisch gestimmtes anderes Ich stets zuflüstert. Ich habe ihm in meinem letzten Buch *Menschenbeben* den Namen »Mister S.« gegeben: »S für Skepsis, S für Skrupel, S für Schwarzseher. Sobald ich mich begeistere, flüstert er mir zu: Nüchtern bleiben! Will ich mich an einer Hoffnung hochziehen, hängt er sich mit seinem verfluchten Gewicht an meine Füße, beginne ich zu träumen, sticht er in die Seifenblasen, und schon hängen da nur noch ein paar armselig Tröpfchen.«

Es sei dunkel und werde noch dunkler werden, jede andere Behauptung sei Selbsttäuschung, quält mich der Zweifler. Und ich antworte ihm mit einem Ausspruch des amerikanischen Dichters Theodore Roethke: »In a dark time, the eye begins to see.« – »In dunklen Zeiten beginnt das Auge zu sehen.«

Das ist nicht nur ein schönes Gleichnis, es entspricht auch meiner Erfahrung. Erst als die Finsternis so allgegenwärtig wurde, erst als sie selbst den fernen Horizont zu überschatten begann und sogar die Zukunft immer mehr Ort der Ängste wurde, begannen die kleinen, verstreuten, meist nur kurz aufleuchtenden Funken zerborstener alter oder entstehender neuer Utopien so stark zu leuchten, daß sie nicht mehr übersehen werden konnten.

Angst lähmt. Und sie lähmt besonders dann, wenn sie nicht genau erkannt oder gar geleugnet wird. Angst wird aber zum Antrieb, wenn sie Nachdenken und Umdenken, Widerstand und Hoffnung zeugt. Sie ist das Schmerzsignal, das mahnt, sie ist der Stachel, der vorschnelle Erleichterung, zu frühe Beruhigung verhindert. Doch nur wenn aus ihrem unergründlichen Schoß Hoffnung entspringt, wird sie produktiv. Aus dem Mut zur Angst kann ihre Überwindung wachsen, im tiefsten Grunde der Verzweiflung wird die Notwendigkeit des Hoffens als einziger noch Rettung verheißender Schimmer erkannt.

Doch Mister S. läßt sich mit solchen Sprüchen nicht abfertigen. Er will Beweise, zumindest Hinweise auf konkrete Erwartungen. Hat nicht sogar Ernst Bloch, der Verkünder des *Prinzips Hoffnung,* sich gegen das bloße Wunschdenken gewendet und allein die »docta spes«, die sinnvolle, machbare, in Ansätzen und im Verborgenen schon vorhandene, nur noch nicht durchgesetzte Vorstellung einer besseren Wirklichkeit, anerkannt?

Gewiß. Nur werden diese schwachen Hinweise, diese leisen Signale erst im Licht der Hoffnung wahrgenommen und ernstgenommen. Übersehene Möglichkeiten, unbeachtete Chancen, unterschätzte Potenzen, ungeahnte Zusammenhänge erschließen sich dem Hoffenden. Er verfügt mit der Hoffnung über eine Kraft, die im Bunde mit der Phantasie, der Fähigkeit des Erfindens und Entwerfens alte Wirklichkeit verändern, neue Wirklichkeit schaffen kann. Vermutlich nur die Menschen besitzen von allen Lebewesen diese Gabe. Sie verkümmern zu lassen, sie zu unterdrücken, sie mit der Waffe einer zu engen Ratio gar umzubringen, ist mehr als ein Fehler. Es ist ein Verbrechen, das täglich tausendfach begangen wird. Denn mit der Ermordung der hoffenden Phantasie beginnt der Tod des Menschengeschlechts.

Das sei eine Verleumdung, empört sich Mister S. Er lasse sich nicht kriminalisieren. Seine Unerbittlichkeit sei unentbehrlich, seine Warnungen notwendig, seine Nüchternheit in Wahrheit lebensrettend. Ich versuche, ihn zu besänftigen: Warntafeln dürfe er aufstellen, aber keine Verbotstafeln. Risiken müsse man auf sich nehmen, Fehler sollte man machen dürfen, um sie dann zu korrigieren. Im Experiment sei zwar stets auch das Scheitern als Möglichkeit enthalten, aber aus Fehlern lerne man. »Trial and error« – »Versuch und Irrtum«, das sei der Takt des Fortschritts.

Wenn aber der Irrtum Folgen hat, die nicht, die sogar nie wiedergutzumachen sind, ist er dann noch gestattet? fragt er zurück. In der Hoffnung stecke stets auch etwas Leichtsinn, im Unberechenbaren sei heutzutage das Unumkehrbare enthalten, werde Unwiederbringliches aufs Spiel gesetzt.

Jetzt hat er mich in seiner Ecke. In der Tat: Diese Situation ist ganz neu, ist historisch bisher einmalig. Bis in unsere Tage konnten Kriege beginnen in der Erwartung, daß danach wieder Frieden sein werde, konnte man selbst in Vernichtungsschlachten von kommendem Wiederaufbau träumen. Nun aber drohen überall dort, wo technische Potenzen von bisher ungekannt hohem Wirkungsgrad eingesetzt werden, Endzustände, die keinerlei Hoffnung mehr zulassen. Gegen die Katastrophen dieser Jahrtausendwende wird es keine Berufung geben. Mit ihnen und durch sie erringt der Nihilismus einen kaum mehr bestreitbaren Sieg. Das Nichts also. Das Ende. Der Untergang. Ich hätte es wissen müssen. Die Millionen Toten der beiden Weltkriege waren doch Warnung genug. Die Massentötung der Unschuldigen, die sie als »Endlösung« verkündeten, ein Menetekel, das nicht als letzte Warnung verstanden wurde, sondern als Vorspiel, ja als Einladung für künftige Vernichter.

Du hast mich erwischt, Mister S. Ich kann Dir nichts wirklich Glaubwürdiges, ja auch nur annähernd gleich Gewichtiges entgegenhalten. Lediglich ein trotziges »Dennoch«, nur ein schwachbeiniges »Vielleicht«.

Meine eigensinnige Zuversicht nimmt es aber dann dennoch wieder auf mit Deiner erdrückenden schwarzen Logik, und indem ich mich auf diesen zunächst aussichtslosen Kampf einlasse, merke ich, wie mir nun Sehnsüchte und Wünsche, Träume und Verheißungen, Erinnerung an Überraschungen und Wunder, Erfahrung von Rettung und Gelingen neuen Mut zur Auseinandersetzung verleihen. Die Utopie von der humanen Gemeinschaft, von der Erweiterung der menschlichen Fähigkeiten, vom Aufblühen der verhinderten Gefühle verscheucht die grauen Gespenster der Niedergeschlagenheit.

Schimpf mich ruhig Schwärmer, Du Kleinmütiger. Ich habe den Sprung gewagt aus Deinem Gefängnis der soliden Beweise, mit deren Hilfe die Hölle schon exakt vermessen wurde, und stehe nun im Freien unter dem Himmel ganz anderer Möglichkeiten. Mit der alten Newtonschen Maschine, mit dem hochfahrenden Machtanspruch der Naturforscher Baconscher Prägung, die meinen, das Lebendige in das Gerüst ihrer mechanistischen Konzepte einsperren zu können, geht es in der Tat zu Ende. Nicht einmal die »harten«, die soliden Wissenschaften wie Chemie und Physik beugen sich noch länger den Vorstellungen von Voraussagbarkeit und Unvermeidlichkeit. Sie haben entdeckt, daß die Natur ihren streng kausalen Gesetzen nicht entspricht, sondern instabil ist, in ständiger Veränderung und Weiterentwicklung, fließend, unruhig, sprunghaft, ständig von Chaos und Krisen geschüttelt, die sich nur vorübergehend beruhigen, wenn zeitweise eine Ordnung auf höherer Stufe hergestellt wird.

Order out of Chaos heißt das Ende der siebziger Jahre erschienene Werk des in Brüssel und Texas lehrenden Nobelpreisträgers für Chemie, Ilya Progogine, in dem er, ähnlich wie zuvor die Begründer der »Neuen Physik« von Planck über Bohr bis zu Feynman, die Natur als ein ständiges Werden, als einen kontinuierlichen und – hier kann auch das Gewicht der Hoffnung zur Einwirkung gebracht werden! – durch menschliche Handlungen beeinflußbaren, ja sogar veränderbaren Prozeß beschreibt. Sein Buch endet mit folgenden Worten:

»Die Ideen, denen wir in diesem Band so viel Raum gegeben haben – Ideen über Instabilität und Fluktuation –, dringen in die Gesellschaftswissenschaften ein. Wir wissen, daß die Gesellschaften unendlich komplexe Systeme sind... Wir wissen, daß solche Systeme hochempfindlich für Schwankungen sind. Das bringt Hoffnung und Bedrohung: Hoffnung, weil selbst kleine Schwankungen zunehmen und die gesamte Struktur verändern können. Das Resultat: Individuelle Aktivität ist nicht dazu verurteilt, unbedeutend zu bleiben. Andererseits liegt darin auch eine Bedrohung, denn in unserem Universum ist die Sicherheit, die feste, permanente Regeln verleiht, für immer verlorengegangen. Wir leben in einer gefährlichen, unsicheren Welt, die nicht länger blindes Vertrauen einflößt, sondern wohl nur das gleiche Gefühl bedingter Hoffnung, das einige Texte des Talmud dem Gott der Schöpfung zuschreiben: Der gegenwärtigen Schöpfung gingen sechsundzwanzig andere Versuche voraus, die alle zum Versagen bestimmt waren. Die Welt des Menschen ist aus dem chaotischen Herzen der alten Trümmer entstanden; auch sie ist dem Risiko des Versagens und dem Rückfall ins Nichts ausgesetzt. Als Gott die Welt schuf, rief er aus: Hoffen wir, daß sie leben kann! Diese Hoffnung, welche die ganze menschliche Weltgeschichte begleitete, stand von Anfang an unter dem Zeichen einer radikalen Unsicherheit.«

Die an zahlreichen Stellen der Erde unternommenen Versuche, mit neuen Vorstellungen und Werten zu leben, wären demnach nicht zur Wirkungslosigkeit verurteilt. Jeder von ihnen könnte, obwohl klein und schwach, Entwicklungen in Gang setzen, die sich innerhalb dieses instabilen Weltsystems so sehr verstärken, daß aus dem leisen Anstoß eine gewaltige Erschütterung wird, die das Ganze grundlegend verändert.

In einer Zeit, da die Massenmedien den ganzen Erdball mit einem elektronischen Nervennetz überziehen, können in der Tat radikal neue Gedanken, schnell und weit verbreitet, über Nacht hoffnungsvolle Veränderungen des bisherigen Verhaltens einleiten. Mister S. in mir meint, daß in dieser Lage das »Prinzip Verantwortung« wichtiger sei als das »Prinzip Hoffnung«. Ich schlage ihm vor, daß wir unsere Bemühungen vereinen, nämlich zugleich hoffend wie kritisch und abermals hoffend und nochmals voller Zweifel prüfend den unvorhersehbaren Weg in die Zukunft suchen, der nicht nur vor uns, sondern zuerst in uns liegt.

(1985)

Hoffnung auf eine bessere Welt

Wir trafen uns jeden Sonntag um acht Uhr morgens unter der großen Uhr am Berliner Bahnhof Zoo, um »auf Fahrt« zu gehen: zehn, zwölf, manchmal fünfzehn junge Deutsche jüdischer Herkunft, die dem Jugendbund »Kameraden« angehörten. Das war Mitte der zwanziger Jahre, in jenem kurzen Zeitraum, da die erste deutsche Republik endlich zu gedeihen schien. Die Inflation war überstanden, die rechten und linken Bürgerkriegsnachwehen des großen Massenmordes schienen überstanden. Verständigung mit dem alten »Erbfeind«, Verpönung des Krieges, Toleranz und Aufklärung bestimmten das geistige Klima der Reichshauptstadt. Antisemitismus? Das war ein Gespenst der Vergangenheit, das unsere Eltern und Großeltern gelegentlich beschworen, aber keine Realität für uns.

Ich habe mein Judentum zuerst in dieser Gruppe zukunftsfreudiger, von einem romantischen Sozialismus der Brüderlichkeit und Gerechtigkeit erfüllter Menschen erlebt, die viel diskutierten und noch mehr sangen... Am liebsten die Landsknechtslieder des »Zupfgeigenhansls«; die gleichen, wie sie die nichtjüdische bündische Jugend sang, die gleichen, wie wir später entsetzt erkennen sollten, die von Anhängern eines politischen Außenseiters namens Adolf Hitler gebrüllt wurden.

Gelegentlich stimmte der eine oder andere eine Schwermutsmelodie aus der ostjüdischen Diaspora an, oder wir stampften im Kreis die »Horra«, wie sie weit überm Meer in Palästina von den zionistischen Pionieren getanzt wurde. All das in jenen Jahren der Illusion einer vermeintlich gelungenen jüdisch-deutschen Assimilation: Es war ein Stück nachgelebter Folklore – ohne besonderes Engagement – so wie die italienischen und französischen Kanons, die wir vielstimmig im spärlichen Schatten märkischer Kiefern summten.

Den geistigen Vater dieses Zweigs der jüdischen Jugendbewegung, Ludwig Tietz, habe ich, soweit ich mich erinnern kann, nur einmal gesehen. Man sprach von ihm mit hohem Respekt. Er galt als jemand, dem es gelungen war, »das Beste« bei Wirts- und Gastvolk zu erkennen und zusammenzubringen. Befruchtung und Vermischung zweier Völker, die einander oft so feindlich gegenübergestanden waren, erschienen uns in seinem Sinne als glücklicher Fortschritt, ein aus der Enge nationaler Befangenheit hinausführender Schritt der Vereinigung des Getrennten in einer höheren, vollkommeneren Synthese.

Und so waren denn damals unsere geistigen Vorbilder vor allem jene Juden, die, im deutschen Sprachraum lebend, Wesentliches zur Entwicklung des Denkens, der Forschung und der Kunst beigetragen hatten. An unseren einmal wöchentlich stattfindenden Heimatabenden diskutierten wir Bernstein, Simmel, Freud und Marx, lasen uns Werfels frühe Gedichte vor und versuchten zu verstehen, weshalb einer unserer Nachbarn in der Haberlandstraße unweit vom Bayrischen Platz, der Physiker Albert Einstein, weltberühmt geworden war.

Den stärksten Einfluß auf uns hatte Martin Buber. Seine chassidischen Geschichten von den Wunderrabbis eröffneten uns ein ganz anderes Judentum als das des ungeduldig ertragenen Religionsunterrichts und der als fremd empfundenen Traditions-Gottesdienste der hohen Feiertage; ein Judentum voller Heiterkeit und messianischer Hoffnung.

Wenn ich mich recht erinnere, war es eine von Buber herausgegebene Sammlung der Äußerungen und Schriften »ekstatischer Denker«, der ich die erste Kenntnis der Schriften des Meister Ekkehard verdanke: Ein Vermittler jüdischer Tradition führte mich zu einem der tiefsten deutschen Mystiker, dem er sich und dem bald auch ich mich verwandt fühlte.

Damals – wie heute – wurde jüdisches Denken vorwiegend als rationales Denken begriffen, das die Heiligkeit der Vernunft repräsentiert in einer Epoche, da dunkle Träume und emotionales Handeln die mühsam errichteten Konstruktionen von Geist und Gesetz gefährden. Die andere, zugleich hoffnungsvolle wie gefahrvolle Strömung des Visionären lebt aber ebenfalls im Judentum und durch das Judentum mit einer Kraft, die selten anerkannt, oft gar verleugnet wird. Sie aber hat mich – zuerst durch

Buber – zum Judentum zurückgeführt, das ich wie die Generation der Eltern und Großeltern bis dahin eher als Belastung empfunden hatte, nun jedoch als Chance schätzen lernte, als unverdiente Bevorzugung.

Blicke ich jetzt auf den bisher gelebten Teil meiner Existenz zurück, erkenne ich, daß diese schon in Jesus von Nazareth, dem jüdischen Begründer des Christentums, so starke und im Grunde »unvernünftige«, weil unbeweisbare Hoffnung auf Erlösung, auf eine andere bessere Welt, mich stärker als jeder andere Einfluß bestimmt hat. Begegnet bin ich ihr zuallererst in Gesprächen mit Ernst Stillmann (er nannte sich später in Israel Joseph Shatil), der das »dreizehnte Fähnlein« der »Kameraden« leitete, sowie in Hermann Gerson, der als Begründer der »Werkleute« von den Assimilationstendenzen unseres Bundes abrückte und ein bewußtes Bekenntnis zum Judentum sagte, nicht nur unter dem Zwang der inzwischen so radikal sich verändernden deutschen Verhältnisse, sondern auch durch die Entdeckung von Werten und Haltungen, die wir jungen deutschen Juden unter dem Einfluß unserer Eltern so voreilig vergessen hatten.

Die »Werkleute« – sie gaben sich bald einen hebräischen Namen – sind damals zu Beginn des Dritten Reiches als Gruppe nach Israel ausgewandert und haben dort nicht weit von Haifa einen eigenen Kibbuz namens »Hazorea« gegründet; heute ein blühendes Gemeinwesen, in dem die Hoffnungen ihrer Jugend Gestalt gewonnen haben. Erst vierzig Jahre später habe ich die geistigen Führer und Freunde meiner Jugend dort besucht, nachdem ich die »Reise nach Jerusalem« oft geplant, jedoch immer wieder verschoben hatte, aus Furcht, vielleicht enttäuscht zu werden. Ich fand bei ihnen trotz der gefahrvollen Lage, in der sie leben müssen, Frieden und Gelassenheit wie selten sonst auf der Welt. Sie haben sich nicht nur eine erstaunlich stabile wirtschaftliche Grundlage für ihre Form des Sozialismus geschaffen, sondern zugleich auch echte demokratische Formen der Selbstverwaltung verwirklicht. Einen erheblichen Teil der von ihnen erwirtschafteten Überschüsse haben sie in ein eigenes Museum gesteckt, das seltenen und wertvollen Ausgrabungen, den Resten der alten Zivilisationen jener Region, in der sie nun leben, gewidmet ist. Ist das nicht vielleicht noch eine späte Folge ihres früheren Lebens im deutschen Bildungsbürgertum?

Doch stärker als alles, was ich dort an verwirklichtem Traum erlebt habe, ist mir von meinem Aufenthalt ganz besonders ein Gespräch im Gedächtnis geblieben, in dem von einer großen Sorge dieser Gemeinschaft die Rede war. Wir hatten die fruchtbaren Pflanzungen besucht, die kleine Möbelfabrik besichtigt und standen nun im von Kinderhand heiter ausgemalten Haus, wo der Nachwuchs des Kibbuz fern von elterlichem Druck aufwächst. Da sagte jemand bekümmert: »Und doch ziehen oft die besten von den Jungen weg von hier. Sie erklären uns: Ihr habt doch hier schon alles geschaffen. Was bleibt uns denn da noch zu tun? Nur das verwalten, was ihr uns weitergebt? Das genügt uns nicht. Wir wollen selbst etwas Neues machen.«

Kann es sein, daß das Glück, wenn es einmal gewonnen ist, unerträglich wird wie das Unglück? Ist das bei allen Völkern so? Oder ist es jüdisches Erbe der Unrast, des Träumenwollens, der Sehnsucht nach einem gelobten Land, die nicht gestillt werden kann? Ich habe diese Frage damals im stillen an mich selbst gerichtet und mich geprüft, ob ich wohl, wie die Jugendfreunde mir das anboten, nun hier im Lande der Väter mit ihnen das letzte Drittel meines Lebens verbringen könnte, emotional geborgen und wirtschaftlich sicher, wie ich es noch nie gekannt hatte.

Mit der Antwort habe ich mich nicht lange quälen müssen. Es war mir sofort klar, daß ich diese Ruhe nicht mehr finden konnte. Eine solch glückhafte Existenz hätte ich als Rückzug und Verzicht empfunden, solange es auf dieser Welt noch so viel Gefahr, so viel Unrecht, so viel Elend gibt. Könnte das aber nicht eine Ausrede vor mir selbst sein? Ein Versuch, die eigene Ungeduld, die eigene Unruhe, den durch jahrelanges Umhergetriebensein anerzogenen Appetit auf das Unerwartete und Ungewöhnliche nun mit edlen Motiven zu bemänteln? Gewiß, das spielt eine Rolle, und es nicht zu erkennen wäre Selbsttäuschung. Mein Judentum – das wurde mir vor diesem Angebot der Erfüllung erst wirklich klar – ist kaum mehr veränderbar bestimmt durch das jüdische Schicksal der Heimatlosigkeit, das zwar Heimat anstrebt, aber doch schon zu einer Gewohnheit geworden ist, in der man sich eingerichtet hat, zu einem Stimulans, auf das man nicht mehr verzichten kann.

Den Verlust des Zuhauses habe ich zuerst nur schwer ertragen können. Ich war zwar in einer Familie aufgewachsen, in der es gelegentlich turbulent zuging – meine beiden Eltern waren Schauspieler, und ich habe als Kind nur selten pünktlich zu Mittag oder zu Abend gegessen –, aber die heitere Vitalität meiner Mutter, die Herzlichkeit und der Humor meines Vaters hatten mir doch Schutz und Sicherheit gegeben, die mir nun im plötzlich erzwungenen Exil fehlten. Heute bin ich dankbar dafür, daß ich in der Emigration die Armut am eigenen Leibe erlebt habe und daß ich dank der »Freundlichkeit« der Schweizer Fremdenpolizei wegen »verbotener Erwerbstätigkeit« sogar monatelang in einem richtigen Zuchthaus als »Internierter« logieren durfte. Wer durch solche Erfahrungen nicht gebrochen wird, der wird durch sie bereichert. Ich verdanke einen nicht unwichtigen Teil der Erziehung, die mir die Lebensschule verpaßte, einem australischen Hoteldieb und »confidence man«, den die Schweizer, weil sie ihn im Krieg nach der Verbüßung seiner Strafe nicht ausweisen konnten, im Sankt-Jakob-Gefängnis zu Sankt Gallen »verwahrten«. »Niemals aufgeben!« hieß seine Devise, und ich habe am eigenen Leibe immer wieder erfahren, daß es kaum eine Situation gibt, sei sie auch noch so schwierig, aus der man nicht einen Ausweg findet.

Wir Juden haben ja nur deshalb überleben können, weil wir in der Diaspora gezwungen waren, Phantasie zu entwickeln, weil in jedem von uns, bei manchem kaum bewußt, bei manchen ganz klar als Teil einer ungeschriebenen Tradition, die innere Sicherheit lebt, daß wir trotz aller Pogrome und Massenmorde nicht umzubringen sind. Mir hat dieses Wissen in Stunden der Not eine Kraft gegeben, über die ich als einzelner gar nicht verfügt hätte. Es ist das keine Kraft physischer Natur, sondern ein Nichtaufgebenwollen und Nichtaufgebenkönnen, eine ganz unheroische Standfestigkeit, die sich mit großer Biegsamkeit und jener Schlauheit paart, die den Juden anderen oft unbeliebt, wenn nicht sogar unheimlich macht. Wir aus Deutschland stammenden Juden haben das zuerst widerstrebend von den verfolgungserfahrenen Ostjuden lernen müssen. »Ich denke nicht daran, mir ein falsches Papier zu verschaffen«, dieses stolze, aber angesichts der Lage bemerkenswert törichte Bekenntnis eines nach Frankreich emigrierten Berliner Anwalts, der sich im Ersten Weltkrieg des EK I verdient hatte, klingt mir noch heute in den Ohren. Er hat diese den Umständen nicht mehr entsprechende Korrektheit, wie mancher andere gute Preuße jüdischer Herkunft, mit dem Tod in der Gaskammer bezahlen müssen.

Auch mir ist es anfangs schwergefallen, mich zu verstellen, mich zu verstecken, zum Beispiel nicht unter meinem Namen schreiben zu dürfen, sondern, wie es die fremdenfeindlichen Schweizer Flüchtlingsgesetze erzwangen, unter einem halben Dutzend von falschen Signaturen. Und erst allmählich habe ich dieser Situation auch ihre heiteren Seiten abgewinnen können, wenn ich etwa an einem Weihnachtsabend, begleitet von meinem Schatten-Ich, sechs Flaschen guten französischen Weins vor mir stehen hatte, die von der Redaktion der Zürcher *Weltwoche* ihren sechs geschätzten, persönlich unbekannten Autoren geschenkt worden waren, oder wenn eine junge Dame, die ich zum Essen eingeladen hatte, mich auf einen am Nebentisch sitzenden etwa zwanzig Jahre älteren Herrn aufmerksam machte, der »alle diese vieldiskutierten Artikel über die Zustände in Deutschland schreibt«.

Um so größer war dann die Befriedigung, als das Versteckspiel aufhören konnte und ich nach Kriegsende im gleichen Blatt endlich als »Robert Jungk« berichten durfte. Doch halt: Wirkt solches von den Umständen bewirkte Schwindeln nicht charakterdeformierend? Anpassung und sogar Betrug im Dienste des Überlebens – auch das muß leider gesagt werden – hat in einzelnen Fällen auch dazu geführt, daß Juden sogar Mitarbeiter ihrer Verfolger wurden. Ein schändliches und doch nicht unverständliches Verhalten, das nur die Verfolgten selber tadeln dürfen, nicht aber jene, die aktiv oder passiv auf der Seite der Verfolger standen.

Es ist – wenn ich es an dieser Stelle riskiere, die typisch jüdische Fähigkeit der Selbstkritik anzuwenden, die gelegentlich bis zum Selbsthaß führen kann – schon richtig, daß Juden gelegentlich Charakterzüge entwickeln, die »unschön« sind. So ist es zum Beispiel gerade bei erfolgreichen Juden oft zu beobachten, daß sie in dem Bemühen, ihrer neuen Heimat zu Diensten zu sein, sich »überanpassen« und dann nationalistischer und chauvinistischer werden als die ärgsten eingeborenen Scharfmacher. Tröstlich ist es für mich nur, daß ich zum Beispiel ein ähnliches Verhalten nicht nur bei Juden, sondern auch bei Flüchtlingen anderer Herkunft beobachtet habe: Bedrohung und der Versuch, mit ihr fertig zu werden, kann deformieren.

Auch der entgegengesetzte Vorwurf ist den Juden gemacht worden und wird ihnen immer noch gemacht: Sie seien ewige Nörgler und Unzufriedene, auf die sich kein Gesellschaftssystem je ganz verlassen dürfe. Ich neige dazu, diese »typisch jüdische Eigenschaft« positiv zu bewerten. In der Tat: Jahrhundertelange Erfahrung mit Unterdrückung und Ungerechtigkeit macht Juden empfindlicher für diese Erbübel als Menschen, denen es gegeben war, ungestörter zu leben. Sieht man sich diese »Kritikaster« genauer an, so ähneln sie allerdings kaum je dem Bild, das staatserhaltende Schreiber von ihnen entwerfen. Es fehlt nämlich in den parteiischen Porträts ein ganz entscheidender Charakterzug, den ich bei jedem von ihnen beobachtet habe: menschliche Güte und Uneigennützigkeit, die sich hinter der Maske des harten Ideologen und des unbeugsamen, auf keine Kompromisse eingehenden »Feindes der öffentlichen Ordnung« verbergen können.

Ich möchte diese jüdischen »gadflies«, wie die Amerikaner die beunruhigten Beunruhiger nennen, nicht missen. Sie sind meist die ersten und oft sogar die einzigen, die es riskieren, dann den Mund aufzumachen, wenn alle noch schweigen, und sie ernten damit den Ärger, den Hohn, ja sogar den Haß der vielen, die ihre Gewissenszweifel verdrängen. Diesen »Stechfliegen« fühle ich mich so verbunden, daß ich es ihnen nachtue und gelegentlich selber gegen den Stachel löcke, obwohl ich, wie mir wohlmeinende Freunde versichern, »das doch gar nicht mehr nötig hätte«. Vielleicht hat es aber meine Umgebung nötig, vielleicht hat es die Gesellschaft nötig, vielleicht, ja sicherlich sogar habe ich es selber nötig, um mit mir leben zu können, mich nicht zu verleugnen, nicht an den kritischen Worten, die ich einfach sagen muß, zu ersticken. Also heraus damit! Auf die Gefahr hin, daß man all das an Schimpf erntet, das zu erwarten ist, wenn man die Frechheit – »Chuzpah« heißt es auf jüdisch – hat, die Ruhe der Wohlgesinnten zu stören.

Lassen sich solche Anfeindungen ertragen, ohne bitter zu werden, kann man Haß aushalten, ohne selber zu hassen? Alte Frage, die aber für den jüdischen Nonkonformisten stets seine besondere Aktualität behält. Wendet sich ein Jude gar gegen den jüdischen Staat und seine Übergriffe, wie auch ich es gelegentlich getan habe, dann hat er es besonders schwer. Ich berufe mich dann darauf, daß jüdisches Schicksal uns gezwungen hat, Internationalisten oder – wie die sowjetische Propaganda es spöttisch ausdrückt – »Kosmopoliten« zu werden. Wir sind als erstes Volk, ohne unsere Identität je ganz aufzugeben, gezwungen worden, in vielen Ländern zu leben, viele Sprachen zu sprechen, viele verschiedene Völker und Rassen genauer kennenzulernen, viel mehr Einfühlungsgabe als andere zu entwickeln. Damit sind wir zu Pionieren einer brüderlichen, solidarischen Welt geworden, in der nicht mehr eng und egoistisch gedacht und noch weniger gehandelt werden kann.

Mein Judentum hat also meinen Pazifismus mitbestimmt, mein Judentum ist aber auch die Wurzel einer Bemühung, die meine schriftstellerische Tätigkeit wie keine andere bestimmt: die Bemühung, das Getrennte zu einen, das Ganze durch den Überblick über die zahllosen Einzelheiten wieder zu erfassen. Ich bin »Generalist« geworden, weil ich als Jude aus dem »Nest« geworfen wurde, weil ich erlebt habe, wie jede Sparte, jedes Fach, jede Spezialisierung, so notwendig sie zeitweise sein mag, durch Verengung zu Fehlschlüssen führt.

Als eine solche Verengung habe ich mit zunehmenden Jahren die zu starke Abhängigkeit des Denkens und Handelns von der jeweiligen Gegenwart empfunden. Für den Juden ist die Vorstellung künftigen Schicksals von frühester Jugend an selbstverständlich. Die Propheten waren mir, wie auch anderen jungen Juden, von Kindheit an vertraut. Sie waren keine fremden, seltsam übersteigerten Figuren, sondern so nah und so selbstverständlich wie einem katholischen Bauernbuben die Figuren der Heiligen. Daß diese Wortgewaltigen das Schlimmste vorhersahen, erschien mir fast so alltäglich wie die unaufhörlichen pessimistischen Spekulationen der »Mischpoche«, der belächelten alten Onkel und Tanten, die uns assimilierten Jungen weismachen wollten, daß uns als Juden bald wieder Haß und Verfolgung blühen werden. Sie behielten nur zu sehr recht, und von nun an nahmen wir nicht nur sie, sondern alle diejenigen, die Düsteres prophezeiten, besonders ernst. Wir waren blind gewesen, nun entwickelten wir verspätet den so typisch jüdischen Blick der Schwarzseher.

Doch komplementär dazu entstand in mir wie in den meisten meiner jüdischen Altersgenossen die Erwartung, daß nicht nur wir, sondern die ganze Menschheit irgendeinmal ins Gelobte

Land gelangen würden. Einmal wird das Leiden aufhören, einmal wird das Elend zu Ende sein, einmal kehren wir zurück nach Jerusalem, einmal öffnet sich uns sogar wieder der Garten Eden: Fürchtet euch! Freuet euch! – beide Stimmungen leben trotz ihrer Gegensätzlichkeit in vielen Juden dicht nebeneinander.

Warner zu sein und Verheißer, die Hölle auszumalen, aber auch das Kommen des Messias zu verkünden – das sind Botschaften, die ein Jude nicht nur als historische Bibeltexte empfindet, sondern als stets aktuelle Notwendigkeiten. Und ist es nicht wirklich die Rolle der Juden, diese zweifache Vision, diese übersteigerten Bilder von dunklen und hellen Endzuständen in einer Menschheit wachzuhalten, die über Einzelheiten das Ganze, über Teilerfolgen den Sinn, das Schicksal vergißt?

Welches Recht habe ich eigentlich, die Menschen bald zu schrecken, bald zu ermutigen? frage ich mich oft genug. Was maße ich mir da an? Und eine Stimme, jene Stimme, die so oft in der Geschichte der Juden sprach, sagt mir: Du mußt es tun. Sei weder zu stolz noch zu bescheiden. Sprich aus, was du spürst. Und überlasse das Urteil über dein Tun den anderen. Sie werden zuhören, wenn sie merken, daß es dir nicht um deine eigene Rolle geht, sondern um die Dringlichkeit dessen, was du mitteilen kannst.

Es wäre unbescheiden, so zu sprechen, wenn es nicht für einen Juden, jeden Juden, eine Legitimation besonderer Art gäbe: das Leiden, das jeden von uns betroffen hat, die Wunden der Erinnerung, die wir alle in uns tragen, und die daraus entspringende Verpflichtung, den Menschen die Furchtbarkeit menschlicher Handlungen ebenso vor Augen zu halten wie die aus diesem schrecklichen Dunkel entspringende Hoffnung auf Umkehr. Als überlebender Jude muß ich für alle diejenigen sprechen, die man stumm machte, als einer, der ausgespart blieb, habe ich mir dieses Überleben und Weiterleben täglich zu verdienen.

Und so sehe ich mich denn nicht nur als einen, der versucht zu sagen, was die Ermordeten des eigenen Volkes wohl sagen würden, wenn sie sprechen könnten, sondern fühle mich auch all denen nahe, deren Angehörige Opfer menschlicher Grausamkeit wurden. Deshalb wohl habe ich mich den Überlebenden von Hiroshima so verwandt gefühlt, deshalb sind die Opfer des Genozids in Vietnam, in Kambodscha, Indonesien mir schmerzlicher präsent als vielen anderen Zeitgenossen, die zwar mit dem Verstand, aber nur selten mit dem innersten Gefühl, ja der Erfahrung begreifen können, wie da gefrevelt wird.

Mein Judentum ist ein lauter Hilfeschrei, aber auch ein Hoffnungsruf, denn sogar Hiob konnte nicht ganz verzweifeln. Ich sagte das alles gerne viel leiser, viel zurückhaltender, viel nüchterner. Aber wer würde dann hinhören? Wer würde sich dann gerufen fühlen zu verhindern, was droht und wovor gerade wir Juden, die stets Bedrohten, besonders eindringlich warnen müssen? Wieder und immer wieder!

(1972)

Vom Versuch, in dieser Zeit zu leben

Es kam alles ganz anders. Das ist der Spruch, den ich über mein bisheriges Leben setzen könnte. Eine Selbsterkenntnis, die denjenigen, der die Zukunft ergründen will, nachdenklich stimmen sollte. Ein Motto, das viele, wohl die Mehrzahl der Menschen meiner Generation, ihrer eigenen Biographie voranstellen müssen. Denn die Geschichte hat uns alle ganz schön herumgewirbelt. Die Reisen, die uns in ferne Länder führten, waren meist nicht freiwilliger Natur: Sie standen unter der Drohung des Todes. Die einen reisten als Flüchtlinge, die anderen als Soldaten. Vertriebene und Vertreiber – wer und was trieb sie? Das ist die Frage, die ich mir bis ans Ende meines Lebens stellen werde.

Eigentlich wollte und sollte ich Historiker werden. Einer, der die Geschichte beschreibt und ergründet. Nicht einer, der sie erleidet. Mit dieser Absicht begann ich im März 1932 in Berlin zu studieren. Doch dann verhafteten sie mich am Tage nach dem Reichstagsbrand Ende Februar 1933 in der Vorhalle der Universität. Die Braununiformierten hatten an die Schwarzen Bretter aller damals noch zugelassenen Studentengruppen – auch der ihnen feindlichen – die erste Seite des *Völkischen Beobachters* geheftet. Ich empfand das als Übergriff und »befreite« diese in den ersten Tagen des Dritten Reiches derart widerrechtlich »besetzten« Mitteilungsflächen durch Entfernen des Parteiblattes. Die nachfolgende Verhaftung durch die Polizei, die nach damals noch geltenden Gesetzen eigentlich gar nicht die Befugnis hatte, auf Universitätsboden eine solche Handlung auszuüben, wurde durch Eingriffe eines Freundes, des später hingerichteten, unvergessenen Sven Schacht, schnell beendet. Man empfahl mir allerdings, »um schärferen Maßnahmen« auszuweichen, sofort Deutschland zu verlassen. So bin ich – abgesehen von einem illegalen Aufenthalt in den Jahren 1935/36 – bis zum Kriegsende nicht mehr in Deutschland gewesen.

Der Versuch, in Paris weiterzustudieren, mußte nach zwei Jahren zunächst aufgegeben werden: Es fehlten die Mittel, und die ursprünglich als Nebenarbeit gedachte Tätigkeit im Journalismus und beim Dokumentarfilm wurde Hauptsache. Erst 1938 hatte ich genug gespart – und außerdem (zuerst in Prag, dann in Paris) einen eigenen Pressedienst aufgebaut, der mir gehörte –, um mein Studium, nunmehr in Zürich, wiederaufzunehmen. Diesmal gelang es besser, nach Aufbrauchen des Ersparten und der Schließung des Pressedienstes als Folge der Okkupation Frankreichs, Zeitungsarbeit und Studium miteinander zu versöhnen. Weniger versöhnlich war die Schweizer Fremdenpolizei, die dem »geduldeten Ausländer« das Schreiben verbot und – als er sich an dieses Verbot nicht hielt – ihn zunächst mitten im Krieg auswies, dann aber »aus Gnade« auf unbestimmte Zeit im Zuchthaus Sankt Gallen internierte. Im gleichen Maße, wie Hitlers und Mussolinis Macht abbröckelte, verbesserte sich allmählich das Schicksal des Flüchtlings Jungk. Er kam in ein Arbeitslager, wurde auf einer alten Burg an der elsässischen Grenze interniert, wegen andauernder Schlaflosigkeit in eine freundliche private Nervenklinik bei Bern abgeschoben und Ende 1944 sogar als Korrespondent der Londoner Wochenzeitung *Observer* sowie zur Doktorprüfung zugelassen.

»Ja, Sie machen doch eigentlich einen ganz normalen Eindruck«, sagte der damalige Bundesrat für innere Angelegenheiten, von Steiger, nach einem Interview, als ich ihm meine damals noch geltende »Klapskisten-Adresse« zur Einsendung von Unterlagen gab. Meine Antwort in Form einer Frage: »Könnte es nicht sein, daß Ihre Fremdenpolizei nicht normal ist?« entschädigte mich für manche Stunde in kahler Zelle, für manches aus fauligen Kartoffeln bestehende, aus dem Blechnapf gelöffelte Mahl.

Ab Ende 1945 durfte ich dann offiziell tun, was vorher bestraft worden war: Ich arbeitete nun für führende Schweizer Zeitungen und Zeitschriften. Dann kam es zu der Begegnung des Historikers und Publizisten mit einer ihm zunächst völlig unbegreiflichen Welt: der des Naturforschers. Denkbar schlechte Zensuren in Mathematik, Physik und Chemie (Folgen, wie ich heute weiß, eines Schulunterrichts, der aufs Einpauken statt auf Erweckung von Einsicht gerichtet war) hatten mich vor diesem »fremden Land« zurückschrecken lassen. Doch als außenpolitischer Korrespondent in Washington des Jahres 1946 hatte ich über den Kampf der Atomforscher um die Übertragung der nuklearen Entwicklung in die Hände von zivilen Behörden zu berichten und sah plötzlich ein: Es ist fast unmöglich in diesem Zeitalter, politische Ereignisse und Entwicklungen zu beurteilen, wenn das Wissen über die Vorgänge in den Forschungsstätten fehlt.

Damals erst – im Alter von 33 Jahren – habe ich also begonnen, »nachzusitzen« und mir die elementarsten Kenntnisse auf dem Gebiete der Naturwissenschaften beizubringen. Dabei haben mir die Schriften von Bölsche und Bürgel, von französischen »vulgarisateurs de la science« und englischen oder amerikanischen »popular science writers« erste wichtige Hilfe geleistet. Freunde, die ich in Forscherkreisen gewann, haben mir weitergeholfen.

Eine Reihe von Berichten über amerikanische Forschungszentren wurde später in dem Buch *Die Zukunft hat schon begonnen* zusammengefaßt. Daß diese Sammlung von Reportagen ein so weites Echo gefunden hatte, wurde mir erst klar, als ich fast ein Jahr nach dem Erscheinen des Buches nach Europa kam. Mit einem Mal – ich war gerade vierzig geworden – war auch etwas Geld da. Ich mußte nicht mehr wie gewohnt von der Hand in den Mund, von Artikel zu Artikel leben. Aus dem »rasenden Reporter« war plötzlich ein respektabler Autor geworden, eine Rolle, in die ich mich bis heute noch nicht so recht hineingelebt habe.

Nun hieß es also nicht mehr, nur Artikel von ein paar Seiten, sondern Bücher zu schreiben, statt Hügelchen hohe Berge zu erklimmen. Welch ein Wechsel, von welchen Ängsten und Erwartungen begleitet! Das nächste Buch sollte eigentlich ein Roman werden: *Das Stehaufmännchen* hätte es heißen sollen. An der Figur eines Atomforschers wollte ich das eigene Schicksal darstellen. Aber bei der Suche nach Hintergrundmaterial wurde mir klar: Die wirkliche Geschichte der Kernphysiker war unendlich viel eindrucksvoller, als irgendeine erfundene »story« es hätte sein können. Und sie konnte – wie mir einer der Beteiligten versicherte – zuerst nur von einem Außenstehenden geschrieben werden, der keine professionelle Höflichkeit zu üben hatte, keine

Furcht vor den vielleicht beleidigten Kollegen haben mußte. So entstand *Heller als tausend Sonnen*, und fast selbstverständlich mußte *Strahlen aus der Asche* folgen, die Geschichte der Opfer jener furchtbaren Waffe, deren Entstehen das vorhergehende Buch geschildert hatte.

Dieses letztere Buch, dem dann später auch noch ein Fernsehfilm über dasselbe Thema folgte, wurde für mein eigenes Denken und für meinen weiteren Lebensweg zum abermaligen Wendepunkt. Unvergeßlich jenes alte Ehepaar – es war selbst wissenschaftlich tätig gewesen –, das, befallen von der »Strahlenkrankheit«, sich Jahre nach dem Abwurf der Bombe zum Sterben anschickte und dem Fremden durch den Dolmetscher sagen ließ: »Erzählen Sie, wie wir an den Folgen der Unbedachtsamkeit zugrunde gehen. Zeigen Sie Ihren Lesern, welche Folgen wissenschaftliche Tätigkeit haben kann, die gewissenlos ist.«

Die erste Konsequenz, die ich aus diesem Erlebnis zog: nicht nur schreiben, um zu berichten, sondern um aufzuklären. Nicht an der Schreibmaschine bleiben, sondern hinaus an die Öffentlichkeit in Vortrags- und Versammlungssäle, ans Radio, ins Fernsehen. Aufzeigen, wie Politik und Forschung zusammenhängen. Wie inhumane Politik zu inhumaner Wissenschaft, zu inhumaner Technik führen muß.

Die zweite Konsequenz: Es genügt nicht, hinter den Ereignissen herzulaufen und sie zu beklagen. Man muß lernen, das Ganze und nicht nur die Teile zu sehen, man muß versuchen, nicht nur die Gegenwart, sondern auch die Zukunft ins Feld der Überlegungen einzubeziehen. Übersicht und Voraussicht – könnten diese Fähigkeiten gestärkt werden, dann wäre es vielleicht möglich, Krisen zu bekämpfen, bevor sie sich zuspitzen, Kriege zu verhindern, bevor sie ausbrechen.

Aus dieser Einsicht kam zu Beginn der sechziger Jahre der Entschluß, Zukunft besser zu erkennen, Zukunft – wie es mein Anreger und Lehrer, der Physiker Dennis Gabor, formuliert hat – zu erfinden. Und damit beginnt eine dritte Periode in meinem Leben: Der Journalist, der Buchautor bemüht sich, Wissenschaftler zu werden, versucht, einer neuen Richtung den Weg zu bereiten: der Futurologie, der Zukunftsforschung, in der Ratio und Phantasie, Einzelinformation und Synthese, Erkanntes und Vermutetes zusammenkommen.

Eine umstrittene Sache? Gewiß, was hätte gerade ich sonst dort zu suchen? Ein notwendiger Versuch? Bestimmt, das wird gerade jemand sagen müssen, der vom »blinden Fortschritt«, von einer gefährlichen, den Menschen nicht schonenden historischen Entwicklung so viel erfahren und gesehen hat, daß er sich sagen muß: Es kam alles anders. Aber darf es anders kommen? Müssen wir Spielbälle unerkannter, unkontrollierter lebensfeindlicher Entwicklungen bleiben? Gewiß nicht. Daß wir die Zukunft nicht erleiden, sondern mit einem Höchstmaß von Toleranz und Rücksicht gestalten, ist der Wunsch eines Vertriebenen und Getriebenen, der nie aufgehört hat, zu hoffen.

(1970)

Kapitel 2

Ausweg Phantasie – Zukünfte

Unbewältigte Zukunft

Daß wir, die Generation des Zeitalters der großen und schnellen Veränderungen, uns weniger an der Vergangenheit als an der Zukunft orientieren sollten, ist eine Forderung, die sich nur sehr langsam gegen alte Denkgewohnheiten durchsetzt. Denn der Historizismus, jene seltsame Kreuzung aus pedantischer Genauigkeit und schwärmerischem Drang zur Selbstbestätigung, deren Aufzucht sich Professoren des neunzehnten und des beginnenden zwanzigsten Jahrhunderts mit besonderer Liebe widmeten, prägt heute noch das politische Handeln. Und zwar sind es nicht etwa nur die »Konservativen«, die sich auf das Gewesene berufen, sondern gerade die »Aktivisten« und »Revolutionäre«. Sowohl die neuen Nationalstaaten wie die neuen, nach den »Gesetzen des historischen Materialismus« angetretenen Gesellschaftsordnungen wollen ihre Berechtigung, ja ihre »Unvermeidbarkeit« aus der Geschichte ableiten. Diese »Umstürzler« sind in Wahrheit »Legitimisten«.

»Zukunftsblindheit« ist also keineswegs ein Leiden, von dem nur die kapitalistische Gesellschaft befallen wäre. Sie schlägt auch die Länder des »sozialistischen Lagers«, weil dort die Gefahr besteht, daß eine aus dem Gestern hergeleitete, dogmatisch in das Morgen hineingeworfene Zukunftsvorstellung sich gegenüber der künftigen Wirklichkeit als zu starr, zu eng, wenn nicht sogar als völlig falsch erweisen könnte.

Wären wir nun in den nichtkommunistischen Ländern wirklich frei, so könnten wir versuchen, auf die neuen Fragen, die der stürmische wissenschaftlich-technische Wandlungsprozeß der Gesellschaft aufgibt, die jeweils richtigen Antworten zu finden. In Wahrheit aber sind wir an veraltete wissenschaftliche und soziale Strukturen gebunden, die eine echte Vorbereitung oder gar Bewältigung der Zukunftsaufgaben hemmen und in vielen Fällen fast unmöglich machen.

Ein besonders eklatantes Beispiel für dieses Versagen ist der mangelnde Schutz für das, was wir Europäer von den vorhergehenden Generationen erbten und den kommenden Generationen weitergeben sollten: Luft, Wasser, Boden, Kulturdenkmäler. Gerade diejenigen, die sich so gerne als Verteidiger von Tradition und Ordnung hinstellen, verhindern aus Geiz oder Habgier den wirkungsvollen Kampf gegen den Chaos verursachenden Einbruch antihumanistischer technischer Gewalten. Sie gestatten, ja fördern industrielle Luftverpestung, die ständig zunehmende Verschmutzung aller Gewässer, die große Landzerstörung, die vor keinem Wald mehr haltmachen will, die Verschandelung historischer Stadtlandschaften. Denn diesen Anhängern der freien Marktordnung und den Strategen, die ihre Unordnung zu verteidigen haben, wird der Himmel zum bloßen »Luftraum«, der Strom zum »Abwasser«, die Wiese zum »Gelände«, das ehrwürdige Bauwerk zum Objekt einer Grundstücksspekulation.

Reinhaltung der Luft durch den Einbau von Filteranlagen, Säuberung des Wassers durch große Klärwerke, Bewahrung der Landschaft durch Flurbereinigung und Bauverbote, Rettung unersetzlicher Baudenkmäler durch wirksamen Denkmalschutz – all das würde Milliarden kosten und eine energische Begrenzung zahlreicher privater Besitzrechte erfordern. Beides Forderungen, die von den Schuldnern bisher höchstens durch geringfügige Abschlagszahlungen honoriert werden.

Daß eine menschenwürdige Raum- und Landschaftsordnung im Hinblick auf das sprunghafte Wachsen der Bevölkerungszahlen in den sogenannten »Ballungsräumen« zu einer Lebensnotwendigkeit wird, streitet niemand ab. Doch ist die Furcht vor dem Worte »Planung« in der Deutschen Bundesrepublik vorläufig noch größer als die Furcht vor körperlicher, nervlicher und seelischer Invalidität, die schon uns, mehr aber noch unsere Kinder bedroht, wenn es uns nicht gelingt, die moderne Technik und ihre Folgeerscheinungen am chaotischen Wuchern zu hindern.

Hier gehen besonders die Holländer und Skandinavier, aber auch Engländer und Franzosen der Bundesrepublik längst mit besserem Beispiel voran. So steht der englische »Clean Air Act« nicht nur auf dem Papier wie die deutschen Bundesgesetze zur

Luft- und Wasserreinhaltung, sondern wird – wenn auch vorläufig noch in einem viel zu langsamen Tempo – Stück um Stück verwirklicht, so daß über England spätestens 1975 wieder überall blauer Himmel sein wird. Der holländische Nationalplan, der das Interesse der Gesamtheit entschieden über die Rechte einzelner Grundbesitzer stellt, versucht Stadt und Land, Industrie und Natur in einem vernünftigen Gleichgewicht zu halten, damit die nächste Generation nicht in einer Steinwüste leben muß, die Schweden haben Stadtplanungen bis zum Jahre 2000 hin entworfen, die Franzosen – als »Individualisten«, ja als »Anarchisten«, von manchem auf seine Ordentlichkeit und Disziplin stolzen Deutschen verspottet – sind dabei, durch das Projekt des »Aménagement du Territoire« ihr Land im wahrsten Sinne des Wortes umzubauen, indem die zentrale Stellung von Paris mehr und mehr zugunsten einer stärkeren Regionalentwicklung abgebaut wird.

Gerade Frankreich hat unter dem Einfluß von Jean Monnet im »Commissariat du Plan« eine Behörde geschaffen, die unter Hinzuziehung der verschiedensten Interessengruppen weitreichende Entwürfe für die Zukunft des Landes formulieren und nicht »von oben herab«, sondern »aus der Mitte der Betroffenen heraus« durchzusetzen versucht. Zwar bleibt viel von dem, was als notwendig erkannt wurde, auch hier nur Papier, da es von zukunftsblinden Privatinteressenten oder Interessengruppen vereitelt wird, aber es entsteht durch die Tätigkeit dieser Behörde doch eine Atmosphäre der Wandlungsbereitschaft, die allmählich manchen hartnäckigen Verteidiger egoistischer Rechte zum Mitarbeiter am Wohl der Gemeinschaft bekehrt.

Am Ende des zur Zeit in Kraft befindlichen »Rahmenplans«, das heißt bis Ende 1965, sollen Dreiviertel aller jungen Franzosen höhere Schulbildung genießen, während man bis zu diesem Datum in der Bundesrepublik voraussichtlich immer noch nur einem Sechstel, höchstens einem Fünftel der Schulpflichtigen diese Chance geben wird. Hier, auf dem Gebiete der Bildung und Ausbildung, zeigt sich die »Zukunftsblindheit« Bonns besonders eklatant. Und zwar nicht nur bei der Hochschulerziehung, sondern auch bei der Berufsschulung.

Unter dem Mangel einer dem wissenschaftlichen und technischen Fortschritt angepaßten Ausbildung von hochqualifizierten

Arbeitskräften leiden zwar heute alle großen Industrienationen des Westens, aber nirgends ist dieser Mangel so groß wie in der Bundesrepublik. Es fehlt an erstklassigen Lehrwerkstätten, es fehlt an Ingenieur- und Technikerschulen. Weil aber der Nachwuchs an geschulten Regeltechnikern und Elektronikern nicht da war, haben die deutschen Unternehmen es vielfach gar nicht erst gewagt, sich so schnell wie Betriebe in anderen west- und nordeuropäischen Ländern auf modernste automatisierte Anlagen umzustellen. Die Auswirkungen dieses Zurückfallens können nicht ausbleiben, ja machen sich zum Teil heute schon im Konkurrenzkampf auf dem Weltmarkt bemerkbar. Es sind nicht nur die hohen Löhne, die dem deutschen Unternehmer Schwierigkeiten bei der Preisgestaltung bereiten, sondern die zu hohen Fertigungskosten als Konsequenz einer Überalterung der maschinellen Anlagen.

Gewiß, viele in der Bundesrepublik laufende Maschinen sind erst nach dem Kriege gebaut worden. Dennoch entsprechen sie nicht mehr dem neuesten Stand der Technik, einer Technik, die niemals stillsteht, sondern von allen, die sich ihrer bedienen, Wagemut, Offenheit, die Bereitschaft zum Risiko des Experimentes fordert.

In der verhängnisvollen Maxime »Keine Experimente« ist die eigentliche Wurzel bundesdeutscher Zukunftsblindheit zu suchen. In einer Zeit wie der heutigen genügt es nicht mehr, sich auf das Alte, Bewährte, von Autoritäten als erlaubt und richtig Bezeichnete zu verlassen. Nur wenn der Deutsche sich von den Vätern, Großvätern, Urahnen löst, um statt dessen an seine Kinder, Enkel und noch fernere Nachkommen zu denken, wird er die Zukunft meistern und gestalten können, statt ihr Opfer zu werden.

(1962)

Die Zukunft gehört allen

Bacons Maxime »Wissen ist Macht« muß in unserem Zeitalter neu formuliert werden. Jetzt sollte festgestellt werden: »Voraus-wissen ist Macht.« Denn während gestern und vorgestern vergangenheits- oder gegenwartsbezogenes Entscheiden und Handeln noch wirkungsvoll sein konnte, ist nunmehr das Feld fast aller wichtigen Entschlüsse und aus ihnen erwachsender Taten ins Zukünftige hinein vorverlegt worden. Das kann nicht anders sein, weil die wissenschaftlich-technische Revolution Kräfte in Bewegung gesetzt hat, die nicht nur in den Raum, sondern vor allem in die Zeit hinauswirken. Die Weichen für das Geschehen, mit dem wir uns heute auseinanderzusetzen haben, wurden meist schon vor Jahren oder sogar Jahrzehnten gestellt, die Krisen, in die wir gerieten, sind in der Mehrzahl der Fälle späte Stadien von negativen Entwicklungen, deren Anfänge und Fehlleitungen wir rückblickend deutlich erkennen können. Damals fehlte es noch an Methoden und Instrumenten der Voraussicht. Jetzt aber gibt es sie (wenn auch erst in Unvollkommenheit). Befinden sie sich nun in den richtigen Händen? Oder stiftet nicht vielleicht einseitige, monopolistisch gehandhabte »Futurologie« unter Umständen noch mehr Unheil als die Zukunftsblindheit von gestern, weil sie nunmehr wissend und zielgerichtet menschenfeindliche Zukunft vorbereitet?

Hier wird allerdings dieser bedenkliche Stand der heutigen von den Militärs und der Großindustrie beherrschten Zukunftsforschung nur kurz gestreift werden, weil das Hauptgewicht meiner Ausführungen auf den Entwurf zivil und demokratisch orientierter »Look-out Institutions« (»Vorausschau-Institutionen«) gelegt werden soll. Es wurde bereits Ende 1944 den Rüstungsplanern –

und das ist bezeichnend für unsere Epoche – viel eher als irgendeiner anderen gesellschaftlichen Gruppierung klar, daß Möglichkeiten und Gefahren künftiger Entwicklung durch konzentrierte geistige Vorbereitung erkennbar und beeinflußbar werden könnten. So sind die ersten entscheidenden Durchbrüche auf dem Gebiete der wissenschaftlich orientierten Zukunftsforschung (wie kurz zuvor auf dem Gebiete der Atomenergie) unter dem Patronat des amerikanischen Verteidigungsministeriums erfolgt: Die 1946 von der US Air Force gegründete RAND Corporation in Santa Monica ist der Prototyp der sogenannten »think factories« (»Denkfabriken«) geworden, in denen mehrere hundert, in einigen Fällen sogar mehrere tausend Experten beschäftigt sind.

Die Notwendigkeit einer bis dahin zu kurz gekommenen, auf friedliche Ziele gerichteten prognostischen und antizipatorischen Tätigkeit hat nun seit Beginn der sechziger Jahre mehr und mehr Regierungen sowie internationale Organisationen dazu gebracht, ihrerseits Kommissionen, Abteilungen, Büros mit dem Studium des Kommenden zu beschäftigen. Die »Gruppe 1985« im französischen »Commissariat du Plan«, das »Committee on the next thirty years« in London, »prognostische Zellen« in der FAO, der UNESCO, der OECD und dem »Europarat« sind Beispiele für eine beginnende Neuorientierung auf zivile Probleme hin.

So erfreulich diese – allerdings im Vergleich zu den militärischen Anstrengungen noch schwachen und ungenügend finanzierten – Bemühungen auf dem zivilen Sektor sein mögen, so schließen auch sie die Gefahr der einseitigen Orientierung in sich. Die Exekutive – in diesem Fall ist es die zivile anstelle der militärischen – sichert sich hier einen entscheidenden Vorsprung vor dem Parlament und vor den Bürgern, denen ähnliche Möglichkeiten der Vorausschau und Vorausplanung nicht zur Verfügung stehen. Dies aber heißt, daß eine demokratische Debatte über die Zukunft aller Schichten und Gruppen gar nicht mehr stattfindet. Die Macht des Vorauswissens wird zur Verstärkung und Perpetuierung der Macht der herrschenden Kreise eingesetzt.

Soll einer solchen schleichenden Wiederkehr autoritärer Staatsformen Einhalt geboten werden, dann müßten sehr bald schon Einrichtungen entstehen, die einzelnen Bürgern, Gruppen oder Parteien vermehrten Zugang zu Wissen und Vorauswissen gestatten. Erst im Besitze von Informationen, die nicht nur den gegenwärtigen Stand der Dinge, sondern auch die verschiedensten Entwicklungsmöglichkeiten auf Grund verschiedener Tendenzen, Wünsche und Ziele zum Inhalt haben, kann der Staatsbürger wieder zum Mitbestimmenden werden.

Wir haben hier die Forderungen der Revolution des achtzehnten und neunzehnten Jahrhunderts nach Öffentlichkeit der Staatsgeschäfte erneut zu erheben und »up to date« zu bringen. Denn tatsächlich ist lebenswichtiges Vorauswissen heute noch kein allgemeines Gut, sondern im Besitze kleiner Gruppen von Managern und Experten. Sie sind es, denen allein der Entwurf der Welt von morgen anvertraut ist, sie bestimmen die Leitlinien, sie legen auf Jahre und Jahrzehnte hinaus Richtungen fest, die dann von den Volksvertretern nur noch bestätigt und bestenfalls leicht modifiziert werden können.

Die Schuld an dieser Entwicklung tragen auch jene, die das Feld der zukunftsgerichteten Entscheidungen den heute dort wirkenden Persönlichkeiten und Gruppierungen überließen, weil sie selbst die praktische Bedeutung einer das morgige Geschehen einbeziehenden Geisteshaltung für die politischen Beschlußfassungen nicht sahen und häufig auch heute noch nicht sehen. Bezeichnend ist es – um nur eines von vielen Beispielen zu nennen –, daß die englischen Gewerkschaften für die Bemühungen der von der Arbeiterregierung eingesetzten »Kommission für die nächsten dreißig Jahre« so gut wie kein Verständnis zeigen, ja sogar feindlich dagegen auftraten, weil einige am »Status quo« interessierte Funktionäre von dieser »Look-out Institution« Anregungen zu Strukturveränderungen erwarteten, die ihre eigenen Positionen gefährden könnten.

Wie könnte nun eine Partizipation aller Bürger am Vorauswissen und damit an der Macht gesichert werden? Hier bieten sich zwei grundsätzlich verschiedene, aber komplementäre, einander ergänzende Wege an. Der erste – zunächst leichter zu verwirklichende – führt über die Institutionalisierung und Objektivierung prognostischer und antizipatorischer Tätigkeit. Die Zukunftsforschung müßte an Universitäten sowie an nationalen und internationalen Körperschaften verankert werden, weil dort die Wahrscheinlichkeit einer unabhängigen sachlichen Behandlung der künftigen Entwicklungen und Probleme größer wäre als bei dem heutigen Zustand einseitiger Interessenbindung der prognostischen Einrichtungen.

Die Absicherung derartiger vorausschauender Institutionen gegen Druck von außen wird gesetzlich gewährleistet werden müssen. Denn es ist unvermeidlich, daß sie im Dienste der Wahrheit sehr häufig warnend auf Entwicklungen hinweisen müssen, die von manchen mächtigen Gruppen in der Gesellschaft gefördert werden. So würden vermutlich – wie es tatsächliche Vorkommnisse in den USA bereits beweisen – die großen Autokonzerne versuchen, Prognosen, welche die Folgen einer permanenten weiteren Steigerung der Autoproduktion darstellen, zu modifizieren, wenn nicht sogar zu unterdrücken. Andererseits werden manche Interessenten Hinweise und Empfehlungen, die ihren eigenen Marktanteil einschränken könnten, möglicherweise zu verhindern versuchen. So kann dem Bergbau kaum daran gelegen sein, wenn in Energieprognosen die Rolle der Atomkraftwerke hervorgehoben wird, andererseits werden die Hersteller von Atommeilern bedenkliche Analysen über die Umweltgefährdung durch eine mit radioaktiven Stoffen arbeitende nukleare Großindustrie nicht gerne veröffentlicht sehen. Nur wenn die Öffentlichkeit volles Vertrauen in die unbehinderte, durch Partikularinteressen unbeeinflußbare Arbeit der akademischen, nationalen und internationalen »Look-out Institutions« haben kann, werden sie echten Einfluß ausüben.

Die Einrichtung von derartigen mit einem Höchstmaß von wissenschaftlicher Objektivität arbeitenden prognostischen Stellen ist durchaus mit der ergänzenden Einrichtung von anderen, ganz offen subjektiv, wertbetont oder ideologisch ausgerichteten prognostischen Institutionen vereinbar. Nigel Calder hat mit Recht betont, daß z.B. Persönlichkeiten, die dem Individuum und der Weite seines Spielraums hohen Wert beimessen, vermutlich ganz andere Zukunftsvorstellungen entwickeln werden als andere Menschen, die das Gemeinschaftliche stärker betonen wollen. Es muß jede weltanschauliche Richtung, jede Nation, jeder Berufszweig die Möglichkeit haben, mit Hilfe des technischen und wissenschaftlichen Instrumentariums der Prognostik (d.h. mit Datengeräten, die von fachlich geschulten Zukunftsforschern programmiert werden) sich konkretere Vorstellungen von der wahrscheinlichen Zukunftsentwicklung zu machen. Erst wenn durch eine Vielzahl von »Zeitwarten« verschiedenste konkrete Zukunftsbilder miteinander konfrontiert werden (die dann ihrerseits wieder an den Prognosen der »objektiven Zukunftsforschung« zu korrigieren wären), kann sich so etwas wie eine demokratische Mitbestimmung über die Zukunft entwickeln. Der französische Zukunftsforscher de Jouvenel hat das »surmising forum« (»Forum der Zukunftsvermutungen«) als eine solche neue, dem Parlament vorgeschaltete Einrichtung erwähnt, in der über künftige Möglichkeiten diskutiert werden sollte, noch bevor daraus Gesetzesvorschläge würden.

Wird der Bürger derart in die Zukunftsberatung eingeschaltet, so könnte das sein Interesse an den Problemen und Entscheidungen der Politik wieder erhöhen. Denn dann würde er nicht mehr wie heute das Gefühl haben, daß man ihn eigentlich nur zur Bestätigung oder Verneinung von fertigen Plänen oder Beschlüssen heranzieht, die ohne seine Mitwirkung entstanden. Im kommenden Zeitalter wachsender Arbeitsrationalisierung werden mehr und mehr Bürger über die Zeit verfügen, die notwendig sein wird, um sich nach gründlicher Information an der demokratischen Mitsprache über die Zukunft zu beteiligen. Wenn das geschieht, werden Fragen, die im Vordergrund des Interesses der Bürger stehen, wie der Schutz der Gesundheit, der Schutz der Landschaft, die Verbesserung der Lebensbedingungen und vor allem natürlich die Erhaltung des Friedens, endlich auch die Prioritätenliste politischer Bemühungen bestimmen.

(1968)

Mehr Phantasie für das Morgen

... Zukunftsforschung, soweit wir sie verstehen, will ... keine Sicherheit geben. Sie behauptet nicht: Ihr werdet es erleben! So wird es sein! Sie will nur sagen: Es könnte so sein. Und ihr, die Menschen, denen wir diese Möglichkeiten vorstellen, ihr könnt noch eingreifen. Ihr könnt auf Grund der verschiedenen Möglichkeiten, die wir euch aufzeigen, auf Grund des heute vorhandenen Vorauswissens noch versuchen, den vermutlichen Lauf der Entwicklung zu verändern. Ihr könnt, ihr sollt sogar darauf reagieren und das, was der Zukunftsforscher euch voraussagt, durch eure Handlungen hinfällig machen. Wenn heute Perspektiven der Entwicklung des Autoverkehrs entworfen werden und dann z.B. prognostiziert wird, der Autoverkehr werde sich bis zum Jahre 1985 mindestens vervierfachen, dann hoffen wir, mit dieser Zukunftsschätzung zu erreichen, daß die Zahl der Autos sich tatsächlich nicht so stark vermehrt, wie es nach dem jetzigen Trend wahrscheinlich wäre. Unsere Prognose ist zugleich eine Warnung, die besagt: Wenn wir die Dinge so weiterlaufen lassen, dann beginnen sich unhaltbare Zustände einzustellen, dann kommen wir in Krisen hinein, die wir vermeiden müssen. Und wir hoffen, zu erreichen, daß man sich heute bereits Gedanken macht, wie und wann bei der wachsenden Bevölkerungszahl und bei dem zunehmenden Bedürfnis nach Mobilität für die Menschen, die schnell und bequem von einem Ort zum anderen reisen wollen (mindestens möglichst so bequem wie im Auto), neuartige öffentliche Verkehrsmittel geschaffen werden könnten.

Das beste Ergebnis, das wir uns wünschen könnten, wäre etwa, daß man uns in 15 Jahren vorhält: Sie haben damals vorausgesagt, die Zahl der Autos wird sich bis etwa 1985 vervierfachen. Das stimmt ja gar nicht, sie hat sich nur verdoppelt. Noch besser würde es sein, sie wäre überhaupt nicht gestiegen, weil inzwischen öffentliche Verkehrsmittel die Last übernommen haben.

Der Zukunftsforscher will also nicht recht behalten, und das unterscheidet ihn vom Propheten anderer Zeiten. Er will nicht sagen, was sein *wird,* sondern was sein *kann.* Moderne Zukunftsforschung ist selbstkritisch und offen. Sie will nicht etwa Entscheidungen vorwegnehmen, indem sie behauptet: So wird es sein, und ihr müßt euch dem anpassen! Sie will vielmehr Entscheidungshilfe geben, indem sie denen, die Entscheidungen zu treffen haben, einen weiteren Horizont erschließt, ihnen klarere Vorstellungen von dem, was sich ergeben könnte, zu vermitteln versucht. Diese Vorstellungen, die ja immer vom Gegebenen, von dem, was wir heute schon wissen, ausgehen müssen, sind meist unvollständig und oft sogar falsch. Denn nicht bewirkt die Voraussage selber Veränderungen, sondern es bleibt stets ein Rest von Unvorhersehbarem, z.B. neben vielen Erfindungen, die sich aus verschiedenen wissenschaftlichen Entwicklungen in Umrissen ablesen lassen, auch solche, die völlig überraschend auftauchen. Obwohl das so ist, meinen wir, es sei wichtig genug, unvollkommene, vorläufige Erkundungen der möglichen Zukunft zu wagen.

Und jetzt muß ich mich eigentlich verbessern, denn ich habe gesagt: »Zukunft«. Wir sprechen in der Zukunftsforschung mehr und mehr nicht mehr von »Zukunft« in der Einzahl, sondern von »Zukünften«. Damit meinen wir: Es gibt niemals nur eine einzige determinierte als sicher voraussehbare Zukunft, wie es ein Vulgärmarxismus sich einmal eingebildet hat, sondern viele Möglichkeiten. Es gibt zahlreiche Zukünfte (wenn auch nicht unbegrenzt viele), zwischen denen wir wählen, die wir weitgehend beeinflussen, ja gestalten können.

Die Zukunftsforschung – auch das muß gesagt werden – ist noch so sehr in ihren Anfängen wie die Soziologie in ihren ersten Jahren. Sie ist noch kein fest gegründeter, auf Erfahrungen aufbauender Wissenschaftszweig, sondern bisher erst ein Versuch und noch voller Widersprüche. Diese neue intellektuelle Bemühung hat bisher noch nicht einmal gültige Normen entwickelt. Es werden dieselben Begriffe von verschiedenen Zukunftsforschern verschieden verwendet und ganz verschiedene Ansprüche an die Zukunftsforschung gestellt.

So sagt z. B. Karl Steinbuch, daß nur das, was man faktisch belegen und rational entwickeln kann, als echte Zukunftsforschung gelten dürfe, während eine wachsende Zahl von Zukunftsforschern meint, daß nicht nur nachweisbare Tatsachen, sondern auch Möglichkeiten, die sich aus den Fakten ergeben, in die Vorausschau hineingenommen werden sollten, d. h., daß zum Wissen sich noch die Phantasie gesellen dürfe. Nun ist ja Phantasie den meisten Wissenschaftlern verdächtig..., da sie sich der Phantasie bediene. Darin zeigt sich eine schon üblich gewordene Verkennung des Forschungsprozesses. Die Wissenschaftsforschung, jene Branche, die herauszufinden versucht, wie neue wissenschaftliche Konzeptionen eigentlich entstehen, zeigt aber ganz klar, daß bahnbrechende wissenschaftliche Resultate keineswegs nur durch rationale Weiterentwicklung von bereits bekannten Fakten erzielt werden, sondern daß hier oft geistige Sprünge erfolgen, die nur mit Hilfe der Phantasie möglich werden. Der Amerikaner Thomas S. Kuhn, der sich mit der Geschichte der wissenschaftlichen Revolutionen beschäftigt hat, hat folgendes Schema des Zustandekommens eines neuen wissenschaftlichen Durchbruchs entwickelt: Auf Grund neuer Forschungen stellt sich heraus, daß mehr und mehr theoretische Voraussagen sich nun als ungenau oder sogar falsch herausstellen. Es sind auf Grund von Experimenten neue Erkenntnisse hinzugekommen, und man kann sie immer schwieriger mit der alten Theorie versöhnen. Wenn nun die Zahl solcher Daten, die im Widerspruch zu geltenden und als Gesetz verkündeten Theorien stehen, sehr groß wird, dann schließt man endlich: Der alte Rahmen stimmt nicht mehr, man muß einen neuen suchen. Und der wird mit Hilfe schöpferischer Phantasie gefunden.

Diese neue Theorie ist zunächst nur eine Hypothese von hoher Wahrscheinlichkeit, und sie muß nun im Nachvollzug allmählich erhärtet werden. Als Bohr seine Atomtheorie formuliert hatte, sagten alle Leute: »Gott, muß der gerechnet haben.« Seinen Freunden und Schülern, wie z. B. Carl Friedrich von Weizsäcker, vertraute der Gelehrte aber an: »Ich habe nicht gerechnet, das war ein Einfall.«

Natürlich war das nun kein Einfall, der aus dem Blauen kam. Es war vielmehr ein begründeter Einfall, der kreativ einen völlig neuen Ansatz fand und auf Grund dieses neuen Ansatzes eine neue Theorie formulierte, die nun ihrerseits später wieder als unvollkommen erkannt wurde.

Der Fortschritt, nicht nur der Fortschritt der Wissenschaft, sondern auch der Fortschritt der Menschheit, geschieht eben nicht dadurch, daß man schon feststehende, bereits bewiesene Fakten nachzählt und schön zusammentut, sondern daß derartige Sprünge immer wieder gewagt werden, daß also die Phantasie, die kreative Anstrengungen ermöglicht, in Bewegung gesetzt wird. Diejenigen Wissenschaftler, die diese große Kraft der Phantasie aus ihrem Bereich verstoßen oder lächerlich machen, sind im Grunde gar keine kreativen Wissenschaftler, sie sind höchstens fleißige Kärrner. Die Konzeption der Wissenschaft, die auf Kombination von Faktentreue und Phantasie, gefolgt von kreativer Überprüfung der neuen Vorstellungen durch neue Fakten bringt, wird an unseren Hochschulen leider noch viel zuwenig verstanden.

Die Wissenschaft, das haben wir gerade in den letzten 50 Jahren erlebt, vermittelt nur wenige feste Sicherheiten. Sie ist offen, sie muß es sein. Die Wissenschaft ist vor Überraschungen nicht gefeit, sie lebt geradezu von Überraschungen. Es ist noch gar nicht so lange her, daß Lord Rutherford – ich glaube, es war im Jahre 1933 –, die damals führende Autorität auf dem Gebiet der Atomforschung, erklärte, der Gedanke, daß man aus den Atomen Energie gewinnen könne, sei »pure moonshine« (reiner Mondschein), nichts als Phantasie also. Man soll also den wissenschaftlichen Experten – seien sie noch so berühmt – nicht zu sehr trauen. Man sollte eher denen Vertrauen schenken, die vielleicht zu weit springen, sich dabei gelegentlich irren, sich korrigieren, aber damit schließlich doch die Entwicklung weiterbringen. Diese risikobereite Haltung ist in der Zukunftsforschung auch vertreten. Wir nennen diese Art der Zukunftsforschung »intuitive forecasting« (intuitive Vorausschau).

Es gibt, wie Sie alle wissen, Menschen, die in hohem Grade die Gabe der Intuition besitzen. Sie haben »Antennen« für das Kommende, sie besitzen ein geistiges Radarsystem. Jules Verne z.B.

hatte solchen »Radar«. Wie wäre er sonst darauf gekommen, sein Mondschiff gerade in Florida starten zu lassen? Der Engländer Herbert G. Wells besaß solchen »Radar«, der ihn befähigte, den Atomkrieg Jahrzehnte vor der Erfindung der ersten Bombe als Vision zu erleben. Es gibt Menschen, die – und das ist noch nicht erforscht – eben etwas mehr wissen. Der große Politiker und der große Geschäftsmann, der wirklich große Neuerer, der hat diese Fähigkeit.

Nun hat man sich in der Zukunftsforschung gefragt: Wie kann man diese intuitive Kraft verwenden? Und es hat eine Gruppe in Kalifornien, bei der Rand Corporation, die »Delphi-Methode« erfunden. Man befragt Experten über Kenntnisse in ihrem Spezialgebiet und darüber hinaus über intuitive Fähigkeiten: Was glaubt ihr, wird in den nächsten 10, 20, 30, 40, 50 Jahren geschehen, und wann wird es geschehen? In einem Falle hat man sogar eine Studie gemacht, die bis zum Jahre 2100 geht.

Das ist der erste Schritt. Der nächste Schritt besteht darin, daß man versucht, diese verschiedenen intuitiven Aussagen zu kombinieren. Und nun der dritte Schritt: Man fragt diejenigen, die diese Aussagen gemacht haben: »Begründet uns doch eure Behauptungen etwas genauer.« Manchmal ist das möglich, in anderen Fällen können die Befragten ihre Vermutungen nicht begründen.

Der vierte Schritt: Wenn sich bei bestimmten Prognosen sehr starke Mehrheiten abzeichnen, so wird die Wahrscheinlichkeit, daß so etwas eintreten wird, höher geschätzt. Man versucht festzustellen, welche Voraussagen übereinstimmen und wie groß die Übereinstimmung der verschiedenen Teilnehmer ist. In der langfristigen Studie, die von der Delphi-Gruppe gemacht worden ist, ist die Meerwasserentsalzung als etwas sehr Nahes angesetzt worden, während z. B. die Aufhebung der Schwerkraft als etwas sehr Fernes angesehen wird.

Wann braucht man solche intuitiven Voraussagen? Eigentlich nur dann, wenn einen die solide Faktengrundlage verläßt, d. h. jenseits von 15 bis 20 Jahren. Bis zu diesem Zeitraum von 15 bis 20 Jahren kommt man nämlich recht gut mit dem aus, was man in der Zukunftsforschung das »exploratory forecasting«, die erkundende Vorausschau, nennt. Sie ist die zweite große Richtung, die ich erwähnen möchte, und zwar versucht sie, eine ursachenbedingte Prognose zu stellen, indem sie die Linien auf bereits bekannten Entwicklungen in die Zukunft hinein verlängert. Sie fragt sich stets: Wo führt das, was wir heute schon kennen, hin?

Typisches Beispiel für eine solche Prognose, die Sie vermutlich alle kennen, ist die Voraussage, daß die Zahl der Menschen sich bis zum Jahre 2000 etwa verdoppeln wird. Das ist eine Extrapolation mit hohem Wahrscheinlichkeitsgrad. Sie gründet sich auf bereits bekannte Trends, die man nun auch noch in ihren Beziehungen zu anderen Trends untersucht, z.B. den des Wohnbedarfs, des zur Verfügung stehenden Raums, der wachsenden Bildungsrate (die fast überall zu einem Rückgang der Bevölkerungszunahme führt) usw., um so zu einer verfeinerten Aussage zu kommen. Man bemüht sich also, die erkundenden Vorausschaukurven in ihrer Wirkung aufeinander zu kombinieren. Man fragt sich: Wenn ich z.B. antizipiere: Es werden soundsoviel Menschen mehr geboren, was bedeutet das z.B. für meine Vorausschau über die Entwicklung der Städte oder über die Entwicklung des Verkehrs?

Man stellt dann fest, daß gewisse Vorausschaukurven sich gegenseitig helfen oder auch bremsen. Das nennt man »contextual mapping« (wörtlich übersetzt: Entwurf zusammenhängender Übersichten). Eine besondere Entwicklung auf diesem Gebiet ist die Systemanalyse, die versucht, eine möglichst große Zahl von einzelnen Faktoren im Blick auf das Ganze, auf das System zu bestimmen. Solche Systemanalysen werden besonders wichtig beim Bemühen, komplexe Sachverhalte zu erkennen, z.B. für das Studium der Verkehrsentwicklung, des Städtebauers und der drohenden Hungersgefahr in den 70er und 80er Jahren dieses Jahrhunderts. Wie viele Faktoren kommen da zusammen? Was muß geschehen? Genügt es denn, daß wir einfach mehr Nahrung heranschaffen? Kommt nicht dazu, daß wir vorrangig die Erziehung in unterentwickelten Gebieten sehr stark fördern müssen, damit die Nahrung dort selber hergestellt werden kann?

So hat es sich z.B. gezeigt, daß in Indien, daß in Mexiko die Quoten der Nahrungsmittelproduktion viel stärker stiegen als in den meisten anderen Ländern, weil dort der Erziehungsstand höher war als in anderen Entwicklungsländern, denen man das gleiche Saatgut und die gleichen Ratschläge gegeben hatte, wo aber die notwendige Bildung fehlte, um nun mit diesen Ratschlägen auch das Richtige anzufangen.

Auch hier stehen wir noch ganz am Anfang. Einfach deswegen, weil wir die Verfilzung der Konsequenzen, nämlich die zweit- und drittrangigen Folgen der einzelnen Einflüsse aufeinander bisher nur sehr ungenau feststellen können. Doch sind wir auf dem besten Wege, mit Hilfe von Computern eine große Zahl von Variablen durchzuspielen und uns die verschiedenen Resultate kritisch anzusehen. Wir können mit sehr vielen sicheren und unsicheren Größen verschiedene Profile zeichnen, verschiedene Möglichkeiten sichtbar machen, so daß der Entscheidungsträger dann zwar nicht genaue Bilder des Kommenden, aber doch wahrscheinliche Vorstellungen von kommenden Problemen und Aufgaben hat. Er tastet sich nicht mehr ins Dunkel vor, sondern hat wenigstens eine schwach erleuchtete Landschaft vor sich, beileibe nicht ein wirklich helles, klares Bild der Zukunft, aber doch wenigstens Umrisse.

Und nun komme ich zu der dritten großen Richtung in der Methode der Vorausschau. Eine Richtung, die, wie ich bekennen muß, nicht ungefährlich ist, aber große Möglichkeiten hat. Das ist das sogenannte »normative forecasting«, weil man in die Zukunft hinein Normen, weil man Ziele setzt. Wenn z. B. auf Grund dieser erkundenden Vorausschau festgestellt wird, die gradlinige Verkehrsentwicklung sei unhaltbar oder die Entwicklung in den Städten führe zum Chaos, dann kann man diesen möglichen Entwicklungen Ziele entgegensetzen, z. B. das Ziel einer menschenfreundlichen Stadt, in der die Fußgänger nicht mehr von Autos gejagt werden, in denen die Bewohner ein urbanes Leben führen können. Wenn man sich ein solches Zukunftsziel gesetzt hat, kann man nun von ihm aus auf die Gegenwart zurückgehen – dazu sind genaue Methoden entwickelt worden –, um festzustellen, was heute zu geschehen hat, damit morgen ein solches Ziel erreicht werden kann.

Ein typisches Beispiel für »normative forecasting«, das wir jetzt alle miterlebt haben, ist der Mondflug. Als Kennedy das Ziel verkündete, die Amerikaner wollten einen Mann zum Mond bringen, waren ihre wissenschaftlichen und technischen Möglichkeiten keineswegs schon so entwickelt, daß sie das sofort hätten tun können. Aber dadurch, daß ein solches Ziel gesetzt wurde, sah man, welche Schritte sofort eingeleitet werden müßten, damit dieses Ziel erreicht werden konnte. Nun, solche Ziele, die man Systemen setzen kann, über die man einen hohen Grad von Kontrolle hat, also vor allem technische Systeme, sind natürlich leichter zu erreichen als Ziele, bei denen politische Faktoren zu berücksichtigen sind.

Ich kann mit mehr Erfolgsaussicht die Aufgabe stellen »Wir wollen zum Mond« als »Wir wollen eine neue menschenwürdige Stadt bauen«, weil ich dort mit Interessen und Widersprüchen zu tun habe, die eine solche normative Vorausschau – ich möchte sagen glücklicherweise – fast unmöglich machen. Dennoch ist es außerordentlich wichtig, daß Ziele gesetzt werden. Wir leben in einer Zeit, wo Entwicklungen, sobald fest umrissene Absichten entwickelt und formuliert werden, sehr viel schneller verlaufen, als wenn man sie sich selbst überläßt. Wenn man z. B. heute sagen würde: Wir brauchen uns nicht weiter darum zu kümmern, ob wir 1985 genügend Wasser in Deutschland haben werden, dann wäre das nicht ungefährlich. Man muß sich also möglichst präzise Ziele setzen und auf Grund dieses geistigen Aktes dann zahlreiche »Unter-Ziele« aufstellen, die Handlungen nach sich ziehen. Wir müssen z. B. daran denken, soundso viele neue Quellen zu erschließen oder aktiver an der Verbilligung der Meerwasserentsalzung zu arbeiten. Es kann also diese Zukunfts-Zielsetzung ein großer Antrieb sein – besonders in der Technik –, und sie ist daher auf manchen Gebieten außerordentlich ernst zu nehmen.

Schwieriger wird das auf anderen Gebieten. Zum Beispiel in der Politik. Hier können »normative Methoden« sogar zur Gefahr werden, denn sie verleiten zu dem Fehlschluß, was wir auf technischem Gebiete erreichen, müßten wir doch eigentlich in der Politik können. Infolgedessen sollten wir zusehen, daß der »Unsicherheitsfaktor Mensch« »kontrolliert« oder Schwierigkeiten, die durch Interessengegensätze entstehen, »geglättet« werden sollten. Hier ist in den Köpfen mancher sich fortschrittlich Dünkender ein technokratisches, ein neototalitäres Modell im Entstehen, dessen Gefahren ich nicht verhehlen möchte.

Man hat Ähnliches gerade in diesen Tagen oft gehört. Das Argument lief etwa so: Ja, wenn die Menschen auf den Mond fliegen können, dann müßten sie doch auch auf anderen Gebieten, z. B. in der Politik, ähnlich zielsicher planen und handeln können. Das ist aber eine Übervereinfachung, die da meint, wir könnten mit den Menschen, mit den politischen Entscheidungsprozessen, mit den Konfliktsituationen der Gesellschaft einmal genauso fertig werden wie etwa mit Problemen der Reibung und Hitzeentwicklung bei einer zurückkehrenden Mondkapsel. Gewiß, auch politische Zukunftsziele können und sollten gesetzt werden, aber nur wenn es vorher zu echten Diskussionen über solche Ziele kommt, wenn solche Ziele nicht von wenigen einzelnen bestimmt werden, sondern die Parlamente und andere öffentliche Gremien sich mit Aussprachen über die Ziele der Gesellschaft beschäftigen würden.

Der französische Forscher de Jouvenel hat das richtig erkannt. Er schlug vor: Wir müßten den Parlamenten eine neue Art von Institution vorschalten, nämlich ein »surmising forum«, d. h. ein Forum der Vermutungen und Hoffnungen. Diese Gremien sollen nach de Jouvenels Vorstellungen allerdings nicht entscheiden, sondern durch ihre Gespräche den politischen Entscheidungsträgern in den Parlamenten eine Vorstellung davon geben, welche Notwendigkeiten da sind, wie sie von verschiedenen gesellschaftlichen Gruppen gesehen werden und wie sich ein Konsensus im Hinblick auf Zukunftsziele entwickeln könnte. Daß wir, und zwar die Menschheit allgemein – nicht nur die Europäer, die in diesem Gebiet besonders zurück sind, sondern die Menschheit allgemein –, das Formulieren von Wünschen und Zielen noch nicht wirklich gelernt haben, zeigt sich, wenn man sich mit diesen Dingen beschäftigt. Es ist erstaunlich, wie wir uns daran gewöhnt haben, die Zeit, die auf uns zukommt, die Dinge auf uns zukommen zu lassen und ihnen kein eigenes Wollen, keinen eigenen Wunsch entgegenzusetzen.

Nun kommt das ja sicher aus einer Zeit, da man sich dem Schicksal so gläubig anvertrauen konnte wie einem Gott, man wurde schon richtig geleitet, wenn man nur das Richtige tat, wenn man nur mit dem Göttlichen im Einklang war, wenn man nur die Gebote der Sittlichkeit befolgte. Heute aber ist die Entwicklung so rasant, werden die Probleme, die sich entwickeln, wenn wir die Dinge laufen lassen wie sie sind, so unentwirrbar, daß dieses Vertrauen auf die Zukunft nicht mehr am Platze ist. Das führt nämlich dazu, daß man wartet, bis einem das Wasser bis zum Hals steht, und dann in diesem Augenblick, da man die Krise ganz deutlich spürt, endlich handelt, ungenügend vorbereitet handelt und darum meist falsch handelt. Wenn die Zukunftsforschung nichts anderes wäre als eine pädagogische Bemühung, die den Menschen die vernachlässigte Dimension Zukunft mit ihren Möglichkeiten, Notwendigkeiten und Gelegenheiten nahebringt, dann würde das alleine schon ihre Bemühungen rechtfertigen.

Nun habe ich allerdings in der Aufzählung der prognostischen Methoden etwas ausgelassen. Wenn wir künftige Möglichkeiten entwickelt haben, wenn wir Ziele gesetzt haben, so kommt nun als vierte Richtung der Zukunftsforschung das sogenannte »forecasting in feed-back« hinzu (zu deutsch: Vorausschau mit Rückkopplung), d.h., man klammert sich nicht an das Ziel, das man nun einmal gesetzt hat, sondern man bleibt ständig weiter offen für neues Geschehen und neue Vorausschau.

Man läßt die erkundende Voraussage ständig auf die von der normativen Vorausschau gesetzten Ziele zurückwirken und sie verändern. Darum feed-back forecasting im kybernetischen Sinn: Jeder Plan muß so offen sein, daß man ihn auf Grund der »Rückmeldungen« täglich an der Wirklichkeit modifizieren kann. Das Besondere an diesem Vorgehen ist, daß man nicht mehr an Plänen – wie man so schön sagt – »festhält«, daß man nicht der Gefangene seines »forecast« und des darauf beruhenden Planes ist.

Das impliziert aber – und damit möchte ich besonders diejenigen ansprechen, die mit Gutachten zu tun haben –, daß Gutachten eigentlich immer überholt sind. Wenn man sich alle paar Jahre oder jedes Jahr ein Gutachten liefern läßt und denkt: Jetzt kann ich mich beruhigen, jetzt weiß ich wie, dann wird man fast mit Sicherheit falsch gehen. An die Stelle der heutigen Gutachten-Praxis sollte ein neues Verfahren, eine neue Art von Behörde treten, die von der Zukunftsforschung »Look-out Institution« genannt worden ist. Das ist eine »Zeitwarte«, die man sich nun eigentlich auf jeder Stufe der Gesellschaft vorstellen kann. Anfangend bei der Gemeinde und bei einzelnen Interessengruppen, über das Land und die Region zum Staat, über den Staat hinaus zur internationalen Gemeinschaft. Solche Zeitwarten sollten ständig den Kurs beobachten, ständig voraussehen: Wo gehen die Dinge hin?

Wie könnten solche Look-out-Institutionen aussehen? Sie würden laut einem Entwurf, den ich im Auftrag des Europarates kürzlich verfaßt habe, aus folgenden Abteilungen bestehen: Im »Grundgeschoß« müßte es eine Abteilung geben, die Daten aus vielen Gebieten sammelt und zu korrelieren versucht; dieses Datensammeln darf niemals aufhören. Diese Abteilung wäre eine Art ziviler Nachrichtendienst, der die Entscheidungsträger ständig über den gegenwärtigen Zustand der Umwelt auf dem laufenden halten sollte. Eine solche Bemühung wäre noch vor 10 bis 15 Jahren erfolglos geblieben. Einmal, weil wir damals noch nicht die Geräte hatten, die es heute möglich machen, so viele Daten zu horten, zu ordnen, und, was besonders wichtig ist, miteinander in Verbindung zu bringen.

Und zweitens, weil es damals noch viel weniger Daten gab. Angeregt durch die Existenz der Datengeräte ist die Beschaffung von Angaben verschiedenster Art, sind die statistischen Methoden und die Methoden der Beobachtung des Seienden enorm verbessert worden. Wir erleben – und das ist eine der wichtigsten Entwicklungen seit 1945, die bisher von den wenigsten beachtet worden ist – ein sprunghaftes Anwachsen der Datendichte. Wir verfügen heute aus jedem Gebiet des Lebens und jedem einzelnen Land der Erde über unzählig mehr Daten als je zuvor, und zwar nicht nur aus Gebieten, die uns nahe liegen, sondern auch aus fernen und fernsten Regionen. Manchmal ist der Informationsanfall aus Gebieten, die weit weg liegen, größer als aus Gegenden, die geographisch nahe sind. So ist es sehr schwer, aus der Schweiz, wo nicht nur manche Unternehmen, sondern auch gewisse Kantone, wie z. B. Basel-Land, sehr mißtrauisch gegenüber der Statistik sind, genügend Daten zu bekommen. Es ist schwieriger als z. B. aus Japan, wo es ein anerkanntes und weit entwickeltes statistisches System gibt.

Die zweite Hauptabteilung einer »Zeitwarte« hätte sich auf Grund der Mitteilungen der Nachrichtenabteilung mit möglichen Aufgaben zu beschäftigen. Sie würde auf Grund sich ankündigender Krisen oder Möglichkeiten vorschlagen, welche Ziele besonders dringlich wären.

Die dritte Abteilung müßte die Ziele in durchführbare Entwürfe verwandeln, Entwürfe, in die nun nicht nur Mögliches, sondern auch Wünschbares einfließen könnte. Eine solche »Modellabteilung« hätte dann wiederum zu fragen: Was muß nun geschehen, damit solche Vorstellungen verwirklicht werden können?

Es darf allerdings nicht geschehen, daß ein Diktator oder Technokrat, gestützt auf derartige wissenschaftlich entwickelte Entwürfe, befiehlt: So muß es werden. Es handelt sich hier um Entscheidungshilfe, um nichts anderes, als daß man künftige, mögliche und notwendige Zielsetzungen aufzeigt und damit die Schaffenskraft der Zeitgenossen anregt. Hier setzt die Aufgabe der vierten Hauptabteilung jeder »Zeitwarte« ein. Sie muß auf breitester demokratischer Ebene Diskussionen über die ermittelten Aufgaben und Ziele arrangieren. Es kann und darf nicht so sein, daß die öffentlichen Aufgaben und Ziele von einigen wenigen Experten, von einigen wenigen in der politischen oder wirtschaftlichen Exekutive formuliert werden. So ist es doch heute praktisch! Die Bürger nehmen an der Setzung von Zukunftszielen so gut wie keinen Anteil. Aber haben wir nicht Volksvertretungen? Gewiß, aber ich bin der Ansicht, daß viele der Parlamente heute eigentlich nur noch nachvollziehen, was von den zielbestimmenden Gremien in Staat und Wirtschaft schon vorentschieden worden ist. Sie geben diesen »einsamen Entschlüssen« nachträglich noch die legale Weihe. Aber zu grundlegenden Diskussionen über künftige gesellschaftliche Ziele, z.B., ob die Entwicklung des Bildungsstandes dringlicher sei als die des Rüstungsstandes, ob man die Beamten besser bezahlen soll oder noch ein paar Starfighter kaufen soll, zu solchen Prioritäten unter den Bürgern kommt es leider nicht.

Und hier – meine ich nun – wird eine ganz neue Funktion des Beamten angedeutet: des Beamten als Vermittler zwischen der Exekutive und den Bürgern, des Beamten, der nicht mehr der gehorsam Ausführende der Bestimmungen der Exekutive ist, sondern der Vermittler zwischen denen, die regieren, und denen, die regiert, eine notwendige Brücke schlägt, der sich in besonderen Situationen weniger an die Legalität gebunden fühlt als an die Legitimität, und wenn er z.B. deutlich feststellt, daß die Exekutive demokratische Rechte verletzt – wie im Falle der Machtübernahme Hitlers –, sogar für Illegalität plädieren könnte und sollte. Ein solcher Beamtentyp müßte sehr viel mehr von einem Arzt an sich haben als von einem Feldwebel. Ein solcher Beamter sollte nicht nur etwa als Leitungsglied von oben nach unten wirken, sondern auch von unten nach oben. Er könnte den Regierenden klarmachen, was die Bürger spüren, wo sie sich unbehaglich fühlen und weshalb sie sich unbehaglich fühlen. Wenn der Beamte eine solche neue Funktion ausfüllen soll, dann müßte er allerdings sehr viel mehr Achtung im Volke genießen und sehr viel mehr Bezahlung verlangen können; denn das wäre ja eine außerordentlich schwierige, verantwortungsvolle Tätigkeit, die er auszuüben hätte, und es würde sich aus ihr ein völlig neues »Image« für den Beamten ergeben. Wie das heutige Image aussieht, können Sie aus einem, dem Datum nach am 10. Januar erscheinenden Artikel in der *Zeit* sehen, in dem es über das heutige Bild des Beamten heißt: »Tradition ist geprägt von der Neigung zur Zurückversicherung, vom obrigkeitsstaatlichen Denken, vom Streben nach absoluter Sicherheit, von der Scheu, vor dem Risiko und dem geistigen Strammstehen vor der Hierarchie.«

Ich muß sagen, daß es korrigiert werden kann. Es kann nichts Besseres geben, zur Korrektur einer solchen Darstellung ein Gegenbild, das Bild eines neuen, zukunftsoffenen Beamten, zu entwerfen. Ich möchte ein Exerzitium im Stile der Modellabteilung einer »Zeitwarte« und den »Beamten der Zukunft« zu skizzieren versuchen. Die erste Forderung, die ich an diesen Beamten von morgen stellen würde: Er müßte menschlich sein. In dem Maße nämlich, wie der Computer jene Funktionen des Beamten übernimmt, die Max Weber einmal geschildert hat, als er schrieb: Es gehöre zu den besonderen Eigenschaften der Bürokratie, daß sie Liebe, Haß, alle persönlichen und emotionellen Elemente, die unberechenbar sind, ausscheiden. Es werden dem Beamten völlig neue Funktionen zugewiesen. Er wird zwischen dem Computer und dem Bürger vermitteln müssen. Er wird sich nicht mehr berufen können, so sei es immer schon gewesen, oder erklären: »Mit Ihnen können wir keine Ausnahme machen!«, sondern sich gerade dieser Ausnahme annehmen, gerade weil das der Computer weniger gut kann.

Ein zweiter Wunsch, den ich an den Beamten der Zukunft hätte, wäre, daß er innovationsfreudig ist. Während wir früher uns auf Traditionen gründen konnten, müssen wir heute Innovationen, müssen wir das Neue, das Unerhörte, das noch nicht Versuchte wagen. Neue Vorschläge sollte dieser zukünftige Beamte nicht zurückweisen, sondern willkommen heißen. Dazu kommt noch, daß der Beamte von morgen flexibel sein müßte. Wir haben noch immer die Vorstellung – und das hat Professor Thure von Ueküll wunderschön gezeigt –, daß nicht nur der Beamte, sondern die meisten Menschen »Prinzipienmenschen« seien und einmal gefaßte Grundsätze wichtiger seien als Anpassung und Eingehen auf neue Bedürfnisse. Der Arzt erklärt aus diesem starren Verhalten sehr viele psychosomatische Krankheiten. Er zeigt vor allen Dingen, daß in der heutigen, sich sehr schnell wandelnden Zeit der starre, von seinem Über-Ich beherrschte Mensch nicht mehr existieren kann. Flexibel sein bedeutet nicht charakterlos sein. Im Gegenteil, es bedeutet die echten Forderungen, die wirklichen wichtigen Werte auf neue Weise durchzusetzen.

Dritter Wunsch: Der Beamte von morgen sollte schnell sein. Schon einfach deswegen, weil die Entwicklung so rasant ist. Der Beamte, dessen Würde und dessen Bedeutung daran erkenntlich ist, daß er vor einem möglichst großen Aktenberg sitzt, der Beamte, der sagt: »Ich überlege mir das noch ein paarmal« oder »Ich muß zurückfragen«, dieser Beamte ist überholt. Glauben Sie mir, daß sehr viel von dem Unwillen der Öffentlichkeit gegen den Beamten sich gegen ihre Langsamkeit richtet. Hier wäre wiederum eine echte Public-Relations-Arbeit notwendig, indem man zeigt, daß manche Entscheidungen tatsächlich nicht schnell gefällt werden können. Und hierzu würde ich z. B. vorschlagen, obwohl das sehr ungewöhnlich scheint – vielleicht wäre es ganz gut, wenn manche Bürger vorübergehend einmal Beamtenposten besetzen dürften. Das hat man einmal in New York versucht, indem man denen, die sich darüber beklagten, daß sie Strafzettel für verbotenes Parken bekommen hätten, sagte: Jetzt macht ihr das mal und übernehmt eine Woche lang den Dienst. Dann werdet ihr nämlich sehen, daß man leider Parkzettel verteilen muß. Ich glaube, daß ein solcher vorübergehender Rollenwechsel sehr viele notwendigen Einsichten auf beiden Seiten anregen würde.

Andererseits müßte sich der Beamte öfter, als es heute der Fall ist, unters Volk mischen, er müßte das Gebiet, das er aktenmäßig bearbeitet, »dreidimensional« erleben. Nicht nur durch Buchstaben, nicht nur aus Berichten, auch nicht durch vorübergehende Besichtigung und Stichproben, sondern dadurch, daß er sich in diese Wirklichkeit hineinbegibt. Solch vorübergehender Rollenwechsel ist eine ausgezeichnete Möglichkeit zur Erweiterung des gegenseitigen Verständnisses.

Die vierte Bitte: Der Beamte von morgen muß wissend sein. Er sollte vor allem nicht nur juristisches und Verwaltungswissen aufnehmen, sondern aus allen Gebieten, die sich mit dem Menschen befassen, d.h. aus der Anthropologie, der Psychologie, der Verhaltensforschung. Die Ausbildung des modernen Beamten hätte sehr stark auf die Wissenschaften vom Menschen hin orientiert zu werden. Und da man ja sowieso schon murmelt und etwas ungehalten ist, möchte ich noch etwas Öl ins Feuer gießen, indem ich Ihnen sage, daß die von der CDU-Korrespondenz berichtete Äußerung von Herrn Minister Benda, in der er von der »Eskalation des Irrsinns« sprach, die im Kampf oppositioneller Bürger gegen die Notstandsgesetze stattgefunden habe, von einem Beamten, der Psychologie und der Sozialpsychologie gelernt hätte, nicht gemacht worden wäre. Wenn Herr Minister Benda wirklich in seinem Ministerium die von ihm versprochenen neuen Abteilungen, wenn er »das ideale Ministerium« einrichtet, dann sollte er dort auch Psychologieunterricht geben, und der Herr Minister sollte sich bestimmt mit in die erste Reihe setzen.

Jetzt komme ich zu einer weiteren Forderung: Der Beamte von morgen muß kritisch sein. Er muß die Möglichkeit haben, das, was er vor sich sieht, und käme es auch von einem Vorgesetzten, zu kritisieren. Denn nur kritisch denkende Geister können in dieser gefahrvollen Zeit die notwendige Klarheit schaffen. Und schließlich als sechste und letzte Charakteristik des Beamten der Zukunft: Er sollte, um mit dieser sich schnell wandelnden Zeit fertig zu werden, in hohem Grade Phantasie besitzen.

Die Zahl der Beamten, der Einfluß der Beamten wird sich in der Zukunft enorm vergrößern. Wenn ich hier so kritische Worte verloren habe, so ist es nicht, um irgend jemandem weh zu tun, sondern aus einer ernsten Sorge heraus. Ich meine nämlich, daß wenn wir nicht einen neuen Beamten bekommen, daß dann in einer Zeit, da mehr und mehr von der öffentlichen Hand geregelt und geleitet werden muß, wir in eine neue Form des Totalitarismus hineinrutschen werden: die schleichende Herrschaft der Experten, die ungenügend kontrollierte Herrschaft der Exekutive. In einer Zeit, da der Bildungsstand steigt, da mehr und mehr Bürger gebildet sein werden und echte kritische Fähigkeiten werden entwickeln können, sollten die Regierenden sich mit den Bürgern öfter auf Diskussionen einlassen. Das, was die Studenten heute verlangen, wenn sie sagen: Diskussion ist bei vielen sehr ernst gemeint. Diskussion kostet Zeit, und es läßt sich gegen sie einwenden, daß die Entscheidungen oft schnell gefällt werden müssen und diejenigen, die nach Diskussion verlangen, nicht genügend informiert sind. Nun, dann informieren Sie sie doch besser!

...Nur wenn wir die Zukunft offen und kritisch halten, wenn wir eine Zukunft anstreben, in der Kritik und Phantasie eine wichtige Rolle spielen, werden wir eine demokratische und menschliche Gesellschaftsform erreichen.

(1969)

Die Chance der Imagination

Seit der »Ersten Internationalen Konferenz für Zukunftsforschung«, die im September 1967 in Oslo stattfand, sind viele interessante und begrüßenswerte Bedenken gegen die Zukunftsforschung erhoben worden. Unter ihnen sind zwei Einwände, die sich genau widersprechen. Einige Kritiker klagen, die »neuen Propheten« hätten *zuviel* Einbildungskraft (und seien daher nicht vertrauenswürdig); andere kritisieren, sie hätten *nicht genug* Einbildungskraft (und seien daher konservativ und langweilig). Ein paar überlegene Geister, die ich zufällig kenne, wollen ganz sicher gehen, indem sie die »Angeklagten« sowohl des einen wie auch des anderen Vergehens schuldig finden.

Ich selbst gebe denjenigen recht, die in den meisten gegenwärtig veröffentlichten Studien über die Welt von morgen zuviel Vorsicht und zuwenig schlagkräftige Perspektiven finden. Viele Zukunftsforscher lassen es, in dem Bestreben, ernst genommen zu werden, offenbar an intellektueller Courage fehlen. Die meisten der »wissenschaftlichen Prognosen und Vorhersagen« von heute sind – wie Hasan Ozbekhan überzeugend dargelegt hat – wirklich nicht viel mehr als »Verlängerungen der Gegenwart«.

Man hat gesagt, daß das gar nicht anders sein könne, weil der menschliche Geist – selbst der erfindungsreichste – weitgehend, wenn nicht sogar unentrinnbar, durch die Stimmungen, die Moden und nicht zuletzt die Wertvorstellungen seiner Umwelt konditioniert werde. Wenn das stimmt, müßte der Mensch allerdings immer Gefangener seiner Gegenwart bleiben.

Aber wie lassen sich dann die vielen – oft sehr radikalen – Abweichungen vom Bekannten und Anerkannten erklären, die vor allem in der Kultur- und Geistesgeschichte so häufig angetroffen werden? Es ist fast unmöglich, sie logisch zu erklären. Sie vollziehen sich meist sprunghaft und scheinen das Resultat blitzartiger Inspirationen zu sein.

Ein fortgeschrittenes Studium der Kreativität, ein tieferes Verständnis der Physiologie und Psychologie menschlicher Einbildungskraft werden nötig sein, um Licht in diese dunklen Ecken zu werfen. Im Menschen selbst und seinen ungeheuren, bislang nur teilweise entdeckten Möglichkeiten mag das nächste, wichtigste Forschungsziel liegen. Die Zukunftsforschung, bislang vornehmlich auf technologische Voraussagen und (in viel geringerem Umfang) auf soziale Prognosen gerichtet, sollte daher dem Studium dieser »Psychonauten« erhöhte Aufmerksamkeit zuwenden, denn sehr vieles in der Zukunft einer vom Menschen gestalteten Welt beginnt ja in der menschlichen Seele und im menschlichen Hirn.

Während sie noch auf einen Durchbruch in diesem Forschungsbereich warten, könnten Zukunftsforscher sich die bereits vorliegenden Ergebnisse zunutze machen, die die Erforschung der Kreativität[1]) beigebracht hat. Besonders ein neuer, möglicherweise zunehmend wichtiger Zweig der Zukunftsforschung, nämlich das »human forecasting«[2]), könnte vom näheren Umgang mit Anthropologen, Verhaltensforschern, Psychologen und Psychiatern nur profitieren.

In einem früheren Aufsatz[3]) habe ich drei Formen der Imagination unterschieden, die für die Zukunftsforschung nützlich sein könnten:

A. Logische Imagination
B. Kritische Imagination
C. Schöpferische Imagination

Bislang hat nur die erste dieser drei bei den Futurologen genügend Beachtung gefunden – eine Tatsache, die den Gesichtskreis unserer Studien bedeutend eingeengt hat. Die Hauptfunktion der »logischen Imagination« im Bereich der Zukunftsforschung besteht in der Antizipation »logischer Zukünfte«; die Anwendung »kritischer Imagination« ist unerläßlich für die Entwicklung von »gewollten Zukünften«[4]); die Rolle der »kreativen Imagination« ist von größter Wichtigkeit bei der Ausarbeitung »erfundener Zukünfte«.

A. Anwendungsmöglichkeiten der »logischen Imagination«

Die zentrale Idee der Logik ist ein Ordnungskonzept. Logische Imagination versucht daher Konzepte zu entwickeln, die ordnungsgemäß aufgebaut sind: Stein auf Stein, Schritt für Schritt. Nun wissen wir freilich, daß Geschichte sich nicht auf so ordentliche Weise vollzieht. Obgleich wir (und zwar öfter im nachhinein als im voraus) eine Anzahl von Mustern erkennen können, ist die Rolle von Überraschungen in der Historie enorm; und wir brauchen nur die »überraschungsfreien Entwürfe« von Kahn und Wiener nachzulesen, um zu begreifen, wie ganz anders die Realität sich zu entfalten pflegt.

Wenn logische Imagination jedoch nur als Teil einer Vorhersagemethode, als Herausforderung, Warnung oder Sprungbrett benutzt wird, kann sie gewiß von Nutzen sein. Viel zu oft wird sie jedoch isoliert angewendet, und dann scheint die so konstruierte »logische Zukunft« den Bedingungen, die wir schon kennen, merkwürdig zu ähneln, nur die Maße mögen sich vergrößert, gesteigert, also nur quantitativ geändert haben.

Solche Zukunftsschau präsentiert, wie Ozbekhan gesagt hat, »the same only more so«. Aber es gibt heuristische Qualitäten in der logischen Imagination, die mir für die Zukunftsforschung vielversprechend erscheinen. Eine davon wäre die *Methode der Übertreibung.*

Die logische Extrapolation eines bestehenden Trends über die Grenzen des Wahrscheinlichen hinaus kann Ergebnisse liefern, die Karikaturen gegenwärtiger Phänomene sind. Man stelle sich vor, das jährliche Wachstum des Bruttosozialprodukts in den USA oder einer anderen Industriemacht (z.B. Japan) halte weitere fünfzig oder hundert Jahre an, und man wird zu der Feststellung kommen, daß die Produktion des Jahres 2070 mehr wiegen müßte als unser gesamter Planet. Extrapoliert man die Wachstumskurve wissenschaftlicher Veröffentlichungen oder der Anzahl von Forschern oder die der Privatautos, so wird man ebenfalls früher oder später zu absurden Resultaten kommen. Fremlin hat diese Prozedur in eindrucksvoller Weise benutzt, als er die Konsequenzen einer unkontrollierten Bevölkerungsexplosion durch eine Extrapolation erhellte, nach der die Menschen schon in der ersten Hälfte des kommenden Jahrhunderts wie Sardinen in der Büchse existieren müßten. Die Methode der Übertreibung durch Konzentration auf einen einzigen Faktor mag in der Tat dazu dienen, bisher verborgene, übersehene oder vernachlässigte Möglichkeiten sichtbar zu machen. Das gilt besonders dann, wenn sie auf ganze Systeme angewandt wird (in der Tat ist das in den Kakotopien von Huxley, Samyatin und Orwell versucht worden).

Eine andere interessante Möglichkeit, logische Imagination als Instrument eines Gedankenexperiments zu benutzen, wäre die *Methode der veränderten Parameter.*

Neue Einsichten z.B. in demographische Entwicklungen könnten vermittelt werden durch Hypothesen über:

Veränderungen im Tempo der Bevölkerungszunahme,

Veränderungen der geographischen Verteilung,

Veränderungen in der bisherigen Ratio von Männern und Frauen.

Ich will hier für einen Moment bei dem Konzept des Gedankenexperiments verweilen, da ich glaube, es könnte helfen, jenen Mangel an Einbildungskraft zu überwinden, den einige Kritiker der Zukunftsforschung mit Recht vorwerfen. Obgleich es wichtig und legitim ist, daß ein Großteil prognostischer Arbeit klar definierten Objekten und Projekten gewidmet wird, wäre es falsch, weniger zielgerichtete, freischweifende Spekulationen ganz auszuschließen. Vor ein paar Jahren versuchte ich, die Idee einer »reinen sozialen Imagination« im Gegensatz zur »angewandten sozialen Imagination«[5]) einzuführen. Gedankenexperimente gehören offenbar in erster Linie zum Bereich der »reinen Imagination«. Obgleich sie, einmal durchgeführt, auch von praktischem Nutzen sein können, ist ihr ursprüngliches Ziel einfach die Öffnung neuer Horizonte, die Entdeckung neuer Möglichkeiten, die Auflockerung von Zwängen mit der Absicht, Zwänge umgehen zu lernen.

So könnte die *Methode der Paradoxien* fruchtbare Ideen hervorbringen, indem sie die eine oder andere grundlegende Voraussetzung durch Anwendung logischer Imagination auf den Kopf stellt. Was würde z.B. geschehen, wenn die Technologie nicht mehr auf immer größere und schnellere Produktion eingestellt wäre, sondern auf immer geringere bei absichtlich verlangsamtem Tempo? (Das Motiv könnte z.B. die Schaffung möglichst vieler neuer Arbeitsplätze sein, um das Anwachsen der arbeitenden

Bevölkerung auszugleichen). Wie sähen die Konsequenzen aus, wenn Teenager (wenigstens für ein paar Wochenstunden) zu Lehrern würden und der erwachsene Teil der Bevölkerung von ihnen lernte?

Unter den häufigsten Anwendungen »logischer Imagination« auf die Zukunftsforschung finden wir heute die Methode des »contextual mapping« (»kartographische Aufzeichnung von Zusammenhängen«). Auch hier könnte eine experimentelle Anwendung wieder interessante Einsichten vermitteln, besonders die *Methode der Invasion durch andere Disziplinen.*

Sie wurde zuerst von Donald Schon[6]) entdeckt und ist meines Wissens bislang nur bei der wechselseitigen »Invasion« von benachbarten Disziplinen angewendet worden, die eine oder mehrere Grenzen gemeinsam haben (z.B. Physik und Biologie). Doch gerade die Kombinierung und Paarung entfernterer Gebiete könnte die interessantesten »Kreuzungen« ergeben, so wenn man z.B. Konzepte des Rechtswesens auf die Elektronik übertrüge und umgekehrt (wobei vielleicht interessante neuartige Hierarchien entdeckt werden könnten), oder aber wenn Kompositionstechniken der modernen Zwölftonmusik den Rhythmus numerisch kontrollierter Maschinen beeinflussen könnten (was vielleicht ein vielfältigeres, weniger rigides Muster des Massen-Ausstoßes ermöglichen könnte).

Das sind nur ein paar Kostproben vom experimentellen Gebrauch der logischen Imagination. Nun noch eine letzte Methode, die ich die *Leitermethode* genannt habe, und zwar deshalb, weil sie ein Werkzeug darstellt, mit dem Sprosse nach Sprosse die Mauern des »Zeitgefängnisses« überstiegen werden könnten. Es gibt bekanntlich Hunderte von präzisen Vorhersagen in der Zukunftsforschung. Meine Idee ist nun, die eine oder andere davon herauszugreifen, anzunehmen, daß sie bereits eingetroffen sei, und auf dieser Basis dann schon eine weitere Voraussage zu konstruieren. Wir hätten als Folge dann bald eine dritte Stufe, von der nun abermals eine neue Voraussage möglich wird. Wie weit könnte das gehen? Wie bald würden wir bereits an die Grenze unserer semantischen Ausdrucksmöglichkeiten gelangen? Würde es so wirklich gelingen, uns von der Gegenwart Stufe um Stufe immer weiter zu entfernen? Vielleicht nur bedingt, wenn wir uns nur auf logische Schritte beschränken. Daher müßte diese Methode zusätzlich auch die Möglichkeiten der »schöpferischen Imagination« einbeziehen, die wir später diskutieren wollen, das heißt neben dem Gedankenschritt auch den »Gedankensprung nach vorne« wagen und pflegen.

B. Anwendungsmöglichkeiten der »kritischen Imagination«

Zuvor wollen wir uns jedoch den Anwendungsmöglichkeiten der »kritischen Imagination« zuwenden, die uns zur Erde zurück und auf festeren Grund führen wird. Denn »kritische Imagination« setzt in der Gegenwart ein. Sie prüft die gegebenen Umstände unter dem Aspekt notwendiger und erwünschter Veränderungen. Die Tatsache, daß sie von Futurologen so selten angewandt wird, mag mit den historischen Ursprüngen und ökonomischen Grundlagen der Zukunftsforschung zusammenhängen. Die Tatsache, daß militärische Establishments und Industriemanagements Urheber vieler Zukunftsstudien und damit auch ihr mächtigster Rückhalt und Ansporn waren, hat Spuren hinterlassen. Daher ist das Verlangen, einen Blick in die Zukunft zu tun, noch weitgehend von Furcht diktiert: Furcht, in der Rüstungsentwicklung zurückzufallen, Furcht, im Wettbewerb um neue Produkte und Märkte zu verlieren, Furcht vor einer Zukunft, die bestehende ökonomische und politische Bedingungen ernsthaft in Frage stellen könnte. Das scheint für die Machtstrukturen in West und Ost gleichermaßen zu gelten. Sie benutzen die neu entwickelten Methoden und Techniken der Trendbeobachtung, Prognose und Planung in großem Umfang für das »Krisen-Management«.

Nun könnte das durchaus eine legitime Zielsetzung sein, wenn man es riskieren könnte, künftige Krisen wirklich gründlich und ohne Rücksicht auf die Hauptveranwortlichen an Mißständen oder Fehlentwicklungen zu analysieren. Das würde aber bedeuten, daß eine Zukunftsstudie der Welternährungslage die entscheidende Rolle der Konsumgütermärkte und der Spekulation in Weizen, Reis oder anderen »zukunftsträchtigen« Erzeugnissen nicht mehr auslassen dürften. Eine solche Studie würde sich auch nicht scheuen, den größten Teil einer Analyse über die kritische Lage unserer Städte den gegenwärtigen und künftigen Eigentumsverhältnissen ebenso zu widmen wie der Bodenspekulation oder den restriktiven Gewerkschaftspraktiken im Baugewerbe. Prognosen über die weitere Entwicklung in sozialistischen Ländern müßten ohne Zögern mit dem Finger auf ihre bürokratische Erstarrung weisen dürfen, oder – um zu fälschlicherweise als »nicht-politisch« geltenden Fragen überzugehen – sie müßten z.B. die heute vorherrschende Priorität technologischer Werte gegenüber humanen Anliegen in Frage stellen können.

Wie wenig »kritische Imagination« sogar von einem so interessanten und aufgeschlossenen Zukunftsforscher wie Olaf Helmer angewandt wird, läßt sich in den meisten seiner Delphi-Studien erkennen. Obgleich er im Laufe der Zeit die Bedeutung sozialer Faktoren für die technologische Entwicklung anerkannte, ist er meines Wissens nie so weit gegangen, die Fortdauer einer profitorientierten US-Gesellschaft grundsätzlich in Frage zu stellen. Beweisstück für diesen Mangel an selbstkritischem Denken ist ein Fragebogen, der den Teilnehmern des »First Annual Technology and Management Conference«, die im Mai 1967 im Lake Placid Club im Staate New York stattfand, ausgehändigt wurde.7) Den Teilnehmern an dieser speziellen Delphi-Übung wurden die folgenden Fragen gestellt:

1. In welchem Jahr wird sich Ihrer Meinung nach das durchschnittliche Familieneinkommen (im Dollarwert von 1967) verdoppelt haben?
2. In welchem Jahr wird der Anteil der elektrisch betriebenen in der Gesamtzahl aller Automobile 50 Prozent erreichen?
3. In welchem Jahr werden 50 Prozent aller Haushalte mit Leihcomputern ausgestattet sein, die an einen Zentralcomputer und eine Datenbank angeschlossen sind?
4. In welchem Jahr wird der Pro-Kopf-Betrag an Bargeld-Transaktionen auf ein Zehntel seiner heutigen Höhe reduziert sein?
5. In welchem Jahr wird thermonuklear erzeugte Energie gegenüber hydroelektrisch erzeugter Energie wirtschaftlich wettbewerbsfähig sein?
6. In welchem Jahr wird es möglich sein, mit öffentlichen Verkehrsmitteln vom New Yorker Times Square zum Union Square in San Francisco in der Hälfte der Zeit zu gelangen, die heute noch für diese Reise erforderlich ist?
7. In welchem Jahr wird ein Mensch zum ersten Mal zum Mond reisen, dort wenigstens einen Monat bleiben und zur Erde zurückkehren?

Schon ein oberflächliches Studium dieses Fragebogens enthüllt, daß seine Autoren das Fortbestehen der folgenden Bedingungen stillschweigend voraussetzen:

1. Familieneinkommen	(*aber* wird es in dem von den Interviewern angenommenen Zeitrahmen von 30 – 60 Jahren noch »Familien« und noch »Einkommen« geben?)
2. Individualverkehr	(*aber* wer wird all die Straßen bauen, die mit ihm Schritt halten sollen? Ist der »Individualverkehr« nicht bereits im kritischen Stadium?)
3. Zentrale Datenbanken	(*aber* werden sie nicht als möglicher Schritt zum Totalitarismus bis dahin verboten sein?)
4. Finanzielle Transaktionen durch Individuen	(*aber* ist es so sicher, daß zu diesem späteren Zeitpunkt solche Entscheidungen noch in der Hand von Individuen liegen werden?)
5. Die Interviewer unterstellen den Vorrang des kommerziellen Wettbewerbs sogar auf Gebieten von vorwiegend sozialer Bedeutung	(*aber* könnten nicht ökologische oder ästhetische Faktoren in Zukunft viel größeres Gewicht bekommen?)
6. die primäre Bedeutung des schnellen Reisens	(*aber* wird das vereinbar sein mit erhöhter Berücksichtigung der durch Überschallgeschwindigkeiten verursachten Gesundheitsschäden?)
7. den Wunsch, zum Mond zu gelangen	(*aber* wird das dann immer noch als wichtiges Ziel gelten?)

Es scheint ganz typisch zu sein, daß diese Delphi-Studie vornehmlich zu ergründen suchte, in welchem Jahr sich gewisse heute für möglich und wahrscheinlich gehaltene Durchbrüche realisieren ließen, und nicht etwa, ob sie heute oder gar morgen überhaupt wünschenswert und akzeptabel sind. Die betreffenden Zukunftsforscher stellten die Werte, die ökonomischen Strukturen, die technologischen Ziele, die am Ort und Zeitpunkt ihrer Umfrage in den USA von 1967 mehr oder weniger allgemein akzeptiert waren, überhaupt nicht in Frage. Hätte dieser Delphi-Test im Jahre 1970 – also drei Jahre später – stattgefunden, so wären von den gleichen Forschern vermutlich andere Fragen gestellt worden, weil inzwischen eine Reihe von Ereignissen (die Studentenrevolte, die Fehlschläge in Vietnam, die wachsende Sorge um die Umweltbedingungen) die allgemeingültigen Ziele und Werte von 1967 erschüttert haben. Das Fehlen kritischer – vor allem selbstkritischer – Imagination kennzeichnet auch die Bemühungen der meisten dem politischen oder industriellen Establishment bewußt oder unbewußt verpflichteten Zukunftsdenker des Westens. Nicht einmal spekulativ wagen sie die Strukturen ihrer gesellschaftlichen Umwelt radikal in Frage zu stellen. Sie sehen zwar viele Veränderungen in anderen Systemen voraus, aber sie sind offensichtlich außerstande, sich auch nur im Denkspiel eine Revolution im eigenen Lande vorzustellen.

Einen ähnlichen – wenn nicht sogar größeren – Mangel an Selbstkritik finden wir in den »sozialistischen Ländern«. Mir ist aus dieser Richtung noch keine Prognose bekanntgeworden, die tiefgreifende politische oder ökonomische Veränderungen (z.B. die legale Existenz einer kritischen Opposition) ins Auge zu fassen wagt oder konsequent marxistisch mit dialektischen und dynamischen Entwicklungen ihrer eigenen Gesellschaft rechnet. Der Mut zur konkreten Antithese fehlt. Daher ist auch keine künftige Synthese auf höherer Stufe antizipiert worden.

Die Schlußfolgerung ist zwingend: Kritische Imagination wird oder kann nicht entwickelt werden von denen, die ihrem jeweiligen »Establishment« zu nahe stehen. Diese wichtige Aufgabe bleibt entweder Sache der kritischen Minoritäten innerhalb oder eines Rivalen außerhalb des betreffenden Systems. Eine reifere Gesellschaft würde diese notwendige geistige Vorbereitung ihrer notwendigen permanenten Verwandlung legalisieren, ja sogar fördern als unerläßlich für ihre Selbsterneuerung.

Was bezweckt die kritische Imagination, und wie geht sie vor?

Zunächst ist der »kritische Futurologe« ständig auf der Suche nach Schwächen, Widersprüchen und inhärenten Gefahren im gegenwärtigen Stand der Dinge. Das impliziert sowohl die Analyse von Fehlern wie von Nachlässigkeiten, solche eingeschlossen, die durch bloße Überprüfung der Dinge, wie sie gerade sind, nicht herausgefunden werden können, sondern erst durch jenes »Vergrößerungsglas«, das die Vorwegnahme künftiger Entwicklungen darstellt. Gegenstand solcher »kritischen Zukunftsstudien« wären etwa die verschleppte Entwicklung neuer Massentransportmittel in manchen hochindustrialisierten Ländern, das Fehlen jeder vernünftigen Planung hinsichtlich der zukünftigen Partizipation einer wachsenden Intelligenzschicht an der Leitung staatlicher und industrieller Unternehmungen, oder die Veränderung der Wertvorstellungen einer heraufkommenden Generation. Zusätzlich müßte stets gefragt werden: Wessen Interessen ist mit dieser Entwicklung (oder Nicht-Entwicklung) auf lange Sicht am meisten gedient? Sub specie futuri kommt es zu manchen überraschenden Umkehrungen der Interessenlage, die oft weder von den künftig Betroffenen noch den Begünstigten frühzeitig genug eingesehen werden.

Aber die Diagnose ist nur der erste Schritt bei der Arbeit mit »kritischer Imagination«. Der zweite sollte stets die »Erfindung« einer besseren Zukunft sein, die auf der kritischen Bewertung gegenwärtig sichtbarer und vorhersehbarer Entwicklungen basiert. Solche detaillierten »Modelle« z.B. von menschlicheren und demokratischeren Institutionen und Lebensbedingungen haben allerdings oft mehr heuristischen und experimentellen Wert als die Funktionen konkreter Planung. Sie können jedem, der seine eigenen Lebensbedingungen kritisch betrachtet, klarmachen, daß eine sehr andersgeartete Zukunft denkbar ist und wie sie aussehen könnte (aber nicht notwendigerweise aussehen muß). Der Entwurf künftiger besserer Welten muß durchaus nicht Wirklichkeitsflucht sein, sondern kann als starke Motivation für die Beseitigung schlechter gegenwärtiger Zustände zum revolutionären Instrument werden. Durch eine doppelte Attacke auf die Verhältnisse – frontal und direkt durch Enthüllung von Schwächen, aber auch indirekt durch das Aufzeigen wünschbarer und möglicher Alternativen – würden kritische Zukunftsforscher helfen, jene tiefgreifenden Veränderungen hervorzubringen, die Aufgabe der jungen Generation in aller Welt ist.

Die »kritische Imagination« und die auf ihr vorzüglich basierende »kritische Zukunftsforschung« spricht vor allem die Generation unter Dreißig an. Ihnen wird allerdings – und das ist eine ernste Sache! – ein Großteil der Zukunftsstudien, die zur Zeit von staatlichen und privaten »Denkfabriken« und prognostischen Zellen gemacht werden, vorenthalten. Aber sie haben dafür einiges aufzuweisen, was vielleicht noch wichtiger ist als Daten: scharfes Urteil, hochgradige Unabhängigkeit und eine visionäre Kraft, die in den ersten zehn oder fünfzehn Jahren des Erwachsenendaseins am größten ist, wie psychologische Untersuchungen hervorragender Forscher in den Naturwissenschaften klar gezeigt haben.

C. Anwendungsmöglichkeiten der »schöpferischen Imagination«

Das bringt mich auf die dritte Art von Imagination, die ich persönlich am höchsten schätze: »schöpferische Imagination«. Nach meiner Definition gibt sich schöpferische Imagination nicht damit zufrieden, bereits bestehende Trends auszuweiten, zu kombinieren oder zu negieren. Indem sie aus den existierenden Systemen (oder Gegensystemen) ausbricht, versucht sie, einen vollständig neuen Kurs einzuschlagen und mit den vorherrschenden Konzepten radikal zu brechen. Schöpferische Imagination gebiert ein neues Zeitalter, wann und wo immer sie auftaucht. Sie markiert eine Epoche. Und sehr oft siedelt sie das neue Bewußtsein jenseits der Kontroversen an, die für die Vergangenheit charakteristisch und unausweichlich erschienen.

Einen solchen Durchbruch »schöpferischer Imagination« haben wir erlebt, als die Ära der Aufklärung begann, während noch der tödliche Kampf zwischen Katholizismus und Protestantismus das Europa des 17. Jahrhunderts verwüstete. Sie war die zukunftsträchtige Voraussehung für die atemberaubende Entwicklung von Wissenschaft und Technik in den folgenden Jahrhunderten. Ist es nun denkbar, daß wir zur Zeit vor einem neuen, ähnlich grundlegenden Wechsel stehen, der die erstarrte szientistisch-technologische Weltsicht unserer Tage auf einen weniger wichtigen Platz verweist und an ihre Stelle abermals eine ganz andere Art der Anschauung tritt?

Das größte Hindernis für den Durchbruch »schöpferischer Imagination« ist meiner Ansicht nach unser veraltetes Konzept von den sogenannten »Fakten« und »Daten«. Nur Angaben, die eindeutig definiert, präzise beobachtet, geprüft und eindeutig bewiesen werden können, werden nach dem gegenwärtigen wissenschaftlichen Standard anerkannt.

Man hält dies Verfahren für realistisch, obgleich es tatsächlich den dynamischen und ambivalenten Charakter der Realität negiert. Eine neue Definition von »Tatsachen« sollte in Übereinstimmung mit den Forschungskonzepten der Biologie, der modernen Physik, der Psychologie berücksichtigen, daß sie lediglich Momentaufnahmen in einem weiterlaufenden Film sind; daß Realität in Wahrheit etwas Fließendes und in unaufhörlichem Wandel Begriffenes ist.

Eine Zukunftsforschung, die sich ausschließlich auf eindeutige »Fakten« stützt, wird ihre Voraussagen stets auf etwas gründen müssen, das inzwischen schon wieder vorbei und durch andere Fakten ersetzt ist, ihrerseits im gleichen Moment, da wir sie beobachten, fassen und verzeichnen, schon wieder der Vergangenheit angehören. Wir werden mehr und mehr in unseren Zukunftsstudien Prozesse statt Daten zu berücksichtigen haben, Vorgänge, die im Fluß sind, »Meta-Daten«, wie ich sie genannt habe.

»Schöpferische Imagination« wird sich nicht fürchten vor Visionen, die aus den Quellen des Unbewußten heraufsteigen, sie wird sich geduldig offenhalten für Ahnungen, Tagträume, plötzlich aufblitzende Einsichten. Sie könnte sogar mystische Erleuchtungen als Quelle neuer Einsicht rehabilitieren. Ich glaube, daß wir sehr bald »Laboratorien des Geistes« gründen sollten, die in Zusammenarbeit von Psychologie, Anthropologie, Soziologie, Biologie, Ethnologie und den Kunstwissenschaften methodisch zu untersuchen hätten, ob und wie »schöpferische Imagination« durch bewußte Anstrengung (eher als wie bisher durch Zufall oder geduldiges Warten) hervorgebracht werden kann. Die Zukunftsforschung sollte Fähigkeiten entwickeln helfen, die der Mensch lange vernachlässigt hat, weil er zu ausschließlich seinen technischen Werkzeugen die höchste Bedeutung beimaß.[8])

(1973)

Plädoyer für eine neue Wissenschaft

Als man einem berühmten Amerikaner im vorigen Jahrhundert die Frage stellte, ob seiner Ansicht nach künftige Ereignisse vorausgesehen oder sogar exakt gemessen und beschrieben werden könnten, gab er darauf folgende Antwort: »Im Laufe von 176 Jahren hat sich der Unterlauf des Mississippi um 242 Meilen verkürzt. Das ist im Mittel ein Verlust von einer und ein Drittel Meile im Jahr. Daher kann jeder vernünftige Mensch erkennen, daß in 742 Jahren der untere Mississippi nur noch eindreiviertel Meilen lang sein wird.« Und er fügte zur Bewertung seines geodätisch-futurologischen Denkspiels hinzu: »Es ist doch ein eigener Reiz um die Wissenschaft: Mit einem so geringen Kapital von Zahlen bekommt man so gewaltige Resultate.«

Nun, aus diesem abschließenden Urteil sprach selbstverständlich die Ironie. Es war eben kein berufsmäßiger Landvermesser, der da sprach, sondern ein genialer Humorist, der große Mark Twain. Auf diese Weise machte er sich fast auf den Tag genau von hundert Jahren, nämlich im Herbst 1874, über die simplen Versuche lustig, das Kommende als eine gradlinige Fortschreibung statistischer Kurven zu sehen, statt die Vielfalt möglicher Einflußgrößen zu bedenken. Mit Skepsis, die sich über Ironisierung und fundierte Kritik bis zur völligen Ablehnung steigert, muß seit jeher fast jedermann rechnen, der es wagt, Kommendes vorauszusagen. Seher, Propheten, Auguren von den erhabensten bis zu den durchschnittlichsten Persönlichkeiten, die es wagten, etwas, das noch nicht geschehen ist, zu beschreiben, haben stets mehr Spott als Bewunderung eingeheimst. Dennoch hörten die Bemühungen, das noch nicht Geschehene zu erkennen, zu erfassen und auf diese Weise verfügbar zu machen, in fast allen Kulturkreisen niemals auf, und es sind daran nicht nur Träumer,

Phantasten oder Schwindler beteiligt gewesen, sondern in vieler Hinsicht auch die exakten Naturwissenschaften und die auf ihr gründende Technik. Denn wie lange eine Erkenntnis oder Entdeckung Gültigkeit behält, hängt davon ab, ob sie über den Augenblick der ersten experimentellen Erprobung hinaus sich auch in Zukunft bewährt und damit als stimmig erweist. Unsere gegenwärtige Zivilisation ist sogar in einem besonders hohen Maße auf begründete Zukunftsannahmen angewiesen. Wir merken es oft nur gar nicht mehr, daß wir fast selbstverständlich annehmen, Vertrautes werde auch in einer noch nicht eingetretenen Zeit weiterbestehen oder höchstens leichte Veränderungen durchgemacht haben. Das heißt, wir planen z. B. Kongresse, Buchmessen, Staatsjubiläen, gestützt auf Erfahrung und Erkenntnis, über Monate und Jahre hinweg und haben diese Kunst so weit entwickelt, daß die projektierten Vorhaben in ihrer Mehrzahl ohne allzu große Irrtümer und Abänderungen tatsächlich neue Wirklichkeit, daß sie gestaltete Zukunft werden.

Daß dieser gewohnte Umgang mit der Zukunft so verhältnismäßig pannenfrei gelingt, wundert vor allem die Zukunftsforscher. Denn Zukunftsforschung, die sich neuerdings bemüht, erstmals systematisch alle Möglichkeiten der Vorausschau zu prüfen, sie auf ihre Eignung, auf ihre Anwendungsmöglichkeiten, auf ihren Zuverlässigkeitsgrad hin zu untersuchen, sowie neue Methoden des Umgangs mit dem Künftigen zu entdecken, ist keineswegs – wie man in der Öffentlichkeit meist annimmt – durch Selbstlob und Selbstbestätigung charakterisiert, sondern überwiegend selbstkritisch. Die genauere und leidenschaftslose Beschäftigung mit den bisherigen Versuchen der Menschheit, sich die Zukunft vorzustellen, zu entwerfen, zu planen und zu gestalten, hat nämlich gezeigt, daß die Zahl der Fehlerquellen, der Täuschungen und Irrtümer, denen Prognostiker und Planer zum Opfer fallen, noch weit größer sein kann, als selbst die ärgsten Spötter bis dahin angenommen hatten.

Es ist also nicht nur Vorsicht und das Bemühen um Absicherung dafür verantwortlich zu machen, daß Prognosen heutzutage mit so vielen »Wenns« und »Abers« arbeiten, daß sie selten ganz bestimmte Voraussagen machen, auf die sich dann die Entscheidungsträger verlassen können. Seriöse »forecaster« müssen stets verschiedene Eventualitäten und Alternativen, einen ganzen Fächer möglicher »Zukünfte« bedenken und vorstellen, weil ihr höherer Grad von Einsicht es ihnen nicht mehr erlaubt, naive Behauptungen von angeblich sicheren oder gar unvermeidlichen Entwicklungen aufzustellen.

Als Beispiel für diese aus wachsender Reife erwachsende, oft sogar übertrieben selbstkritische Haltung sei die Untersuchung des oft als Prognostiker hervorgetretenen deutschen Nationalökonomen Horst Wagenführ zitiert, der auf die Frage, ob die Futurologie eine Wissenschaft sei, zu folgenden Schlüssen kam:

Erstens: »›Zukunft‹ stellt kein Erfahrungsobjekt dar, denn sie ›ist‹ ex definitione ja noch gar nicht. Also kann man aus ihr auch kein Erkenntnisobjekt bilden. Nicht einmal ihr Umfang läßt sich eingrenzen: Von jetzt bis ›unendlich‹ ist alles Zukunft.«

Zweitens: »Wenn es kein spezifisches Erkenntnisobjekt gibt, ist auch keine systematische Ausrichtung möglich, ebensowenig eine facheigene Begriffsbildung.«

Drittens: »In einer allgemeinen Wissenschaft Futurologie könnte man keine Methodenklarheit gewinnen, denn es ist selbstverständlich, daß für einzelne Wissensbereiche je unterschiedliche Methoden notwendig werden.«

Fazit: »Da einer ›Futurologie‹ die systematische und zeitliche Abgrenzung und eigene Begriffsbildung fehlt und keine einheitliche Methodenbildung möglich ist, erscheint sie als Wissenschaft im herkömmlichen Sinne nicht etablierbar.«

Nun kann man nach Anhören solcher Zweifel, die aus den eigenen Reihen kommen, die Zukunftsforscher fragen, ob ihre Bemühungen denn unter solchen Umständen überhaupt sinnvoll seien. Auf diese berechtigte Herausforderung zu antworten, ist die Aufgabe meiner Ausführungen.

Ich möchte zu Anfang die Behauptung aufstellen, daß eine Erhellung der Zukunft – sei sie noch so unvollkommen und widersprüchlich – in der jetzigen Krisenepoche der Gesellschaft und der Wirtschaft eine Notwendigkeit ist. Wenn immer mehr Menschen in immer mehr Ländern sich heute diesem unsicheren Geschäft widmen, dann geschieht das, weil naturwissenschaftliche und technische Präzision und Sicherheit Kräfte in die Welt gesetzt haben, die deren Zukunft höchst unpräzise und unsicher erscheinen läßt. Die vor uns liegende Zeit kann durch eine lebensfeindliche Nutzung dieser angeblich »wertneutralen« Erkenntnisse und der auf ihnen basierenden Instrumente nicht nur geschädigt oder gar zerstört, sondern unter Umständen als von Menschen erfahrbare Dimension vernichtet werden. Dieses mögliche Ende aller menschlichen Zukunft, dieses durch eine unheilvolle Kombination von Scharfsinn im Detail und Blindheit für Zusammenhänge denkbar gewordene »finis humanitatis« veranlaßt zahlreiche Menschen, sich zu fragen: »Wie können wir die Zukunft erhalten? Wie können wir die Zukunft bestehen?«

Es ist daher in erster Linie nicht das Suchen nach reiner Erkenntnis, das den Zukunftsforscher motiviert, sondern eine klar zu definierende praktische Absicht. Er will vor allem dazu beitragen, das Überleben des Menschengeschlechts zu ermöglichen und damit implizit u.a. auch die Weiterführung von Forschungsvorhaben gewährleisten, die sich weniger dringlichen Problemen mit schärferen Instrumenten der Wahrheitsfindung widmen.

Doch ohne es eigentlich zu beabsichtigen, haben die Erkundungen über die denkbare Zukunft im Zeitalter undenkbar furchtbarer Möglichkeiten mit dazu beigetragen, nun den bisherigen Stil und die Zielsetzungen der exakten Wissenschaften sowie der präzisen Techniken in Zweifel zu ziehen. Hat diese Wissenschaft, die nur das zum Gegenstand ihrer Arbeiten machte, was sie eindeutig und zweifelsfrei messen und erklären konnte, nicht letztlich versagt, so fragt man sich, weil sie das nicht Meßbare oder noch nicht Meßbare, das nicht Erklärbare oder noch nicht Erklärbare, wie z.B. die menschlichen Emotionen und Aggressionen, oder die wegen ihrer Komplexheit schwer entwirrbaren gesellschaftlichen und politischen Zusammenhänge vernachlässigte oder sogar bewußt ausklammerte? War es technisch richtig gehandelt, präzis funktionierende Geräte vom Auto bis zur Wasserstoffbombe den durchaus nicht präzise funktionierenden Mitmenschen in die Hände zu geben?

Auf Grund solcher skeptischen Einwände, die sich diesmal an die bis vor einigen Jahren kaum von Zweifel geplagten sogenannten »exakten Wissenschaften« richten, möchte ich im Widerspruch zu den von Wagenführ vorgebrachten perfektionistischen Thesen für eine stets unvollkommene, niemals zu »schönen«

schlüssigen Resultaten kommende geistige Bemühung plädieren, die sich nicht scheut anzugehen, was niemals ganz zu bewältigen sein wird und doch, so gut wie es geht, erhellt werden muß: Ich plädiere trotz aller Zweifel für eine Erforschung der Zukunft. In diesem Sinne stelle ich den drei Thesen und dem Fazit Wagenführs ebenfalls drei Thesen und ein Fazit entgegen, die sich bewußt an dessen Formulierungen anlehnen, sie aber erweitern oder ihnen widersprechen.

Erstens: Weil Zukunft kein übliches »Erfahrungsobjekt« ist, kann, ja darf man mit ihr nicht umgehen wie mit etwas Seiendem, Festumrissenen. Sie ist etwas stets Werdendes, also noch weitgehend Beeinflußbares, Formbares, Veränderliches, in das sowohl Elemente des »Jetzt« wie des »Morgen« und »Übermorgen« eingehen. Sie kann daher nicht auf die bisher übliche Weise vermessen werden.

Zweitens: Eine »systematische Ausrichtung«, deren Fehlen Wagenführ moniert, wäre für eine Erforschung der Zukunft verhängnisvoll, weil sie Kriterien der Vergangenheit und Gegenwart, mit denen wir umgehen müssen, verfestigen würde. Nur mit immer neuen Hypothesen und Methoden, die so veränderlich sein müssen, wie es den sich verändernden Zeitläufen entspricht, kann versucht werden, annähernd zutreffende Vorstellungen über Zukünftiges zu entwickeln.

Drittens: Im Gegensatz zum Forschungsstil des neunzehnten und der ersten zwei Drittel des zwanzigsten Jahrhunderts versucht die Zukunftsforschung, die einzelnen Wissensbereiche mit ihren unterschiedlichen Methoden zu überwinden und den Zerfall in immer kleinere Spezialgebiete durch Zusammensicht auf höherer Stufe komplementär zu kompensieren.

Fazit: Gerade weil die Zukunftsforschung sich nicht in das künstliche und gegenüber der komplexen Wirklichkeit zu enge Begriffssystem der vom Stil der Naturwissenschaften beherrschten Wissenschaften pressen läßt, öffnet sie die Tore zu einer »neuen Wissenschaft«, die – weniger rigide als die alte – nicht nur alles quantitativ Erfaßbare und präzis Meßbare wahrnimmt und zueinander in Beziehung setzt, sondern auch bisher nur ungenau Erfaßtes und nicht oder noch nicht Meßbares in den Kreis ihrer Betrachtungen einbezieht.

Das Problem der Meßbarkeit ist für die Auseinandersetzung über die Zukunft der Wissenschaften im allgemeinen und die Zukunft der Zukunftsforschung im speziellen von zentraler Bedeutung. Das genau Meßbare, wie z. B. die Umlaufbahnen der Planeten um die Sonne oder die Größe der kritischen Masse, die zur Auslösung einer atomaren Explosion notwendig ist, ermöglicht exakte Voraussagen. Aber solche genauen Prognosen sind nur für einen Teil der Naturphänomene herstellbar. Schon die Voraussehbarkeit des Wetters ist trotz vielfacher Verbesserungen mit Ungewißheiten belastet, weil hier bereits eine große Zahl von Parametern zum Teil überraschend auftritt und kurzlebige Variablen mit im Spiel sind.

Die Hoffnung, daß die überwiegende Zahl der Faktoren, die einer Entwicklung zugrunde liegen, meßbar seien oder meßbar gemacht werden könnten, bestand ziemlich ungebrochen nur in den Anfangsjahren der Zukunftsforschung. Sie waren von einem, wie wir heute wissen, wenig wirklichkeitstreuen Glauben an Gültigkeit von Zeitreihen und Extrapolationen erfüllt. Besonders jener Zweig der Zukunftsforschung, der sich mit der technischen Weiterentwicklung befaßte, das sogenannte »technological forecasting«, meinte anfangs, aus der ständigen Steigerung von Geschwindigkeiten oder Energiekapazitäten während der vorhergegangenen Jahrzehnte ein in immer größeren Dimensionen gehaltenes Bild der technischen Zukunft ableiten zu können. Wenn auch in vielen Fällen zum Zeitpunkt der Prognose noch die konkreten technischen Instrumente zur Herstellung dieser Steigerungsraten fehlten, so meinte man aus vorhergegangener Erfahrung annehmen zu können, daß auch in Zukunft die technische Imagination sich den technischen Zielen und Erfordernissen anpassen werde.

Auf solchen Trendverlängerungen beruhten viele Voraussagen, die in den fünfziger und sechziger Jahren dieses Jahrhunderts veröffentlicht wurden. Da wurden Prognosen wie eine Vervierfachung der Autozahl bis zum Jahre 2000 oder gar – zum Beispiel für die Schweiz – eine Versiebenfachung des bereits hohen Lebensstandards bis zur Jahrtausendwende errechnet. Aber solches einfache Extrapolieren erwies sich, wenn man es konsequent betrieb, als unwahrscheinlich, ja unsinnig. Denn man kam dabei unter anderem zu dem Schluß, daß in absehbarer Zeit nahezu jeder Mensch in den industrialisierten Ländern Wissenschaftler sein werde, wenn man nämlich solcher Rechnung ein Gleichbleiben der schnellen Zuwachsrate von Akademikern in den ersten zwanzig Jahren der letzten Nachkriegszeit zugrunde legte.

Als Konsequenz der ersten Einsicht in die Absurdität solch mechanischer Trendberechnungen entstand die sogenannte »cross impact«-Methode, die zeigen konnte, wie durch das Aufeinanderbeziehen verschiedener Tendenzen in ihren wechselseitigen, einander einschränkenden, widersprüchlichen Wirkungen ganz andere Entwicklungsmuster entstanden. Es mußte – um beim vorhin erwähnten Beispiel der unaufhörlich zunehmenden Zahl von Wissenschaftlern zu bleiben – der voraussichtliche Bedarf für andere Berufssparten miteinkalkuliert und als Bremsfaktor in die Vorausberechnung eingebracht werden. So entstanden sogenannte »contextual maps«, regelrechte Kartenentwürfe, auf denen die einander besonders stark beeinflussenden Gebiete nahe aneinandergerückt oder einander überlappend dargestellt wurden, während distanziertere Einflußmöglichkeiten durch größere Entfernungen voneinander gekennzeichnet waren. Ein recht arbiträres Arrangement, das stets nur das zur Zeit wahrnehmbare Muster der gegenseitigen Beeinflussungen oder Abhängigkeiten darstellte, nie aber ein künftiges »pattern«, das möglicherweise gerade aus diesen Einflüssen entstehen konnte.

Man ist dann auch sehr schnell dazu übergegangen, diese statistischen Zukunftskarten durch dynamische abzulösen, indem man versuchte, im Computer viele mögliche gegenseitige »impacts« durchzutesten. So konnten zuerst in den Kriegsspielen der US Air Force, später auch in den wirtschaftlichen und technologischen Zukunftsspielen verschiedener amerikanischer »think tanks« (»Denkfabriken«), die in mathematischen Modellen formulierten Bestandsaufnahmen der Gegenwart mit jeweils verschiedenen Gewichtungen bewertet und dadurch verschiedene mögliche »Zukünfte« ausgedruckt werden.

Allerdings zeigte sich hier bereits, daß die tatsächlichen Gewichtungen, die Entscheidung zum Beispiel, ob man so viel wertvolle Rohstoffe wie bisher einer immer stärker anschwellenden Autolawine opfern, oder das Problem, den bereits an der Spitze der Energieverbraucher marschierenden Ländern auch weiterhin noch eine so starke Energiezunahme wie bisher erlauben könnte,

Fragen waren, die nicht »errechnet« werden konnten, sondern letztlich von menschlicher Einsicht, menschlichen Interessen, menschlichen Machtverhältnissen abhängen.

Mit der Frage nach den Prioritäten, die zu wählen seien, und dem so auftauchenden Problem, ob die Entscheidung darüber, welche Entwicklungen vorrangig behandelt und welche vernachlässigt werden sollten, nach Vernunftsregeln oder aber – wie heute noch fast ausschließlich – nach Besitz- und Machtverhältnissen getroffen werden würden, begab sich die Zukunftsforschung aus dem Gebiet der meßbaren Größen in das der schwer oder unmeßbaren, mit denen es Humanwissenschaften wie die Soziologie, die Politologie, die Psychologie vorwiegend zu tun haben. Allerdings besteht die Hoffnung – und sie wird heute noch von einem allerdings immer kleiner werdenden Teil der Forschenden aufrechterhalten –, daß auch gesellschaftliches und persönliches Verhaltens gemessen werden könnten und mathematisch erfaßbar seien. Spieltheorie, »operations research«, »dynamisches Programmieren« und gewisse Anwendungen der Systemtheorie scheinen diese Erwartungen zu bestätigen. Sie alle versuchen, komplexe, von menschlichen Entscheidungen abhängige Vorgänge darzustellen, zu analysieren und damit vorhersehbar zu machen.

Ein führender Kopf dieser Schule, die meint, daß zum Beispiel historische Vorgänge mathematisch annähernd genau dargestellt werden können, ist Richard Bellmann von der University of Southern California. Er bestreitet die weitverbreitete Annahme, daß mathematisches Denken nur auf jenen Gebieten anwendbar ist, in denen Zahlen, Formeln und mechanische uhrengleiche Regelmäßigkeiten den Ton angeben. Er schreibt: »Was ist Mathematik? Die beste Antwort lautet: Mathematik ist das Studium konzeptueller Strukturen, ihrer Interaktionen und Transformationen in der Zeit… Wenn wir nun die Behauptung akzeptieren, daß jede menschliche Tätigkeit eine Struktur besitzen muß oder in der Tat viele verschiedene Typen von Strukturen, dann ist es plausibel anzunehmen, daß jede Disziplin von geeignetem mathematischen Denken Nutzen ziehen kann… Lassen Sie mich die Hauptphasen jeder derartigen mathematischen Untersuchung skizzieren. Die in Frage stehende Struktur (man könnte dafür auch System, Prozeß oder ähnliches sagen) besitzt eine Reihe von

Eigenschaften, die numerisch beschrieben werden können, wie zum Beispiel Bevölkerungsgröße, Bevölkerungsdichte, Stahlproduktion pro Jahr, Lage, Geschwindigkeit und so weiter. Diese veränderlichen Quantitäten können als »feste Größen« bezeichnet werden. Einige, wenn auch nicht alle dieser hypothetischen Variablen können tatsächlich gemessen werden. Die Existenz ebenfalls vorhandener nicht beobachtbarer Faktoren muß aber *mit Gleichmut hingenommen werden,* obwohl es sicherlich philosophisch wünschbarer wäre, wenn eine *Theorie* sich ganz auf Beobachtungsgrößen stützen könnte. Wir müssen sogar die Möglichkeit von »verborgenen Größen« akzeptieren, deren Existenz uns nicht bekannt ist und vielleicht immer unbekannt bleiben muß.«

Werden solche unvollständigen Modelle auf dem Computer mit jeweils verschiedenen Gewichtungen durchgespielt, so ergibt sich daraus eine neue tiefere Einsicht in die Art und Weise, in Zusammenhänge und Auswirkungen, die dem menschlichen Geist sonst kaum oder gar nicht zugänglich sind, weil unser Gehirn solche Mengen von Angaben gar nicht in ihren vielfältigen Verbindungsmöglichkeiten durchdenken kann. Bellmann meint dazu: »Es ist oft möglich, mit Hilfe der vorhandenen Daten plus den Kenntnissen über die inneren Zusammenhänge der Struktur die noch fehlenden Größen zu finden... Der Computer kann auf diese Weise das durchschnittliche oder ein extremes Verhalten des untersuchten Systems reproduzieren. Im allgemeinen gestattet er die Prüfung einer enormen Menge von möglichen Ereignisabläufen.«

Ein ähnliches Vorgehen wurde bei den inzwischen weltberühmt gewordenen Zukunftsprojektionen des »Club of Rome« über die »Grenzen des Wachstums« angewendet. Kritiker haben zeigen können, daß die bei diesen Vorausberechnungen verwendeten Daten trotz ihrer Fülle immer noch zu unvollständig waren, um stimmige Prognosen hervorzubringen. So fehlen vor allem völlig die mit Sicherheit zu erwartenden menschlichen Reaktionen auf die hier aufgezeigten Verknappungserscheinungen. Wie soll man aber mögliche künftige Konflikte, bei denen es um die Neuverteilung der zu knapp gewordenen Ressourcen geht, messen und darstellen? Wie soll man veränderte Werthaltungen, die sich aus diesen Krisensituationen ergeben dürften, quantitativ erfassen? Wie kann man Innovationen, die ebenfalls durch die prekäre Lage der Menschheit in Fülle hervorgerufen werden dürften, in eine solche Zukunftsberechnung einbeziehen?

So kann diese bisher anspruchsvollste aller »cross impact«-Simulationen auf dem Computer in ihrer ersten Version eben nicht eigentlich als Bild der Zukunft angesehen werden, sondern nur als Darstellung einer in die Zukunft hinein verlängerten Gegenwart. Als solche hat sie zweifellos einen nicht unbeträchtlichen Wert, denn sie zeigt wie unter einem Vergrößerungsglas, in welche katastrophalen Verhältnisse die Welt hineinwachsen könnte, wenn die Ansprüche, Ziele und Verhaltungsweisen des Menschen mehr oder weniger bleiben, wie sie heute sind. Eine solche warnende, zum Nachdenken und zu notwendiger Abänderung der bisherigen Entwicklungsrichtung auffordernde Rolle, kann diesen Arbeiten des »Club of Rome« nicht abgesprochen werden. Sie haben zwar zukunftsträchtige Selbstkritik und konstruktive Phantasie in Bewegung gesetzt, aber »die Zukunft« selbst oder auch nur die wahrscheinliche Zukunft ist in diesen ersten Berechnungen kaum zu finden.

Die Verfasser des Berichtes über die »Grenzen des Wachstums« sind sich über diese Grenzen ihrer Arbeit durchaus klar. In einem wahrhaft zukunftsweisenden Satz haben sie zum Abschluß ihres ersten zusammenfassenden Berichts gesagt: »Letztlich möchten wir nicht verzichten, darauf hinzuweisen, daß der Mensch sich selbst, seine Ziele und Wertvorstellungen ebenso erforschen muß wie die Welt, die er zu verändern sucht.«

Diese Erkenntnis hat sie veranlaßt, in ihrem neuen, erweiterten Modell, das Mitte Oktober 1974 in Berlin der Öffentlichkeit vorgestellt wurde, auch psychologische Größen wie die Erwartungshaltung der Menschen in ihre Überlegungen einzubeziehen. Andere Forscher, wie z.B. Rescher und Baier (Universität Pittsburgh) und ein Soziologenteam der UNESCO, das von dem Norweger Johan Galtung und dem Polen Andrej Sicinski geleitet wurde, haben sich bemüht, die Haltungen der Fünfzehn- bis Fünfundzwanzigjährigen, die in spätestens zwanzig bis dreißig Jahren die Geschicke der Menschheit leiten werden, zu erforschen. Sie haben dabei – besonders im Westen – eine wachsende Skepsis gegenüber Wissenschaft und Technik festgestellt. Dagegen zeigt eine Beschäftigung mit dem Schrifttum der Jugend, z. B. der sogenannten »Untergrundpresse«, ein wachsendes Interesse für ethische und ästhetische Normen, die, wenn sie sich durchsetzen sollten, eine Wendung der bisherigen Fortschrittsrichtung bewirken würden. An hervorstechender Stelle ist hier der Begriff *Gerechtigkeit* zu finden, der von einer dem materiellen »Fortschritt« und privatem oder kollektivem Machtzuwachs sich hingebenden Gesellschaft zwar oft im Munde geführt, aber nur selten verwirklicht wurde. Wird vielleicht dieses Streben nach Gerechtigkeit so tief in einer Zukunftsgesellschaft verankert sein, daß es nicht erst mit Druck und möglicherweise Gewalt immer neu erkämpft werden muß, sondern nunmehr als unumgänglich notwendig für das Wohlergehen aller in einem ökologischen und planetaren Kontext begriffen werden wird?

Eine andere zukunftsträchtige Norm der Jungen trägt den Namen *Genügsamkeit.* In einer Welt, deren Menschenzahl sich abermals verdoppeln dürfte, ehe es gelingen kann, die Bevölkerungslawine in allen Ländern der Erde zum Halten zu bringen, muß nach Ansicht der »Erwachsenen des Jahres 2000« das zügellose Anhäufen von Gütern und Eigentum besonders in der hochentwickelten westlichen Welt aufhören und auf ein vernünftiges Maß beschränkt werden. Aber das wird nur geschehen, wenn Entschlüsse und Pläne, die eine neue Bescheidenheit oder gar Askese anstreben, nicht nur gefaßt und entworfen, sondern auch aus echter Überzeugung befolgt werden.

Information auf eine viel offenere, eindringlichere und ehrlichere Weise jedermann nicht nur zugänglich, sondern auch verständlich gemacht, ist Voraussetzung für die freiwillige Annahme solcher veränderter Haltungen und hat daher hohe Priorität als Zielsetzung der Heranwachsenden. Erst wenn Mitbeteiligung, Mitsprachemöglichkeit, Mitkenntnis im eigenen Lebensbereich für alle Bürger erreicht wird, kann das berechtigte Mißtrauen gegenüber Irreführung und Verschweigen verschwinden.

Solidarität, die auf der Werkskala der jungen Generation besonders hoch steht, könnte die Zukunft wesentlich bestimmen, wenn sie von der informierten Erkenntnis getragen würde, daß ohne sie die überfüllte, an Verknappung leidende Menschheit nicht überleben kann.

Schönheit, Ruhe, Freude – alles höchst altmodisch klingende Begriffe, die uns in Konfrontation mit der Gegenwart höchstens ein Lächeln herauslocken, sind vorrangige Zukunftswerte und Zukunftsziele, die den Verzicht auf so manchen materiellen Besitz wieder wettmachen könnten. Ohne ihre Wiederkehr ist die in Aggression, Terror oder Depression sich äußernde Krise der Gesellschaft nicht aufzuheben.

Kreative Selbstverwirklichung ist schließlich eines der wichtigsten Ziele des in eine andere Zukunft strebenden Menschen, der in der Entwicklung dieses Jahrhunderts immer mehr zur auswechselbaren Nummer ohne Möglichkeiten eigenen schöpferischen Ausdrucks wurde.

Es ist anzunehmen, daß der Ton, den ich in Anlehnung an Studien über die Haltungen der jungen Generation in diesen Zeilen angeschlagen habe, einige meiner Leser, die eine wissenschaftliche Studie üblichen Stils erwartet haben, befremdet. Dieses Befremden ist der Ausdruck jener Trennung von Wissenschaft und Philosophie, von Wissenschaft und Religion, die zu Beginn der Neuzeit vollzogen wurde und sich seither immer mehr vertiefte.

Heute zeigt sich nun, daß die imponierenden Ergebnisse, die in einer von höheren Geboten und Wertsetzungen losgelösten Wissenschaft erzielt wurden, einen zunehmenden Verlust von Sinn und Maß mit sich brachten. Solange die »Entfesselung« des forschenden Geistes noch nicht in jene Schichten vorgestoßen war, in denen sich Fragen der Ethik und der Menschlichkeit so dringend stellten wie jetzt, konnte diese Entwicklung anhalten. Nun kommt sie angesichts des möglichen falschen Gebrauchs der so gewonnenen Erkenntnisse und Kräfte an ein Ende, und es stellt sich nicht mehr länger nur die Frage »Können wir das tun?«, sondern »Dürfen wir das tun?«.

In den Debatten über die möglichen Folgen der Kernforschung wurden diese Fragen erstmals mit aller Schärfe gestellt, und führende Naturwissenschaftler wie Einstein, Bohr, Hahn und Born scheuten sich nicht, sie selber aufzuwerfen. Die Erkenntnis, daß auch zivilorientierte Forschung und Technik, die nicht dem Krieg, sondern der Durchdringung und Nutzbarmachung der Natur dient, auf ihre Weise zerstörerisch wirken kann, verstärkte in der Erkenntnis der Umweltkrise noch diese Zweifel an einer unbekümmert wertneutralen Wissenschaft. Und ein dritter »Gewissensschub« begann, als die Biologen merken mußten, daß auch ihre Arbeit ohne selbstgewählte Begrenzungen moralischer Natur katastrophale Folgen für die Menschheit haben könnte.

Alle diese Ansätze zu einer Selbstkontrolle der Wissenschaft sind aber vorwiegend auf Verzicht und Verbot hin angelegt. Es stellt sich die Frage, ob diese negativen Zielsetzungen auf die Dauer stark genug sind, eine an die Erreichung immer neuer positiver Ziele (mehr Energie, mehr Produktion, größere Ernten usw.) gewöhnte Menschheit in Zaum zu halten.

Hier scheint mir nun die große Chance einer Zukunftsforschung zu liegen, die nicht nur das Überleben als wichtigstes Ziel für die weitere Entwicklung aufstellt, sondern darüber hinaus auch die Möglichkeiten eines Anderslebens und Besserlebens entwirft. Dabei kann die Methode der sogenannten »normativen Vorausschau« wichtige Dienste leisten. Die normative oder zielsetzende Vorausschau ist bisher vorwiegend auf technischem Gebiet erprobt worden. Das berühmteste Beispiel dieses Vorgehens ist das amerikanische Mondflugprojekt. Als Präsident Kennedy 1961 die Absicht kundtat, daß die Amerikaner bis zum Ende des gleichen Jahrzehnts den Erdtrabanten betreten sollten, waren die technischen Kapazitäten für ein solches Unternehmen noch keineswegs alle entwickelt. Indem aber ein jenseits des bereits vorhandenen Könnens liegendes Ziel gesetzt und öffentlich verkündet wurde, gelang es, alle jene Kräfte zu mobilisieren, die nunmehr methodisch auf dieses Ziel hinarbeiten konnten.

Heute fragt man sich, ob diese Zielsetzung wohl die richtige war. Wäre es nicht weit dringlicher gewesen, die überalterten Städte und Verkehrssysteme Amerikas zu renovieren? Hätte man nicht vordringlicher das Schul- und Gesundheitswesen reformieren, die Informationsmedien verbessern, die Mitbestimmung der Produzierenden an ihren Arbeitsplätzen verbessern müssen? Als Präsident Johnson, Kennedys Nachfolger, versuchte, solche gesellschaftlichen Zukunftsziele anzustreben, fand er nur sehr geringe Unterstützung. Hindernisse gesellschaftlicher Natur, die viel schwerer zu überwinden waren als die Schwerkraft der Erde, weil hier einflußreiche Interessen getroffen wurden, widersetzten sich, und der Plan der »Great Society« blieb weitgehend Papier.

Wenn die notwendigen neuen Zukunftsziele in einer Ära des sich verlangsamenden oder gar zu Ende gehenden äußeren Wachstums weiteste Unterstützung erhalten sollen, so müßten Mittel gefunden werden, diese Wege ins Morgen für jedermann faßbar aufzuzeichnen, damit sie zum Ansporn für eine Wendung und Wandlung von der sogenannten »Wohlstandsgesellschaft« zu einer »humanen Gesellschaft« werden können. Es gibt nun bereits einige Versuche, als Hilfsmittel für Politik und Wirtschaft ein neues Maßsystem zu entwerfen, das nicht mehr nur Quantitäten, sondern vorwiegend Qualitäten zu beschreiben versucht. Ich meine damit die Bemühungen, sogenannte »Sozialindikatoren« zu entwickeln, mit deren Hilfe es möglich wäre, bisher als unmeßbar und daher in keinem Budget-Voranschlag, keiner Bilanz konkret erfaßbare Zukunftsziele wie Gerechtigkeit, Ruhe, Schönheit, Gesundheit, Informiertheit, Mitsprachemöglichkeit usw. darzustellen.

Allerdings sind diese Bemühungen, die vor rund zehn Jahren mit großen Hoffnungen begannen, in letzter Zeit nicht recht weitergekommen, weil so schwer klar abgrenzbare, einwandfrei faßbare Phänomene wie diese sich der versuchten Rückführung oder auch nur Annäherung an bestehende Maße nicht fügen wollen.

Soll man deshalb nun diese wichtigen Versuche, das »Unmeßbare zu messen«, aufgeben? Wäre es nicht richtiger und fruchtbarer, andere, angemessenere Formen der Bestandsaufnahme zu finden als die rein statistischen und quantitativen? Sollen wir einen entscheidenden Aspekt des spezifisch Menschlichen in unserer Zukunftsplanung nur deshalb ausklammern, weil er sich nicht unseren bisherigen Denk- und Meßweisen fügt?

Das sind durchaus keine müßigen Fragen, sondern von ihrer Lösung könnte es abhängen, ob die von dem Psychologen Erich Fromm erwartete dringend notwendige »Konversion« der Menschheit zu humaneren Zielen gelingen kann oder nicht.

Lassen Sie mich zum Vergleich ein Beispiel aus der Geschichte, der Geodäsie heranziehen, das unlängst Fritz Kobold in seiner Abschiedsvorlesung vor der Eidgenössischen Technischen Hochschule in Zürich erwähnte. Er fragte sich, weshalb die Bestimmung der Größe des Erdballs durch den alexandrinischen Gelehrten Eratosthenes erst »so spät erfolgte« und vermutete einen der Gründe »im Religiösen, wo die Frage nach der Größe der Erdkugel überhaupt nicht gestellt wurde«.

Ähnlich wie damals ein geltendes Dogma die Sicht auf die Möglichkeiten vermehrter Erkenntnis ungebührlich lange verstellte, so verstellt uns heute noch die nun ebenfalls zum Dogma gewordene Auffassung, daß nur quantitativ Erfaßtes als seriöse und zuverlässige Darstellung der Realität gelten könne, den Zugang zu einer neuartigen dynamischeren, elastischeren, umfassenderen, zahlenmäßig weniger präzisen, aber dennoch oder sogar gerade deshalb im Grunde genaueren Bestandsaufnahme der Wirklichkeit.

Weil das so ist, humpelt unsere Bestandsaufnahme im Grunde stets hinter den höchst komplexen und fließenden Phänomenen der Wirklichkeit her und verfälscht sie in ihren viel zu flachen, viel zu statischen Aussagen. Schon längst haben Kosmologen, Kernphysiker, Biologen eingesehen, daß die bisher verwendeten Methoden der Messung und Festlegung der sie interessierenden Ereignisse höchstens Momentaufnahmen von in kontinuierlicher Veränderung sich befindenden Vorgängen sein können, während der Film des Geschehens inzwischen weiterläuft. Gewiß, man darf ruhig nach Hause tragen, was geschrieben und gemessen wurde. Nur soll man sich nicht einbilden, auf diese Weise in den Besitz der ganzen Wahrheit zu kommen. Denn diese Wahrheit müßte mit ganz neuartigen Symbolen und Verfahrensweisen im Zustand ihrer vielfältigen Verflechtungen und ihres permanenten Wandels erfaßt werden. Hier öffnen sich für die Wissenschaftler hochinteressante neue Aufgaben.

Vielleicht wird es nie gelingen, die Erfassung der Realität auf den Stand der ihr tatsächlich innewohnenden Komplexität und Dynamik zu bringen. Aber schon das verunsichernde Wissen darum, daß »real« nicht das Seiende allein ist, sondern in Wahrheit ein bewegtes Zeitkontinuum, das stets das Werdende einschließt, würde zu einer heilsamen Auflockerung unserer zu starren Haltungen, zu rigiden Gesetze, zu entschiedenen Trennungen führen. Und aus solcher »heraklitischen Wende« könnte dann vielleicht nicht nur eine lebendigere und lebensnähere Wissenschaft, sondern auch eine humanere, offenere Zukunft erwachsen.

In der Krisensituation der Menschheit, die von fast allen Zukunftsforschern und Langfristplanern prognostiziert wird, kann vielleicht nur eine Massenmobilisierung der gesellschaftlichen Phantasie, können nur auf imaginativen Konzepten beruhende Experimente und deren planerische Anwendung uns weiterhelfen. Eine systematische Erforschung und Erweiterung des menschlichen Phantasiepotentials erscheint zur Zeit als eine der dringendsten Aufgaben. Daher plädiere ich sowohl für »Geisteslaboratorien«, die sich systematisch mit der Erweiterung der gedanklichen und erfinderischen Innovationsfähigkeit beschäftigen, sowie für sogenannte »Zukunftswerkstätten«, in denen die Bürger ihre Wünsche, ihre Erwartungen, ihre Hoffnungen und darauf beruhende Vorschläge entwickeln, aufzeichnen und deren mögliche Durchsetzung besprechen sollten.

Die Möglichkeiten materieller Weiterentwicklung gehen – wie zum Beispiel der Schweizer Zukunftsforscher Basler überzeugend aufgewiesen hat – ihrem Ende entgegen. Die Möglichkeiten unserer geistigen Weiterentwicklung haben erst begonnen. Die heutige Zukunftsforschung hat solche Möglichkeiten menschlicher Weiter- und Höherentwicklung bisher kaum in ihre Prognosen einbezogen. Sie legt ein enormes Vertrauen auf die ständige Weiterentwicklung der Technik an den Tag; sie ist sehr zaghaft, wenn es um die Weiterentwicklung – und möglicherweise radikale Veränderung – der gesellschaftlichen Verhältnisse geht, und sie schweigt fast ganz, wenn die Erweiterung oder auch nur die Veränderung des Menschen in Frage steht.

Und doch deutet vieles darauf hin, daß sich vor allem auf den Gebieten der Biologie, der Verhaltenswissenschaften, der Psychologie und Pädagogik die nächsten großen Durchbrüche ereignen werden. Die Befreiung und Aktivierung der Phantasie durch systematische Erforschung der Voraussetzungen und Bedingungen, unter denen schöpferische Einfälle entstehen, wird im Mittelpunkt dieser Bemühungen stehen. Schon jetzt wissen wir aus den Arbeiten moderner Pädagogen, wieviel kreative Potenz freigesetzt werden kann, wenn Kinder nicht von frühestem Alter an den bestehenden Normen angepaßt und durch autoritäres Verhalten der Erzieher verbildet, um nicht zu sagen, frühzeitig verkrüppelt werden. Wenn wir endlich lernen würden, junge Menschen nicht auf Grund von Anschauungen, die gestern entstanden sind, auf die Welt von morgen vorzubereiten, wenn wir aufhören würden, sie auf Schritt und Tritt zu belehren und zu korrigieren, wenn wir es schließlich über uns bringen könnten, erwachsene Menschen als Erwachsene zu behandeln und nicht auf Schritt und Tritt schulmeistern oder »auf Vordermann bringen« zu wollen, dann könnten die verschütteten Schätze, die eigentlich in jedem Gottesgeschöpf angelegt sind, endlich gehoben werden. Ich meine schon seit einiger Zeit, daß ein »Projekt Apollo«, so eindrucksvoll es auch sein mag, weniger wichtig, weniger vorrangig sei als ein »Projekt Jedermann«, das statt bemerkenswerter Mondkiesel viel bemerkenswertere und dringend notwendige Einfälle aus den Tiefen des menschlichen Inneren bergen würde. Bei diesem Unternehmen kann eine gesellschaftlich aktive Zukunftsforschung unschätzbare Dienste leisten.

(1974)

Statt auf den großen Tag zu warten

Die Utopie, wie wir sie bisher kennen, ist fast ausnahmslos das gedankliche Produkt einzelner oder weniger. Auch wenn diese Wenigen, wie das meist der Fall ist, das Glück der Vielen entwerfen, haben eben diese Vielen daran keinen unmittelbaren Anteil. Man denkt für sie, aber nicht mit ihnen, über eine andere Zukunft nach. Die »Wünsche der Bürger« werden von Eliten formuliert, die die Menschen erst nachträglich für Ideen zu gewinnen versuchen, deren Verwirklichung sie angeblich selber wollen oder wollen sollen.

Gewiß, gelegentlich werden in Parteizirkeln, auf Klubabenden, in Arbeitsgruppen Programme und Visionen diskutiert, die von den Fachleuten formuliert wurden. Aber dann sind die grundsätzlichen Entscheidungen meist schon längst gefallen. Die wichtigste Etappe auf dem Weg zu einer Gestaltung der Zukunft, der gesellschaftliche Schöpfungsakt, bleibt immer noch denen vorbehalten, die für besonders qualifiziert gehalten werden, den Planern. Die »Betroffenen« – in diesem Wort wird ihre Passivität nicht nur suggeriert, sondern auch zementiert – kommen stets zu spät zu Wort. Sie regieren nicht, sie reagieren.

Diese Vorgehensweise gilt als ganz selbstverständlich. Sie wird auch von denen praktiziert, die sich für »bürgernah« und »demokratisch« halten. Dabei sollte es sie doch beunruhigen, daß die von ihnen »zur Mitarbeit« Aufgerufenen diesen Appellen so wenig Aufmerksamkeit entgegenbringen, daß der Mann oder die Frau von der Straße oder der »Lohnabhängige«, wie die Objekte geplanter Wohltaten herablassend genannt werden, nicht hinhören wollen.

Wie könnte das auch anders sein? Die geistige Vorbereitungsarbeit für eine künftige Gesellschaft ist ebenso autoritär gelenkt und fremdbestimmt wie die Arbeit im gegenwärtigen Produktionsprozeß. Die Entfremdung des Bürgers gegenüber der Zukunft ist sogar eher noch größer als die gegenüber seiner Arbeit, denn er kommt sich »zu klein«, »zu unwissend«, »zu ohnmächtig« vor, um über so »ferne« und »hohe« Ziele mitreden zu können. Und dies, obwohl doch gerade seine Erfahrungen und die daraus erwachsenden Wünsche für die Formulierung dieser Ziele unverzichtbar sind. Aber wo und wie könnte er sie einbringen? Wer fragt ihn danach? Wann und mit wem könnte er darüber sprechen?

Es ist höchste Zeit, daß jeder gesellschaftlich engagierte, an der Gestaltung der Zukunft interessierte Mensch seine schöpferischen Vorstellungen in den politischen Prozeß einbringen kann. Das soll und darf ihm kein »Vordenker« und schon gar nicht ein politischer Funktionär abnehmen. Die soziale Phantasie darf nicht mehr von Herrschaftsgruppen monopolisiert werden, sondern sollte, aus vielen Köpfen und Herzen kommend, in kommunalen, regionalen, gesamtgesellschaftlichen Konzepten ihren Niederschlag finden.

Um die Entbindung solcher durch Vorurteile, Routine und Zweifel am Wert der eigenen Gedanken verschütteten Quellen der sozialen Phantasie bemühe ich mich in sogenannten »Zukunftswerkstätten«. Diese Werkstätten sind Zusammenkünfte, bei denen die Teilnehmer gemeinsam versuchen, wünschbare, mögliche und auch vorläufig unmögliche Utopien zu erfinden, und die Durchsetzungschancen dieser von ihnen gemeinsam formulierten Konzepte prüfen.

Aus der nunmehr schon über zehnjährigen Praxis hat sich dabei eine Methode entwickelt, die ich später noch genauer schildern werde. Aber sie sollte nicht bindend sein. Denn es können vermutlich noch bessere oder den jeweiligen »Werkstätten« speziell entsprechende Vorgehensweisen gewählt werden. Entscheidend ist das Ereignis an sich: ein zukunftsorientiertes Zusammentreffen von Menschen jeden Alters, jeden Berufs, jeder Weltanschauung, die sich nicht nur kritisch, sondern auch durch das Entwickeln eigener Vorschläge mit dem Kommenden beschäftigen. Schon die Tatsache, daß sich Laien und »Geführte« kreativ an Probleme heranmachen, deren Lösung sie sonst an Experten delegieren, ist ein längst überfälliger Akt der Selbstbehauptung, ein erster Schritt zur Befreiung von der »Expertokratie«.

Ich selber verdanke die Werkstätten-Idee meinen Begegnungen mit dem sizilianischen Sozialreformer Danilo Dolci. Von ihm habe ich gelernt, mit denen zu sprechen und auf die zu hören, die von Intellektuellen und Akademikern meist nur »begrifflich« wahrgenommen werden: Fabrikarbeiter, Angestellte, Bauern, Monteure, Taxifahrer, Beamte, Lehrlinge, Landarbeiter, Packer, Postboten, Arbeitslose und viele andere mehr. Ich habe das niemals als »Dienst« oder »Opfer« empfunden wie manch anderer, der »zum Volk ging«, sondern stets als persönliche Bereicherung. Denn das Talent zum eigenen Nachdenken, zum phantasievollen Vorschlag, zur originellen Formulierung ist viel weiter verbreitet, als allgemein angenommen wird. Es fehlt den meisten nur an Ermutigung. Gibt man die Gelegenheit, so fangen sie an, über all das zu sprechen, was man ihnen sonst nicht abnimmt. Denn die Menschen sind in Wirklichkeit nicht so »dumm«, »primitiv«, »denkfaul«, »konsumsüchtig«, »passiv« und »verführbar«, wie von den Produzenten des gängigen Unterhaltungsklamauks oder der Werbung angenommen wird.

Wenn man Menschen auffordert, über ihre Zukunftsvorstellungen zu sprechen, reproduzieren die Angesprochenen in der Mehrzahl zunächst einmal die Vorstellungen, die man ihnen »von oben« angepriesen hat, und zeigen damit, wie sehr ihre Phantasie »von außen« gelenkt wird. Aber mit etwas Geduld erfährt man, daß unter dieser Schicht der fremden Wünsche auch eigene Ideen leben und ans Licht wollen. »So müßte man das machen, wenn's nach mir ginge...« Diesen Satz kann man oft hören, wenn man nur ein wenig Geduld aufbringt und es versteht, sich das Vertrauen der Angesprochenen zu erwerben. Wie ein Prospektor bei der Suche nach Erdöl erst durch viele Erdschichten dringen muß, ehe er auf eine sprudelnde Quelle stößt, muß der Moderator einer Zukunftswerkstätte erst nacheinander die fremdgesteuerten Haltungen vieler Jahre abtragen, ehe er hoffen kann, hinter diesen Haltungen die eigentlichen Zweifel und Hoffnungen der Angesprochenen auszugraben.

In einer Gruppe kommt es leichter und schneller zu einem solchen Durchbruch eigener Visionen, Konzepte und Pläne als beim

Gespräch mit einzelnen. Gelingt es, bei den Zusammengekommenen ein Gefühl des gegenseitigen Vertrauens zu schaffen, tritt meist noch der Spaß am Spiel mit den »verrückten Gedanken« hinzu. Ich habe es immer wieder erlebt, wie fünfzehn bis zwanzig Fremde bei einer solchen Übung binnen einer bis zwei Stunden zu Freunden wurden, wie Passive sich begeisterten und anfangs mürrisch Wirkende sich zur Überraschung der anderen als besonders ideensprühend erwiesen. Gemeinsames Phantasieren belebt, öffnet und schafft Selbstbewußtsein. Erst bei einem solchen Exerzitium merkt man, wie stark das Bedürfnis zum »Pläneschmieden« ist und wie stark es bisher unterdrückt wurde.

Yona Friedman erzählt, daß die Tätigkeit des Pläneschmiedens zur Zeit besonders in den »Bidonvilles«, den Elendsvierteln am Rande der neuen, von Millionen Menschen überquellenden Metropolen der Dritten Welt, auflebt. Das ist nicht, wie man meinen könnte, eine Flucht in Wunschvorstellungen, sondern der notwendige Versuch der durch das Versagen offizieller Planung in ihrer Existenz Bedrohten, eigene Strategien des Überlebens zu entwickeln.

Aus eigener Erfahrung kann ich bestätigen: Krisen und Notsituationen können die stärksten Antriebe für die soziale Phantasie der Bedrohten sein. Ein Beispiel dafür war die Zukunftswerkstatt, die ich auf Einladung von Roland Günther in der vom Abbruch bedrohten Bergarbeitersiedlung Eisenheim bei Oberhausen abhielt. Sobald den Bewohnern diese Einladung bekannt war, machten sie sich daran, eine alte Waschküche in einen weißgetünchten Versammlungsraum zu verwandeln. So entstand schon durch den reinen Vorschlag ein Ort, in dem man sich treffen und gemeinsam beraten konnte. Das Ziel der Versammlungen: die Verhinderung des ihrer engeren Heimat zugedachten Schicksals. Die Vorboten der Vernichtung, die beobachtend, messend, Ukase verteilend den dekretierten Fortschritt »in die Wege leiten« sollten, wurden dagegen höchst unfreundlich empfangen. Delegationen sprachen bei verschiedenen Behörden vor, Proteste erreichten die Zeitungen und Persönlichkeiten der Öffentlichkeit, die ein gutes Wort einzulegen versuchten.

Alle Äußerungen der Bevölkerung wurden von den Public-Relations-Leuten des Konzerns als ängstliche Meckerei dumpfer und altmodischer Querköpfe verketzert. Daß Roland Günther, ein leibhaftiger Professor, der in Eisenheim Quartier bezogen hatte, sich diesen »Unbedarften« angeschlossen hatte, führten die »Sanierer« kurzerhand und griffig auf seine »Linkslastigkeit« zurück.

Als in der Zukunftswerkstatt im Laufe weniger Stunden ein höchst eindrucksvolles und zugleich phantasiereiches, dennoch überwiegend verwirklichbares Bündel von konstruktiven Ideen gesammelt worden war, ließ sich die Legende von den »Rückständigen« aber nicht mehr aufrechterhalten. Der Park, der Kindergarten, die eigenen lokalen Zeitungen, der Treffpunkt mit den isolierten Gastarbeitern, die gewünschten Freizeitaktivitäten, die Verbesserung der Kanalisation und der Wohnbedingungen – das alles waren Forderungen, die aus einer von den Verwaltern absichtlich vernachlässigten Kommune ein lebendiges Gemeinwesen machen würden. Und damit leisteten die Bewohner von Eisenheim einen entscheidenden Beitrag zur Rettung ihrer Siedlung. Außer ihren alten Häusern hätte man jetzt auch ihre neuen Ideen wegsanieren müssen. Und das wagte man dann doch nicht. Die bedrohten Bewohner waren nun nicht mehr nur Namen oder Zahlen auf irgendeiner Lohnliste, sondern hatten sich durch ihr Auftreten in der Zukunftswerkstatt als Persönlichkeiten zu erkennen gegeben und die Legende vom »grauen Massenmenschen«, mit dem man nach Belieben umspringen kann, selber widerlegt. Viele waren aus ihrer Anonymität ausgebrochen. Ihre Eigenheiten, ihre Urteile und auch Vorurteile konnten nicht einfach übergangen werden.

Überrascht hat mich in Eisenheim die Fähigkeit der Bergarbeiter und ihrer Familien, sich ohne große Schwierigkeit und ohne Scheu auszudrücken. Das sei, so meinte Roland Günther, der so wesentlichen Anteil an der Mobilisierung der dortigen Bevölkerung hatte, wohl auf die gemeinsame Einübung öffentlicher Rede zurückzuführen. In der Tat ist anerzogene Sprachlosigkeit meist das erste Hindernis beim Versuch, die Schweigenden zum Sprechen zu bringen oder gar zum Entwickeln eigener Ideen. Doch darf diese Barriere auch nicht überschätzt werden. Wenn es dem Initiator einer Zukunftswerkstatt gelingt, genügend Geduld und Einfühlungsgabe aufzubringen, wenn er (oder sie) überzeugend den Eindruck vermitteln kann, daß keiner, der sich äußert, ausgelacht wird, selbst wenn er (sie) sich zögernd oder umständlich ausdrückt, dann öffnen sich die Münder bald. Was vorgebracht wird, hat anfangs oft Klischeecharakter. Zuerst wird meist das Angehörte oder Angelesene »vorgezeigt«. Denn die Wiederholung der Gedanken anderer gehört noch zu dem zur Gewohnheit gewordenen abhängigen Verhalten.

Manche kommen über dieses Stadium nie hinaus. Am schwersten haben es da viele Akademiker. Sie spielen aus dem Gedächtnis immer die gleichen »Schallplatten« nach, weil sie den Mut zum eigenen Denken nicht aufbringen. Menschen, die nicht belesen oder »gebildet« sind, kommen meist mit sehr viel originelleren Vorschlägen. Sie müssen, was sie erfunden haben oder erfunden zu haben glauben, nicht ständig der Prüfung des eigenen Wissens unterwerfen, das ihnen zurufen könnte: »Das hat es schon gegeben« oder aber »Das kann es gar nicht geben«. Die unbefriedigendsten, weil unproduktivsten Zukunftswerkstätten waren meine Versuche mit Studenten der TU Berlin, neue Formen der Erziehung oder der Kommunikation zu erfinden. Das Gelernte hängt an ihrer Phantasie mit Bleigewichten, die Kritikwut zerfasert jeden Ansatz, ehe er sich recht entwickeln kann, die Autorität der »Großen« von gestern überschattet jeden Versuch, unter den ganz anderen Bedingungen der Gegenwart und der möglichen Zukunft selber »Großes« zu schaffen.

Von denen aber, die über weniger eingepauktes Wissen verfügten und es fertigbrachten, sich trotz dieses Informationsdefizits nicht kleiner machen zu lassen, als sie in Wirklichkeit waren, habe ich besonders viele interessante Vorschläge gehört. Holländische Schulkinder »erfanden« eine Stadt mit viel Musik und kurvenreichen Straßen (um die Verkehrsraserei unmöglich zu machen); junge österreichische Arbeiter entwickelten Vorstellungen von einem »grünen Betrieb«, der die Fabriktore der Natur öffnet; Pariser Kleingewerbetreibende im 14. Bezirk beschrieben, wie sie ihr durch Großbauten zerstörtes »Quartier« humanisieren und dabei den Frauen (»die bisher niemand gefragt hat«) eine führende Rolle überlassen wollten; Leute, die gerade erst als Lehrlinge in der Berliner Verwaltung zu arbeiten begonnen hatten, skizzierten in allen Einzelheiten den »Beamten ohne Schalter und Büro«, der, anstatt zu nörgeln und zu befehlen, zu den Bürgern geht, um ihnen zu helfen.

Gerade diese letzte Erfahrung hat mir gezeigt, wie produktiv es sein kann, wenn man Menschen in bestimmten beruflichen Situationen dazu bringt, sich etwas ganz anderes auszudenken, etwas, was sich vom Einerlei des täglichen Jobs erheblich unterscheidet. Wohl die meisten Büroangestellten, Taxifahrer, Verkäufer, Arzthelferinnen, Vertreter, Bauarbeiter, sogar Juristen tragen ungeborene Utopien mit sich herum, die die Veränderung ihrer eigenen Arbeitsfelder betreffen. Aber niemand fragt sie danach. Und sie selber sind meist schon so sehr Opfer des als vernünftig geltenden angepaßten Verhaltens geworden, daß sie ihre Träume selber umbringen, noch ehe auch nur ein einziger anderer etwas von ihren »Spinnereien« erfährt. Diese Phantastereien bringen ihnen, wie sie meinen, doch nur Verdruß, lassen sie als Spinner erscheinen und geben sie der Lächerlichkeit preis.

Zukunftswerkstätten sind Gelegenheiten, bei denen solche abgetriebenen oder auf Eis gelegten Visionen zum Leben kommen dürfen. Sie können sofort überall eingerichtet werden, wo Menschen zusammenkommen: auf der Straße, unter einem Baum, in Wohnungen, Kneipen, Dachböden, Zelten, Scheunen, zur Not sogar in korrekten Jugendheimen, sterilen Versammlungssälen oder leeren Büros; man kann sie, besetzt und umfunktioniert, zu Freiräumen der unterdrückten sozialen Phantasie machen.

1. Phase: Die *erste Etappe* auf der Reise in dieses Reich der erdachten Möglichkeiten ist: das *laute Aussprechen aller Einwände und Vorwürfe,* die man gegen den vorherrschenden Zustand auf jenem Gebiet hat, der zum Gegenstand der Begegnung gewählt wurde, z.B. Arbeit, Arbeitslosigkeit, Schule, Umwelt, Familie, politische Institutionen, Wohnen, Verkehr, Medien, Freizeit, Energie. In einer Viertelstunde kann meist schon ein umfassender »Beschwerdenkatalog« in Stichworten erstellt werden, die auf langen Papierrollen von Protokollanten für jeden und jede sichtbar in großen Buchstaben auf Zuruf notiert und an Wänden, Baumstämmen, Mauern, Latten aufgehängt werden.

2. Phase: Meist lassen sich diese zahlreichen Detailkritiken unter vier bis fünf Hauptthemen zusammenfassen, die nun zum Gegenstand der *zweiten,* der eigentlich *erfinderischen Phase* wer-

den. Ist die Teilnehmerzahl nicht größer als etwa 20 Personen, so können alle Teilnehmer zu allen Themen nacheinander Ideen vorbringen; sind mehr Menschen beteiligt, dann empfiehlt es sich, für jedes Thema eine eigene Gruppe zu bilden.

Eine Grundbedingung bei dem nun gemeinsamen Aussprechen von Ideen sollte sein, daß alle Hemmungen so gut wie es geht vergessen werden. Die Frage, ob ein vorgebrachter Vorschlag »sinnvoll« oder »machbar« sei, darf in dieser Phase nicht gestellt werden. Es herrscht »Narrenfreiheit«, und denjenigen, die das für sinnlos, ja gefährlich halten, sei das berühmte Wort des großen Physikers Niels Bohr ins Gedächtnis gerufen, der meinte, wer wirklich Neues erdenken wolle, könne gar nicht genug »verrückt« sein. Der Gruppenprozeß erleichtert erfahrungsgemäß diesen Vorgang, wenn die Gruppe die notwendige Toleranz gegenüber jedem Vorschlag entwickelt, wenn der Phantasieball von einem zum anderen weiter- und höhergetragen wird.

Die Ausbeute dieses »brain stormings« – wiederum in Dutzenden von Stichworten auf »Wandzeitungen« festgehalten – wird gesichtet, und die interessantesten Vorschläge werden zur genaueren Ausarbeitung an kleine Gruppen übergeben.

3. Phase: In der *dritten,* der *prüfenden Phase* kommen endlich Kritik und Erfahrung zum Zug. Die von den Gruppen ausgearbeiteten, möglichst konkreten und detaillierten »Utopien« werden vorgestellt, analysiert, attackiert und verteidigt. Auch Experten des behandelten Sachgebietes können, falls sie zugegen sind, jetzt ihre Fachkenntnisse und Bedenken einbringen. Sie werden oft (vermutlich sogar fast immer) versuchen, zu zeigen, daß die Erfinder entweder etwas gefunden haben, das »es schon längst gibt«, oder etwas, das man bereits als »unverwirklichbar« beiseite gelegt hat.

4. Phase: Die Werkstattleute werden sich mit diesem Urteil aber nicht zufriedengeben dürfen. Denn nun werden in einer *vierten,* der *Durchsetzungsphase* Strategien erdacht, die möglicherweise doch eine volle oder wenigstens teilweise Verwirklichung ermöglichen. Wenn nicht unter den bestehenden Bedingungen, dann unter anderen gesetzlichen oder gesellschaftlichen Voraussetzungen, die durch politisches Handeln herbeigeführt werden müssen.

Diese dritte und vierte Phase, in der die Werkstatt mit der Realität kollidiert, hat einen hohen pädagogischen Wert. Sie kann die Teilnehmer wie kaum eine andere Übung motivieren, eine Änderung gesellschaftlicher Verhältnisse aufgrund eines oder mehrerer ganz konkreter Wünsche anzustreben. Politisches Engagement wird durch diese erlebte Gegenüberstellung von dem »was möglich sein müßte« und dem »was bis jetzt möglich ist« vertieft und viel ernster genommen, als wenn es dem Bürger »von außen« als notwendig beigebracht wird. Andererseits spürt dieses Vorgehen jedoch auch bereits vorhandene, aber bisher kaum oder gar nicht genutzte Möglichkeiten der Verbesserung mancher gesellschaftlicher Zustände auf. Die Zahl solcher ungenutzter Freiräume ist meiner Ansicht nach größer, als meist angenommen wird.

5. Phase: Erstrebenswert ist eine *fünfte,* eine *Phase* des *»sozialen Experiments«,* in der von einigen Teilnehmern versucht werden sollte, wann und wo immer das möglich ist, von der sozialen Erfindung zur konkreten sozialen Erneuerung vorzustoßen und damit den Prozeß der gesellschaftlichen Entwicklung wenigstens auf einem Teilabschnitt vorwärtszutreiben.

Es bleibt zu fragen, wie sinnvoll und wirkungsvoll solche Versuche zur Mobilisierung der sozialen Phantasie auf einer breiten Basis, die alle Interessierten einbezieht, sein können. Ich habe dabei sowohl positive wie negative Erfahrungen gemacht. Positiv ist zu bewerten, daß die *Intensität der Auseinandersetzung* mit gesellschaftlichen Problemen auf diese Weise größer ist als bei den üblichen Lehr- und Diskussionsveranstaltungen. Die Teilnehmer einer Zukunftswerkstatt fühlen sich stärker angesprochen und gefordert. Die Gelegenheit, das eigene schöpferische Potential zu nutzen, wird bereitwillig ergriffen, wenn die aufgebauten Unwertgefühle abgetragen werden können.

Eine wichtige Folgeerscheinung für die aktiven Teilnehmer an dieser Übung ist die Zunahme ihres *Eigenvertrauens* und *Selbstwertgefühls.* Sie wissen nun, daß sie als mitbestimmende Mitglieder einer von oft unlösbaren Problemen geplagten Gesellschaft einen bisher nicht eingelösten Anspruch anmelden, an der Gestaltung der Zukunft mitzuwirken und diese Verantwortung nicht mehr einer Expertenelite zu überlassen. Dazu gehört, daß auch der Leiter einer solchen Werkstatt sich bemühen muß, selbst überflüssig zu werden und die Leitung bei kommenden Veranstaltungen anderen zu überlassen. Für die Gesellschaft kann die *Fruchtbarmachung bisher ungenutzter Reserven* der sozialen Phantasie zahlreiche Problemlösungen bringen, die von den Fachleuten nicht gesehen werden können, weil sie milieuabhängig und wissenschaftsabhängig sind. Wer die Bürger nicht fürchtet, sondern schätzt und ernst nimmt, wird diese Chance der größeren Vielfalt begrüßen, auch wenn sie das bürokratische Steuern des jeweiligen Zukunftskurses erschweren sollte.

Wesentlich ist schließlich die *Lernmotivation,* die durch solche Anregung der Phantasietätigkeit bei vielen Menschen entstehen kann. Wenn sie einen Vorschlag gemacht haben, wollen sie auch wissen, wie dieser Gedanke am besten durchgesetzt werden kann, und werden sich (oft erstmals!) mit dem weiteren gesellschaftlichen Umfeld ihres Projektes beschäftigen. So begannen sich Teilnehmer eines Popmusik-Festivals, die im Laufe einer von mir angeregten Zukunftswerkstatt die Idee einer in Eigeninitiative zu gründenden und zu leitenden Schallplattenfirma entwickelt hatten, intensiv mit juristischen Fragen (wie gründet man eine Firma?) und ökonomischen Problemen (wie, wenn überhaupt, kann sich ein Konsumentenunternehmen in einer kapitalistischen Gesellschaft durchsetzen?) auseinanderzusetzen.

Endlich ist als positive Wirkung zu werten, daß durch Zukunftswerkstätten die Tendenz zur *politischen Resignation abgebaut* werden kann. Statt auf »den großen Tag« zu warten, fragt man sich, welche präzisen Veränderungen notwendig sind und unter welchen Umständen sie möglich werden. Die Beschäftigung mit dem gesellschaftlichen Wandel wird nicht an die Führung von Massenparteien abgetreten, sondern bleibt ständig Gegenstand eigenen Nachdenkens und daraus abzuleitenden kämpferischen, nunmehr besser motivierten Handelns.

Als wichtigste negative Erfahrung würde ich die mögliche *Frustration geweckter Erwartungen* anführen. Die in der Arbeit von Zukunftswerkstätten mobilisierte Anteilnahme und Begeisterung findet in der harten politischen Realität *oft kaum Widerhall.* Wird eine solche Werkstatt aber – wie es schon öfter der Fall war – Anlaß zur Gründung einer langlebigen Gruppe, dann wird die Enttäuschung oft leichter ertragen. Zu mehreren läßt sich die »Durst«-Strecke von »hier nach dort« meist leichter durchstehen, und dabei erweist es sich immer als gut, wenn zur gemeinsamen Ablehnung des Bestehenden auch die Vorstellung erstrebenswerter Ziele kommt, die nicht fremden Ursprungs, sondern Ergebnis überwiegend eigener Überlegungen sind.

Eine weitere negative Erfahrung war für mich die bereits festgestellte Unfähigkeit heutiger Menschen, überhaupt Phantasie zu entwickeln. Es wurde bereits erwähnt, daß diese Blockierung imaginativer Fähigkeiten besonders bei den Informierten und Gebildeten auffällt, deren komplexes Wissen ihnen den Ausbruch aus dem Gefängnis der gültigen »Paradigmen« sehr erschwert. Aber auch in jenen breiten Kreisen der Bevölkerung, die durch Zukunftswerkstätten am Erdenken und Erfinden alternativer Lebensmöglichkeiten beteiligt werden sollen, fällt es den meisten schwer, sich von der Schwere des Bestehenden – wie Vorschriften, »Sachzwänge«, eigene Denkroutine, die den »Fortschrittsglauben« z. B. nicht mehr in Frage stellt – sei es auch nur vorübergehend zu lösen.

Es ist aber eine für das Überleben der Menschheit in einer Epoche der sich häufenden Krisen ganz entscheidende Frage, ob utopisches Denken sich kräftiger als bisher zu entwickeln vermag, weil in vielen Fällen nur radikales Umdenken und ganz neuartige Alternativen Auswege aus den oft aussichtslos scheinenden Bedrängnissen der nächsten Jahrzehnte bieten können.

Die Hauptanstrengungen menschlicher Imagination richteten sich in den letzten hundert Jahren überwiegend auf Wissenschaft, Technik und Wirtschaft, die die Philosophie und Kunst von ihrer bevorzugten Stellung als Partner der Phantasie verdrängten. Nun wird eine Hinwendung der Phantasie in Richtung auf die Gesellschaft selbst notwendig, und zwar mit dem Ziel, das Wuchern von spezialisierter Forschung, ungezügelter Industrie und egoistischer Ökonomie zu bremsen.

Wie aber kann man den Mut zum radikal innovativen und ungewöhnlichen Denken stärken? Nur, indem man es nicht wie bisher lächerlich macht und als »Spinnerei« abtut, sondern ermutigt und – sei seine Verwirklichung auch noch so fern – als mögliche Chance oder wenigstens als Vorstufe einer solchen Chance ernst nimmt.

Zum Beispiel sollte erwogen werden, in besonderen Formen, sei es in Zeitschriften, sei es in eigenen Zusammenkünften, sei es in Zukunftswerkstätten, auch qualifizierten Wissenschaftlern möglich zu machen, sich zeitweilig ins noch Unbeweisbare, nur Vermutete, »Verrückte« hinauszuwagen, ohne Angst, damit ihren »Ruf« zu gefährden. Solches Spiel mit außerordentlichen, logisch und faktisch zunächst noch nicht nachzuweisenden Vermutungen muß riskiert werden. Als »seriös« sollten künftig nicht mehr die Koryphäen gelten, die stets auf »Nummer Sicher« setzen, sondern diejenigen, denen der Ernst unserer Lage dringlicher und wichtiger scheint als das »Image« fachlicher Respektabilität.

Vielleicht wird denen, die weder Amt noch Würde aufs Spiel setzen, nämlich den Vielen, dieses kühne Spiel mit den utopischen Möglichkeiten leichterfallen als denen, die soviel mehr an Prestige zu verlieren haben. Die »Massen« werden vermutlich durch die Erschütterung der Systeme, die wir in den nächsten Jahrzehnten zu erwarten haben, öfter als bisher dazu gezwungen werden, selbst Lösungen zu finden, die ihnen in Lagen der Verwirrung und Auflösung nicht mehr »von oben« angeboten oder diktiert werden. Schon aus Gründen der Selbsterhaltung werden auch die Menschen in den heute noch halbwegs funktionierenden Industriestaaten dann eigene Vorstellungen und Pläne entwickeln müssen, wie es heute schon die von Yona Friedman zitierten Lumpenproletarier in den »ateliers du futur« der »Bidonvilles« tun müssen.

Die krisenreiche Geschichte der zu erwartenden Zukunft wird also Zukunftswerkstätten auf vielen Ebenen der Gesellschaft erzwingen, ganz egal, ob wir diese Tätigkeit des sozialen Erfindens so oder ganz anders nennen werden. Eine Demokratisierung des utopischen Denkens wird notwendig.

Dieser Demokratisierung käme entgegen, wenn der Förderung der Phantasie eines jeden einzelnen schon heute in den Schulen mindestens soviel Aufmerksamkeit gewidmet würde wie dem Erwerb von Wissensstoff.

Aber da wir wissen, daß die Veränderung von Lehrplänen fast so schwer ist wie das Versetzen von Gebirgen, sollten wir mit der Einübung der sozialen Phantasietätigkeit wenigstens bei den Erwachsenen beginnen, ehe sie vollends in Passivität und Resignation versinken.

(1978)

Kapitel 3

Mensch und Maschine – Technik

Humane Technik

In dieser unruhigen Zeit, die wir heute durchleben, wird vieles, was in West und Ost während der vergangenen zwei Jahrzehnte als grundlegend und unveränderlich oder zumindest als nur langsam veränderlich angesehen wurde, radikal in Frage gestellt. Dazu gehören auch die Technik und ihre Rolle in der Gesellschaft. In den Aufrufen, Spruchbändern, Reden und Diskussionsbeiträgen der jungen Generation ist das vorläufig noch kaum in Erscheinung getreten. Aber wer sich mit den Philosophen der neuen, auf Veränderung drängenden Bewegung beschäftigt, wer Herbert Marcuse und Paul Goodman in unserem Teil der Welt liest und die Äußerung des Vorsitzenden Mao und des tschechoslowakischen Philosophen Radowan Richter von jenseits der Trennungslinie, die durch Deutschland läuft, der ist sich klar darüber, daß ein tiefes Unbehagen an der Technik zu den Hauptantrieben dieser entschiedensten Gesellschaftskritiker gehört. Man könnte sogar behaupten, daß die Beschäftigung mit der technisch-wissenschaftlichen Transformation und ihren viel deutlicher noch als vor einem Jahrhundert auftretenden negativen Erscheinungen das eigentlich Neue an den kritischen Analysen der Revolutionäre nach Marx darstellt.

Ohne nun auf diese Kritik in ihrer ganzen Fülle und Tiefe eingehen zu wollen, möchte ich doch ihre wichtigste Behauptung anführen, daß nämlich die Technik in den heutigen Herrschaftssystemen nicht nur Macht über die Natur verleiht, sondern auch Macht über Menschen; ja, daß der Umgang mit der Technik, ihr System der Nutzung, der Kontrollen und der Steuerung lebloser Objekte der – wie man es auf dieser Seite nennt – *repressiven Gesellschaft* als verführerisches Modell für die Manipulation von lebendigen Menschen dient, denen man nur so lange einen Grad begrenzter Freiheit zugesteht, wie sie reibungslos funktionieren, die man aber brutal entfernt, sobald sie die ganze moderne, Existenz durchdringende Technik, sobald sie den Produktionsapparat zu stören drohen.

Wenn wir heute von den Möglichkeiten der Technik sprechen, so sollten gerade in einem Lande, das sich der freiheitlichen Welt zurechnet, derartige Einwände nicht einfach überhört werden. Sie werden zwar heute erst von zahlenmäßig unbedeutenden Minderheiten vorgebracht, sprechen aber aus, was zweifellos viel mehr Menschen in den hochindustrialisierten Regionen der Erde als oft nur dumpfes, nicht artikuliertes Unbehagen spüren. Daß dieses Unbehagen sich einmal im Wiederaufleben der Maschinenstürmerei, in massenhaften Wutausbrüchen gegen Laboratorien und industrielle Betriebe Luft machen könnte, wird von den Sozialpsychologen, die sich mit der Zukunft beschäftigen, durchaus für möglich gehalten.

Ein Wissenschaftler, der Sohn des berühmten Max von Laue, hat sogar einmal im *Bulletin of the Atomic Scientists* geschrieben: »Der Slogan der nächsten Generation könnte sein: Hängt die Wissenschaftler auf.«

Demonstrationen gegen chemische Versuchsanstalten, wie kürzlich in den USA, gegen Produktionsstätten der Rüstung, wie mehrfach schon in England, oder die Massenpresse, wie in der Bundesrepublik, sind zwar in erster Linie gegen die dort hergestellten Güter gerichtet; aber ihre tieferen Beweggründe sind vermutlich in jener soeben geschilderten Malaise am schlechten, am zutiefst enttäuschenden, den Hoffnungen fortschrittsgläubiger Generationen widersprechenden Zustand der Technik zu suchen.

Allerdings unterscheidet sich nun diese neueste Welle antitechnischer Ressentiments doch wesentlich von der kulturkritischen Pauschalverurteilung, die bis vor kurzem noch bei einem Großteil des europäischen, besonders sogar des deutschen Bildungsbürgertums im Schwange war. Marcuse zum Beispiel betont ausdrücklich, daß er nicht »einer romantischen Regression hinter die Technik das Wort rede«. Er ist vielmehr der Ansicht, »daß die Segnungen der Technik und die Industrialisierung überhaupt erst sichtbar und wirklich werden können, wenn die kapitalistische Industrialisierung und die kapitalistische Technik beseitigt sind«.

Diese Behauptung, so meine ich, trifft zumindest in so apodikher Form einfach nicht zu. Das wird jedermann bestätigen, der heute Länder bereist, die den Kapitalismus gestürzt und die Produktionsmittel vergesellschaftet haben. Denn in den hochindustrialisierten Zonen der DDR, der Tschechoslowakei, Polens und der Sowjetunion sind die negativen Nebenerscheinungen der Technik und der Technisierung ebenso stark, wenn nicht noch stärker bemerkbar als in den USA oder Westeuropa. Luftverschmutzung, Wasserverschmutzung, Landzerstörung, Verkehrsstauungen und die tiefgehende Entfremdung der Arbeitenden von ihrer Arbeit sind durch die andere Ordnung der Besitzverhältnisse bisher jedenfalls nicht verhindert worden. Im Gegenteil! Da der Arbeitgeber Staat als Exekutivorgan einer Diktatur des Proletariats mit Hilfe einer technisch bestens ausgerüsteten Polizeimacht die Arbeitnehmer viel schärfer kontrolliert, als die meisten westlichen Unternehmen es können – die immerhin mit einer, wenn auch recht schwachen, öffentlichen Meinung der Gewerkschaften rechnen müssen –, findet man im Osten heute noch Zustände wie in der Vergangenheit des Ruhrgebietes, Nordenglands oder der nordamerikanischen Industriegebiete etwa in der Region um Pittsburgh herum.

Wenn heute gerade in manchen Industrierevieren der nichtkommunistischen Welt ein Prozeß der Humanisierung der Technik begonnen hat, so ist das auf die Tatsache zurückzuführen, daß die Managements einiger industrieller Firmen, daß die Führung einiger Gewerkschaften, daß einige der Volksvertreter in Gemeinden und Staaten angefangen haben, endlich die gesellschaftlichen Bedingungen und Folgen der Technisierung ernst zu nehmen, selbst wenn sich das vorübergehend hemmend auf die Menge der Erzeugnisse und die Höhe der Gewinne und die Wettbewerbsposition auswirken sollte.

Exemplarisch ist diese sozialverantwortliche Haltung immer wieder von Siegfried Balke zum Ausdruck gebracht worden. Erst kürzlich wieder war in der Monatsschrift *Universitas* aus seiner Feder die Mahnung zu lesen: »Man kann sich bei der Abwendung von Gefahren nicht mehr allein auf den gesunden Menschenverstand verlassen, sondern die Gesellschaftsordnung selbst muß Normen schaffen, die auch die Schattenseiten des technischen Fortschritts berücksichtigen.«

Die neuen Möglichkeiten der Technik werden, wenn sich diese

Denkungsart durchsetzt, also nicht mehr wie bisher durch wissenschaftliche Forschung, technisches Können und die vorhandenen finanziellen Mittel bestimmt, sondern außerdem und in wachsendem Ausmaße durch eine immer stärker hervortretende vierte Grundbedingung: ihre Eignung für die menschliche Gesellschaft.

Es ist nicht nur denkbar, sondern wahrscheinlich, daß in Zukunft manches auf Grund wissenschaftlicher, technischer und wirtschaftlicher Voraussetzungen herstellbare technische Gerät an dieser sozialen Begrenzung scheitern wird. Denn die Menschheit wird in ihrem neuen, selbstkritischen, auch mögliche negative Folgen viel genauer berücksichtigenden Verhältnis zur Technik nichts zulassen, was gefährlich für das menschliche Leben, die menschliche Gesundheit und das menschliche Wohlbehagen ist. Sie wird eine humane Technik verlangen – human in ihren Zielen, human auch in ihrem Wesen.

Um eine solche »Neotechnik« zu schaffen – das Wort Neotechnik stammt von dem amerikanischen Philosophen Lewis Mumford –, muß aber produktives Tun den fordernden Verboten die Waage halten. Nicht nur ist das Unwünschbare zu verhindern, sondern es sollte auch das Wünschbare gedacht, gewollt und gefördert werden. Diese konstruktive, diese schöpferische Konsequenz wird leider von den vorhin erwähnten neuen Gesellschaftskritikern bisher kaum gezogen. Marcuse spricht ganz allgemein von den »Spezialisten des Friedens« und einer »Technologie der Befreiung«. Er kündet eine totale technische Umgestaltung der Lebenswelt an, in der dann neue menschliche Verhältnisse, neue Beziehungen zwischen den Menschen möglich werden. Aber spezifisch nennt er in diesem Zusammenhang nur die totale Rekonstruktion der Städte und die Wiederherstellung der Natur. Eine zwar begreifliche, aber bedauerliche Zurückhaltung, wenn man bedenkt, mit welcher Fülle von Ideen und präzisen Details die von ihm angegriffenen industriellen militärischen Herrschaftssysteme ihre immer neuen Entwürfe und Pläne für die Welt von morgen auszustatten wissen.

Hier soll nun in Umrissen wenigstens versucht werden, eine Reihe sozial wünschenswerter, humanorientierter technischer Möglichkeiten der nahen und etwas ferneren Zukunft, daß heißt der nächsten zehn bis dreißig Jahre, aufzuzählen. Als Grundlage dazu dienen neben eigenen Gedanken vor allem der vor einem Jahr im Auftrag der amerikanischen »Kommission für das Jahr Zweitausend« von Kahn und Wiener erstellte Katalog von hundert wahrscheinlichen Erfindungen in den nächsten dreiunddreißig Jahren sowie die im Februar dieses Jahres von dem englischen Forscher und Erfinder Dennis Gabor veröffentlichten Gedanken über sozial nützliche Innovationen.

Wünschenswerte, zum Teil schon mögliche oder bald mögliche technische Neuerungen habe ich nun nach zwei großen Gesichtspunkten gruppiert: Zuerst will ich mich mit den technischen Fortschritten beschäftigen, die notwendig wären, um das menschliche Leben auf unserem Planeten zu erhalten. Später möchte ich dann noch von Erfindungen sprechen, die ein schönes, schöpferisches, sinnvolles Leben ermöglichen könnten.

Daß zur Erhaltung des Menschengeschlechtes auf dem Planeten Erde vor allem die Verhinderung von Kriegen die wichtigste aller Vorbedingungen ist, gilt zwar als Binsenwahrheit, muß aber immer wieder betont werden. Hier könnte die Technik, die besonders in den letzten drei Jahrzehnten in der Herstellung immer gefährlicherer Waffen und Waffensysteme viele ihrer entscheidendsten Entwicklungsimpulse erhalten hat, bei der Überwachung von Abrüstungsmaßnahmen und Friedensverträgen künftig eine bedeutende Rolle spielen. Geräte zum Aufspüren heimlicher Atomtests sind bereits entwickelt worden. Sie sind erst die Vorhut einer Friedens-Kontrollindustrie, die in der permanenten fotografischen, elektronischen Überwachung aller Kontinente, in der Entwicklung von unterseeischen Spürinstrumenten und neuartigen Dektoren für biologische oder chemische Kampfmittel so lange wird funktionieren müssen, wie es der Menschheit nicht gelingt, die in ökonomischen Nöten, massenpsychologischen Fehlentwicklungen oder aus der Triebstruktur stammenden Aggressionen besser als bisher zu kontrollieren. Die heute am klarsten voraussehbare Ursache, der eine an friedlichen Aufgaben orientierte Technik entgegenwirken müßte und könnte, ist die einer Hungersnot in weiten Regionen der schwach entwickelten, heute schon überbevölkerten Teile der Welt.

Da zwei Erfindungen, die auf lange Sicht durchaus geeignet sein könnten, diese Probleme zu lösen, nämlich die Pille und mehrere neue, ungleich ertragreichere Arten von Reis und Getreide, die erst in den letzten drei Jahren entwickelt werden konnten, nach Ansicht vieler Demokraten zu spät kamen, um noch voll wirksam zu werden, müssen sofort neue Strategien, neue Waffen sozusagen gegen den »Feind Hunger« gefunden werden. Hier seien einige genannt:

Erstens: genügend billige, schnelle und genügend umfangreiche Transportmittel, die aus Gebieten mit Ernteüberschüssen Nahrung so schnell wie möglich in Hungerregionen schaffen. Dazu könnten als Teil eines solchen Transportsystems auch interkontinentale Pipelines dienen.

Zweitens: die Entwicklung von großen, nicht zu kostspielig arbeitenden Anlagen zur Meerwasserentsalzung, die den Mittelpunkt riesiger neuer, sogenannter agrarindustrieller Komplexe in nunmehr bewässerbaren Wüstengegenden, zum Beispiel auf der heute so umstrittenen Sinai-Halbinsel, bilden würden.

Drittens: neue Methoden zur Nutzung der ozeanischen Naturquellen. Georg Borgstrom hat in seinem erregenden Buch *Der hungrige Planet*, das 1965 erschien, gezeigt, daß die Verbesserung der Technik des Fischfangs und die heute noch vernachlässigte Erfassung der Meere auf dem südlichen Teil der Erdhalbkugel allein noch nicht genügen können, das wachsende Protein-Defizit der Menschheit zu decken. Es wird daher notwendig und durch die Entwicklung neuer, besonders feiner Fasern auch möglich, die enormen Mengen von Plankton in den Meerestiefen zu erfassen und in riesigen Ozeanfarmen dann an eine sprunghaft ansteigende Fischbevölkerung zu verfüttern.

Viertens: eine Ernährungsindustrie von heute noch unvorstellbaren Ausmaßen. Der Engländer Nigel Calder schildert in seinem *Vor uns das Paradies* automatisierte sechzigstöckige Fabriken, von denen jede einzelne durch die Nutzung von biologischen Mikroorganismen imstande sein soll, Zehntausende von Menschen mit den notwendigen Kalorien zu versorgen.

Alle diese und zahlreiche andere hier nicht näher aufgeführte Maßnahmen werden aber, wie der amerikanische Planer Hasan Ozbekhan von der Systems Development Corporation in Santa Monica gezeigt hat, allerdings nur dann voll erfolgreich sein, wenn sie als Teile einer umfassenden Gesamtanalyse und Gesamtübersicht und vorausschauenden Gesamtstrategie aufgefaßt werden. Erziehung, verbesserte Nachrichtenverbindungen und

Transportmöglichkeiten gehören genauso dazu wie die Schaffung neuer Nahrungsquellen. Vor allem aber muß ein erhöhtes Verständnis für die Beziehungen zwischen der Nahrungsmittelproduktion und den gesamten industriellen, politischen, ökonomischen, kulturellen und technischen Kräften in allen jenen Gebieten entwickelt werden, wo diese Nahrungsproduktion besonders notwendig ist.

Ozbekhan gehört, wie ich vorhin schon sagte, noch heute einer Institution an, die sich bisher vor allem mit dem Entwurf von Globalstrategie für die amerikanischen Streitkräfte befaßt. Er und gleich ihm eine wachsende Anzahl führender Köpfe in den sogenannten Denkfabriken des militärischen Establishments der USA möchten nun die neu entwickelten Methoden der Systemanlagen und der interdisziplinär begründeten vorausschauenden Planung für eine Strategie des Friedens einsetzen. Ozbekhan schlägt deshalb die Schaffung einer besonderen internationalen Behörde vor, deren einzige Aufgabe es wäre, als eine Art forschender, koordinierender und Handlungen empfehlender Generalstab im Kampf gegen den Hunger tätig zu werden. Nur so könnte die drohende Situation, die durch viele unkoordinierte Einzelaktionen nicht mehr gemeistert werden kann, vielleicht noch bewältigt werden.

Derartige Planungsstäbe und sogenannte »Look-out-Institutionen« – das heißt Institutionen, die sich vor allem damit beschäftigen, in die Zukunft zu schauen, sich zu überlegen, wo die Dinge hingehen – auf kommunalem, regionalem und internationalem Niveau werden für ihren Hausgebrauch neue technische Apparaturen benötigen, die eine noch schnellere Aufnahme, Übermittlung, Verarbeitung und Auffindung relevanter Daten ermöglichen.

Sollen solche der laufenden Übersicht und permanenten Voraussicht gewidmeten Institutionen sich nicht zu Zentren einer modernen Art von zentralisierter Planungstyrannei entwickeln, dann müssen sie in Vielzahl existieren, möglichst von der Macht getrennt bleiben und allen Interessengruppen als Dienstleistungsorganisationen zur Verfügung stehen. Die Massenentwicklung von billigen Computer-Anschlüssen an solche Zeitwarten für nichtstaatliche Organisationen oder sogar für Privatpersonen zwecks Benutzung im eigenen Heim wird eine wichtige Aufgabe zur Erhaltung der Demokratie und des inneren Friedens sein.

Aus der Arbeit einiger bereits in rudimentärem Zustand vorhandenen Vorausschau-Organisationen, wie zum Beispiel der »World Resources Inventory« an der Universität von South Illinois in Carbondale, geht hervor, daß eine weisere Nutzung vorhandener und die Erschließung neuer Rohstoffreserven, die Entwicklung neuer Energiequellen und die Wiederherstellung eines durch Raubbau bereits gefährdeten Umweltgleichgewichtes Dringlichkeitsaufgaben erster Ordnung sind, um das Überleben des Menschen auf dem Planeten Erde zu ermöglichen.

Dazu werden unter anderem folgende technische Weiterentwicklungen oder Durchbrüche mithelfen können, die von Kahn/Wiener, Gabor und dem mit dem bekannten amerikanischen Architekten Buckminster-Fuller zusammenarbeitenden Schotten John McHale erwähnt werden und die zum Teil von mir komplettiert wurden:

1. *Auf dem Gebiet der Rohstofförderung und -nutzung*
   a) weltweite intensive Benutzung von fliegenden Detektoren, Kameras, Infrarotfotografie, elektronischen Sensoren. Nunmehr nicht für die Aufspürung von geheimen Waffenlagern und geheimen Aufrüstungsvorbereitungen, sondern für die Aufspürung bisher nicht genutzter geologischer Quellen auf dem festen Land.
   b) Entwicklung von Auffindungsgeräten und Abbaumaschinen zur Nutzung des Meeresbodens. Hierfür sollten besonders die von dem englischen Professor Thring konzipierten Roboter sowie kleine Unterseeboote und Unterwasserstationen gebaut werden. Gabor bemerkt dazu einschränkend: »Da sich Roboter mit sensorischer Rückmeldung bisher als schwieriges Problem erwiesen haben, scheint es vielversprechender, Roboter zu konstruieren, die ihre Eindrücke an einen menschlichen Kontrolleur funken. Derartige Roboter können dann unter Wasser nicht nur als Bergleute, sondern auch als Ackerbauer und zur Reparatur von Öl- oder Gasbohranlagen dienen.« Als allerdings noch sehr entfernte Möglichkeit sei – mehr der Kuriosität halber – noch erwähnt, daß Helmer und Gordon von der Rand Cor-

poration die Erziehung von Delphinen zu hilfreichen Haustieren der Unterwassererschließung ins Auge fassen.

Die Eroberung des »inneren Raumes«, der großen Ozeane also, hat zweifellos erst begonnen, obwohl allein in den USA bereits jetzt über siebenhundert Firmen an seiner Erschließung arbeiten. Hier werden neue Techniken zur Verankerung von quadratkilometergroßen metallenen Plattformen in Küstennähe, aber vielleicht auch auf hoher See, sehr bald notwendig werden.

Um sich auf dem Meeresboden zu orientieren, wo es bisher nicht gelang, optische Geräte zu verwenden, wird die Holographie, die den Ton in dreidimensional wirkende Bilder umsetzen kann, bahnbrechend wirken. Auch neue Sprechgeräte müssen entwickelt werden, da Sprachverständigung unmöglich ist, wenn die Lungen mit einer Mischung von Helium und Sauerstoff gefüllt sind.

c) Von Kahn und Wiener gibt es eine Bemerkung, die leider ohne genaue Erklärung angegeben ist und die ich hier nur zitiere. Sie schreiben, eine der von ihnen vorgeschlagenen hundert künftigen Erfindungen beträfe die Benutzung biologischer Prozesse zur Förderung und Bearbeitung von Mineralien.
d) Die Entwicklung völlig neuer künstlicher Baustoffe und weitere Verbesserung von bereits bekannten Materialien von noch höherer Stärke, besserer Leistungsfähigkeit, Legierungsfähigkeit und Elastizität, größerer Temperaturfestigkeit in neuen Umweltbedingungen, zum Beispiel bei Unterwasserdruck, bei Bohrungen in tieferen Erdschichten oder in der Raumfahrt, werden notwendig werden.

2. *Auf dem Gebiet der Energiesteigerung*
   a) Während die Nutzung der Kernverschmelzung für zivile Zwecke sich bisher als technisch erfolglos erwies, macht die auf der Spaltung beruhende Nukleartechnik hervorragende Fortschritte und wird sich ständig weiter verbilligen. Es wird damit gerechnet, daß spätestens Anfang der achtziger Jahre Nuklearstrom billiger sein wird als der auf andere Weise erzeugte Strom.

b) Die Perfektion kleiner individueller Energiequellen, die durch thermoelektrische oder thermoionische Quellen, durch Sonne und durch Wind, gespeist werden, solche Antriebe sind vorläufig nur als Hilfsgeräte oder kurzfristig verwendbare Ersatzkraftspender verwendet worden, zum Beispiel in Raumkapseln. Es ist aber aus gesellschaftlichen Gründen wahrscheinlich, daß derartige der zunehmenden Zentralisierung der technischen Apparatur entgegenwirkende Energiemöglichkeiten schnell weiterentwickelt werden müssen, obwohl sie weniger leistungsfähig und rentabel sind als die großen Energiespender.

Hier stoßen wir also abermals auf einen jener sozialen Faktoren, die beim Entwurf der Technik von morgen eine so große Bedeutung erhalten werden. Nicht zufällig wuchs das Interesse für kleine und unabhängige Energiequellen, wie ich sie eben genannt habe, besonders stark in den Tagen und Wochen, die dem plötzlichen Zusammenbruch des Stromnetzes in weiten Teilen im Nordosten der USA folgten.

Man begann sich auch in diesem Zusammenhang zu fragen, ob die vom Menschen geschaffene künstliche Welt nicht im Vergleich zu den Schöpfungen der Natur zu krisenanfällig sei, weil oft schon der Ausfall eines einzigen Teilchens in einem komplexen technischen System das Ganze lahmlegt, während zum Beispiel beim Menschen einige wichtige Organe doppelt vorhanden sind oder ein Organ fähig ist, die Aufgabe des anderen, wenn es ausfällt, zumindest vorübergehend zu übernehmen. Und zudem besteht beim Menschen oder anderen Lebewesen auch noch die Fähigkeit zur Heilung, zur Selbstreparatur und Regeneration.

Aus dieser Kenntnis heraus werden wohl besonders wichtige Bestandteile der technischen Infrastruktur künftig mit automatisch auswechselbaren Ersatzteilen versehen werden. So gibt es zum Beispiel im »California Institute of Technology« bereits einen Computer, der sich selbst repariert – das heißt, er repariert sich eigentlich gar nicht, sondern hält Ersatzteile bereit, die, sobald etwas versagt, im Tausendstel einer Sekunde an Stelle der ausfallenden Einheit eingesetzt werden.

Auch dürfte die bereits begonnene Arbeit an wachstumsfähigen Metallen, die sogenannte »Whisker Technology«, schnell vorwärtsgetrieben werden. Ja, es hat sich in den USA (und in Sibirien) sogar bereits ein eigener Forschungszweig herausgebildet, der besonders mit der Selbstregeneration mechanischer Geschöpfe beschäftigt ist. Der merkwürdige Name dieser neuen Forschungsrichtung stammt aus der jüdischen Geistersage vom Dybuk; sie heißt Dybologie.

Im größten Maßstab wird neue Technik dort entwickelt und eingesetzt werden müssen, wo sie die Regenerationsprozesse der weiteren Umwelt stört und durch rücksichtslose Veränderung der Landschaft, zum Beispiel durch Abholzung von Wäldern, Dränierung von Sümpfen, wachsende Verschmutzung der Atmosphäre, der Seen, der Flüsse und unbedachtes Leerpumpen unterirdischer Wasserquellen, den Kreislauf der Natur nicht nur behindert, sondern zum Teil schon lahmlegt.

Es wird daher eine Technik zur Steuerung der Technik und zur Beseitigung ihrer Nebenfolgen von immer größerer Bedeutung für die Erhaltung des Lebens auf dieser Erde. Wenn das Menschengeschlecht nicht verkümmern oder, wie zum Beispiel im letzten Dezember auf einer Tagung der »American Association for the Advancement of Science« behauptet wurde, nicht an seinen Abgaben ersticken soll, dann ist die Schaffung einer solchen Technik zur Beseitigung der Folgen der Technik in noch viel stärkerem Maße, als wir sie heute bereits besitzen, notwendig.

Gerade auf diesem Gebiet sind allerdings die finanziellen Hindernisse, die einer starken Vermehrung der technischen Schutzvorrichtung entgegenstehen, vorläufig noch sehr groß. Doch ist es zu erwarten, daß die wachsende Information und Erkenntnis spätestens in der nächsten Generation eine größere Bereitwilligkeit zur Bezahlung dieses notwendigen Zolls auf alle unsere technologischen Produkte zeitigen werden.

Mit dieser Erwähnung der notwendig werdenden erhöhten Umweltkontrolle zum Schutz des Lebens gelange ich bereits an den Rand meines zweiten Themenkreises, der sich mit dem besseren Leben in der Zukunft beschäftigen soll. In vielen Industrieregionen der Erde ist der Mensch bereits dabei, die Sünden seiner Väter, Großväter und Urgroßväter gegen die Natur und die Schönheit der Schöpfung wiedergutzumachen. Besonders in England, dem Geburtsland der modernen Industrie, das, wie es zum

Beispiel Priestley nach dem Erlebnis einer Flugreise einmal ausgedrückt hat, »aus einem grünen Juwel, eingefaßt in den herrlichen Rahmen der blauen See, innerhalb des Jahrhunderts zu einem von schmutzigem Wasser bespülten Rosthaufen verwandelt wurde«, ist diese Bemühung besonders intensiv. Und zwar bemerkenswerterweise trotz der großen wirtschaftlichen Schwierigkeiten, mit denen das Land seit 1945 zu kämpfen hat.

In Wales wurden zum Beispiel mehrere Täler, deren Industrie nach ihrer anfänglichen Blüte zurückgegangen oder sogar eingegangen war, sorgfältig neu begrünt. Bei der Einrichtung neuer Industrien wird darauf geachtet, daß sie weder Staub noch Lärm verursachen dürfen.

Die Ufer der Themse sollen nach Plänen des Rates für Groß-London in einer Länge von 82 Meilen zu einer einzigen großen Erholungslandschaft mit Spazierwegen, Jachthäfen, Terrassenrestaurants, Liegewiesen und öffentlichen Gärten umgestaltet werden. Unter der Leitung des Civic Trust, einer privaten Vereinigung, die sich um die Verschönerung Englands kümmert, werden Bäume in baumlose Stadtsiedlungen gebracht; Hochspannungsleitungen werden trotz der hohen Kosten, die dadurch entstehen, zum Teil unter die Erde verlegt; sogenannte »Eyesores«, das heißt Narben in der Landschaft, die dem Auge weh tun, werden systematisch beseitigt.

Nicht zufällig kommt ja auch die These, daß die Qualität des Lebens in unserer hochindustrialisierten Gesellschaft höher zu halten sei als die pure Steigerung der Quantität von Konsumgütern, gerade aus England. Hier sind meines Wissens auch die Bemühungen um eine Mutation der Technik am weitesten fortgeschritten, die bewirken sollen, daß die technischen Apparaturen von morgen anpassungsfähiger, unauffälliger, naturangepaßter oder, wie der englische Kybernetiker Gordon Pask es ausdrückt, biologische, also lebensähnliche, sein sollen.

In England ist auch das Industrial Design, das Bemühen um schöne Form, das eigentlich von Deutschland seinen Ausgang nahm, am ehesten durchgedrungen. Und abermals in England wurde durch den Nationalökonomen und Soziologen F. U. Mishan in seinem vielbeachteten Buch *The Costs of Economic Growth*, das im Vorjahre erschien, eine neue Maßeinheit, der sogenannte »Comfort Quotient«, vorgeschlagen, mit dessen Hilfe die bisher nach quantitativen Gesichtspunkten zusammengestellten industriellen Statistiken nunmehr in völlig neuem Lichte erscheinen. Denn nach dieser Bewertung, welche die Annehmlichkeit des Lebens in einer Stadt als wichtigsten Bewertungsfaktor hervorhebt, werden die Ersten oft die Letzten sein.

Wie würden, so kann man sich fragen, wohl die meisten deutschen Industriemetropolen in einer solchen Rangliste nach Lebensqualität abschneiden?

Die Technik wird sich in hochentwickelten, dichtbesiedelten Gebieten auf diesen Wunsch nach Vermenschlichung und Verschönerung der Umwelt immer mehr einstellen müssen. Fortschritte im Tiefbau, besonders schnelle und billige Bohrmethoden werden es möglich machen, mehr und mehr technische Anlagen unter den Erdboden zu verlegen. Rauch, Abgase, Schmutz und vor allem Lärm sollte es in der Industriegesellschaft von morgen nicht mehr geben. Und in einer hoffentlich nicht allzu fernen Epoche wird man wohl auf jene Ära, die in der Technik oft mit Häßlichkeit gleichgesetzt wurde, als auf das dunkle Zeitalter der Industrialisierung zurückschauen.

Der »Comfort Quotient« wird auch beim Bau künftiger Städte die entscheidendste Rolle spielen. Transportbänder statt der Autos in der Innenstadt, Elektromobile, verschiedene Verkehrsebenen, Fußgängerzonen, Einkaufsstraßen sollen das Leben wieder erträglicher, sollen es wieder urbaner machen. Eine gewisse Entlastung könnte der Stadtverkehr vielleicht erfahren, wenn gewisse Einkäufe, wie Gabor es vorschlägt, durch Tele-Shopping erledigt werden könnten, das heißt durch Angebot über den Fernsehschirm und Bestellung durch das Telefon und Lieferung in den frühen Morgenstunden.

Studien, die bei der Rand Corporation in Kalifornien gemacht werden, meinen sogar, daß der Schüler von morgen nicht mehr in die Schule gehen, sondern sich am Fernsehschirm und Lernautomaten im eigenen Heim weiterbilden wird, daß der Angestellte nicht mehr täglich ins Büro fahren muß, sondern hauptsächlich durch das im eigenen Haus installierte Telekommunikationsnetz mit seiner Firma, mit seiner Zentrale im ständigen Kontakt bleibt.

Durch solche technischen Möglichkeiten, so meint man, würde die hohe Mobilität der heute Arbeitenden, die immer längeren Fahrstrecken zum und vom Arbeitsplatz, stark herabgesetzt.

Ich persönlich, das möchte ich offen sagen, halte gerade diese Vision für unwahrscheinlich, weil sie der menschlichen Psyche widerspricht. Wenn wir uns treffen – sei es im Büro, sei es in der Fabrik oder bei einer Messe –, so tun wir es ja wohl nicht nur, um dort zu arbeiten, sondern weil wir den Kontakt von Mensch zu Mensch brauchen.

Mehr Wahrscheinlichkeit besitzt dagegen eine andere Voraussage Paul Barrans von der Rand Corporation. Er meint, daß die Stadt von mindestens 100000, aber möglichst nicht mehr als 250000 Einwohnern der bevorzugte Typ des Jahrtausendendes sein werde. Diese in ihren Maßen noch überschaubaren Mittelstädte sollen durch Schnellverkehrsnetze in enger Verbindung miteinander stehen. Vielleicht wird dann die heute schon recht hohe Mobilität der Menschen, ihre erhöhte Reisebereitschaft zu beruflichen wie zu privaten Zwecken, sogar eher noch zunehmen. Es ist nicht nur denkbar und wünschbar, sondern möglich, daß die Fahrt im modernen Zug durch pausenlose Verkehrsfolge und erhöhte Bequemlichkeit aus einer Anstrengung zur Erholung wird. Das behaupten ja heute bereits die Annoncen der Bundesbahn. Nur meine ich, daß da die Werbung nicht ganz im Einklang mit der Wirklichkeit steht.

Berufsreisen von Land zu Land, von Kontinent zu Kontinent, die heute erst von immer noch verhältnismäßig wenigen vollzogen werden, dürften durch die wachsende und immer engere planetarische Verknüpfung bald täglich Hunderttausende in Bewegung halten. Schon jetzt gibt es amerikanische Physiker, die mehrmals in der Woche am Morgen ihr Heim in New York verlassen und zu Seminaren nach Chikago oder gar nach Kalifornien fliegen und noch am gleichen Abend zurück bei ihrer Familie sind, als hätten sie gerade nur einen Vorortzug genommen. Eine andere Physikergruppe fliegt mindestens einmal wöchentlich nach Südafrika, weil dort ein Neutrino-Experiment in einer besonders tiefen Goldmine läuft, und ist noch im Laufe derselben Woche wieder im eigenen Institut.

Wichtiger aber als die weitere Beschleunigung der Geschwindigkeiten von Flughafen zu Flughafen, die etwa in der Vision einer 75-Minuten-Welt ihren Ausdruck findet – das heißt, jeder

Flughafen der Welt wäre dann von jedem anderen Flughafen der Welt in höchstens 75 Minuten erreichbar –, wichtiger als diese Beschleunigung des Verkehrs in der Luft wird allerdings die Entwicklung der Zubringertransporte sein. Heute schon ist die Zeitspanne, die ein Reisender braucht, um am Flughafen sein Gepäck zurückzuerhalten und ins Hotel zu fahren, meist so lang wie die in der Luft verbrachte Zeit. Rechnet man dazu gar noch die Anfahrt und die Wartezeit vor dem Start, so verdoppelt, ja verdreifacht sich sogar die tatsächliche Reisezeit zum Beispiel von einem Londoner nach einem Pariser Domizil. Hier für einen stetigen, reibungslosen Verkehrsfluß zu sorgen, der alle zur Bewältigung einer Strecke benötigten Transportmittel in großen aufeinander abgestimmten Systemen zusammenfaßt, wird die Sorge einer humanen Verkehrstechnik von morgen sein. Erst dann wird man sagen können, die Menschen seien wirklich mobil. Heute stecken sie meist in Autoschlangen und sind durchaus immobil.

Trifft nicht das Beispiel der supersonischen Höchstleistungen in der Luft, die nur ungenügend mit den Transportleistungen auf dem Boden koordiniert sind, in übertragener Form auf viele Bereiche unserer technischen Umwelt zu? Erleben wir nicht überall immer noch das Schauspiel schlechter Abstimmung zwischen Maschine und Maschine, zwischen Maschine und der lebendigen Umwelt, vor allem dem lebendigen Menschen?

In diesen Widersprüchen scheint mir die Wurzel des Unbehagens an der Technik mindestens so sehr zu liegen wie in ihrer Ausrichtung nach einseitigen wirtschaftlichen Gesichtspunkten und Machtinteressen. Gelingt es uns in Zukunft, jede technische Apparatur als Teil eines Ganzen zu sehen, die nicht nur Wirkungen ausübt, sondern es sich auch gefallen lassen muß, selbst Wirkungen ausgesetzt zu sein, dann werden wir wirklich eine neue Technik haben. Die Anfänge dazu sind heute schon sichtbar.

Und hier setzt eigentlich die Arbeit der von vielen bis jetzt noch falsch verstandenen Zukunftsforschung ein. Zukunftsforschung ist nicht Wahrsagerei, Zukunftsforschung ist der Versuch, sich die Konsequenzen von Handlungen zu überlegen, und zwar die Konsequenzen nicht nur in einer Richtung und Beziehung, sondern unter Berücksichtigung von vielen Möglichkeiten – guten wie schlechten. Zukunftsforschung ist also eine wichtige

Bemühung um das Ganze, das allein das Überleben aller einzelnen Teile möglich macht.

Die humane Technik, von der ich sprach, wird meiner Ansicht nach die Phantasie und die Tatkraft der Konstrukteure in den nächsten fünfzig Jahren stärker beschäftigen als die Höchstleistungstechnik.

Eine Kurve, die der amerikanische Forscher John Platt gezeichnet hat, zeigt, daß eine Zeit sprunghafter Höchstleistungen, wie wir sie gerade hinter uns haben, Ausnahmecharakter besitzt. Eine Beschleunigung wie die vom ersten Eisenbahnzug, der zum ersten Mal den Menschen schneller transportieren konnte, als ein Vogel fliegt – und das ist ein Ereignis, das nur etwa 130 Jahre zurückliegt –, bis zur Beschleunigung der Rakete, die mit Tausenden Stundenkilometern in den Weltraum hinausschießt, kann es auf dieser Erde jedenfalls nicht mehr geben.

Ähnliches läßt sich von Höchstleistungen auf zahlreichen anderen technischen Gebieten sagen. Wir erreichen, wenn es um die Frage der Höchstleistungen geht, dort allmählich ein gewisses Plateau, das heißt flache oder nur noch mäßig steigende Kurven. Die Hauptrichtung und das Hauptinteresse der Technik werden sich daher nun mit dem Aufeinanderabstimmen der verschiedenen Leistungen beschäftigen. Es werden dann vielleicht manche technisch mögliche Höchstleistungen im Interesse des Ganzen sogar zurückgeschraubt werden. Es dürften in dieser Epoche dann dafür andersartige technische Schöpfungen entwickelt werden. Sie werden statt starr lieber flexibel, statt lauter eher leise, sie werden statt rentabel vorzugsweise variabel sein.

So spricht zum Beispiel Kahn in seiner Aufstellung der hundert Erfindungen von einer On-and-off-Maschine, einer Maschine, die eben nicht 24 Stunden laufen soll, sondern die ab und zu stoppen kann, die nicht große Serien fertigen muß, sondern auch kleine Serien fertigen kann, die also immer ähnlicher dem Handeln des Menschen und immer mehr auf individuelle Bedürfnisse des Menschen eingehen wird.

Ich vergleiche sehr oft diese neue Phase der technischen Entwicklung mit einer Phase, die wir ja schon durchgemacht haben, und zwar jener Phase, die auf die Eroberung neuer Territorien in den Kolonialgebieten folgte. Zuerst geht es darum, in den Urwald, in die Steppe, in das Unbekannte einzudringen, es kennenzulernen, es abzustecken, es zu erobern. Aber dann fängt man an, den Urwald zu kultivieren, aus dem Dschungel einen Garten zu machen, aus der Wildnis eine Kultur.

Ich meine – trotz der Unruhe, ja, diese Unruhe drückt es sogar aus –, daß wir erst am Anfang einer echten technischen Kultur stehen. Ich denke auch, daß Techniker und Zukunftsforscher vielleicht eine ganz besondere Rolle bei der Schaffung dieser neuen, zugleich technischen und humanen Kultur spielen werden.

(1968)

Kontrolle oder Verwandlung

Wann immer über ein Kunstwerk gesprochen wird, stellt sich wie von selbst die Frage nach der Zeit seiner Entstehung. Denn wir alle wissen, daß jedes Kunstwerk – sei es ein Bild, ein Bauwerk, Musik oder ein Gedicht – in erheblichem Maße von den kollektiven Strömungen und Ideen seiner Zeit beeinflußt wird und diese wiederum von solchen künstlerischen Hervorbringungen zu einem gewissen Teil mitgeformt werden. Betrachten wir hingegen die Produkte der Technologie, entfällt der Verweis auf die historische Dimension entweder ganz, oder aber wir messen ihr nur zweitrangige Bedeutung zu. Denn in ihrem Fall richtet sich das Interesse nahezu ausschließlich auf den Grad der Effizienz, und es besteht die stillschweigende Annahme, daß dieser mit jeder neuen Erfindung zunimmt.

Versucht man jedoch, Maschinen, Apparate und technische Systeme nicht nur nach ihren Produkten und Auswirkungen zu beurteilen, sondern sie als Ausdruck eines ganz bestimmten gesellschaftlichen, ideologischen und intellektuellen Klimas zu verstehen, das zu einer spezifischen Zeit an einem spezifischen Ort herrscht, so ergibt sich ein neues, freieres Verhältnis zu diesen Hervorbringungen der schöpferischen Phantasie. Dann sehen wir die Technologie nicht als absolutes, beinahe schicksalhaftes Phänomen, mit dem man zurechtkommen muß, als sei es eine Naturkraft, sondern als eine Vielfalt möglicher Technologien, in der zuerst die eine, dann eine andere Tendenz die bestimmende Rolle übernimmt.

Diese Einstellung beginnt sich langsam durchzusetzen. Schon die Idee, daß es vielleicht alternative Technologien gibt, beinhaltet das Konzept eines technologischen Pluralismus anstelle des bis heute fast universell akzeptierten technologischen Monismus.

Demnach könnte jedes Gesellschaftssystem und jede politische Ideologie, ja jede Kultur, nach Belieben ihre eigene technologische Linie entwickeln. Warum soll es nicht, neben indischer Kunst, eine eigenständige indische Technologie geben, und warum soll sich afrikanisches Temperament allein in Musik oder Skulptur ausdrücken und nicht auch in der Technik, die die Afrikaner für sich wählen, weil sie ihren Bedürfnissen am ehesten entspricht?

Diese Ansätze können nur denen als überflüssige Gedankenspielerei erscheinen, die der Auffassung sind, daß es nur *einen* optimalen Weg gibt, naturwissenschaftliche Erkenntnisse in technisches Know-how umzusetzen. Viele Anhänger dieses bislang gängigen, uniformen Stils wissenschaftlicher und technologischer Zivilisation wollen einfach nicht begreifen, daß hier anthropologische, soziologische, kulturelle und psychologische Faktoren hereinspielen – und hereinspielen müssen.

Und hier nun scheiden sich die Geister. Denn was an der Technologie, wie sie sich bis heute darstellt, vor allem kritisiert wurde, ist eben gerade ihr Mangel an gesellschaftlichem Feedback, ihre unerträgliche Fühllosigkeit. Man hat sie nicht nur für den Untergang der Natur verantwortlich gemacht. Das plötzliche Aussterben von Lebensformen, die sich über einen langen historischen Zeitraum ganz allmählich entwickelt haben, die Einschnürung kultureller Vielfalt in die reizlose, uniforme Korsage eines angeblich effizienten Funktionalismus und vor allem die Tyrannei der gesundheitsgefährdenden Arbeitsbedingungen – all dies sind Aspekte einer brutalen Gleichgültigkeit, die untragbar geworden ist.

Die wachsende Zahl von Menschen, die gegen diese Art von Technologie rebellieren (sei es in offener Konfrontation oder in Form von Krankheit, Neurose und Entfremdung), sind nicht bloß moderne Ludditen,[9]) denen es um die Zerstörung von Maschinenparks geht. Ich glaube vielmehr, daß sie sich für eine Zähmung der Maschinen einsetzen. Sie wissen, daß wir ohne nicht auskommen, aber sie fragen sich: »Wie können wir es wieder unter unsere Kontrolle bringen?« Und manche gehen weiter. Sie entwerfen »neue« Technologien, Systeme, die nicht mehr steif und teilnahmslos, ohne Sinn und Gefühl operieren, sondern sensitiv, flexibel, anpassungsfähig, man könnte fast sagen: lebendig.

Bei diesem neuen Anlauf, über die Technologie nicht in eingefahrenen Bahnen nachzudenken (unter Betonung maximaler Effizienz und Rentabilität), sondern statt dessen der Verträglichkeit von Industrie mit Mensch und Umwelt höchste Aufmerksamkeit zu widmen, kann ich drei Haupttendenzen unterscheiden, die sich zum Teil ergänzen und überlappen: da gibt es die Kontrolleure, dann diejenigen, die die Bedeutung der Technologie verringern wollen, und schließlich die Schöpfer ganz andersartiger Technologien. Die erste Gruppe möchte der heutigen Technologie die Restriktionen und Fesseln auferlegen, die schon seit geraumer Zeit fällig sind. Die zweite will – indem sie sich ihrer Allgegenwart und ihrer unaufhörlichen Ausdehnung entgegensetzt – die Technologie zurückzwingen, während die dritte Gruppe sich um nichts Geringeres als die Schaffung einer völlig neuen Spezies künstlicher Kreaturen bemüht, die intelligenter, individualistischer, unabhängiger, entwicklungs- und anpassungsfähiger sein werden als die ungehobelten, biederen, eingleisigen Geräte, mit denen wir uns – ein immer höheres Risiko eingehend – bis zum heutigen Tag umgeben haben.

Die Kontrolleure werden die Vorhut bilden. Sie sind schon in voller Aktion, hantieren mit Filtern, Reinigungsapparaturen und vielen anderen Hilfsmitteln, um Abgase, Schmutz und Lärm zu beseitigen. Somit wächst zur Kontrolle der Primärindustrie eine Sekundärindustrie heran, die der ersteren den Maulkorb umlegt, sie hinter Mauern und Zäune verbannt, also eigentlich Gewalt mit Gewalt beantwortet. Die Befürworter der Technologiefolgenabschätzung gehen noch einen Schritt weiter. Ihr Ziel ist es, die vermutlichen schädlichen Auswirkungen einer technischen Neuerung zu bestimmen, noch bevor diese konstruiert worden ist. Sie arbeiten demnach an einer Geburtenkontrolle oder Präventivmedizin, die ihre Vorzüge, aber auch ihre Nachteile und Mängel hat – zumindest so, wie sie heute praktiziert wird. Denn wer trifft die Entscheidungen über zukünftige Entwicklungen? Welche Machtzentren und welche Wertvorstellungen werden die Maßstäbe setzen? Wie vermeidet man die Kurzsichtigkeit, die jeder Prognose anhaftet? Wer ist gänzlich frei von den Beschränkungen, die die Verhaltensweisen, Moden und Ideen der eigenen Epoche ihm auferlegen?

Die Befürworter einer Abwertung der Technologie geben sich

große Mühe, ihr bescheidenere Ziele zu verschreiben als jene hochgesteckten Erwartungen, die im Bereich der »High Technology« gang und gäbe sind. Die Frage ist allerdings, wie viele Menschen willens sein werden (nach jahrzehntelangem Denken in Begriffen wie »mehr-höher-leistungsstärker-schneller«), auf diese sich kontinuierlich hochschraubende Fortschrittsspirale zu verzichten, der sie verfallen sind. Rationale Überlegungen können und müssen auf die Notwendigkeit hinweisen, diesen Prozeß umzukehren, auf falsche Bedürfnisse zu verzichten, alternative, nichtmaterielle Zielsetzungen zu schaffen und ein Verhalten zu entwickeln, das auf ethischen oder rationalen Geboten beruht. Aber man darf bezweifeln – und ich bin einer dieser Skeptiker –, ob die »Soft Technology« und die »Intermediary Technology« mit allem, was sie nach sich ziehen (veränderte Verhaltensweisen, Preisgabe der großen Erwartungen), für die Menschen an der Jahrtausendwende stimulierend und sensationell genug sein werden.

Hier scheinen die Schöpfer neuer »sanfter Technologien« die veränderten Zeichen der Zeit besser durchschaut und effektiver genutzt zu haben. Sie verbleiben im traditionellen Konzept von Fortschritt und kontinuierlicher Entwicklung der Technologie, die sich vor allem in der weiteren Evolution und Anwendung von Elektronik und Kybernetik manifestiert.

Es war Warren McCulloch als ihr geistiger Vater (mehr noch als Norbert Wiener, der Großvater), der die intellektuellen Voraussetzungen für die neue Wissenschaft Kybernetik schuf, die ein völlig neuartiges Verhältnis von Mensch und einer viel lebendigeren künstlichen Umwelt im Auge hat, eine Technik, die auf den Menschen eingehen, ihn verstehen und hin und wieder sogar unterrichten und unterweisen wird. Die Verbesserung menschlicher Lebensbedingungen durch Entwicklung von Mensch-Maschine-Systemen (bereits 1967 von den Amerikanern Warren Brodey, Avery Johnson und Nilo Lindgren vorgeschlagen) zeigt, wie entwicklungsfähig diese Partnerschaft von biologisch sich entfaltenden, natürlichen Intelligenzen und künstlichen Intelligenzkonstrukten ist. Negroponte und Wellesley-Miller vom Massachusetts Institute of Technology MIT haben diesen (noch sehr schmalen) Pfad mit ihren momentan noch recht banal anmutenden Konstruktionen eingeschlagen.

Will man andersartige, bescheidenere Ziele für eine »alternative« Technologie setzen, die sich in ernstzunehmenden Konstrukten manifestiert und deren Einfluß weit reicht, wird man notwendigerweise warten müssen, bis Gesellschaftsstrukturen und individuelle Verhaltensweisen in der Lage sind, nachdrücklich für neue Wertvorstellungen einzutreten. In unserer gegenwärtigen Lage sind die Kräfte der Reaktion so ausgeprägt, daß alle Bemühungen, der Technologie ein neues Gesicht zu geben und eine neue Rolle zu verschaffen, bloße Randerscheinungen bleiben. Aber schon zeichnet sich ein Meinungsumschwung ab. Der Wunsch nach Mitbestimmung erfordert eine besser ausgerichtete, d.h. weniger zentralisierte Industrie, die Sorge um die Umwelt verlangt nach einer Technologie, die sich vornehmlich an biologischen statt, wie bisher, an physikalischen Gegebenheiten orientiert, während das allgemeine Unbehagen an der zunehmenden Entfremdung und der Kampf um Emanzipation auf die Notwendigkeit hindeuten, die Stoßrichtung des bis heute praktizierten Zusammenpralls von Wissenschaft und Gesellschaft umzukehren. Nicht die Menschen sollen mehr und mehr zu Maschinen verkommen, sondern die Maschinen müssen und können endlich menschlich werden.[10])

(1972)

Diesen fast zehn Jahre alten Text habe ich mit etwas Beschämung wieder gelesen. Es stimmt zwar: Zwei der drei von mir erwähnten Tendenzen – Technikkontrolle und »sanfte Technik« – haben sich wie vorhergesehen kräftig entwickelt. Aber die dritte Linie, auf die es mir eigentlich ankam, hat nicht gehalten, was sie versprach: Die »evolutionäre Technik« ist immer noch Spielerei.

Dabei haben sich die technischen und ökonomischen Voraussetzungen für solche flexibleren, intelligenteren Maschinen durch die rasante Entwicklung der elektronischen »Chips« und der »Mikrocomputer« im Grunde verbessert. Aber die Möglichkeit einer Erhöhung der kognitiven und aktiven Fähigkeiten des Instrumentariums werden nicht zu besserer Zusammenarbeit mit den menschlichen Operatoren, sondern zu ihrer Beseitigung benutzt.

Ich hatte den Faktor »Rentabilität« unterschätzt und nicht eingestehen wollen, daß er von den Technokraten in West und Ost stets höher eingeschätzt wird als kulturelle, biologische und psychologische Einflußgrößen. Wenn ich genauer hinsehe, muß ich erkennen, daß die relativ beträchtlichen Fortschritte bei der Technikkontrolle und »sanfter Technik« auch nur deshalb möglich wurden, weil sie als neue Verdienstchancen oder Lückenbüßer ins Kalkül der durch die Ölpreissteigerungen zum Umdisponieren gezwungenen Industrie paßten.

Gewiß, man kann – und man wird vielleicht einmal – ganz andere Rentabilitätsrechnungen aufmachen, in denen nicht nur das, was sich schnell und sofort sichtbar »lohnt«, den Vorrang erhält, sondern das, was auf die Dauer mehr Freude, mehr Gesundheit und Wohlbehagen verspricht. Daß die brutale Großtechnik, die vorläufig weiterhin auf Höchstleistung, Kostenverringerung, Arbeitseinsparung und Gewinn hin angelegt ist, langfristig Niedergang, Währungszerfall, Arbeitslosigkeit und Bankrott mit sich bringen muß, werden ihre Befürworter erst dann wirklich glauben, wenn die Katastrophen Wirklichkeit geworden sind.

Die Dringlichkeit einer zu Humanisierung und Vielfalt tendierenden Weiterentwicklung der Technik bleibt bestehen, ja ist heute sogar noch größer als 1973. Die Vorstellung, daß man die »nützlichen Künste« der Technik als kulturelle Phänomene sehen und in ihnen auch etwas von der kulturellen Verschiedenheit der Völker gestalten sollte, ist durch die immer noch vorherrschende weltweite Normierung und Monotonie nicht hinfällig geworden. Aber ich sehe ein, daß erst eine entscheidende Veränderung der Voraussetzungen unseres Tuns eintreten muß, ehe solcher Wandel möglich wird. Es wäre zu hoffen, daß diese »Paradigmaverschiebung« nicht erst nach einem furchtbaren Schock eintritt, sondern sich allmählich durchsetzt, um ohne ihn auskommen zu können.

(1981)

Der Ruinen-Komplex

In den Jahren des mühsamen Wiederaufbaus von Hiroshima wurde eines der wenigen Gebäude, die durch den Abwurf der ersten Atombombe nicht dem Erdboden gleichgemacht worden waren, zum Gegenstand eines heftigen Streites. Es handelte sich um die frühere Ausstellungshalle für Industrieerzeugnisse, deren kahle Kuppel zu einem Wahrzeichen inmitten der Trümmerwüste geworden war. Die Mehrzahl der Bürger, darunter viele Zuzügler aus anderen überfüllten Städten, war der Ansicht, man solle das einzigartige Unglück, das der Stadt am 6. August 1945 zugestoßen war, so schnell wie möglich vergessen. Der ständige Anblick dieser ausgebrannten Hülle würde das verhindern. Die »Hibakusha«, übriggelassene Menschenruinen, denen der Strahlentod auf den Fersen war, wollten den steinernen Zeugen aus genau demselben Grunde erhalten. »Es darf nie wieder geschehen« – an diese Parole, die in den grauen Grabstein für beinahe hunderttausend Tote gemeißelt worden war, sollten die rauchschwarzen Reste des ehemaligen Repräsentativbaus erinnern, der noch aus den fortschrittsfrohen, fortschrittsblinden Jahren kurz vor dem Ersten Weltkrieg stammte.

Die Verteidiger des Mahnmals haben sich schließlich zwar durchgesetzt, aber dennoch nicht erreicht, was sie wollten. Denn der »Atomic Dome«, wie die Reiseführer und »Sightseer« aus aller Welt das alte Gemäuer nennen, wirkt nicht abschreckend, sondern nur pittoresk. Keine grauenvollen Erinnerungen löst sein Anblick aus, sondern voyeuristische Empfindungen, jene perversen »thrills«, denen Tausende Neugierige nachjagen, wenn sie Katastrophenschauplätze umringen und wie Schmeißfliegen um den Kadaver eines abgestürzten Flugzeugs schwirren.

Auf Vorkriegsfotos wirkt das Gebäude so bieder, grau und

langweilig wie alle die anderen Imitationen wilhelminischer Verwaltungsarchitektur, die der japanische Kaiserstaat errichten ließ, weil er es den Imperialmächten des fernen Westens gleichtun wollte. Erst das Unglück hat aus diesem Serienprodukt etwas Einzigartiges gemacht, aus dem Gewöhnlichen etwas Ungewöhnliches: ein beredtes Relikt, das die Hilferufe und Todesschreie von damals verschweigt.

Denn die Zeit heilt nicht nur Wunden, sie macht auch ihre Schmerzen vergessen, so daß die Späteren sich neuen Schmerzen aussetzen. Sie verharmlost Erschütterndes zum Erzählenswerten, stilisiert Verzweiflung zu Verklärung, lügt Sinnloses in Sinnbildliches um.

Historische Ruinen, so authentisch sie sein mögen, verfälschen Geschichte: In Wahrheit sind sie fast immer Kadaver vergangener Untat. Entweihte Tempel, aufgebrochene Grabkammern, geschleifte Burgen, gebrandschatzte Schlösser säumen die Wegränder des Menschenschicksals. Zurückschrecken müßten wir vor ihnen, weil sie von Aggression, von Hemmungslosigkeit und Verbrechen zeugen. Aber wir wenden uns ihnen voller Ehrfurcht zu und bewundern, was wir beweinen sollten.

Ganz anders sind die Gefühle beim Betrachten toter Technik. Diese grotesk verbogenen Gestänge, zerborstenen Kasematten, rostigen Kessel, stillstehenden Förderkörbe, gestrandeten Flugmaschinen und verödeten Raumschußrampen stammen nicht aus ferner Vergangenheit, sondern gehören noch zur nahen Gegenwart. Sie wirken auf uns nicht erhebend, sondern zugleich lächerlich und erschreckend. Sie verunsichern den, der sich auf das Funktionieren dieser irrtümlich von ihm für präzise und zuverlässig gehaltenen Geräte verließ. Von der großen Verwundbarkeit und Anfälligkeit ihrer Systeme sprechen die Konstrukteure und Produzenten ungern. Und doch ist das, was da so lange wie möglich verschwiegen wird, das eigentliche, das zitternde Herz der Innovation.

Schwächen zu beseitigen, Fehler auszubessern, Unvollkommenheiten zu verringern, das sind die Motive, die Forschung und Entwicklung immerzu antreiben. Wer erfahren will, wie gebrechlich die Geschöpfe der Erfinder und Ingenieure sind, wird von ihnen die volle Wahrheit meist erst dann erfahren, wenn sie bereits die nächste Entwicklungsstufe erreicht haben. Denn wissend, wie sie morgen die Fehler von heute und gestern ausbessern können, kritisieren und verkleinern sie das eben noch Gepriesene.

Den Fortschrittsgläubigen sind die mehr oder weniger zufällig erhaltenen Relikte überholter Technik Zeugen eines Noch-nicht-Könnens. Durch Vergleiche mit ihnen weisen sie nach, daß im Laufe der Zeit alles besser und perfekter wird. Doch wer auf diesem Weg nicht nach vorne, sondern nach rückwärts schaut, den kann noch nachträglich der Schrecken packen vor den Risiken, die er nicht ahnte, den Irrtümern, deren Opfer er hätte werden können, weil sie sich trotz aller Berechnungen erst später herausstellten.

Die Trümmer von zerschmetterten Maschinen und Motoren, die stillgelegten Fabriken, die verödeten Laboratorien und Versuchsanlagen stehen im Zeichen des Ikarus, der stürzen mußte, weil sein Vater in schöpferischem Wagemut sich und seinem Sproß zu früh zu viel zutraute. Anhänger der Technik werden das allerdings anders deuten. Sie erleben die Alpträume früheren Versagens so wie jemand, den gelegentlich angstvolle Examenserinnerungen plagen, obwohl er die Prüfung längst bestanden hat. Sie haben es ja schließlich doch geschafft und werden es, so meinen sie, auch in Zukunft schaffen.

So wurde der gegen alle Erwartungen der Nukleartechniker eingetretene Reaktorunfall von Harrisburg schon nach einigen peinlichen Stunden der Wahrheit zu einem Glücksfall stilisiert. Denn, so hieß es, nun könnte man endlich an einem hervorragenden Versuchsobjekt lernen, wie etwas Ähnliches in Zukunft zu vermeiden sei. Der alte Chef der Internationalen Atombehörde verkündete sogar, man brauche solche Störfälle, um die Nukleartechnik weiterzuentwickeln.

Den meisten Menschen an der zweiten Jahrtausendwende fallen beim Anblick von Ruinen der Technik weniger beschönigende Interpretationen und Assoziationen ein. Wir leben vorwiegend in einer menschengemachten Umwelt, die immer fataler durch das Versagen der Apparaturen gekennzeichnet ist. Beschäftigen sich nicht zu viele unserer Gespräche mit täglichen, wenn nicht stündlichen Pannen? Das Auto hat gestreikt, das Flugzeug konnte nicht starten, der Zug kam zu spät an. Immerzu will im Haushalt irgendein Gerät nicht mehr funktionieren: Der Eisschrank setzt aus, die Geschirrspülmaschine »spielt verrückt«, der Fernseher spuckt nur Bildfetzen, auf dem Tonbandgerät ist wieder mal nichts drauf, die Neonröhren flackern, das Telefon bleibt stumm.

Und in der weiten Welt scheint's nicht besser zu gehen. In den Nachrichten werden haufenweise Unfälle, Zusammenbrüche, Katastrophen gemeldet. Hier läuft Öl aus Tanker oder Pipeline, dort brennt es in einer Atomanlage, Container explodieren, Gase entweichen, und sogar auf die erprobte Sicherheitstechnik der chemischen Industrie scheint kein wirklicher Verlaß mehr. So vergeht kaum eine Woche, ohne daß irgendwo eine Giftwolke, entgegen aller statistisch belegten Wahrscheinlichkeit, ihren Weg aus Fabrikmauern ins Freie findet. Und wieviel geschieht erst auf all den sorgsam bewachten Betriebsarealen? Wir wissen, daß nur ein Bruchteil der Arbeitsunfälle gemeldet wird, und selbst aufgrund dieser unvollständigen Angaben wurde 1978 auf einer Tagung des Stockholmer Beijer-Instituts bekannt, daß in den USA in einem Jahr durch Unfälle mehr Menschen umgekommen seien als durch Krebs. Gewiß, die Verantwortlichen versuchen verzweifelt, die verheerenden Folgen einer niemals ganz ausgereiften, aber immer potenteren und allgegenwärtigen Technik einzudämmen. Nur schaffen sie es nie ganz. Kurieren sie hier ein Gebrechen, bricht es dort auf. Stopfen sie dort ein Loch, entsteht daneben gleich wieder ein Riß. In den komplexen, aus Hunderten Teilsystemen bestehenden Großkonstruktionen mit ihren Tausenden aufeinander angewiesenen Bestandteilen genügt der Ausfall eines einzigen kleinen Ventils, der Bruch eines Kontaktes, das Nichtfunktionieren eines automatischen Kontrollinstruments, um eine Kette von fehlerhaften, einander aufschaukelnden Vorgängen auszulösen, die aus einem »Wunderwerk« ein Wrack machen.

Nicht länger Prometheus, der Tollkühne, sondern Sisyphus, der Geplagte, ist die der Großtechnik entsprechende Symbolfigur. Darüber dürfen Erfolge, die in den hochdotierten Prestigetechnologien wie der Raumfahrt erzielt werden, nicht hinwegtäuschen. Sie funktionieren so erstaunlich gut, weil viele ihrer kritischen Teilstücke »redundant« sind, also mehrfach eingebaut, und bei Bedarf einspringen. Zudem überwachen und korrigieren überdurchschnittlich viele menschliche Kontrolleure die Systeme.

Und selbst bei dieser Hätscheltechnik kommt es trotz aller Vorsicht zu tragischen Fehlleistungen. Das geht hervor aus den vielen tausend Seiten der von der NASA veröffentlichten Protokolle über den Unfalltod von drei Astronauten. Dieser Musterprozeß des spättechnischen Zeitalters macht eines ganz klar: Selbst die teuersten, genauesten und raffiniertesten Maschinerien versagen, wenn Menschen bei ihrem Entwurf, ihrem Bau oder ihrer Handhabung versagen.

Es waren eigentlich nur kleine Unbedachtheiten, Versäumnisse und Nachlässigkeiten, die schließlich zum jämmerlichen Verenden der wehrlosen Himmelsstürmer in der noch im Laboratorium getesteten Raumkapsel führten. Seither wird der »menschliche Faktor« als wichtige, wenn nicht sogar entscheidende Schwachstelle in den »Mensch-Maschine-Systemen« noch stärker als zuvor beachtet. Die Arbeitswissenschaftler beginnen sich zu fragen, ob man hier nicht an unüberwindliche Grenzen gestoßen sei, die von den Konstrukteuren zuwenig beachtet werden, weil sie einseitig auf die Leistung der Apparaturen ausgerichtet sind. Der Reaktorunfall von Three Mile Island und die mehrfachen Bedienungsirrtümer in dem bei Kriegssituationen über Frieden und Krieg entscheidenden Vorwarnsystem des Pentagons haben diese Bedenken noch verstärkt.

Es zeigt sich immer deutlicher, daß der Mensch als »Kopf« des übermächtigen »Körpers« Technik noch nicht und wahrscheinlich sogar nie ausreicht, die seine mentalen, psychischen und biologischen Fähigkeiten übersteigenden Kräfte zu steuern; eine Aufgabe, die ihm fast unmöglich gemacht wird, wenn er die ungeheure Macht seiner Instrumente in den Dienst von Kriegen und Revolutionen stellt.

Wir alle leben mit Angstbildern, die wir vergeblich zu verdrängen versuchen, Visionen des Untergangs ganzer Regionen, Kontinente und sogar des Planeten Erde. Die Kadaver der toten Technik sind Mahnmale. Zeugen der Zukunft in die Gegenwart verschlagen. Omen, die uns warnen vor dem totalen Ruin.

Die wüsten Trümmerhaufen der im Zweiten Weltkrieg bombardierten Städte waren Prophezeiungen, die nicht ernst genug genommen wurden. Im Gegenteil: Die um das Rüstungsgeschäft und die Kriegsgewinne gebrachte Wirtschaft sah in der massenhaften Zerstörung zunächst einmal Chancen für einen gewinnreichen Wiederaufbau. Ja, die Situation verkehrte sich sogar auf ungewöhnliche Weise. Es beschwerten sich diejenigen, deren Anwesen und Anlagen vom Unheil verschont worden waren, weil sie nun mit Veraltetem gegen Neuestes konkurrieren mußten. »Wir haben wirklich Pech gehabt«, sagte mir der Chefredakteur einer großen Kölner Zeitung, als er mich bald nach Kriegsende durch das verschonte Verlagshaus führte. »Nun müssen wir mit unseren alten Druckmaschinen weitermachen, denn wir kriegen keine Modernisierungsmittel.«

Die unter ständigem Innovationsdruck stehende Industriegesellschaft scheut Vernichtung nicht. Sie verlangt sie sogar. Damit neue Produkte verkauft werden, müssen die alten vom Markt verschwinden. Dieser Rhythmus von Vernichtung und Erneuerung kann, wie die Marketing-Strategen entdeckt haben, auch ohne die lebensbedrohenden Gewaltschübe der Kriege in Gang gehalten werden, indem man den Produkten schon bei ihrer Herstellung die Keime von schnellem Verfall einbaut. Die nagelneuen Waren sind schon, wenn sie zum Verkauf angeboten werden, potentieller Müll. Es ist ziemlich genau programmiert, wie bald sie ruiniert oder irreparabel im Massengrab einer Deponie enden oder zur Wiederauferstehung und Verwandlung dem Recycling zur Verfügung gestellt werden.

Verschleißt sich das Material nicht schnell genug, so sorgt man dafür, daß die Machart oder der Stil des Fabrikats veraltet. In einer durch Medien und Werbung ständig auf die angeblichen Vorteile des Allerneuesten hingewiesenen Öffentlichkeit wird der Konsument, der am »Gestrigen« hängt, zum Sonderling und Muffel abgewertet, der eigentlich dorthin gehört, wo Altmodisches abgestellt wird: in die Rumpelkammer. Dort, an »seinem Platz«, kann dann das »Neueste von gestern« sogar wieder einen gewissen Kuriositätswert bekommen.

Denn in den Gegenständen, mit denen man umgeht, in den Häusern, die man bewohnt, und den Straßen, durch die man geht, sogar in den Läden, wo der Nachschub mit frisch Erzeugtem lockt, steckt ein Stück eigener vergänglicher Existenz, persönlicher Erinnerungen, die man nicht ohne Bedauern verschwinden sieht. Daher wächst gleichzeitig mit der angeheizten Gier nach dem immer Neuen auch die Sehnsucht nach dem

Alten oder zumindest dem Veralteten. Einzelne zufällig vor der Abfalltonne gerettete Exemplare aus früherer Massenherstellung finden immer stärkere Beachtung. Solange sie als typische Serienprodukte noch in großer Zahl verfügbar waren, fanden sie keine besondere Beachtung. Nun aber, als seltene Überlebende, werden sie hoch geschätzt und bezahlt als im Grunde falscher Beweis dafür, daß die Zeit, aus der sie kommen, eigentlich doch nicht so vergänglich und kulturell unbedeutend war, wie man annimmt.

Wenn besonders in England, dem Geburtsland der industriellen Revolution, eine »Industriearchäologie« entstehen konnte und dort nicht nur um die Erhaltung düsterer alter Fabriken, längst abbruchreifer Hochöfen und früher E-Werke gekämpft wird, sondern sogar um die zu ihrer Zeit so verhaßten »textile mills« und die Reste verslumter Elendsviertel, dann kommt darin ein Bedauern über den zu schnellen Wandel zum Ausdruck. Man trauert über die zu hastige Existenz und den zu frühen Tod einer nachträglich verklärten Epoche. Eigentlich sind die Abfallhalden am Rande der Städte mit ihrem wüsten Gemisch von halb Verbrauchtem, Zerbrochenem, Verglühtem und Zerscherbtem typischer für die Wegwerfgesellschaft des zwanzigsten Jahrhunderts als die zu Denkmälern hochstilisierten Scherben, die aus Nachlässigkeit oder durch Zufall den ihnen zugedachten Massengräbern des Industriezeitalters entgingen.

Denn in ihrer abstoßenden Formlosigkeit, ihrer Verwesung dokumentieren diese Müllberge die Rücksichtslosigkeit und Ehrfurchtslosigkeit einer Zivilisation, die immer mehr Gewachsenes, das Jahrhunderte und Jahrtausende zu seinem Entstehen brauchte, wie ein Raubtier mit ihren gewaltigen mechanischen Kauwerkzeugen rasch zermalmt, frißt und ausscheidet.

In wenigen Jahrzehnten wird nur noch die Hälfte aller Wälder des Erdballs übriggeblieben sein. Jedes Jahr fallen Hunderte einzigartiger Pflanzen- und Tierarten dem verzehrenden Monstrum zum Opfer. Für immer und unwiederbringlich werden sie seiner Verzehrwut geopfert. Selbst die Kreaturen in der Tiefe der Meere sind nunmehr vor dem Zugriff nicht mehr sicher. Ferngesteuerte Schürfwerkzeuge graben sich durch die Sedimente, die in Äonen hier hinunter in die lichtlose Tiefe absanken in den Boden der Ozeane. Sie graben totes kaltes Metall und opfern dafür das kreißende, sich immer wieder erneuernde Leben der maritimen Biotope.

Weshalb sollte dieses Geschlecht vor dem von Menschen Geformten mehr Ehrfurcht haben als vor dem Naturgeschaffenen? Die Tat- und Habgier verurteilten auch die Artefakte so zum Untergang. Die großen Verschwender beschleunigen die unvermeidliche Entropie, das Chaos, in dem sich alle Materie einmal auflösen wird. Die Lebenden sind zu äußerst tüchtigen Handlangern des Todes geworden. Er hat noch nie so hervorragende Gehilfen gehabt.

Zu Beginn der achten Dekade dieses zweiten Millenniums hörte ich aus dem Munde eines dunkelhäutigen Mannes eine Prophezeiung, an die ich seither immer wieder denken muß. Er war ein Abkomme australischer Ureinwohner und hatte mit einigen seiner Freunde die Reise nach Europa angetreten, um in Bonn dagegen zu protestieren, daß bundesdeutsche Firmen sich am Uranabbau in den Wüsten des fünften Erdteils beteiligten. Diese reichen Reserven des zur Gewinnung von Atomstrom notwendigen Metalls lagern in jenen abgelegenen Regionen, wo sich die geheimen Kultstätten der Eingeborenen befinden. Nun sind diese heiligen Hügel von Bulldozern aufgegraben und von mächtigen Drillgeräten durchbohrt worden. Er schilderte den Frevel, während wir in einem kleinen VW-Bus durch die dichtbebaute Industrielandschaft Westdeutschlands fuhren. Als sein Bericht beendet war, schwiegen wir alle und sahen hinaus auf die belebte Autobahn, in deren Hintergrund sich durch die Smogluft Hochhäuser, Wohnblöcke und Werkhallen abzeichneten.

Plötzlich sprach einer: »All das hier steht noch. Und alle die Autos und Menschen bewegen sich noch. Doch ich weiß, wie es einmal sein wird. Ich sehe eine leere, verseuchte Ebene, auf der nichts wächst und für Jahrhunderte nichts mehr wachsen, niemand mehr leben wird. Denn es werden die Geschosse, die sie mit dem Gestein aus den entweihten Wohnstätten unserer Götter füllten, auf die fallen, die das taten oder geschehen ließen. Sie stellen die Werkzeuge der gegen sie gerichteten Rache selber her und ahnen es nicht einmal.«

Es ist eine ganz neue Art des Unglücks, das der Menschheit droht: Die von atomaren Katastrophen betroffenen Regionen werden nicht nur zerstört, sondern für lange Zeit unbewohnbar bleiben. Es werden Ruinen sein, die niemand ungestraft besuchen kann (es sei denn, er legte einen umständlichen Schutzpanzer an): Strahlenruinen!

Über alle bisherigen Verwüstungen wuchs Gras. Und in einer Generation bereits waren die Verluste an Menschen durch Neugeburten wettgemacht. Noch nie hat es in der Geschichte irreversible Unfall- oder Kriegsfolgen gegeben. Aus jedem Fehlverhalten konnte man lernen, jeden Irrtum nachträglich zu korrigieren versuchen. Diesmal wird es anders ein. Denn die neueste Energie- und Militärtechnik greift über den Augenblick ihres Einsatzes hinaus weit in das Schicksal kommender Generationen ein. Sie wird sich und ihre Schöpfer lange überleben. Die durch sie unabsichtlich in Friedenszeiten oder absichtlich im Krieg freigesetzten Strahlen werden Jahrzehnte, Jahrhunderte, zum Teil sogar Jahrtausende und Jahrhunderttausende weiterwirken und Massen menschlicher Ruinen – zunächst somatisch, später wahrscheinlich auch genetisch Verkrüppelter – herstellen. Von der toten Technik zur über Menschenalter hinweg aktiv bleibenden, durch Hitze und Gifte todbringenden Technik – welch ein Fortschritt, welch ein Fortsturz!

Solange es unter uns diese eisernen Todesengel gibt, wird niemand mehr die Zukunft mit Hoffnung erwarten dürfen. Nicht nur im Raum sehen wir die Mahnmale der toten Technik, sondern auch in unseren Angstträumen von der schwerbeschädigten künftigen Welt. Ihre Schatten legen sich immer schwerer über unsere hektische Existenz mit ihren schnell wechselnden Sensationen, ihren Tageserfolgen und schnellen Karrieren. Sie erinnern uns daran, daß wir mitten in einer Fehlentwicklung stecken, daß das Ende der Zukunft schon begonnen hat und die Geschichte auf einen tragischen Höhepunkt zurast, wenn ihr Kurs sich nicht sehr bald ändert.

Wer den Gründen nachspürt, weshalb heute fast niemand mehr Lebenspläne zu machen wagt, weshalb in dieser Ära keine Jahrhundertbauwerke mehr entstehen, keine großen Epen, keine umfassenden philosophischen Systeme, die das tausendfach zerrissene Wissen überzeugend ordnen und deuten könnten, wer sich fragt, weshalb Kurzatmigkeit, Oberflächlichkeit, Unverantwortlichkeit vorherrschen und warum so viele junge Menschen in die Traumwelt der Drogenparadiese fliehen, der wird in der Zukunftslosigkeit den gemeinsamen Nenner für Resignation, Gleichgültigkeit, bodenlose Verzweiflung erkennen.

Alle diejenigen, die an eine hellere Welt von morgen nicht mehr zu glauben wagen, weil so viele Anzeichen dagegen sprechen, sind Opfer einer Neurose, die ich den »Ruinen-Komplex« nennen möchte. Neurotisch ist diese durchaus faktisch und vernünftig belegbare Haltung dann, wenn sie sich dem Sog der Zerstörung als einzig bestimmender, vermeintlich unverstehbarer Macht ausliefert.

Verlängert man die gegenwärtigen Trends gradlinig in kommende Zeiten hinein, dann laufen sie in der Tat auf den Untergang zu. Aber es ist die Besonderheit des Menschen, daß er auf Herausforderungen durch radikal anderes Denken und Handeln zu antworten vermag. Er kann die Zukunft in seinem Kopf neu zu erfinden versuchen. Weshalb sollte es ihm nicht möglich sein, sich anstelle der todgeweihten und todbringenden Technik eine lebendige und lebenstiftende auszudenken und zu erproben?

So wie es verschiedene Baustile gibt, muß es auch verschiedene Technikstile geben. War die heute noch vorherrschende Art, mit den Menschen und der Natur umzugehen, grob und brutal, so läßt sich eine behutsame und empfindliche Verfahrensweise vorstellen, bei der wir nicht mehr gegen die Biosphäre arbeiten, sondern in ihr und mit ihr. Eine solche »sanfte Technik« wird heute bereits an vielen Stellen ausprobiert. Noch ist sie in ihren Anfängen, aber es sind doch immer mehr Köpfe und Hände, die sich um eine echte Weiter- und Höherentwicklung unseres Instrumentariums bemühen.

Die »tote Technik« ist die Chiffre dessen, was uns allen Angst macht. Beugen wir uns, beugst du dich, beuge ich mich diesem Menetekel? Die Versuchung dazu ist groß, denn Hinnehmen ist anfangs stets leichter als der Widerstand. Wir müssen die drohende Apokalypse eindrucksvoll aufzeigen und immer von ihr reden, damit angesichts ihrer Nähe so bald wie möglich so viele wie möglich gegen sie mobilisiert werden.

Albert Camus sprach beim Empfang des Nobelpreises von denen, die im fast schon verlorenen Kriege nicht willens waren, die Hoffnung aufzugeben, in folgenden Worten: »Sie waren gezwungen, sich eine Lebenskunst für Katastrophenzeiten zu schmieden, um ein zweites Mal geboren zu werden und dann mit offenem Visier gegen das instinktive Todesverlangen zu kämpfen, das in unserer Geschichte am Werke ist.«

Seit diese Rede in Stockholm gehalten wurde, ist mehr als ein Vierteljahrhundert vergangen, und die Zahl derer, die sich um eine Wende bemühen, hat überall beträchtlich zugenommen. Dieser Sinneswandel ist dem Aufkommen des Christentums am Ende der Antike vergleichbar.

Nicht die ganze Welt muß zur Ruine werden, nicht ein toter Planet wird unweigerlich die Folge der Summe vieler Fehlhandlungen sein, sondern der Bankrott einer Haltung, die blind und hochmütig meinte, alles sei machbar und beherrschbar. Von dieser Ideologie werden in der Tat nur noch Trümmer übrigbleiben.

(1981)

Kapitel 4

Information, die notwendige Nahrung – Medien und Kommunikation

Das Recht auf geistige Nahrung

Die Erwartung, daß die wissenschaftlich-technische Revolution die Demokratie stärken müsse, gründete sich auf der Vorstellung, daß sie immer mehr Wissen immer mehr Menschen zugänglich machen und ihnen als Nebenprodukt zunehmender Rationalisierung der Arbeit auch genügend freie Zeit zur Umsetzung dieses Wissens in politische Beteiligung liefern würde.

Ich bin im Geschäft der Prognosen und möchte sagen:

Das war sicher eine falsche Prognose. In Wahrheit weiß der Bürger heute meist weniger über sich anbahnende Veränderungen und die daraus resultierenden Entscheidungen, die sein Leben und das seiner Kinder beeinflussen, als früher. Die von Experten beratenen Ausschüsse, Gremien, Behördenspitzen, Industriedirektorien in Staat und Wirtschaft handeln aufgrund von Informationen, Analysen und Prognosen, die der Öffentlichkeit entweder gar nicht oder viel zu spät bekanntwerden, und falls dies überhaupt geschieht, von ihnen in ihrer Bedeutung meist gar nicht erfaßt werden können.

Fragen der industriellen und wirtschaftlichen Weiterentwicklung, Probleme der Vorsorge und Planung, z.B. in bezug auf Infrastruktur und Umweltbeeinflussung, werden ohne die Beteiligung der weiteren Öffentlichkeit von den Führungseliten in ihren großen Linien festgelegt, lange bevor sie wirklich vors Parlament kommen, und obwohl in solchen internen Debatten, in denen Experten und Entscheidungsträger miteinander sprechen, Zukunftsgestaltung vorbereitet wird, die jeden betrifft, ist es ihnen nicht möglich, in diesem wichtigen Vorstadium sich auch nur einigermaßen zu beteiligen.

Diese bereits heute vorhandene Kluft zwischen den neuen »Haves«, den neuen Besitzern, deren Privileg in diesem Fall nicht materieller Besitz ist, sondern Besitz von Informationen sowie die Fähigkeit sie zu verstehen, und den neuen »Have-nots«, die zwar nicht mehr Arme in bezug auf Konsumgüter sind, aber arm an Informationen, weil sie uninformiert, halbinformiert oder falsch informiert sind, dieser Gegensatz zwischen den neuen »Haves« und den »Have-nots« dürfte sich in den kommenden Jahren eher noch vergrößern als verkleinern. Die Ursache dafür ist zum Teil in absichtlicher Geheimhaltung oder Verschleierung herrschaftswichtigen Wissens durch die daran Interessierten zu suchen. Dieser Sektor geht nicht zurück, sondern wächst eher noch; denn da wir es heute mit Antizipation und Planung ganzer Systeme zu tun haben und nicht mehr nur mit der Antizipation und der Planung von einzelnen Erfindungen, wird Information, die an und für sich offen ist, im Augenblick, da sie zum künftigen System gehört, eben auch der Teil der Geheimsphäre.

Es kommt verstärkend und erschwerend hinzu, daß der Mehrheit der Bürger, ja darüber hinaus sogar der Mehrzahl der sie repräsentierenden politischen Abgeordneten, meist die Kompetenz abgeht, wissenschaftliche und technische Information – vor allen Dingen neuartige wissenschaftliche und technische Information – auf ihre Vollständigkeit und ihre Relevanz hin zu untersuchen. Neben der sich verstärkenden Tendenz des gewollten Entzugs entscheidungsträchtiger Informationen ist das mangelnde Verständnis für die in nicht unbeträchtlicher Menge noch vorhandenen Restinformationen als Grund für die wachsende Machtlosigkeit der fast ausnahmslos viel zu spät mitspracheberechtigten Bürger anzusehen.

Der amerikanische Sozialpsychologe Don Michael kommt aufgrund dieser Lage zu einer pessimistischen Voraussage. Er meint in seinem Buch *The Accidental Society*, wenn die Informationen, die notwendig sind, um an begründeten Entscheidungen mitwirken zu können, immer weniger leicht erhältlich, immer weniger auf Vollständigkeit hin überprüfbar sind und immer schwerer verständlich werden, dürfte die Politik der Demonstrationen mehr und mehr praktiziert werden. In den Jahren vor uns werden wir daher vermutlich noch viel mehr Bemühungen erleben, die darauf hinzielen, politische Entscheidungen und Maßnahmen durch Aktionen zu beeinflussen, die versuchen werden, die logischen, legalen und bürokratischen Praktiken in Regierung und Industrie zu überspielen. Boykotte, Sit-ins, Sabotage der amtlichen Kommunikationslinien, Blockierung von Verkehrsstraßen durch angeblich zusammengestoßene Autos usw. werden als Verhandlungsdruck von Oppositionsgruppen benutzt werden, weil sie sich eben auf keine andere Weise imstande sehen, auf die für sie undurchsichtigen, formalistischen Handlungsweisen der Großbürokratien einzuwirken und sie aus ihrer Reserve zu lokken. Derartige Ausbrüche und Mikrorevolten müssen durchaus nicht nur der Linken vorbehalten bleiben. Sie könnten gerade dort, wo eine gemäßigte, aber nicht weniger informationshortende und bis zu einem hohen Grad etatistische Linkspartei am Ruder ist wie vordem in Großbritannien und neuerdings in der Bundesrepublik, von emotional gesteuerten Rechtsgruppen erwartet werden, die ihr Nichtverstehen der komplexen Vorgänge in einer durch die wissenschaftlich-technische Revolution sich schnell verändernden Welt mit Hilfe von Gewaltakten kompensieren wollen, »damit endlich etwas geschieht«. Das könnte auch dort geschehen, wo technologisch verursachter, nicht verstandener Wandel wie die Schließung von Gruben, das Eingehen von Detailgeschäften, das Obsoletwerden ganzer Berufsgruppen, das wirtschaftliche Zurückbleiben bestimmter Wirtschaftszweige, z.B. der Landwirtschaft, echte Verzweiflung erzeugt und zugleich das Gefühl der Impotenz, das Gefühl, daß man auf keine Art und Weise seine Forderungen zum Tragen bringen kann, ja daß man nicht einmal versteht, was eigentlich vorgeht.

Wir sehen heute erst sporadische Anfänge solchen Mißvergnügens, weil die wirtschaftliche Lage von vielen als so befriedigend empfunden wird, daß sie ihr Unvermögen, demokratisch mitwirken zu können, entweder gar nicht bemerken oder eben verschmerzen. Dieses Stillhalten ist aber im Grunde schon als Folge ungenügender Information anzusehen. Denn eigentlich müßten sie wissen, (sie ahnen es nur noch nicht), wie kritisch die nächsten Jahrzehnte werden müssen, weil ihnen die Möglichkeit der Vorausschau und der auf ihr begründeten rechtzeitigen Veränderung nicht bekannt sind, weil sie nicht wissen, was auf sie zukommt, weil sie nicht ahnen, wie schwierig die nächsten Zeiten sein werden, in denen die starke Bevölkerungsvermehrung allein schon genügend Konfliktstoff schaffen wird, und daß ein echtes Mitspracherecht, daß echte Krisenverhinderung rechtzeitig hätte anlaufen müssen. Das Fehlen frühzeitiger Infrastrukturinvestitionen, das Fehlen jener Strukturanalyse und Strukturreform, von der v. Krockow spricht, und die Tatsache, daß diese Worte für fast alle immer noch einen zu theoretischen Klang haben, anstatt als dringende Notwendigkeit eingesehen zu werden, all das ist daran schuld, daß sich eigentlich vorläufig nur sehr wenig rührt.

Es wäre die Aufgabe einer kritischen und verantwortungsbewußten Zukunftsforschung, diese Krise der demokratischen Institutionen zu erkennen, zu analysieren und Möglichkeiten zu einer echten Verbesserung zu entwerfen, die nicht nur an Systembeseitigung orientiertes Kriegsmanagement sein kann, sondern den tiefer liegenden Ursachen nachgehen müßte und so außer Diagnosen auch mögliche antizipierende Therapievorschläge anbieten könnte. Die Demokratie ist ein Kind der Aufklärung. Erst die rationale Durchleuchtung religiöser Vorurteile, die das Verhältnis des Menschen zur Natur und zur Herrschaft entscheidend bestimmt hatte, machte deren Antastbarkeit und Veränderung denkbar. Die gegenwärtige Generation hat die neue Aufklärung, der es gelungen ist, durch die Gesellschaftswissenschaften die neuen, nur äußerlich einsichtigen Herrschaftsverhältnisse tiefer zu erkennen sowie die durch die moderne Psychologie und Verhaltensforschung enthüllten individuellen Handlungsmotive zu verstehen, noch nicht politisch ansetzen und durchsetzen können. Die Bastille unserer Zeit, die den Bürger in der Gefangenschaft seiner informatorischen Unmündigkeit festhält, wurde noch nicht gestürmt. In dem Versailles des zu Ende gehenden 20. Jahrhunderts residieren die Aristokraten des wissenschaftlich-technischen und politischen »Know-hows«, die den Massen der Bürger zwar offiziell sagen, der Staat seid ihr, aber in Wahrheit denken: L'état c'est nous! – weil ja nur wir begreifen, worum es eigentlich geht, weil ja nur wir imstande sind, die Komplexität der Probleme, die Komplexität der Gesellschaft wirklich zu verstehen und die anderen alle Laien sind, alle, wie Krockow ganz richtig gesagt hat, als Dilettanten abqualifiziert werden.

Nun, es gibt das alte Rezept, erhöhte Bildung, verbesserte Ausbildung, vermehrte Information. Das sind in dieser Situation wie schon seit vielen Jahren die Forderungen demokratisch Gesinnter.

Die Realität der vielen Bildungswilligen, zahlloser Halbgebildeter oder einseitig Gebildeter scheint die Hoffnung von der politischen Aktivierung durch Lehren und Lernen aber zu widerlegen. Die Frage ist nur: Sind das nicht vielleicht eher die Folgen falscher und ungenügender Wissensvermittlung, sind das nicht die Folgen eines überholten inadäquaten Lehr- und Lernsystems? Würde man Bildung nicht als Schatz für schöne Freizeitstunden ansehen, sondern als die Voraussetzung politischer Mitbestimmung, nicht als Luxus, sondern als Notwendigkeit, ja als Voraussetzung des Bestehens in einer von immer neuen Erkenntnissen und Kenntnissen gegründeten Welt, so müßte sich das Interesse des Bürgers für das, was wir heute noch »Bildung« nennen, erhöhen.

Wir sollten nicht mehr soviel von Bildung sprechen, sondern eher von Information, von lebensnotwendiger Information, die auch niemals abgeschlossen werden kann, sondern die immer offen ist, immer aktuell bleiben muß, die immer weiterarbeiten muß und der Öffentlichkeit immer das Neueste bieten muß. Mehr noch, es wäre notwendig, Durchbrüche und Erfindungen neuer Erkenntnisse nicht mehr nur als neutrale Nachrichten zu vermitteln, sondern – und das scheint mir ganz wichtig zu sein – sie kritisch zu wägen, auf ihre möglichen und wahrscheinlichen Folgen zu untersuchen und zur öffentlichen Diskussion zu stellen. Nur der Bürger, der »Konsequenzeninformation« erhält, wie ich es nennen möchte, ist imstande, sich und den Vollzugsinstanzen die Frage zu stellen, ob er diese oder jene Entwicklung unterstützen sollte. Aber eben eine solche die Folgen bedenkende und auf sie hinweisende Information, die zur Diskussion stellt, was sich aus neuen wissenschaftlich-technischen Entwicklungen, was sich aus neuen volkswirtschaftlichen Entwicklungen für die Zukunft ergeben könnte, wird weder von Presse noch vom Rundfunk in genügender Weise gegeben.

Ein weiteres Desideratum wäre meiner Ansicht nach die »Interesseninformation«. Sie hätte ganz offen zu prüfen, in wessen Interesse diese oder jene Entwicklung eigentlich liegt. Erst wenn Wissen nach solchen Kriterien bewertet wird, kann es auch für die Bürger soviel Bedeutung und politische Realität gewinnen wie für die Regierenden, die sehr oft ahnen oder sogar wissen, was welchen Interessen dient.

An dritter Stelle wäre schließlich die Notwendigkeit einer

intensiven »Zusammenhangsinformation« zu nennen, die sich der neuen geistigen Techniken der Systemanalyse, der Verfahrensforschung, der Spieltheorie, der dynamischen Simulationsverfahren und der Organisationslehre bedienen müßte, um so das Aufeinanderwirken verschiedener Trends begreiflich zu machen und die Rolle einzelner Innovationen oder Entscheidungen im Rahmen größerer Systeme darzustellen. Erst so würden die Teilinformationen wirklich verstanden werden, erst so wäre es möglich, Prioritäten zu erkennen und in öffentlichen Diskussionen festzulegen. Neben die wirtschaftliche Gesamtrechnung hätte dann die gesellschaftliche Gesamtrechnung zu treten. Sie würde die Qualität des Lebens als wichtigen, in unserer sogenannten Überflußgesellschaft, die uns soviel gibt, aber auch soviel nimmt, sogar entscheidenden Posten einsetzen, d.h. den Anspruch auf Gesundheit, die Möglichkeit, wieder reine Luft zu atmen, gutes Wasser zu trinken, sich ohne Schwierigkeiten von Ort zu Ort zu bewegen. Sie würde das Recht auf persönliche Sicherheit gegenüber dem Verbrechen, den Anspruch auf Schönheit aus Menschenhand – also Kunst, Musik und Dichtung – oder aus Gottes Hand – also Natur – als berechtigte Forderung des Menschen in der fortgeschrittenen Industriegesellschaft anerkennen und die notwendigen Investitionen, die zur Wiederherstellung oder zur Erhaltung menschenwürdiger Bedingungen notwendig sind, nicht mehr als Soziallasten, sondern als Produktionskosten zu verbuchen haben. Denn sie helfen erst, den arbeitswilligen schöpferischen, den produzierenden Menschen, vielleicht sogar den glücklichen Menschen zu erzeugen, ihn überhaupt möglich zu machen.

Die Bemühungen der Amerikaner, den volkswirtschaftlichen Indikatoren auch ein System gesellschaftlicher Indikatoren, die sogenannten »social indicators«, an die Seite zu stellen, mit denen man sich bemüht, endlich auch die »Qualität des Lebens« als gleichberechtigt, oft sogar übergeordnet zu der »Quantität der Produktion« zu erfassen, verdient Unterstützung und weiteste Nachahmung.

Das würde bedeuten, daß der Bürger – und hier ist vielleicht ein erster Ansatz, ein erster Beginn einer echten Bürgerrolle – auf Gebieten sich artikulieren, sich informieren könnte, die von

Krockow schon als die typisch gesellschaftlichen Gebiete erkannt hat. Nämlich Fragen wie die der Luftverschmutzung, für die eigentlich niemand zuständig ist außer dem, der sie ertragen muß, Fragen des Lärms, Fragen der Wasserverschmutzung, Fragen der Altersfürsorge, für die es keine gesellschaftlich relevanten, politisch starken Gruppen gibt, die in den politischen Prozeß eingreifen. All das wären Gebiete, auf denen die Bürger ganz zuerst ihre Stimme laut werden lassen müßten. Ich meine auch, daß die Bürger auf dem Gebiet des Konsums kritische Fähigkeiten entwikkeln müßten, daß wir Konsumtribunale haben müßten, Stellen, bei denen der Bürger sich beschweren kann, wenn er Schlechtes geliefert bekommt, und wo die Produzenten dieser schlechten Ware dem Bürger Rede und Antwort stehen müßten. Zu solchen gesellschaftlichen Qualitätsfaktoren gehört schließlich auch die Möglichkeit echter sinnvoller Informierung. Sie ist nicht nur wichtig als Voraussetzung politischer Beteiligung, sie gehört auch zur »Qualität des Lebens«, weil nur durch sie das Gefühl für den Bürger entsteht, daß er nicht einfach passiv ist, daß er nicht gelebt wird, sondern selber lebt und selber mitbestimmt. Das ist eine psychische Größe, die wir nicht vernachlässigen dürfen.

Nun, die Frage stellt sich, ob die vorhin skizzierten Möglichkeiten der Informationsvermittlung und Wissenshilfe das geistige Vermögen des Bürgers nicht übersteigen. Das ist ein Einwand, der sehr oft gemacht wird. Es ist aber doch eigentlich so, daß sich diejenigen, die sich über die Uniformiertheit und die Unmündigkeit des Bürgers, über den Dilettantismus, der in öffentlichen Bürgerschaftsdiskussionen zum Ausdruck kommt, beklagen, meist selber mit daran schuld sind, wenn dieser Dilettantismus herrscht, weil viel zuwenig getan worden ist, um den Bürger richtig zu informieren, um ihn richtig für solche demokratischen Aufgaben vorzubilden. Es ist in Wirklichkeit bisher sehr wenig versucht worden, diese Hemmnisse zu beseitigen, es sind bisher kaum Experimente in dieser Richtung gemacht worden. Oder ist die Einrichtung von Volkshochschulkursen, in die übermüdete Bürger gehen, ein Ersatz für die große Aufgabe permanenter Erwachsenenerziehung, die zu leisten wäre? Wenn man an diese Aufgabe mit Geduld und ohne Berufshochmut herangeht, kann nämlich dem durchschnittlichen Bürger die präzise, oft schwer verständliche Fachsprache der Experten mundgerecht gemacht werden. Ich meine, daß eine – und das ist m. E. eine der wichtigsten Zukunftsaufgaben – ganz neue Berufsschicht entstehen muß, die ich die »Übersetzer« nenne: die Übersetzer aus der Fachsprache in die Alltagssprache, die Vermittler zwischen den Experten und den Nicht-Experten, Übersetzer aber auch, die zwischen Experten für das eine und Experten für das andere Fach zu vermitteln haben, denn auch die verstehen einander ja nicht mehr, wenn sie ihre Fachsprachen sprechen.

Bedeutsam vor allem wären die Übersetzer, die zwischen Experten und Entscheidungsträgern zu vermitteln haben, denn der Dialog zwischen Fachleuten und Politikern ist häufig dadurch gekennzeichnet, daß der Politiker nur so tut, als verstände er, was sein gelehrter Geschäftspartner ihm sagt, daß er es im Grunde aber gar nicht ganz begreifen kann. Gewiß gibt es bei solcher Übersetzung Genauigkeitsverlust. Ein Genauigkeitsverlust, der gewiß untragbar wäre, wenn derjenige, dem die Dinge übersetzt werden, sich auf demselben Spezialgebiet wissenschaftlich betätigen wollte; wenn es aber darum geht, daß der Politiker die Relevanz dessen, was der Experte formuliert hat, für allgemeine Fragen und in bezug auf mögliche gesellschaftliche Folgen zu beurteilen hat, dann ist dieser Präzisionsverlust, der bei der Übersetzung aus der Expertensprache entstehen muß, meist durchaus tragbar.

Für schwierige Analysen, für grundsätzliche Diskussionen, für das Hineingehen, für die Infragestellung der Expertenanalysen selber meine ich allerdings, daß noch eine zweite Berufsklasse entwickelt werden muß, die sehr treffend die »Gegenexperten« genannt worden ist. Gegenexperten hätten sich den Bürgergruppen zur Verfügung zu stellen, indem sie ständig die Entscheidungen und Pläne der von Experten beratenen Exekutive kritisch analysieren, durchleuchten und auf verborgene Tendenzen hin untersuchen würden.

Sie könnten dadurch, daß ihr Bezugsrahmen ein anderer ist, sogar Möglichkeiten entdecken, die die Regierungsberater oder Unternehmenskonsultanten vielleicht noch nicht einmal gesehen haben. Darüber hinaus müßten sie aber auch versuchen, nun in Zusammenarbeit mit den Bürgergruppen, deren eigene Alltagssprache und wissenschaftlich formulierte Zielsetzungen in Expertensprache zu übersetzen, um sie an die Fachberater der Entscheidungsträger heranzubringen, sie müßten ihnen helfen, die Position der Bürger in die große politische Diskussion einzubringen. Solche Gegenexperten sieht man bereits mehr und mehr in der amerikanischen Gesellschaft am Werk. Junge Juristen, die sich sagen, mein Lebensziel darf es nicht sein, ein »corporation lawyer« zu werden (also ein Anwalt der großen Unternehmen), stellen sich Bewohnern in den Slums zur Verfügung, um mit ihnen deren schwierige Rechtslage gegenüber den Hausbesitzern zu prüfen und mit ihnen dann Forderungen zu formulieren, die sie an die Stadtverwaltung oder an die Regierung herantragen. Junge Ärzte stellen sich zur Verfügung und machen den Bürgern bewußt, wie sehr sie eigentlich unterbedient sind, wie sehr die medizinische Infrastruktur in ihrem Lande unterentwickelt ist, und bringen hier neue, gut fundierte Vorschläge, Gegenvorschläge in die politische Diskussion ein oder formulieren sie sogar zum Programm.

Diese Beispiele lassen sich vervielfältigen. Mit am interessantesten ist die Gegenexpertenbewegung auf dem Gebiete der Konsumgüter. Besonderes Aufsehen erregte bekanntlich Ralf Nader, der, ein Einzelgänger ursprünglich, die Sicherheit der amerikanischen Automobile anzweifelte und es fertiggebracht hat, die amerikanische Automobilindustrie zu zwingen, endlich längst notwendige Einrichtungen für die größere Sicherheit des Fahrers einzuführen. Ralf Nader, der inzwischen mit Hilfe junger Anwälte, junger aspirierender Politiker, mit einem ganzen Freiwilligenkorps von 40 – 50, gelegentlich sogar über 100 jungen Mitarbeitern in jedes kritisch zu beurteilende Gebiet der amerikanischen Sozialstruktur hineinleuchtet, überall die faulen Stellen sucht und dann in ganz konkreten Gegenvorschlägen sagt, was dort getan werden müßte. Es wird sich ein Typ entwickeln müssen, den ich den Arzt der Gesellschaft nennen würde. Er würde, wie ein richtiger Arzt, der sich den Leiden des einzelnen zuwendet, die Leiden der Gesellschaft diagnostizieren und der Öffentlichkeit ins Bewußtsein bringen. Dieser Gesellschaftsarzt würde auch in begrenzten Spannungssituationen eine wichtige Rolle spielen. Wenn z. B. ein Betrieb sich in einem neuen Gebiet ansiedeln will, dessen Bewohner auf das, was dort geschehen wird, völlig unvorbereitet sind, oder wenn Rationalisierungsmaßnahmen geplant sind (die man gewöhnlich so lange verheimlicht, bis es schon zu spät ist), dann hätte der Gesellschaftsarzt oder, wie der amerikanische Soziologe Donald Schon es nennt, der »social changer« eine Rolle zu spielen, indem er zwischen denen, die einmal entweder blind oder ohne es vorauszusehen in diese Situation hineingesteuert sind, und jenen, die drohen, nun Opfer einer solchen ungenügend vorbereiteten Situation zu werden, vermittelt und darüber hinaus auf Grund objektiver wissenschaftlicher Diagnosen eine Therapie ausarbeitet, die über die Schlichtung der aktuellen Konflikte hinaus echte Konfliktlösungen vorschlägt.

Schließlich, meine ich, ist noch ein weiterer Beruf notwendig, wenn wir diese Gesamtentwicklung sehen, wenn wir an die Möglichkeit der Verstärkung der Rechte des Bürgers und des Einflusses der Bürger denken, das sind – wie ich sie nenne – die »Zukunftsadvokaten«. Wenn es nämlich eine Gruppe gibt, die heute keinen Fürsprecher hat, der ihre Interessen vertritt, dann sind es die Ungeborenen. Diese Ungeborenen, denen wir seit Jahrzehnten die Rohstoffe verprassen, die sie einmal dringend brauchen werden, und denen wir eine verkrüppelte, wenn nicht sogar unrettbar zerstörte Umwelt hinterlassen – sie haben keine Fürsprecher, und ich glaube, diese Bürger von morgen brauchen genauso Fürsprecher wie die Bürger von heute.

Ein Einwand, der in den kommenden Krisenjahren gegen solche Bemühungen um die Wiederherstellung einer wirklich demokratischen Diskussion erhoben werden dürfte, trifft den Zeitverschleiß, der durch die offene und permanente Konfrontation verschiedener Auffassungen entstehen müßte. Gewiß können Entscheidungen im kleinen Kreis stets schneller gefaßt und eindeutiger formuliert werden als solche, die erst aufgrund langwieriger umständlicher Diskussionen entstehen oder bei großen Meinungsverschiedenheiten überhaupt nicht zustande kommen. Gerade aber in einer Zeit rapiden Wandels erweist sich die undemokratische Vorgehensweise meiner Ansicht nach, so viel effizienter sie auf den ersten Blick sein kann, als höchst riskant, weil sie stets auf zu einseitiger Einschätzung der Entwicklung beruhen muß.

Der amerikanische Organisationsforscher Warren Bennis hat anhand eines reichen Erfahrungsmaterials aus Staat und Wirtschaft zeigen können, daß gerade in einer Gesellschaft, die sich sehr schnell wandelt, in einer Gesellschaft der ständigen Innovationen, der Zeitverlust vor Entscheidungen, die schließlich aufgrund offener Auseinandersetzungen getroffen wurden, meist mehr als wettgemacht wird durch die größere Wirklichkeitsnähe und längere Lebenschance der dann so umständlich zustande gekommenen Maßnahmen. Wenn mögliche Fehler und mögliche Lösungen in einem möglichst breiten Kreis diskutiert werden, ist die Möglichkeit geringer, daß man nachher diese Fehler macht oder wichtige Lösungsmöglichkeiten übersieht. Und das erweist sich letzten Endes als effizienter als die schnellen elitären Entscheidungen.

Es gibt dafür bei uns ein sehr interessantes Beispiel. Es läßt sich zeigen, wie das Dritte Reich sowohl in der Anfangsphase seines Bestehens durch schnelle wirtschaftliche Entscheidungen, die plötzlich aus der Krise in eine scheinbare Prosperität hineinführten, dann auch am Anfang des Krieges aufgrund jahrelanger Rüstungen, die durch den gezielten und bewußten Einsatz einer undemokratischen regierenden kleinen Gruppe möglich gewesen waren, Anfangsvorteile zu erlangen vermochte. Aber dann auf lange Sicht waren es die Alliierten, besonders die Amerikaner, die überlegene Rüstung, vor allem Atombomben, herstellten. Diese Waffenüberlegenheit entstand nicht nur aufgrund materiellen Reichtums, sie wurde auch möglich, weil in diesen Ländern mehr Demokratie bestand, weil die Wissenschaftler sich mit ihrem Lande identifizierten. So konnten dort damals mitten im Krieg verrückt scheinende langfristige Forschungsvorhaben wie das der Atombombe angesetzt werden, während es in Deutschland eine Führerentscheidung gab, die sagte, nur solche Entwicklungen, die in sechs Monaten abgeschlossen werden könnten, dürften überhaupt angegangen werden. Ich spreche hier keinesfalls dafür, daß wir durch verbesserte Demokratie Atombomben entwickeln sollten, sondern möchte zeigen, daß die undemokratischen Methoden der »starken Männer« ihnen keineswegs langfristige Überlegenheit garantieren: im Gegenteil!

Nun stellt sich immer wieder die Frage: Wo werden die Bürger die Zeit hernehmen, um das, was sie lernen müssen, zu lernen? Und hier meine ich, daß wir zwei neue Faktoren beachten müssen:

Einmal wird es tatsächlich viel mehr freie Zeit für diese Berufsarbeit geben als bisher. Wenn wir die Entwicklung des Produktionsprozesses ansehen, so ist es fast unvermeidlich, daß das, was man Freizeit nennt, ständig zunimmt. Die Frage ist nur, ob wir uns nicht die Zukunftsentwicklung abschneiden, indem wir immer von »Freizeit« sprechen. Das ist nämlich in Wahrheit nur freigesetzte Zeit, und diese Zeit wird vermutlich mit anderen Pflichten besetzt werden. Sie wird zu einem Teil dazu benutzt werden müssen, daß man die Entwicklungen, die diese Freisetzung möglich gemacht haben, genauer studiert, um auf der Höhe der Entwicklungen, um vollwertig zu sein. Das ist aber Arbeit, eine neue, andere Art von Arbeit, Freizeit. So erschiene es als logische Konsequenz, daß diese Bildungs- und Informationsarbeit in den Arbeitstag hineingenommen werden sollte, daß der Bürger nicht nach Ende eines anstrengenden Arbeitstages so etwas nebenbei macht, sondern Bildungsanstrengung als ein Teil des Produktionsprozesses angesehen und dementsprechend auch bezahlt wird.

Informationen sind heute so wichtig wie Brot, und ich würde deshalb nicht mehr vom Recht des Erwachsenen auf Bildung, sondern vom Recht des Menschen auf geistige Nahrung sprechen. Und solange wir nämlich nur von Erwachsenenbildung sprechen, ist damit eigentlich das Nebensächliche dieses Bemühens, sein Feierabendcharakter angedeutet. In Wirklichkeit handelt es sich aber um eine zentrale Aufgabe, die in den Arbeitstag hineingenommen werden müßte.

Von großer Bedeutung bei der demokratischen Mitsprache und Mitbestimmung könnte u. U. die Entwicklung und der Einsatz neuer technischer Mittel werden. Der englische Minister für Technologie, Wedgewood Benn, hat kürzlich die Vorstellung eines Computernetzes entwickelt, an das alle wahlberechtigten Bürger permanent angeschlossen sein sollten. Zu Hause an seinem Terminal sitzend, der etwa die Größe eines durchschnittlichen Fernsehschirms hätte, könnte der Bürger laufend im »time-sharing«-Verfahren eine Reihe von nach verschiedenen Gesichtspunkten gefütterten Datenbanken konsultieren und sich derart ein besseres Bild über die jeweilige Lage verschaffen als bisher. Es wäre aber vor allem wichtig, daß er nicht nur Informationsempfänger bleibt, sondern sein Gerät auch als Eingabegerät in die Datenbank hinein benützen könnte und derart als aktiver kritischer Bürger ständig mit den Entscheidungszentren in Verbindung steht.

So etwas klingt heute noch sehr phantastisch, aber wir werden

Vorformen davon vermutlich sehr bald in den Parlamenten erleben. Schon jetzt wird daran gearbeitet, daß spätestens im Jahre 1975 jeder Kongreßabgeordnete in den Vereinigten Staaten direkt an Datenbanken angeschlossen ist und dann mit Hilfe solcher Datenbanken die Bürokratie der Exekutive, die auf den Informationen zu sitzen pflegt, überspielen kann. Er wird aufgrund der Informationen, die er sich nun selber zusammenstellt und strukturiert, völlig neue Einsichten in die Entwicklung erhalten, und befähigt, die Exekutive auf ihre Entscheidungen hin direkt kritisch zu befragen. Darüber hinaus wird er ständig neue Gedanken an die Exekutive, an den Staat und an die Öffentlichkeit herantragen können.

Daß hier auch Gefahren drohen, ist klar. Wir wissen ja von der Entwicklung des Zeitungswesens her, wie stark Informationen durch Zeitungen manipuliert werden können, wie sehr es darauf ankommt, wer in wessen Interesse Informationen in die Zeitung setzt und was da alles hineingegeben wird. Es wird also von Anfang an von größter Bedeutung sein, daß diese Informationsbänke und die Anschlüsse wirklich unter öffentlicher Kontrolle stehen, daß die Informationsbänke tatsächlich ein Höchstmaß von Informationen empfangen können.

Es ist allerdings nicht wahrscheinlich, daß diese Idealforderung verwirklicht werden kann. Deshalb ist es wichtig, daß der Bürger nicht nur an eine Informationsbank angeschlossen ist, sondern an viele verschiedene, nach verschiedenen Gesichtspunkten gefütterte Datenhorte, genauso wie ein Bürger, der sich wirklich informieren will, meist nicht nur eine Zeitung liest, sondern mehrere Zeitungen. Wenn er eine oder mehrere fremde Sprachen spricht, wird er sogar versuchen, nicht nur die Zeitungen seines Landes, sondern auch ausländische Zeitungen zu lesen. Es wird also notwendig sein, auch den Anschluß an ausländische Informationsbänke zu ermöglichen. Im Europarat besteht ein Plan für eine Informationsbank für ganz Europa, die es zunächst einmal den Parlamentariern möglich machen soll, Informationen zu erhalten, die sie von ihren eigenen nationalen Datenbänken vielleicht nicht bekommen können.

Ich bin mir klar darüber, wie schwierig diese künftigen Probleme sind, weil es ja sehr schwer sein wird, in die Datenbänke hineinzuschauen. Deshalb möchte ich heute schon für eine Mehrzahl von Datenbänken plädieren und vor einer Zentralen Datenbank, wie sie häufig noch propagiert wird, warnen.

Ein anderer Vorschlag, der versucht, die Technik in den Dienst der Bürger, die Aufklärung und der kritischen Funktion des Bürgers zu stellen, stammt von dem amerikanischen Zeitungswissenschaftler Bagdikian, der die Einrichtung eines oder mehrerer Fernseh-Ombudsmänner vorgeschlagen hat. Ein Ombudsmann hat die Aufgabe, den Beschwerden des Bürgers nachzugehen und sie dem Behördenapparat vorzutragen. Nun wäre das Fernsehen zweifellos ein ideales Instrument für solche Tätigkeit. Hier wäre die Möglichkeit gegeben, daß jeder, ohne erst einen langen Weg zu machen, ohne erst zum Ombudsmann oder seinem Büro zu gehen, an bestimmten Stunden der Woche die Möglichkeit hat, den Ombudsmann zu sehen, dem er vorher seine Beschwerden geschickt hat und der nun darauf eingeht und die Resultate seiner Untersuchungen der großen Öffentlichkeit vorträgt.

All dies ist natürlich erst möglich, wenn wir nicht mehr wie heute über nur wenige Fernsehkanäle verfügen, sondern über viele. Das wird aber technisch sehr bald möglich sein, mit Hilfe der Satelliten werden wir bis zu 30 oder 35 Kanäle in einem Fernsehempfangsapparat anwählen können; außerdem gibt es die sich immer stärker noch entwickelnde Möglichkeit des sog. Drahtfernsehens, das noch mehr Kanäle verfügbar machen könnte. Das wäre unter Umständen von großer Bedeutung für die Demokratie, weil durch die Verfügbarkeit vieler Fernsehkanäle Minderheiten, die heute in diesen großen Medien noch weitgehend mißachtet werden, die Chance zur Selbstdarstellung bekommen würden. Kleinere Gruppen könnten sich dann in ihren Sendungen endlich an eine große Öffentlichkeit wenden.

Schließlich gibt es noch eine technische Möglichkeit, die in kleinerem Rahmen schon verwirklicht ist, nämlich die Zusammenspannung von einzelnen in verschiedenen Städten und Ländern durch Ringsendungen des Fernsehens, also das Herstellen von Gruppen durch Fernkommunikation. Solche Konferenzschaltungen werden heute von großen Unternehmungen bzw. deren Vertretern in verschiedenen internationalen Firmen zum Teil schon praktiziert. Es wäre denkbar, daß sich auf diese Art und Weise neue Gruppenbildungen ermöglichen lassen, daß auch

Bürger verschiedener Städte oder Länder nicht mehr unbedingt zu Kongressen fahren müssen mit den großen Reisekosten und dem Zeitaufwand, die damit verbunden sind. Doch auch hier sind negative Erscheinungen zu bedenken. So ist z. B. gerade bei solchen Treffen ja das, was sozusagen am Rande der offiziellen Tagung geschieht, oft wichtiger als die Vorträge und Diskussionen, die offiziell im Mittelpunkt stehen. Solche inoffiziellen Randgespräche sind bei solchen Ringsendungen dann nicht mehr möglich. Wenn man diesen Bedenken noch weiter nachgeht, so kommt ein Zweifler wie ich daran, daß sich eine scheindemokratische Regierung einmal sagen könnte, es genügt ja, daß man über Fernsehleitungen miteinander debattiert, die wir kontrollieren können. Es gehört zur Antizipation, nicht immer nur an die positiven Möglichkeiten zu denken, sondern gewitzt durch die Erfahrungen der letzten 50 Jahre negative Perspektiven mit ähnlicher Genauigkeit und Anstrengung zu entwickeln.

Die Techniken der Datenverarbeitung und der Computersimulation könnten auf eine ganz besondere Weise demokratische Entwicklungen unterstützen, indem sie das Durchspielen von Alternativen zu der jeweils von den Exekutivorganen verfolgten Politik ermöglichen würden. Der Politologe Narr deutet diese Möglichkeit an, wenn er schreibt: »Die für die Erhaltung der Demokratie entscheidende Frage ist, ob die Chance verbesserter Analysen und Prognosen z. B. durch den Einsatz von Datenverarbeitungsanlagen und anderer Mittel zu einer generalisierten Interessenreflexion und Berücksichtigung genützt wird bzw. genützt werden kann.« Konkret ausgedrückt, wäre es mit Hilfe der von Leontiew entwickelten Input-Output-Methode z. B. möglich, mit ziemlicher Genauigkeit auszurechnen, welche Konsequenzen z. B. eine 50prozentige Kürzung des Rüstungsbudgets einer Nation und die Verlagerung der so eingesparten Gelder auf andere Sektoren haben würde.

Derartige politische Gedankenexperimente – und nun nicht mehr allgemeiner, sondern recht exakter Natur – würden zweifellos jenen Kräften in der Gesellschaft zugute kommen, die für tiefgreifende Veränderungen eintreten. Sie könnten dazu beitragen, der Öffentlichkeit die Angst vor dem Weg ins Ungewisse zu nehmen, jene Angst, die innovationsverhindernder ist als irgendeine andere Kraft der Welt. Datengeräte würden auch hervorragende Vorbereitungsarbeit für die Durchführung und Auswertung sozialer Experimente leisten können. Neue Formen des städtischen Zusammenlebens, neue Verkehrssysteme, neue Wege politischer Entscheidung könnten mit ihrer Hilfe im Spiel erprobt werden. Der gesellschaftliche Wandel müßte dann nicht mehr gewaltsamen, unberechenbaren Zusammenstößen überlassen werden, sondern könnte, zumindest bis zu einem gewissen Grade, das Ergebnis besserer, d.h. in diesem Falle antizipierter Information und erhöhter Einsicht sein.

In einer informationsbegründeten funktionierenden Demokratie, in der sich Veränderung vollziehen kann, weil diejenigen, die an der Macht sind, sich nicht an ihre Positionen klammern, sondern sich begründeten Einsichten beugen, käme der Antizipation eine entscheidende Rolle zu. Das besonders von Karl Deutsch entwickelte Konzept des »feed-back« in politischen Systemen, bei denen die Reaktion auf politische Entscheidungen ständig überprüft und der Kurs dementsprechend ständig neu bestimmt wird, würde dann ergänzt werden durch ein »feed forward«, eine Koppelung nach vorne. Eine solche Vorwärtskoppelung würde laufend die durch die Zukunftsforschung erarbeiteten Vorstellungen von heute in den gegenwärtigen politischen Entscheidungsprozeß einschließen lassen. Die kritische, das Gegenwärtige stets in Frage stellende Funktion der Zukunftsforschung, die verständlicherweise besonders von den Benachteiligten des Ist-Zustandes betont werden dürfte, könnte dann als wichtiger Regelfaktor in die Entscheidungsmechanismen eines fortschrittlichen Gemeinwesens eingebaut werden. Die gefürchtete Revolution würde sich zum Revolutionsmotor entwickeln, dessen Triebkräfte einer ständigen gesellschaftlichen Fortentwicklung zugute kommen dürften.

Die Antizipation als Hilfe der demokratischen Bürgerentscheidung würde auch eine wichtige Rolle bei der Beantwortung der Frage »Ist Diskussion Zeitverschleiß?« spielen. Wenn wir nämlich heute über die Krisen von morgen debattieren, dann tun wir etwas, das vielleicht im letzten Moment, wenn die Krisen schon da sind, wenn uns das Wasser bis zum Halse steht, nicht mehr in Ruhe unter Berücksichtigung aller Meinungen erwogen werden kann, sondern schnell entschieden werden muß. Ich sehe eine

Gefährdung der Mitbestimmung des Bürgers in den nächsten 25 bis 30 Jahren durch das Auftauchen von Krisensituationen, die plötzlich akut werden, so daß tatsächlich nur eine Exekutivelite ihnen gerecht werden kann. Sie wird hastige Entscheidungen treffen, schlechte Entscheidungen. Es geschieht dann etwas Ähnliches wie in der ersten Nachkriegszeit. Damals wurde miserabel gebaut, und zur Entschuldigung hieß es, wir können uns jetzt nicht darüber unterhalten, was guter Städtebau wäre, denn wir müssen erst mal den Leuten ein Dach über dem Kopf verschaffen. Eine solche Argumentation, die sich gegen Bürgermitbestimmung, gegen das genügende klare Überlegen, gegen die Wahrnehmung vieler Interessen richten mußte, würde in verstärkter Weise auf vielen Gebieten wieder auftauchen. Ich könnte mir vorstellen, daß in den kommenden kritischen Situationen sogar Bürger selber zur Exekutive laufen und sagen: Nehmt die Angelegenheit ganz in eure Hände, denn es muß etwas geschehen, sofort etwas geschehen, wir können mit den Problemen nicht mehr fertig werden. Der Bürger würde dann also in Panik von sich aus abdanken und den Eliten seine demokratischen Rechte überlassen.

Das Konzept einer durch Antizipation möglich werdenden Vorbereitung gesellschaftlicher Veränderung fordert natürlich Einwände heraus. Waren frühere Kritiken, die ich erwähnte, z. B. die der Bildungsfähigkeit des Bürgers, vom »Establishment« ausgegangen, so sind die Zweifel am Konzept einer fortwährenden gewaltlosen Transformation durch verbesserte antizipatorische Information und demokratische Bildungsmöglichkeiten von der Linken zu erwarten. Wie kann denn, so wird man fragen, erwartet werden, daß die bestehenden Herrschaftsinteressen jemals ihre Informationsvorrechte aufgeben oder gar die Einsicht haben, auf ihre Machtposition zu verzichten?

Darauf ist zu antworten, daß wir in der Epoche leben, wo schon manches für unmöglich Gehaltene möglich wurde. Weshalb sollte es nicht, wenn die wissenschaftliche Analyse eindeutig und jedermann einsichtbar zeigt, daß die moderne Gesellschaft des zu Ende gehenden zweiten und des beginnenden dritten Jahrtausends nur durch entscheidende politische, wirtschaftliche und soziale Strukturveränderungen überhaupt lebensfähig bleiben kann und wir alle nur dann überleben können, wenn diese

Veränderung endlich Wirklichkeit werden kann, weshalb sollten dann nicht die alten Methoden der Wachablösung, die sich in Straßenkampf, Besetzung, Steinwurf und Schießerei ausdrückten, durch vernünftigere Methoden abgelöst werden?

Das Nachdenken über neue Möglichkeiten und Formen der Demokratie sollte sich schließlich auch der Nutzbarmachung von Einsichten der Psychiatrie und Ethnologie zuwenden. Vielleicht könnten dann wirkungsvolle Aggressionssubstitute gefunden werden oder Formen von Machtersatz, die reiche Inhaber beherrschender, aber durch die Entwicklung bedrohter Positionen zum freiwilligen Weggang bringen, zur Akzeptierung anderer Rollen in der Gesellschaft. Man wird mir sagen, das sei doch Utopie, oder es sei zu »idealistisch«. Das ist nun ein alter Einwand gegen alles Neue. Gerade das, was sehr fern zu sein scheint, was allen bisherigen Gewohnheiten widerstrebt, was man »antiempirisch« nennen kann, scheint mir in unserer heutigen Situation eine Chance zu haben. Wenn wir nämlich weiter nur logisch geradeaus entwickeln, was es bisher gegeben hat, dann werden wir auch genauso logisch unter immer verstärkten Konflikten in der Endkatastrophe enden. Ich meine, daß der Mut zu völlig neuen, scheinbar unrealistischen Ansätzen wie der Vorstellung einer gewaltlosen Transformation aufgrund verbesserter Einsicht nicht nur wünschenswert, sondern auch notwendig ist.

Diese Notwendigkeit könnte viele Menschen, die sich heute noch nicht vorstellen können, daß so etwas möglich wäre, dazu bringen, derartige neue Lösungen nicht nur intellektuell zu akzeptieren, sondern an ihrer detaillierten Ausarbeitung mitzuwirken. Alles das, was hier angedeutet wurde, sind nur Anfänge. Es bedarf einer gewaltigen intellektuellen Anstrengung, neue Möglichkeiten in detaillierter Kleinarbeit in Konzepte zu verwandeln, die verwirklichbar sind.

Mir scheint, daß die Intellektuellen, bisher erst zuwenig von solcher vorausschauender, für die Zukunft notwendiger Denkarbeit leisten, und ich meine, daß solches Denken und notwendiges Handeln die Voraussetzung für das Überleben und die Weiterentwicklung der Menschheit ist, die hoffentlich nicht am Ende, sondern noch am Anfang einer langen Geschichte steht.

(1971)

Die Informationspartisanen

»Ici Radiodiffusion de la nation française«: Mit dieser Ansage meldete sich der französische Widerstand bei den Bürgern seines Landes im August 1944, im Augenblick der Befreiung von Paris. Und mit genau den gleichen Worten begann die erste Sendung des »grünen Senders« der Umweltschützer am Abend der Kommunalwahlen, die den »ecologistes« ihre bisher größten Stimmerfolge bescherten. Von nun an sollen in möglichst allen Stadtteilen von Paris um 18.00 Uhr Lokalprogramme gesendet werden.

Es ist wenig wahrscheinlich, daß die Behörden diese Versuche, das staatliche Funkmonopol in Paris zu unterlaufen, dulden werden, wie sie es monatelang in Grenoble taten. Dennoch wächst diese elektronische Unabhängigkeitsbewegung ständig, und die Zahl der sehr beweglichen bald von hier, bald von dort sendenden »freien Sender« nimmt zu. Die Motive sind nicht nur politischer Natur. Die »Piraten der Wellen« haben offensichtlich Spaß am Räuber-und-Gendarmen-Spiel. Es genügt ihnen oft schon, ihre Musikkassetten abzuspielen und sich über ihre Verfolger lustig zu machen. Aber dahinter steckt mehr. Je stärker der Freiheitsraum des modernen Menschen eingeengt wird, desto stärker wächst auch das Bedürfnis aufzumucken.

Die Schweigenden beginnen zu sprechen. Sie erheben nicht nur in den westlichen Ländern ihre Stimme, wo ihnen – zumindest bis jetzt – noch keine schweren Strafen drohen, sondern auch in Staaten wie der Sowjetunion, die »Schwarzsender« nach Artikel 70 des Strafrechts mit Gefängnis oder Internierung von sechs Monaten bis zu zehn Jahren bestrafen. Trotzdem lassen sich die »Radio-Hooligans« nicht zum Schweigen bringen. Laut *Interferences*, einer französischen Zeitschrift, die sich der »Kritik der Informationsapparate und der Kommunikation« widmet, sind alleine in der Stadt Belaja Tscherkow bereits 200 (!) heimliche Sender ausgemacht worden.

Mit dem Aufkommen des »Citizen Band Radio« in den USA und der damit einhergehenden Massenproduktion verhältnismäßig billiger Sendegeräte werden solche »Bürgeraktionen« im Funkbereich vermutlich auf der ganzen Welt schnell zunehmen. Man muß sie aber auch auf dem Hintergrund der noch schnelleren und effizienteren »Erfassung« aller Bürger durch elektronische Kontroll- und Datengeräte sehen. Was sich hier vorbereitet – z.B. mit dem Dritten DV-(Datenverarbeitungs-)Programm der Bundesregierung – und zum Teil schon funktioniert, ist bisher in der breiten Öffentlichkeit so gut wie gar nicht diskutiert worden, obwohl Gerd E. Hoffmann, Norbert Müller, Wolf-Dieter Narr, Adalbert Podlech und vor allem Wilhelm Steinmüller mehrfach mit einer Fülle von Gedanken und Fakten darauf hingewiesen haben, wie die Bürger, denen selber kein legaler Zugang zu eigenen Kommunikations-Apparaturen erlaubt ist, dem Zugriff einer wachsenden Anzahl von Datensammlern aus Staat und Wirtschaft ausgesetzt sind.

Steinmüller warnte bereits Ende 1975: »Die Transparentmachung bisheriger Privatheiten betrifft die gesamte Gesellschaft wie den einzelnen. Das Netz der Informationssysteme dürfte noch in den 70er Jahren hinreichend vollständig sein, daß alle Bürger wenigstens teilweise in Informationssystemen verdatet und damit repräsentiert sind. Durch die Abbildung der »Privatsphären« von Individuen und Minderheiten in staatlichen und kommerziellen Informationssystemen bei gleichzeitiger Planbarmachung erhöht sich der Konformitätsdruck auf diese Teile der Gesellschaft... Die Entwicklung scheint in der Tat dahin zu gehen, liberale Freiheitsräume unter den Bedingungen entwickelter ADV (Automatischer Datenverarbeitung) als hoch unwahrscheinlich erscheinen zu lassen... Der staatsfreie Raum verschwindet weitgehend. Er ist in Datenform längst in Informationssysteme eingegangen – damit durchschaubar (wenngleich nicht für die Betroffenen) und dergestalt seiner Funktion beraubt.«

Als dieser Alarmruf in der wichtigen Zeitschrift *Leviathan* erschien (deren Licht durch geringe Verständlichkeit der Ausdrucksweise leider verdunkelt wird), vernahm ihn kaum jemand.

Die jetzige Debatte über den »Atom-Staat« sollte ihm und dem in die gleiche Kerbe hauenden Diskussionsband *Numerierte Bürger* endlich Gehör verschaffen. Denn nun zeigt es sich, daß unter dem Vorwand der »rationalen Planung« und ihrer »Schutzbedürftigkeit« gegenüber »störenden Einflüssen« fast unbemerkt hinter der Fassade honoriger Ämter ein Machtsystem herangewachsen ist, das seine von Millionen abgelehnten Ziele dennoch durchpaukt und das alle Hoffnung auf größere »Bürgernähe« und »verstärkte Partizipation« in Frage stellt, ja lächerlich macht. Denn solange die Bürger auch nicht annähernd über so viel Information und so viel Macht verfügen wie die von Datenbanken und Polizeiapparaten gestützten »Zentralen«, kann man wohl nicht sofort, aber doch letztlich mit jedem einzelnen »Erfaßten« nacheinander fertig werden.

Also resignieren? Das umfassendste »Kommunikationsmedium EDV-Systeme, das alle Funktionen herkömmlicher Medien in sich vereint« (H. J. Genrich), den Vögten von heute überlassen? Steinmüller schlug damals vier Alternativschritte vor:

1. Interdisziplinäre Erforschung der ADV unter Vorrang der Untersuchung ihrer gesellschaftlichen Auswirkungen;
2. Erzeugung eines entsprechenden Problembewußtseins in der Bevölkerung und bei den politisch Verantwortlichen;
3. Politische Vermittlung dieses Problembewußtseins zu deren Durchsetzung gegenüber dem ökonomisch-administrativen Komplex;
4. Organisation demokratischer Informationskontrollen in den verschiedenen Bereichen der Gesellschaft.

Ich würde dem hinzufügen: Förderung spontaner Gegeninformation – wie sie die »Piraten« zu bieten versuchen, weil sie zur Klimaänderung beitragen kann und gerade durch ihre Unvorhersehbarkeit den »Planern« trotz aller Datenperfektion unlösbare oder zu spät lösbare Aufgaben stellt. Es wäre nicht das erste Mal, daß Partisanen sich schließlich gegen Übermächtige und Überorientierte durchsetzen.

(1977)

Erst berichtenswert, wenn es knallt

Harrisburg hat's an den Tag gebracht: Nicht nur die Reaktortechnologie hat versagt, sondern auch die Publizistik. Gewiß: Hunderte Reporter wurden geschwind nach Pennsylvanien eingeflogen und vor Ort mit widersprüchlichen Informationen gefüttert. Aber sosehr sie sich auch beeilt hatten, sie kamen viel zu spät. Wären sie fast zwei Monate zuvor, am 8. Februar, bei der öffentlichen Anhörung der NCR (Nuclear Regulatory Commission) in Washington gewesen, so hätten sie schon damals aus dem Munde der fünf Vorsitzenden dieser mit der Aufsicht über die amerikanische Atomindustrie beauftragten Behörde vernehmen können, wie ungenügend und verbesserungsbedürftig die Sicherheit bei einem Großteil der Nuklearanlagen noch sei.

Ich war zufällig bei dieser Sitzung und fragte nachher einen Kollegen von der Fachpresse, weshalb diese aufsehenerregenden Mitteilungen nun nicht, wie sie es verdient hätten, Schlagzeilen machten. Seine Antwort: »Erzählen Sie das einmal den Herren Redakteuren. Für die ist so etwas erst berichtenswert, wenn es knallt.«

Damit hat er das Credo einer Branche verkündet, die nicht mehr auf der Höhe ihrer Zeit und ihrer Aufgaben ist. Statt durch ihre kritische Aufmerksamkeit Unheil verhindern zu helfen, begnügt sich dieser »Knüller-Journalismus« damit, hinter den Ereignissen herzulaufen. Er kommt eigentlich immer zu spät und »enthüllt« dann erst nachträglich, was alles schieflief, ja schieflaufen mußte.

Nun bieten sich allerdings Entschuldigungen für diese Versäumnisse der Berichterstattung an. Denn nur selten gibt es Gelegenheiten wie die soeben erwähnte öffentliche Sitzung der US-Atomkontrollbehörde. An erster Stelle ist die Informationsfeindlichkeit vieler Wissenschaftler, Techniker, Behörden und Industriemanager zu nennen. Durchaus typisch dafür war leider das Verhalten Carl Friedrich von Weizsäckers bei der kürzlich in Hannover unter seinem Vorsitz abgehaltenen Expertenkonfrontation zum Thema Gorleben. Nicht nur ließ der (von den Veranstaltern, der niedersächsischen Landesregierung, in ihren Verlautbarungen stets devot als »Freiherr« vorgestellte) Gelehrte deutlich erkennen, daß er Pressekonferenzen als unangenehme Pflicht ansah, sondern er ließ es sich sogar nicht nehmen, einen kritischen Kollegen vom WDR anzufauchen: »Sie gehören auch zu der Meute.«

Damit wurde endlich einmal im Klartext verlautet, was obrigkeitsbestellte, aber als »neutral« auftretende Experten sonst meist nur unter sich sagen: Journalisten sind ihnen ein Greuel. Gebärden sie sich als folgsame Hofberichterstatter, dann gelten sie als »zuverlässig« und »seriös«, wagen sie aber eindringlicher zu fragen und zu publizieren, dann verdammt man sie als »Sensationsmacher«, als »Schreier«, als – so hat es mir gegenüber einmal Herr Professor Wolf Häfele, der große Promotor des »Schnellen Brüters«, in einer Debatte des Club 2 (ORF) verlautbart – »Einschleicher«.

Nun – man kann da schon eine »dicke Haut« entwickeln und sich durch Invektiven nicht beirren lassen. Doch gibt es andere Informationsbarrieren, die für den kritischen Wissenschafts-Berichterstatter schwerer zu überwinden sind als die persönliche Empfindlichkeit. Da ist vor allem die sich ständig ausweitende Sphäre der Geheimhaltung, mit der längst auch die nichtmilitärische Forschung und Entwicklung »abgesichert« wird. Im verharmlosenden Neudeutsch der Informationsstellen spricht man allerdings nicht mehr von »Zensur«, sondern von »Kenntnisschutz«.

Wenn ein Forscher, der in einer der risikoreichen »Zukunfts-Technologien« arbeitet, Berichterstattern seine begründeten Bedenken über betriebsinterne Entwicklungen mitteilt, so macht er sich damit eines Verstoßes schuldig, der nicht nur seine Entlassung, sondern unter Umständen sogar den Verlust seiner Pensionsansprüche nach sich ziehen würde. Hält aber ein Journalist, dem ein von Gewissenszweifeln geplagter Informant z.B. mitgeteilt hat, daß in einem technischen Prototyp Phänomene aufgetaucht sind, die eine sichere Weiterentwicklung dieser »Linie« unsicher erscheinen lassen, den Namen seines Informanten geheim, so muß er es sich schon gefallen lassen, als »Gerüchtemacher« angeprangert zu werden.

Das kann so nicht weitergehen. Angesichts der Gefährdung der Bürger durch unausgereifte, riskante Techniken und Produktionsweisen auf Gebieten wie Chemie, Pharmakologie, angewandte Genetik und Kernenergie wäre eine weitgehende Aufhebung der Geheimhaltung dringend zu fordern. Gelegentliche »Hearings«, Gutachten und vertrauliche Ausschußberatungen in den Parlamenten können kein Ersatz für eine ständige kritische Durchleuchtung lebensgefährdender Arbeiten in Laboratorien und Fabriken sein. So wie die liberalen Bewegungen im achtzehnten und neunzehnten Jahrhundert die Aufhebung der obrigkeitlichen Geheimniskrämerei in der Politik verlangten, müssen heutzutage fortschrittliche Bürgerbewegungen die Abschaffung der Informationssperren in Wissenschaft und Technik fordern. Nur durch öffentliche Kontrolle kann die Wahrscheinlichkeit künftiger Großkatastrophen vermindert werden.

Einen interessanten Versuch, die Bürger zu Teilhabern an den Wissensprivilegien der Forschung zu machen, hat kürzlich die Universität Amsterdam unternommen. Dort gibt es seit 1978 einen »Wissenschafts-Laden«, in dem qualifizierte Spezialisten auf öffentliche Anfragen von Laien jederzeit nach bestem Wissen Auskunft erteilen und darüber hinaus auch Anregungen für bürgernahe Forschungsaufgaben erhalten. Ein solches Projekt untersuchte zum Beispiel die empfehlenswerteste Vorsortierung von Haushaltsabfällen. Darüber hinaus hat das holländische Wissenschaftsministerium nach einer Versuchszeit von zwei Jahren ein Büro eingerichtet, das ohne den Versuch, »Propaganda« zu betreiben, auf all jene Fragen und Sorgen der Bürger eingehen soll, die durch wissenschaftlich-technische Entwicklungen ausgelöst werden.

Bedeutsam ist es auch, daß die Zahl der von kritischen Wissenschaftlern veröffentlichten Zeitschriften zunimmt. Nach *Science for the People* (in England und den USA) und *Gazette Nucléaire* (in Frankreich) wird nun auch in der Bundesrepublik Deutschland eine solche Zeitschrift erscheinen. Sie trägt den Titel *Wech-*

selwirkung und wird unter der Leitung von R. Behnisch (FU-Berlin) herauskommen.

Es ist vor allem zu hoffen, daß in Tageszeitungen, Wochenzeitschriften und den elektronischen Medien anstelle der »nachhinkenden« Berichterstattung, in der heute noch meist über den wissenschaftlich-technischen »Fortschritt« berichtet wird, die Warnfunktion der Medien durch vorausschauende kritische Berichterstattung wahrgenommen werden kann. Das setzt allerdings die Anerkennung einer *Informationspflicht* von Forschern und Journalisten voraus, die es heute kaum gibt.

(1979)

Der neue Turm zu Babel

Wenn wir heute vom »Turm zu Babel« und seiner Zerstörung als Folge der von einem zürnenden Gott gewollten Sprachverwirrung sprechen, dann werten wir dieses biblische Ereignis fast ausnahmslos als Unheil, als eine Katastrophe in mythischer Vorzeit, unter der wir noch jetzt zu leiden haben.

Dieser ausschließlich negativen Auslegung widersprechen die Schriftgelehrten. Gewiß, die Verwirrung der Geister, die Mißverständnisse und Fehler der Erbauer waren Strafe für menschliche Vermessenheit. Aber, so meinen nachdenkliche Geister, dieser Entschluß des Herrn sei zugleich ein rettender Akt gewesen, der tiefer Besorgnis um die Zukunft des Menschengeschlechts entsprang. Hätten die Turmbauer ihr Vorhaben, mit einem Bau von siebzig Meilen Höhe den Himmel zu stürmen, verwirklicht, so wäre der Bund zwischen Mensch und Gott zerrissen worden und damit die Besonderheit, die diese Spezies vor allen anderen auszeichnete, verlorengegangen. Einen Vorgeschmack von dem Ungeist, der dann geherrscht hätte, vermitteln Bibelkommentare über die Arbeitsweise der Frevler. Es heißt dort: »Sie weinten zwar sehr, wenn einem ein Ziegel aus der Hand fiel und zerbrach, fiel aber ein Mensch hinunter und war tot, so blickte sich keiner nach ihm um.[11])

Die heutige zu einem Riesenbau ausgewucherte Wissenschaft wird oft als babylonischer Turm gesehen. Sie strebt nach dem Höchsten, versucht jederlei metaphysische Instanz zu entthronen und gefährdet das Überleben der Menschen. Diese Gefahren werden durch die Überfülle von – nur den Eingeweihten verständlichen – Fachsprachen noch gesteigert. Solche Entwicklung ist um so bedenklicher, weil sie – im Gegensatz zum biblischen Ereignis – keineswegs zur Aufgabe des Monsterprojekts geführt hat.

Die bekannten Sprachschwierigkeiten zwischen Wissenschaft und Öffentlichkeit, zwischen einer Wissenschaftsdisziplin und der anderen, ja sogar zwischen den immer stärker wuchernden Spezialvorhaben innerhalb eines einzigen Faches werden zwar registriert und als Hindernis erkannt, aber zugleich sieht man sie als interessante Herausforderung, die durch bessere Methoden und Techniken der Vermittlung überwunden werden kann.

Ich möchte hier die Frage aufwerfen, ob solche nur funktionale, systeminterne Versuche genügen. Müßte nicht vorrangig eine Neubestimmung und aus ihr heraus eine viel grundlegendere Umstrukturierung, möglicherweise sogar eine Zerstörung des Wissenschafts-Systems gewagt werden, ehe neues Verstehen, neues Vertrauen, neue Hoffnung wieder möglich werden? Es gibt heute zahlreiche Wissenschaftsvermittler, die auf den verschiedensten Bildungsebenen einen »fremden, mächtigen und geheimnisvollen Götzen« (so charakterisiert der amerikanische Kulturphilosoph Jacques Barzun die moderne Wissenschaft) den von seinem Tun Betroffenen weniger unheimlich zu machen versuchen. Sie übersetzen Schwerverständliches in Begreifbares, Abstraktes in Faßliches, Formeln in Sinngestalten. Sie vereinfachen, fassen zusammen, vergleichen, versuchen Übersichten zu geben und Aufmerksamkeit zu erwecken. Das wird ihnen selten gedankt. Der Spezialist beklagt die verflachende Verallgemeinerung, der um größtmögliche Präzision bemühte Forscher kritisiert die Unschärfe popularisierender Darstellung, der Tiefschürfende verabscheut die »Vulgarisierung« seiner subtilen Gedankengänge.

Daß diese semantischen Vergröberungen nicht immer »journalistischem Leichtsinn und Sensationslust« entspringen, sondern notwendig sind, wenn die vielen Empfänger dieser Mitteilungen mit ihnen etwas anfangen sollen, will den meisten Forschern nicht in den Sinn. Das ist ein Symptom ihrer eigenen Kommunikationsunfähigkeit. Sie wollen den Informationsempfänger und seine limitierte Kapazität entweder nicht sehen oder sich seiner Verständnisfähigkeit einfach nicht anpassen. Typisch dafür ist z.B. eine Äußerung Robert Oppenheimers, die mir der bekannte »Science writer« W. L. Laurence mitteilte. Als er ihn kurz nach dem Bekanntwerden des Abwurfs der ersten Atombombe bat, ein in diesem Zusammenhang auftauchendes physikalisches Problem in einfachen Worten zu formulieren, soll der Gelehrte geantwortet haben: »Wer nicht versteht, was ich sage, soll's bitte lernen.« Womit er sich dann offensichtlich verärgert abwendete.

Diese Unterhaltung mit dem damaligen Wissenschaftskorrespondenten der *New York Times*, der als erster Berichterstatter Einblick in die Entwicklungsgeschichte der Atombombe erhalten hatte, fand 1946 in Washington während einer Pause jener parlamentarischen »hearings« statt, in denen die an der Entwicklung beteiligten Konstrukteure dieser geschichtsverändernden neuen Waffe den amerikanischen Volksvertretern klarmachen wollten, wie ganz grundlegend anders eine auf Sicherheit abzielende Strategie und Politik von nun an sein müßte. Das wurde für mich, der als sogenannter diplomatischer Korrespondent einiger Schweizer Zeitungen nach den USA gekommen war, ein Schlüsselerlebnis. Denn ich begann zu begreifen, daß Berichterstattung über weltpolitische Vorgänge nunmehr nicht nur ein gewisses Maß an historischem, juristischem, ökonomischem und soziologischem Wissen voraussetzte, sondern vorrangig Naturwissenschaft und Technik einbeziehen mußte. Es wurde mir erstmals ganz deutlich, wie entscheidend das, was in abgelegenen Instituten und Laboratorien gedacht und getan wurde, das Schicksal aller Menschen beeinflussen mußte.

Auffällig wurde schon bei diesen Sitzungen, wie wenig das Bildungssystem die Entscheidungsträger auf diese neue, durch die rapiden Entwicklungen der Waffentechnik notwendig gewordene Kombination verschiedenen Sach- und Fachwissens vorbereitet hatte. Wissenschaftler und Politiker waren, jede Gruppe auf ihre Weise, zu engstirnig. Bis auf wenige Ausnahmen ging den Forschern und Ingenieuren, die da als Zeugen auftraten, die Fähigkeit ab, in gesellschaftlichen und wirtschaftlichen Kategorien zu denken, während die Kongreßmänner und Senatoren es nicht verstanden, die von ihnen unkritisch bewunderten Waffenexperten so fachkundig zu befragen, daß dadurch die neuen Bedrohungen in ihrer ganzen Furchtbarkeit klargeworden wären.

Ohne es eigentlich zu wollen, begannen die an diesen Vorgängen interessierten Journalisten schon damals in eine ganz neue Rolle hineinzuwachsen. Sie waren bald nicht nur neutrale Berichterstatter, sondern übernahmen die notwendige Aufgabe einer beißenden Kritik an dem zu eng gewordenen Informationshorizont der prominenten Fachleute. Um diese Einwände fundieren zu können, mußten sie im Gegenzug gegen die Spezialisierung der Forscher, Techniker und Politiker versuchen, »Generalisten« zu werden, d.h. sich umfassender zu informieren und zu orientieren.

Während die meisten Mitglieder der »wissenschaftlichen Gemeinschaft« diese von außen kommenden Bedenken an der Entwicklung der Wissenschaft zunächst überhörten oder einfach abtaten, entstand allmählich eine Partnerschaft zwischen einer kleinen Gruppe von verantwortungsbewußten Wissenschaftlern und kritischen Kommunikatoren. Dabei konnten die Journalisten notwendige Kenntnisse einbringen. Einmal, weil sie aufgrund ihrer Tätigkeit im außerakademischen Leben weniger »betriebsblind«, d.h. durch den erstarrten Stil wissenschaftlicher Betrachtungsweise kaum beeinflußt waren, dann, weil sie besser wußten, wie die Bevölkerung dachte, schließlich aber auch, weil sie irreverente Ansichten und Meinungen über die Welt der Forschung publizieren konnten, ohne dadurch akademisches Ansehen, kollegiale Verstimmungen, eine wissenschaftliche Karriere oder die Zuwendung von Forschungsmitteln zu riskieren.

Wenn heute das Thema »Wissenschaft« nicht mehr bewundernd, sondern vorwiegend skeptisch diskutiert wird, dann ist das eine späte Bestätigung für diejenigen, die als »Obskurantisten«, als »Feinde des Fortschritts« angeprangert wurden und werden.

Nur möge man sich durch diesen späten Beifall für kritische Positionen nicht dazu verleiten lassen, den Einfluß derer, die vor den Gefahren eines maßlosen »Fortschritts« warnen, zu überschätzen. Immer noch arbeitet die Mehrheit wissenschaftlicher und technischer Experten in allen Ländern der Erde für staatliche, insbesondere militärische und wirtschaftliche Machthaber. Und es ist bisher nur selten gelungen, eine ständige enge Zusammenarbeit von Wissenschaftlern mit Betroffenen zustande zu bringen, wie sie kürzlich in Polen so beispielhaft erprobt wurde. Hier bleibt den kritischen Wissenschaftsvermittlern ein weites Arbeitsfeld. Sie haben die Aufgabe, gegen neue Behinderungen notwendiger aufklärerischer Tätigkeit anzugehen, sollten darüber aber nicht vergessen, auch auf hoffnungsvolle Entwicklungen hinzuweisen, die eine kommende Veränderung der Wissenschaften ankündigen.

In seiner kenntnisreichen Arbeit über *Journalismus und bürgernahe Medienarbeit* hat der in Salzburg lehrende Kommunikationsforscher Hans Heinz Fabris gezeigt, daß der Kampf »gegen die feudale staatliche und hierarchische Ordnung« traditionell zum Selbstverständnis dieses Berufsstandes gehört. Im Rückblick auf den Vormärz schreibt er: »Das anwaltschaftliche Selbstverständnis vieler Journalisten, die sich als ›Repräsentanten der Volksmeinung‹ fühlten, wurde besonders von Joseph Görres, Ludwig Wekhrlin u.a. formuliert, die emphatisch ausriefen: ›Einer muß sein, der da die Wahrheit zu sprechen verbunden ist, unumwunden, ohne Vorbehalt und Hindernis...‹«

Obwohl heute, 130 Jahre später, als Resultat dieses Eintretens liberaler Zeitungsmänner das Informationsgeheimnis und das Informationsmonopol der Herrschenden in den demokratisch konstituierten Ländern laut Verfassung abgeschafft wurden, besteht auf vielen Gebieten, ganz besonders aber auf dem des wissenschaftlichen und technischen Wissens, ein beträchtliches Maß an Zensur, Verschleierung und Geheimhaltung. Das betrifft besonders jenes Wissen, das für Gesundheit oder Krankheit, Lebensqualität oder Streß, Arbeit oder Arbeitslosigkeit, Frieden oder Krieg von entscheidender Bedeutung ist. Während die Öffentlichkeit von einer Lawine meist unwichtiger Informationen so sehr überschüttet wird, daß sie sich überfordert abwendet, bleiben die wichtigsten Resultate, die in wissenschaftlichen Laboratorien und technischen Versuchsanstalten sogar mit den Steuermitteln der Bürger erarbeitet werden, unter Verschluß.

Der Wissensvermittler, der den Bürgern gerne über lebenswichtige Entwicklungen auf Gebieten der manipulierten Ernährung, der Gentechnik, der Chemie, der Nuklearenergie, der Landesplanung, der Mikroelektronik berichten will, hat es heutzutage sehr viel schwerer, mit den zuständigen Forschern direkt in Verbindung zu treten. Er muß sich solche Interviews über Pressestellen vermitteln lassen und erlebt dann, daß die befragten Experten – falls sie sich überhaupt zur Verfügung stellen – nicht offen über Bedenken und Schwierigkeiten sprechen, sondern sich mehr oder weniger vorsichtig »artikulieren«, weil ihnen eine solche zurückhaltende Sprechweise von ihrer Institutsleitung empfohlen, wenn nicht sogar befohlen worden ist.

Die Institutionalisierung der Forschung und Entwicklung, sowohl der öffentlichen wie der privaten, wurde seit dem Ende des Zweiten Weltkrieges so weit vorwärtsgetrieben, daß der Typ des unabhängigen, auf sich selbst gestellten Forschers und Erfinders oder des kleinen independenten Forschungsteams fast ausgestorben ist. Ein Hauptgrund dafür – wenn auch nicht der einzige – sind die wachsenden Kosten, die besonders durch die zunehmende Verwendung teurer technischer Instrumente ums Vielfache gestiegen sind. Die Produktionsmittel der Forschung und Entwicklung gehören nicht mehr denen, die mit ihnen arbeiten, sondern anderen, die ihnen Auflagen machen können.

Und in der Tat nehmen diese Auflagen in Form von Sprachregelungen zu. Zwar darf der Forscher innerhalb seines Instituts oder seiner Firma, falls er Unbeliebtheit riskiert, sich noch kritisch äußern. Aber »nach außen«, d.h. zu den Kommunikatoren, darf er Kritik nicht wagen. In manchen wissenschaftlichen Instituten kann solche Weitergabe von Informationen an Außenstehende als »Treuebruch« sogar mit Entlassung und noch schärferen Sanktionen bestraft werden. Solche Informationsverbote, die auf dem Gebiet der Rüstung und zum Schutz von patentrechtlich geschützten Produktionsweisen der Industrie schon lange bestehen, werden heute besonders in Europa auf viele bisher »harmlose« Themen ausgedehnt. In einer Zeit, da Wissen nicht nur Macht, sondern schon Teilwissen viel Geld bedeuten kann, wird eine an den Nerv bedeutsamer Entwicklungen rührende Berichterstattung immer schwieriger. Wenn dennoch mehr bekannt wird, als den »Besitzern« privilegierten Wissens lieb ist, so liegt es daran, daß manche Forscher und Techniker sich an Behinderungen ihres Rechts auf Redefreiheit nicht halten wollen und – vorwiegend aus Gewissensgründen – heimlich Informationen weitergeben, die eine in falsche Sicherheitsvorstellungen gewiegte Öffentlichkeit aufwecken sollen.

Leider aber, und das ist die andere Seite der Schwierigkeiten, mit denen es die Kommunikatoren zu tun haben, dringen solche »heißen« Informationen meist nicht durch, weil die Medien diese unter persönlicher Gefährdung verlauteten, aber aus verständlichem Selbstschutz fast immer ohne Namensnennung durchsickernden Nachrichten nicht verbreiten wollen. Ein über diese Hintergründe kaum aufgeklärtes Publikum duldet diese übervorsichtige Informationspolitik gerade der angesehensten Medien.

Niemand will eben angstmachenden Sensationen aufsitzen, die sich vielleicht nachher als »Ente« herausstellen könnten. Es lebt sich ja auch viel ruhiger, so meinen viele, wenn man gar nicht so genau weiß, wie bedrohlich das ist, was hinter den Geheimhaltungsmauern entsteht.

Wenn wir von »anderer Wissenschaft« sprechen, dann ist die Beseitigung möglichst vieler der heute schon bestehenden und immer dichter werdenden »Vorhänge«, die den betroffenen Bürger von der Praxis der Forschung trennen, eine der nächstliegenden Forderungen. Humanisierung und Rekonstruktion von Wissenschaft fängt damit an, daß Geheimhaltung abgebaut wird, die den Wissenschaftler nicht nur vom Kontakt mit der Öffentlichkeit isoliert, sondern auch das rücksichtslos offene kritische und selbstkritische Gespräch zwischen Wissenschaftlern erschwert oder sogar unmöglich macht. Kommunikationsfreiheit ist eine der Grundlagen wissenschaftlicher Produktivität. Sie soweit wie möglich wiederherzustellen wäre eine Grundbedingung wirklicher Reform.

Dringend wäre es auch, die persönlichen und institutionellen Abhängigkeiten derjenigen Experten offenzulegen, die als Gutachter oder Mitarbeiter von Industriefirmen oder staatlichen Unternehmen Partei nehmen. Sie können ihr wissenschaftliches Urteil wohl nur in ganz seltenen Fällen unbefangen abgeben. Besonders bei öffentlichen Debatten, in denen wissenschaftliche Meinung gegen wissenschaftliche Meinung steht, müßte das Kriterium möglicher wirtschaftlicher Abhängigkeit solcher einflußsuchender Fachleute der Öffentlichkeit deutlich gemacht werden.

Es ist mir klar, daß eine solche radikale Öffnung der Wissenschaft im Zeitalter der wirtschaftlichen, nationalen und ideologischen Konkurrenzkämpfe utopisch erscheint. Sie kann, ja muß erhoben werden, um den Anfängen von »anderen Wissenschaften« – ich wähle bewußt die Form des Plurals –, die nicht mehr nur Utopie sind, sondern schon beachtenswerte Bausteine eines neuen Gebäudes, Rückenstärkung zu geben.

Wir beobachten seit einigen Jahren den Weggang besonders begabter Wissenschaftler aus dem Verband der Groß-Wissenschaft. Wie auf anderen Gebieten – in der Produktion, der Lebensmittel- und Energieversorgung, bei Regional- und Gemeindepolitik, Bau- und Siedlungsreformen, in der Pädagogik, der Sozialfürsorge, ja sogar in den straff regierten elektronischen und anderen Medien – erleben wir nun auch in der Wissenschaft eine Unabhängigkeitsbewegung, die auf Dezentralisierung drängt.

Es tun sich da meist junge, noch nicht im Wissenschaftssystem verankerte und als unbequem kaltgestellte bzw. entlassene Forscher und Techniker zusammen, um alternative Institute, alternative Laboratorien zu gründen und derart alternative Wissenschaft zu betreiben. Dabei wird nicht nur organisatorische Trennung und Eigenständigkeit versucht, sondern auch mit grundsätzlich neuen Methoden und Haltungen experimentiert. In diesen Geburtsstätten einer »anderen Wissenschaft« wird nämlich die als hochmütig und einschnürend empfundene Vorstellung aufgegeben, als gebe es nur *eine* allgemein gültige wissenschaftliche Vorgehensweise, nur *einen* verbindlichen »wissenschaftlichen Stil« der Fragestellung, Untersuchung, Beweisführung und Überprüfung. *Die* Wissenschaft, wie wir sie kennen, *die* Technik, die sich aus ihr heraus entwickelt hat, werden in ihrer Bedeutung relativiert und nur noch als eine von vielen möglichen Wissenschaften oder Techniken angesehen. Sie entstanden vor rund dreihundert Jahren unter ganz bestimmten geschichtlichen, kulturellen und ökonomischen Bedingungen, die dieser geistigen Bemühung bis heute ihren besonderen Stempel aufgedrückt haben.

Die unbestreitbaren logischen und materiellen Erfolge dieser Summe von Annahmen und Regeln, die wir »moderne Wissenschaft« nennen, haben zu ihrer Verbreitung über den ganzen Erdball geführt. Damit wurden andere, ältere Bemühungen um Erkenntnisse, die unter meist ganz verschiedenen religiösen, seelischen oder kulturellen Bedingungen entstanden waren, verdrängt. Die abendländische Wissenschaft begründete so eine geistige Herrschaft, die Befreiung von Dogmen und Doktrinen versprach, aber bald ihre eigene Orthodoxie hervorbrachte und sich zu einer Tyrannis entwickelte, einer kulturellen Kolonialherrschaft, die besonders in den Ländern der Dritten Welt nun auf wachsenden Widerstand stößt.

So erleben wir zur Zeit, beschleunigt durch die politischen Ereignisse der letzten Jahre, eine Renaissance der von Mohammeds

Lehre beeinflußten islamischen Wissenschaft. Wir sehen uns sogar in unserer eigenen Umgebung zunehmend konfrontiert mit einer indischen Wissenschaft, die den »Weg nach innen« als komplementäre Suchrichtung erprobt. Die chinesische Wissenschaft, die, wie Joseph Needham gezeigt hat, sich lange vor unserer Wissenschaft erfolgreich etablierte, aber freiwillig anhielt, als sie einsah, wie bedenklich manche ihrer Tendenzen waren, knüpft wieder an ihr altes Wissen an. Eine afrikanische (speziell westafrikanische) Wissenschaft, von kurzsichtigen westlichen Ethnologen als »Zauberei« verdammt, besinnt sich auf die Einsichten magischer Erkenntnis. Eine indianische Wissenschaft läßt erkennen, daß ihre naturreligiösen Vorstellungen besser geeignet sind, das Verhältnis von Mensch und Umwelt zu regeln, als die destruktiven Einbrüche unserer Naturwissenschaften und Techniken in die feingesponnenen Netze der Ökotope.

Von diesen Wissenschaftsrichtungen der Dritten Welt übernehmen die »alternativen Wissenschaften«, die sich in den Industrieländern zu etablieren versuchen, den höheren Respekt vor allen Lebensformen und die bindenden Prämissen, die ungezügeltes Forschen unter »Tabu« stellen. Sie öffnen die auf strenge Nüchternheit und rationale Vernunft beschränkte Wissenschaft den verdrängten Gefühlen und führen sogar so »abwegige«, »unwissenschaftliche« Haltungen wie »Zärtlichkeit« ein. Damit wollen sie ausdrücken, daß sie sich ihren Untersuchungsfeldern mit Zuneigung und Behutsamkeit nähern wollen.

Bedeutsamster Paradigmawechsel ist die Wiederzulassung von wertorientierter und subjektiver Sichtweise. »Objektivität« und »Neutralität« werden als Täuschungen erkannt, ja sogar als Falschmünzerei, die partikuläre Denkweisen und Interessen als verbindlich und gültig ausgab.

Wie verhalten sich nun die Wissenschaftsvermittler gegenüber diesen »alternativen Wissenschaften«? Die meisten von ihnen wehren ab. Sie fürchten die Rückkehr des Aberglaubens, der geistigen Willkür, den unvermeidlichen Rückschritt als Folge des Zerfalls verbindlicher Methoden und Gesetze. Diese Sorgen sind nicht unbegründet, zumal sich bei diesem Dezentralisierungsvorgang in der Tat manche »crackpots« oder Scharlatane einschleichen, um ihre abstrusen Weisheiten als Wissenschaft hoffähig zu machen.

Es gibt aber auch andere Publizisten, und zu ihnen zähle ich mich, die meinen, daß die Dezentralisierung der Wissenschaften und die damit einhergehende Erprobung anderer wissenschaftlicher Haltungen ein notwendiger Vorgang sind, der durchaus nicht den Untergang der Wissenschaft zur Folge haben muß, sondern zur allmählichen Abschaffung von Mißbräuchen und Fehlentwicklungen beiträgt. Setzt sich diese Neubesinnung nicht durch, dann könnte der fortgesetzte Wissens-Turmbau in der Tat zu Katastrophen, vielleicht sogar zu einer Apokalypse führen.

In der Verbreitung anderer Möglichkeiten der Wissenschaft erwarten sich die kritischen Vermittler eine bedeutende Hilfe von der stärkeren Verankerung der Forschung in der Bevölkerung. Wenn heute die Bürger der Wissenschaft skeptisch, ängstlich oder aber – das ist die Haltung der meisten – mit Gleichgültigkeit gegenüberstehen, so liegt das auch daran, daß die gängige Groß-Wissenschaft sie höchstens als passive Empfänger mundgerecht gemachter wissenschaftlicher »Wahrheiten« und technischer »Wunder« ansieht.

Eine »bürgernahe Wissenschaft« der nahen Zukunft, deren Beginn wir heute schon miterleben, gründet sich in erster Linie auf die von den Bürgern selber geäußerten Bedürfnisse und Hoffnungen. Der bürgernahe Wissenschaftler kann sich verständlich ausdrücken, kennt die Interessen der Mitmenschen und hat vor allem gelernt, ihnen zuzuhören. Er ist nicht mehr nur Lehrer, sondern auch Belehrbarer. Aus Lebens- und Berufserfahrung der Nichtakademiker wird er ein Wissen schöpfen, das ihm seine Forschungen nicht vermitteln können.

Es besteht die Chance, daß Bürger, die ihre eigenen Wünsche und Anschauungen entwickeln können, statt von den »Kompetenten« dirigiert und eingeschüchtert zu werden, wieder Zugang zu den verschütteten Quellen ihrer Schöpferkraft finden. Durchaus vorstellbar wäre es, daß entwerfende, erfindende, forschende und eigene Projekte entwickelnde Bürger mehr eigenständige, originelle Beiträge liefern könnten. Wichtiger aber noch als diese enorme Verbreiterung der Basis möglichen menschenbezogenen Fortschritts ist die Tatsache, daß auf diese Weise ein neues Vertrauensverhältnis zwischen Wissenschaft und Bevölkerung etabliert werden könnte, ein neues Sichverstehen, das ein erster

Schritt zum Abbau des Fluches sein könnte, der Vermessenheit, Hochmut und Unmenschlichkeit strafen muß.

Ein solches neues Verhältnis zwischen Forschung und Öffentlichkeit herzustellen, sehe ich neben den notwendigen immer neuen Warnungen vor den lebensbedrohenden Folgen einer inhumanen Wissenschaft als vordringlichste Aufgabe der Kommunikatoren, die nicht länger als Fremde, sondern als Mitleidende und Mithoffende in diese Prozesse einsteigen sollten.

(1980)

Politischer Journalismus ist keine Lebensversicherung

Eine Veranstaltung wie diese hat nicht nur den Sinn, das Vergangene vor dem Vergessen zu bewahren, sondern auch aus ihm, für die Zukunft zu lernen. Käme Carl von Ossietzky als uneingeladener Gast heute zu uns nach Oldenburg, was würde er dann über den Zustand des Journalismus in der Bundesrepublik sagen, welche Befürchtungen und Hoffnungen über die Zukunft könnte er äußern? Über diese Fragen möchte ich mit Ihnen nachdenken und mich dabei vor allem an jene Worte halten, in denen die Grundhaltung des streitbaren Publizisten zum Ausdruck gekommen ist. Das gegen Berthold Jacob und gegen ihn erlassene Urteil im sogenannten Femeprozeß kommentierte Ossietzky in der *Weltbühne* vom 27. Dezember 1927 so:

»Man mag uns verurteilen heute, morgen, übermorgen, wir werden es hinnehmen, aber unser Stolz wird sein, nicht ›gebessert‹, sondern nur energischer, schärfer, dichter und zäher zu werden. Dafür sind wir Publizisten und stehen wir im Dienst der Öffentlichkeit. Unser Beruf hat in diesem Land der schneckentempofahrenden Instanzenzüge und der wabbligen Parlamente ein unsichtbares Volkstribunat inne, wir verwalten ein unsichtbares Anklägertum, Richtertum, Verteidigertum.«

Könnte Carl von Ossietzky so etwas in einem Interview etwa der *Tagesschau* oder als Gast der Sendung *Heute* sagen? Gewiß könnte er. Aber ob es dann gesendet würde, wage ich zu bezweifeln. In der sogenannten täglichen »Schaltkonferenz« der ARD, an der die Verantwortlichen der regionalen Sender über das beraten und beschließen, was die Bundesbürger um 20.00 Uhr und 22.30 Uhr sehen und hören dürfen, würde die Mehrheit der für »Ausgewogenheit« – zu deutsch: Leisetreterei – plädierenden

Programmdirektoren wieder einmal die Oberhand behalten und eine so bedenkliche Äußerung als »anmaßend« und die Normen des Rechtsstaates verletzend im Archiv wenn nicht sogar im Abfall verschwinden lassen.

Armer Kollege Ossietzky, sie würden dich heute nicht gleich ins Gefängnis stecken oder gar ins Lager schicken, sondern ins Exil des Nichtgehört-, Nichtgesehen-, Nichtbeachtetwerdens zu schicken versuchen. Die Mächtigen von heute sind geschickter als die von gestern! Sie zumindest haben aus der Vergangenheit gelernt. Sie gehen nicht mehr brutal vor wie vor sechs und fünf Jahrzehnten, sondern durch geschickte Manipulation ihrer »Kopflanger«: Journalisten und Juristen, die Karriere machen wollen, sorgen schon dafür, daß »Außenseiter« unwirksam bleiben. Nicht mehr die altmodische Schere reagiert in den Köpfen dieser Angepaßten, sondern der von den Parteizentralen programmierte »Computer im Kopf«, der Abweichungen schlicht unmöglich zu machen versucht. Armer Carl von Ossietzky! Wie würden Sie sich in der schönen neuen Medienwelt zurechtfinden? Eine Tribüne wie die *Weltbühne* mit nur 12000 Exemplarauflage – aber welche meinungspolitische Reichweite! – gibt es heute nicht. Die Landschaft ist beherrscht von den »Großen«, die ihre Leser, Hörer und Seher nach Millionen oder zumindest Hunderttausenden zählen, wenn sie Einfluß haben wollen. Wer in einer dieser großindustriellen Nachrichten- und Kommentarfabriken mitarbeiten will, hat sich den Entscheidungen von Gremien zu fügen, wird entweder gar nicht oder nur als gelegentliches Alibi Gedanken mitteilen können, die gegen den von Vorsicht geprägten Konsens verstoßen. Abweichungen vom durch Parteizentralen oder Werbungsbüros bestimmten Grundkurs werden so schnell korrigiert wie ein Ausweichmanöver auf der Autobahn. Die Fahrt geht diesmal ins neue Reich der Hochtechnik und führt immer enger, in immer schnellerem Tempo knapp vorbei an den Abgründen immer bedrohlicherer Risiken: der Umweltrisiken, der Arbeitsplatzrisiken, der durch permanente, pervers erfinderische Wege gehenden Rüstung unvermeidlich gewordenen Überlebensrisiken.

Ein kritischer Journalist, der da heute mahnend oder gar bremsend eingreifen will, muß – falls er überhaupt gehört werden kann – anders und umfassender geschult sein als ein Publizist der zwanziger Jahre. Er hat sich vor allem mit den die Politik, ja darüber hinaus die Weltgeschichte bestimmenden neuen Einflüssen der auf den entscheidenden wissenschaftlichen Durchbrüchen der letzten fünfzig Jahre basierenden Technik zu befassen, er muß die lebens- und freiheitsgefährdenden Segnungen der unheiligen Vielfältigkeit – Atomenergie, Chemie, Gentechnik und Informatik – einzuschätzen verstehen, um zeigen zu können, wie sie als fast unwiderstehliche Instrumente der Macht mißbraucht werden. Genügt da noch humanistische Gesinnung und Instinkt für publizistische Wirkung? Ich meine nicht. Humanistische Gesinnung und Instinkt für publizistische Wirkung sind unverzichtbar, wenn es um die innere Orientierung, die jenseits der unmittelbaren Zeitereignisse liegenden Zielsetzungen einer menschenerträglichen, Freiheit, Gerechtigkeit und Menschlichkeit fordernden Zukunftsvision geht. Aber dazu muß das Rüstzeug eines Wissens um die neuen und neuesten Entdeckungen in Laboratorien und Entwicklungsabteilungen kommen, die eine immer perfektere, immer unausweichlichere Kontrolle der Mächtigen über Gesellschaft, Wirtschaft, ja das Leben selber bis hin zu biologischen und psychischen Vorgängen anstrebt. Ich bin sicher, daß eine Persönlichkeit vom Format des Carl von Ossietzky diese neuen bedrohlichen Formen eines totalitären »Technofaschismus« mit ähnlicher Entschiedenheit und Beharrlichkeit angehen würde wie die früheren Erscheinungen staatlicher und militärischer Willkür. Er würde – daran ist nicht zu zweifeln – mit seiner schnellen Auffassungsgabe und seiner geschulten, kritischen Intelligenz den enormen Wissens-Könnens-Zuwachs des letzten halben Jahrhunderts lernend nachholen, aber außerdem etwas mitbringen, das vielen, wenn nicht sogar den meisten seiner Berufskollegen abgeht: eine Beharrlichkeit, die durch keine Rückschläge und Niederlagen lahmgelegt werden kann.

Diese selten angeborene, aber oft genug erlernbare Eigenschaft wird der kritische Journalist in kommenden Jahren und Jahrzehnten mehr denn je brauchen. Nur so kann er in die informatorischen Machtstrukturen, die ich vorhin knapp skizziert habe, eindringen und sie seinen »abweichenden« Ideen nutzbar machen. Er muß wissen, daß tiefgreifende Veränderungen, wie sie jetzt notwendig werden, um die Möglichkeit einer endgültigen Menschheitskatastrophe abzuwenden, nicht durch Knopfdruck ausgelöst werden, sondern nur durch unendlich geduldige, oft entsagungsreiche und manchmal sicherlich gefährliche Arbeiten an einem Bewußtseinswandel, der radikal andere Konzepte, radikal anderes Leben und Handeln bewirken könnte. Ich weiß, daß eine solche Hoffnung auf Skepsis stößt, und habe ja vorhin selbst Argumente für solche Zweifel vorgebracht. Dennoch wäre es völlig unhistorisch gedacht, wenn man sich auf Grund der heutigen Machtverhältnisse vorstellen würde, daß die Mächtigen nur immer noch mächtiger werden und Veränderungen im Interesse der Machtlosen für immer unmöglich seien.

Wenn heute der verfemte Carl von Ossietzky sogar von öffentlichen Institutionen der Bundesrepublik als ein Vorbild gefeiert werden kann, so sehe ich darin nicht nur einen Versuch seiner Integration, sondern auch die beginnende Erkenntnis, daß sein Widerstand gegen den Ungeist des Militarismus und seiner Hintermänner notwendig war und weiterhin notwendig sein wird. Daß heute, um ein ganz aktuelles Beispiel heranzuziehen, sogar überwiegend gouvernemental orientierte Sender und Blätter Zweifel äußern, ob es denn richtig sei, in einer Zeit der Verknappung öffentlicher Mittel und zunehmender weltpolitischer Detente Milliardensummen für ein neues Kampfflugzeug auszugeben, dann ist das vermutlich die Folge jener Rüstungskritik, die seit Carl von Ossietzky zahlreiche gutinformierte Nachfolger gefunden hat. Es läßt sich durchaus die Absicht vertreten, daß nicht nur die Mittel zur Verhinderung kritischer Informationen noch effizienter und stärker werden, sondern auch die Kräfte wachsen, die solche Verharmlosung, Verdummung immer unglaubhafter machen. Wir – und damit meine ich die übergroße Mehrheit der Betroffenen und Gefährdeten – lassen uns nicht mehr so leicht anschwindeln. Wir haben zuviel genau Bewiesenes über Bestechung und Betrug auf »höchster Ebene« erfahren, um die Neujahrsbotschaften der ehrbaren Herren »da oben« noch ernst zu nehmen. Dank Ihnen, Carl von Ossietzky, daß Sie uns beigebracht haben, vor denen keinen Respekt zu haben, die keinen Respekt verdienen.

Und doch meine ich, will es ein guter Lehrer, daß man ihm nicht nur folgt, sondern weiter geht, als er es konnte. Ich meine, daß der im Geiste Ossietzkys geschulte, beharrlich widersprechende und immer neue geheimgehaltene Beweise für die geheimgehaltenen Absichten der Mächtigen enthüllende »investigative journalist« heute und morgen noch eine andere Aufgabe hat, die bisher nicht genügend wahrgenommen wurde, sich aber immer dringender stellt: Er oder sie – denn es sind Gott sei Dank immer mehr Frauen, die sich kritischer Berichterstattung widmen – dürfen nicht mehr nur in der Abwehr des Schlimmen und Bedrohlichen verharren, sondern sollten ihre Hellhörigkeit und Klarsicht auch jenen, oft erst leisen, oft noch kaum wahrnehmbaren Anfängen einer anderen Zivilisation zuwenden, die jetzt schon an vielen Stellen, nicht nur der Bundesrepublik, sondern in fast allen Ländern der Erde wahrnehmbar sind. Es gibt zahlreiche soziale Erfindungen und Experimente, die versuchen, anders zu erziehen, anders zu arbeiten, anders zu leben, anders zu bauen, anders Energie zu erzeugen, anders zu informieren. Selbst in der Sowjetunion wurde vor einigen Monaten mit Unterstützung der Reformkräfte im Apparat durch den Physiker Genadij Alfarenko ein »Institut für soziale Neuerungen« gegründet, das sich über die größte Jugendzeitung der UdSSR, die *Komsomolskaja Prawda*, an 17 Millionen Leser wenden kann, um von ihnen Vorschläge für ein besseres, menschenwürdigeres, freieres Leben zu erhalten. Weshalb wird über eine solche doch gewiß aufsehenerregende Initiative bei uns nicht berichtet? Ist es deshalb, damit der neue deutsche Verteidigungsminister, wie er es erst gestern getan hat, weiter das Schreckensgespenst der Bedrohung aus dem Osten an die Wand malen kann?

Ich möchte im Zusammenhang mit dem Thema meiner Ausführungen vor allem auf neue notwendige Experimente im Bereich der öffentlichen Information eingehen. Wäre Carl von Ossietzky heute unter uns, so würde er vermutlich trotz aller Hindernisse versuchen, eine neue *Weltbühne* zu gründen – nicht so eine, wie sie in der DDR erscheint –, würde sich jenem Sektor der Publizistik widmen, den wir als »Gegeninformation« bezeichnen. So gering im Vergleich die Auflagen sind, mit denen heute kritische Zeitungen und Zeitschriften noch rechnen können, sie haben dennoch einen Einfluß, der allerdings nicht mit quantitativen Maßstäben gemessen werden sollte, sondern mit qualitativen. Die abweichende, die enthüllende, die neue Wege und Methoden beschreibende Presse – von den immer zahlreicheren alternativen Stadtzeitschriften bis hin zur *Tageszeitung* – erreicht ja nicht nur ihre Leser, sondern zwingt die große Presse, immer öfter Nachrichten zu veröffentlichen und auf Themen einzugehen, denen sie sonst ausgewichen wäre. Ähnliche Wirkungen gehen von den erst wenigen und finanziell bedrängten, freien Sendern aus, die in Berlin, Nürnberg, München, Freiburg versuchen, das in den Äther zu schicken, was die Etablierten verschweigen.

Es sollten diese Anfänge nicht überschätzt, aber auch nicht unterschätzt werden. Sie bringen neue Spurenelemente von Wahrheit, Hoffnung und Begeisterung in die oft dröge, vitaminlose Nahrung der von den Agenturen verbreiteten Nachrichten. Besonders interessant und von wachsender Bedeutung sind in diesem Zusammenhang Berichte aus der Dritten Welt, die von aus Lateinamerika, Asien und Afrika stammenden Journalisten über den neugegründeten *International Press Service* zu uns gelangen. Gewiß: Sie verbreiten erst etwa 150000 Worte pro Tag. Das ist minimal, wenn man es mit den etwa 22 Millionen Worten vergleicht, die Tag für Tag von den fünf führenden Nachrichtendiensten in die Welt geschickt werden. Selbst die etwa sieben Millionen Worte kommunistischer Nachrichtendienste der Sowjetunion, Chinas, Ungarns, Polens und Jugoslawiens sind da im Hintertreffen. Gelingt es, das Nervensystem der Information stärker als bisher in den Dienst der Kritik am Bestehenden und dem Entwurf des Neuen zu stellen, dann würde die Rolle der kritischen Information wachsen, hätten die Kinder und Enkel Ossietzkys eine Heimat oder zumindest eine Basis für ihre weitere Arbeit. Und es müßten nicht die einzigen Stützpunkte eines anderen Informationsuniversums bleiben. Haben die Gewerkschaften, haben die Unversitäten eigentlich genug getan, um, über recht allgemein gehaltene Bekenntnisse zum Frieden hinausgehend, regelmäßig über Kriegsvorbereitung und Friedensbestrebungen zu berichten?

Wieviel gewerkschaftliche Millionen sind in Beton angelegt worden? Wäre es nicht wichtiger gewesen, sie im Bau neuer Informationsmöglichkeiten zu investieren? Und wie viele, meist schwerverständliche soziologische und politologische »Papiere« werden Monat um Monat von Akademikern und akademischen Einrichtungen produziert, ohne daß diese oft wichtigen Erkenntnisse, in eine verständliche Sprache übersetzt, gesellschaftlich wirksam werden können?

Da gibt es neue Möglichkeiten, die ich als mögliches ermutigendes, selbstverständlich pluralistisches Gesamtprojekt glaubhafte Ermutigung nennen möchte, notwendiges Gegenstück zu jener glaubhaften Abschreckung, die vor allem uns selber »abschreckt«, nämlich an unserer Möglichkeit konstruktiven demokratischen Mittuns zweifeln läßt.

Erlauben Sie mir, meine Ausführungen mit dieser ermutigenden Note abzuschließen. Der fünfzigste Todestag des beispielhaften Kollegen Carl von Ossietzky sollte uns nicht nur Anlaß zur notwendigen Besinnung und Trauer sein, sondern Aufforderung, einen demokratischen Umbau der Gesellschaft anzustreben, so schwierig es auch sein mag, das zu erreichen. In seiner »Rechenschaft«, einer seiner letzten Veröffentlichungen, hat Ossietzky geschrieben: »Der politische Journalismus ist keine Lebensversicherung: Das Risiko erst gibt seinen besten Antrieb.« Nehmen wir diesen Antrieb auf. Feiern wir Ossietzky nicht nur, sondern lassen wir uns von ihm bewegen. Es ist fünfzig Jahre nach seinem Märtyrertod notwendiger denn je.

(1988)

Kapitel 5

Von der Macht der Bürger – Anti-Atom

Schatten über der Atomzukunft

»Für uns in Japan kommen Atomkraftwerke vorläufig gar nicht in Frage!« sagte mir der bekannte Radiobiologe Doktor Masao Tsuzuki mit größter Entschiedenheit. Das war ein Ton, wie man ihn sonst an der Genfer Atomkonferenz kaum vernahm. Zwei Wochen lang hatte ich die Experten von fünf Dutzend Nationen verkünden hören, daß sie möglichst schnell, möglichst bald, in möglichst breiter Front die nahe Grenze zum Atomzeitalter überschreiten wollten. Ich hatte einem großen Rennen beigewohnt, einer *»Atom-Olympiade«,* wie ein witziger Beobachter sie nannte. Und hier war nun einmal einer, der sich die Sache noch einmal überlegen wollte. Er nahm das Wort »Fortschritt« wörtlich. Er »schritt« bedächtig fort, während die anderen forthetzten.

Natürlich merkte er, wie erstaunt ich über seine Feststellung war. »Sie wundern sich?« fragte er lächelnd. »Nun, schauen Sie mir einmal zu.« Er begann mit seiner behutsamen Ärztehand auf dem Rand einer vor uns liegenden Zeitung zu zeichnen. »Die Rechnung, die ich und die meisten meiner Kollegen in Japan machen, ist einfach. Hier, wo ich das Kreuz einzeichne, ist ein Atomkraftwerk. Es soll hunderttausend Kilowatt erzeugen können. Das reicht etwa für hunderttausend Einwohner. Gut. Aber nun muß ich um dieses Elektrizitätswerk einen Kreis mit einem Durchmesser von etwa drei Meilen ziehen. Das ist, wie die amerikanischen Experten hier in Genf versichert haben, der minimalste Sicherheitsgürtel um eine solche Anlage. Denn hier in diesem Kreis, den ich jetzt einmal schraffieren will, darf keine Nahrung wachsen, weil sie durch die radioaktiven Abgase vergiftet wird. Im Sperrkreis dürfen auch keine Wohnhäuser stehen, denn zu der geringen, aber ständigen radioaktiven Strahlung gesellt sich noch die niemals ganz auszuschließende Gefahr eines Explosionsunglücks. Nun multiplizieren Sie einmal die Zahl 100000 mit achtzig. So viele Kraftwerke wären nämlich notwendig, um eine Stadt wie Tokio zu versorgen. Ist Ihnen klar, wieviel wertvolles, unersetzliches Bauterrain und Ackerboden das kosten würde? Nein, Atomelektrowerke sind vorläufig nichts für dichtbesiedelte Länder. Das können sich nur Nationen leisten, die über genügend Wüsten oder Einöden verfügen. Und selbst dann habe ich meine Zweifel...«

Es ist natürlich kein Zufall, daß es gerade ein Arzt war, von dem ich in Genf diese Stimme des Zweifels am Atomfortschritt zu hören bekam. Die Ärzte haben die mit der Uranspaltung begonnene neue Epoche von Anfang an recht mißtrauisch beurteilt, und ihre Bedenken waren schon 1943 schwerwiegend genug, um zeitweilig das ganze »Manhattan Projekt« der Amerikaner in Frage zu stellen. Während Physiker und Techniker sich an den Perspektiven des neu erschlossenen Reichtums begeisterten, wiesen die Mediziner und Biologen darauf hin, daß mit der Sprengung des Urankernes nicht nur gewaltige Energien, sondern auch zahlreiche außerordentlich schädliche Gifte befreit würden. Wenigstens 16 von den rund 80 bei der Spaltung freiwerdenden radioaktiven Elementen sind nämlich an radikaler und anhaltender Zerstörungswirkung jedem chemischen Gift weit überlegen. Kommen sie in die Nähe von Tier und Mensch, so zersetzen sie das Blut, zehren das Knochenmark auf, fressen sich in die Haut und ins Innerste der Zellen, greifen die Lymphgewebe und die Fortpflanzungsorgane an und verschonen nicht einmal die Gene, jene winzigen Bestandteile des Körpers, in denen der Mensch die Zukunft trägt, die Erbanlagen, die er bei der Geburt mitbekam und den nächsten Generationen weitergeben soll. Diese »unheimliche Krankheit« ist erst unter uns, seit Röntgen im Jahre 1895 die nach ihm benannten Strahlen entdeckte. Sie war aber bis zur praktischen Verwirklichung der Kettenreaktion im Uran durch Fermi im Dezember 1942 nicht schwer unter Kontrolle zu halten, denn nur einige tausend Röntgenärzte und einige zehntausend mit der Förderung von Uran oder in der praktischen Anwendung unendlich kleiner Mengen von Radium beschäftigte Arbeiter wurden von ihr bedroht.

Heute ist das schon ganz anders. Bereits jetzt arbeiten in den Atomanlagen der Welt und der mit ihnen verbundenen Zubringer- oder Abnehmerindustrie rund eine Million Menschen. Sie alle müssen die »unheimliche Krankheit« fürchten. Und zwar nicht nur solange sie mit radioaktiven Stoffen umgehen, sondern auch noch viele Jahre nachher, denn erfahrungsgemäß zeigen sich die Folgen mancher »Überdosis« oft erst nach zehn, ja erst nach fünfundzwanzig Jahren. Um diese von den radioaktiven Giften gefährdeten Menschen zu schützen, ist nun eine ganze Nebenbranche der Atomindustrie entstanden. Sie stellt Meßgeräte her, ersinnt strahlenfeste Schutzkleidung und Warngeräte, baut Bleimauern und konstruiert ferngelenkte Manipuliergeräte und raffinierte Filter. Dennoch muß in manchen amerikanischen »heißen« (hochradioaktiven) Laboratorien auf je drei Mann ein Gesundheitsinspektor aufpassen.

Schon heute ist also der Strahlenschutz ein schweres Problem und eine gewaltige Aufgabe. Wie aber wird es erst sein, wenn es in der Welt nicht nur – wie heute noch – ein paar Dutzend Atomanlagen gibt, sondern Hunderte und Tausende? Der in Großbritannien arbeitende Physiker Joseph Rotblat hat ausgerechnet, daß die voraussichtliche Entwicklung der Atomenergie in der ganzen Welt zu einer Radioaktivität führen werde, die der von 10000 der größten Atombomben entspräche. Der Amerikaner Wolman hat in Genf erklärt, daß es im Jahre 2000 rund 41 Tonnen radioaktiver Abfälle geben werde, von denen schon ein Gramm genügen würde, einer ganzen Stadt schweren Schaden zuzufügen. *Eine gewaltige Giftflut wächst hinter den Mauern der Atomanlagen. Wird es gelingen, sie einzudämmen, zu kanalisieren, unschädlich zu machen?*

In Genf gab es zwei Lager, wenn man auf diese die Atomzukunft überschattende Frage zu sprechen kam, und ihr Gegensatz war so scharf wie die sonst alle bisherigen Nachkriegskonferenzen beherrschenden Gegensätze von West und Ost. Auf der einen Seite standen die Techniker und Wissenschaftler. Sie wiesen darauf hin, daß die Welt unbedingt und möglichst schnell eine neue Energiequelle brauche, da die Vorräte an Kohle, Erdöl und Wasserkraft zu Ende gingen. Wohl wisse man um die Gefahren der aus der Kernspaltung entstehenden Radioaktivität, aber damit werde man schon fertig werden. Die andere Seite, bestehend aus einer Minorität von Ärzten, Biologen und Erbforschern, war keineswegs so optimistisch. Sie warnte, sie sprach schwere Befürchtungen aus. Dieser Gegensatz ging quer durch die nationalen Delegationen. Der Konstrukteur der im Bau befindlichen englischen Atomkraftwerke, Sir Christopher Hinton, machte sich in diskreter Weise geradezu lustig über die »radioaktive Gefahr«. Der dem »Medical Research Council« des englischen Atomzentrums Harwell angehörende T. C. Carter hörte dagegen nicht auf, das Gespenst von selbstverschuldeter Krankheit und Degeneration heraufzubeschwören.

Eine Zwischenstellung nahmen der englische Arzt Professor Mayneord und der Leiter der radiobiologischen Abteilung der amerikanischen Atomenergiekommission, J. J. Bugher, ein. Sie erklärten: »Wir laden ein Risiko auf uns. Aber das ganze Leben ist eben ein Risiko«, und »Wie jedes große Abenteuer der Menschheit bringt auch dieses seine Risiken mit sich.«

(1955)

Vom 1000jährigen Atomreich

Rein äußerlich bleibt erst einmal alles so ziemlich beim alten. Keine offensichtliche 1984-Atmosphäre, keine auffälligen Polizeipatrouillen auf den Straßen, keine sofort bemerkbaren Zensuren. Die Überflußgesellschaft der Industriestaaten hat ihren Energie-Schwächeanfall überwunden, sie freut sich weiter ihrer Konsum- und Amüsierfreiheit.

Und doch ist in Wirklichkeit alles ganz anders geworden. Die neue Fülle verlangt ihren Preis. Die mit Kernkraft auf Hochtouren gebrachte Welt, wie es Wolf Häfele, Trommler für den »Schnellen Brüter«, schon Mai 1976 in Tokio verkündete, ist aus der »Ära Heisenberg« in die »Ära Gell-Mann« hinübergewechselt, eine Zivilisation, die ihre Strommengen nicht mehr in kW, MW oder GW, sondern in TW (Terawatt) mißt: mit dem Ergebnis, wie Häfele frohlockend meint, daß »neue Technologie und neue Sozialstruktur eine Symbiose eingehen«.

Diese von einstigen Direktor des Karlsruher Reaktorzentrums und späteren Mitglied des Führungsstabes einer west-östlichen »Denkfabrik« (der IASA in Schloß Laxenburg) herbeigesehnte »neue Sozialstruktur« ist eigentlich sehr alten Stils. Sie ist ein wissenschaftlich-technisch modern aufgeputztes Regime, das an die dunkelsten Zeiten tyrannischer Herrschaft erinnert.

Alvin Weinberg, ein nachdenklicher und ehrlicher Kernforscher, langjähriger Direktor des Pionier-Laboratoriums Oak Ridge, hat das schon in der ersten Hälfte der siebziger Jahre ganz deutlich gemacht. Eine »Priesterschaft« von über allen Verdacht Erhabenen müsse für die Überwachung der Atomenergie und der von ihr verursachten hochgiftigen Rückstände sorgen. Und zwar nicht etwa für begrenzte Zeiten, sondern über Tausende und Tausende von Jahren, entsprechend der Halbwertzeit des Plutoniums.

Nur einer stabilen Gesellschaft könnten die Eingeweihten die neuen Kraftquellen überlassen, und eine »neue Inquisition« (sie forderte Professor A. M. Saperstein von der Wayne State University in Detroit bereits Dezember 1976 im *Bulletin of the Atomic Scientists* werde notwendig sein, um die Menschheit vor physischer Schädigung zu bewahren.

Aber die neuen Machthaber lernten aus dem Schicksal früherer Despoten. Die von ihnen Überwachten müßten beschäftigt, am Zuwachs beteiligt, durch Zuwendungen materieller Natur bei Laune gehalten, bestochen und über ihre Unfreiheit hinweggetröstet werden. Keine Härte offen zur Schau tragen. Keine auffällige Brutalität. Eiserne Faust im Samthandschuh. Viel Public Relations, Weihrauch, freundliches Lächeln, ja, wie es ein Sozialpsychiater vom Dienst beim letzten Deutschen Atomforum verkündete, Verständnis und offen bekundete Anteilnahme für die Ängste der Bürger.

Selbstverständlich kommt der totale Atomstaat nicht von einem Tag auf den anderen. Und natürlich nicht durch einen Staatsstreich, sondern streng legal. In Frankreich, England, der Bundesrepublik, den USA wurde und wird jede Freiheitsbeschränkung möglichst schon vorher, schlimmstenfalls nachträglich durch Aufhebung alter oder Formulierung neuer Gesetze abgesichert.

Das bereitet den Herren Juristen schon manchmal Gewissensbisse. Maihofer gibt es überall. Da sind zum Beispiel am 17. und 18. Oktober 1975 in der Stanford School of Law (US-Staat Kalifornien) die führenden Leuchten der amerikanischen Rechtswissenschaft mit Energiefachleuten und Beamten der Nuclear Regulatory Commission (NRC) zusammengekommen, um darüber zu beraten, wie wohl die »intensivierten« nuklearen Schutzeinrichtungen sich mit den »bürgerlichen Freiheiten« vertrügen, die doch seit 200 Jahren jedem amerikanischen Bürger prinzipiell garantiert sind.

Wenn man in Zukunft einmal wissen will, wie die »Kopflanger« der Mächtigen gedacht und sich verhalten haben, als sie versuchten, den Verrat an den bürgerlichen Freiheiten zu rechtfertigen, dann werden das in Stanford debattierte »Papier« und die sich anschließende Debatte mit Sicherheit sehr aufschlußreiche Belege sein.

Der zur Diskussion stehende Bericht, der unter der Kontraktnummer AT (4924) – 0190 von der Atomaufsichtsbehörde bestellt wurde, um an die Volksvertretung der USA vertraulich weitergeleitet zu werden, wurde von Professor John H. Barton verfaßt und geht von der Tatsache aus, daß der weltweit wachsende Plutonium-Anfall in zivilen Kernkraftanlagen (der laut Berechnungen der OECD von 14 Tonnen Gesamtbestand im Jahre 1976 auf über 79 Tonnen im Jahre 1980 und bis zum Jahre 2000 auf nicht weniger als 2374 Tonnen anwachsen soll) Absicherungen notwendig macht, die weit über die bisher üblichen Kontrollen technischer Instrumente und Anlagen hinausgehen müßten.

Barton beschreibt in einer ersten Übersicht die zu bedenkenden Maßnahmen folgendermaßen:

- Ausweitung der Überprüfung von Personal (das direkt oder in irgendeinem weiteren Zusammenhang mit der Kernkraftindustrie zu tun hat),
- Schaffung einer besonderen nationalen Sicherheitstruppe,
- stärkere Überwachung von kritischen politischen Gruppierungen,
- auf ganze Landstriche ausgedehnte Suchaktionen für den Fall des Abhandenkommens von Spaltmaterial,
- Schaffung neuer »Geheimnismauern« (»barriers of secrecy«) für gewisse Teile des nuklearen Entwicklungsprogramms.

Das heißt erst einmal – und insoweit bietet dieses Programm noch nichts Ungewöhnliches – die Verwandlung der Kernkraftanlagen (nicht nur Reaktoren, sondern selbstverständlich auch Aufarbeitungsbetriebe und Entsorgungslager) in regelrechte schwer bewachte Festungen mit eigenen bewaffneten Mannschaften, die im Notfall durch benachbarte Heereseinheiten unterstützt werden müßten.

Auch die Siebung, ständige Untersuchung und Beaufsichtigung der in Betrieben der Kernkraftindustrie Beschäftigten sind an sich nichts mehr Ungewöhnliches. Neu allerdings ist die Tatsache, daß nunmehr auch durchschnittliche »nukleare Angestellte und Arbeiter so genau durchleuchtet und intensiv beschattet werden sollen wie bisher nur die allerhöchsten Geheimnisträger des Pentagons.

Das könnte, so wurde in der Debatte der Stanford University

laut, vielleicht zur Schwierigkeiten mit den Gewerkschaften führen, die ständige Leibesvisitationen, Haussuchungen, Abhörkontrollen, Erstellung von »Hintergrundberichten« und andere Drangsalierungen ihrer Mitglieder als »not favorable« (»nicht günstig«) ansehen würden. Diesem lästigen Widerstand aber könne begegnet werden durch eine Aufklärungs- und Erziehungsarbeit der Arbeitgeber, mit der sie ihren Belegschaften die Gründe für die Einführung solcher »weit eindringlicheren Prozeduren« rechtzeitig klarmachen.

Wirkliches Neuland betreten die amerikanischen Juristen, wenn sie nun den Kreis der zu Kontrollierenden über die einige 10 000 Mitarbeiter der Kernkraftindustrie auf viel weitere Bevölkerungskreise ausdehnen. Davon werden ihrer Ansicht nach zunächst einmal besonders diejenigen Bürger betroffen, die im Umkreis von Kernkraftanlagen wohnen, und das werden mit der vorgesehenen Zunahme der Atomanlagen bald Millionen sein.

Es wird zum Beispiel angenommen, daß ein Sabotageversuch oder auch nur das plötzlich festgestellte Verschwinden einer kleinen Menge von Plutonium die Sicherheitskräfte zu einer umfassenden Suchaktion zwingen, die Körper- und Hausdurchsuchung bei Einwohnern ganzer Regionen erfordern würde.

Möglichst solle ein solcher »incident« erst einmal verschwiegen werden; denn »eine Pflicht zur Information der Presse besteht nicht«. Sobald aber die Maßnahmen den Medien bekannt würden, müßte ihre enge Zusammenarbeit mit den Ordnungskräften verlangt werden.

Man nahm in der Stanford-Debatte allgemein an, daß die Gerichtsbehörden bei einem Zwischenfall alle notwendigen Maßnahmen der Exekutive decken und die erforderlichen Durchsuchungsbefehle liefern würden.

Um speziell für solche Notlagen rechtzeitig vorbereitet zu sein, wollen die Juristen – wenn auch unter deutlich vorgetragenen Bedenken – die vorsorgliche Überprüfung und Überwachung noch weiterer Bevölkerungskreise als unerläßlich anerkennen. Dazu sollten nicht nur radikale politische Gegner des Staates gehören, sondern alle Arten von Kritikern und Dissidenten. Ausdrücklich wurde dabei erwähnt, daß auch »honorige« Bürgervereinigungen für Umweltschutz (wie der namentlich genannte »Sierra Club«) ebenfalls zu den so Verdächtigten gehören würden.

Wie sollen nun diese präventiven »Absicherungsmaßnahmen« vor sich gehen? In der Debatte des Barton-Papers werden ausdrücklich die Infiltration kritischer Gruppen durch Spitzel als leider notwendig erwähnt und kurz – viel zu kurz – auch die Möglichkeiten elektronischer Überwachung genannt.

Gerade auf diese zuerst in Vietnam und Nordirland – und auch in Moskau bei dem »Lauschangriff« auf die US-Botschaft – erprobten neuen Techniken der Kontrolle müßte sich aber heute die besondere Aufmerksamkeit besorgter Bürger richten. Die »Wanzen«, die der technologisch anscheinend noch etwas rückständige Verfassungsschutz der Bundesrepublik im »Fall Traube« benutzt hat, sind längst veraltet. Man muß gar nicht mehr Schlösser aufbrechen und in Privatwohnungen eindringen. Neueste Abhörvorrichtungen durchdringen Fenster und Wände, selbst wenn sie hunderte Meter weit entfernt installiert werden.

Dazu kommt noch ein ganzes Arsenal von modernsten Beobachtungsinstrumenten, beginnend bei den Infrarot-Fernsehkameras, die nächtliche Straßen permanent beobachten, über die Stimmenerkennungsgeräte der Telefonabhörer bis hin zu den Folteranlagen, die einen zu Verhörenden durch komplette »Sinnesverarmung« (»sense deprivation«) seiner geistigen Kontrolle berauben.

Mit Bedenken haben die Teilnehmer der Stanford-Konferenz immerhin die Möglichkeit ins Auge gefaßt, daß die stets ihre Direktiven zu weit auslegende Exekutive – im speziellen amerikanischen Fall das FBI, in England die Abteilung MI 5 und MI 6, in der Bundesrepublik der Verfassungsschutz, der MAD und die Kriminalpolizei – die ihr anvertrauten Überwachungsorgane zu eigenen Machtzwecken mißbrauchen könnte, wie das bereits in der Nixon-Ära geschah.

Man sollte aber diese Bedenken einmal weiterverfolgen und sich fragen, ob nicht auch manche Verteidiger und Auftraggeber der Exekutivorgane ein besonderes Interesse an einer nicht etwa nur vorübergehenden, sondern – laut Weinberg und Saperstein – für lange Zeiten geplanten intensiven Überwachung eines großen Teils der Bevölkerung haben.

Könnte es sein, daß den Mächtigen an dem Apparat zum

Schutz künftiger Energiequellen im Grunde noch mehr liegt als an dem Strom, den diese Anlagen bringen?

Solche Spekulationen werden »besonnene Bürger« und »vernünftig argumentierende Kommentatoren« natürlich im Handumdrehen als »Phantasterei« verketzern. Ihre Vorgänger haben ja auch nie daran glauben wollen, daß deutsche Großindustrielle Hitler in den Sattel halfen und die Autobahnen des Führers nicht etwa nur zur Förderung des privaten Kraftwagenverkehrs geschaffen wurden.

Die Macht schafft sich aber immer diejenigen Statthalter und diejenige Technik, die ihrer Behauptung am besten dienen. Und die Kerntechnik – hochzentralisiert, hochkontrolliert – eignet sich einfach hervorragend für die Errichtung und Erhaltung eines 1000jährigen, nein, nach Halbwertzeit des Plutoniums sogar 24 000jährigen Reiches.

Zu bedenken ist, wohin die »innere Aufrüstung«, die durch die Kernkraftentwicklung angekurbelt wird, führt; zu der erstrebten fast hundertprozentigen Sicherheit kaum. Denn wir wissen ja von der Aufrüstung der Streitmächte gegen den äußeren Feind, daß jede neue Erfindung, jede neue Taktik und Strategie der einen sehr bald Gegenerfindungen der anderen Seite hervorbringt.

Im Falle der inneren Sicherung des Atomstaates ist die Position der Verteidiger des Bestehenden sogar noch prekärer. Denn sie sind ja in Wahrheit gar nicht so sehr durch Millionen Bürger gefährdet, die sie schikanieren und mit ihren Bespitzelungen unglücklich machen, wie »von innen«, von ihren eigenen Sicherheitsorganen.

Es gibt heute schon genügend Hinweise dafür, daß es in den Überwachungsapparaten selber kriselt. Beamte einer bundesdeutschen Sicherungsinstanz, die sich besonders mit dem Schutz der Kernkraftanlagen zu beschäftigen hat, gaben mir gegenüber zu, wie intensiv sie untereinander über die ständig indiskreter und umfassender werdenden Beschimpfungen, denen sie als »Eingeweihte« ausgesetzt sind, diskutieren. Einige von ihnen betrachten das als »leider unerläßlich«, andere lassen erkennen, daß das unaufhörliche Mißtrauen, mit dem sie leben müssen, sie zutiefst verunsichere.

Heute trifft all das vorwiegend erst die bedauerliche »Elite« derjenigen, die atomare »Verschlußsachen« zur Kenntnis nehmen und unter Umständen in ihren Safes haben dürfen. Sie werden in die fast totale Isolierung gezwungen. Denn jede Begegnung, sei sie auch noch so flüchtig, würde sie verdächtig machen.

Doch morgen trifft dieses Schicksal Millionen, die einen Job bekommen oder behalten wollen. Ja, schon jetzt – die *Frankfurter Allgemeine Zeitung* hat es kürzlich erwähnt – werden Arbeitsuchende unter Umständen auf Grund ihrer früheren kritischen Äußerungen etwa zur Kernenergieentwicklung von Personalabteilungen abgelehnt.

Was sich unter der bunten, weichen, ferienfröhlichen, fußballbegeisterten, feiernden und genießenden Oberfläche des energiereichen Atomstaates entwickeln wird, ist eine neue Einteilung der Gesellschaft in solche, die man als »bedingt zuverlässig«, und solche, die man als »unzuverlässig« registriert. Denn das Prädikat »ganz zuverlässig« wird wohl kaum einer mehr in Anspruch nehmen können.

Wohin das führt? Ich wage eine Voraussage: In ein weitverbreitetes Unbehagen, das sich bei mehr und mehr Persönlichkeiten zu einem tiefen Unglücklichsein und bei einer beträchtlichen Minderheit sogar bis zur Verzweiflung steigern wird, einer Verzweiflung, die ganz genau jene »Zwischenfälle« hervorrufen muß, vor der sich die Priester des tausendjährigen Atomreiches mit Recht fürchten.

(1977)

Wir machen Geschichte

Ehe ich mich in Gorleben, Brokdorf, Kalkar und Wackersdorf engagierte, war Geschichte etwas, das ich aus Büchern und Dokumenten kannte. Historisches Geschehen faszinierte mich so sehr, daß ich beim Studium vom Hauptfach Philosophie auf Geschichte umsattelte und schließlich auch in dieser Fakultät doktorierte. Aber in all den vielen Jahren, die ich der Lektüre über längst Vergangenes widmete, habe ich nicht so viel gelernt wie in den Stunden und Tagen, in denen ich den wachsenden Widerstand gegen die neue, der Bevölkerung aufgezwungene Atomindustrie persönlich miterleben konnte.

Das, was in diesen zehn Jahren geschah, war nicht nur Regional-, sondern Weltgeschichte. Es waren – um den Titel der berühmten Reportage (über die russische Revolution) von John Reed »Zehn Tage, die die Welt erschütterten« abzuwandeln – in der Tat »Zehn Jahre, die die Welt erschütterten«. Auch diesmal ging – und geht – es um einen Kampf des in Ohnmacht versetzten Volkes gegen eine Clique von Machthabern, die sich über die berechtigten Klagen der vielen im Interesse einiger weniger hinwegsetzen wollen. Sie können das nur riskieren, weil sie über sehr viel Geld und enorme Mittel zur Durchsetzung obrigkeitlicher Gewalt verfügen.

In mancher Hinsicht gleichen die Auseinandersetzungen, die aus diesem Gegensatz entflammen, den Konflikten der Vergangenheit: Die schwerbewaffneten »Hüter des Bestehenden« versuchen die unruhig gewordene Bevölkerung einzuschüchtern, mit physischer Gewalt oder Ausnahmegesetzen zu unterdrücken. Aber es hat sich auch etwas geändert. So wie die moderne Technik die Kriegsführung revolutionierte, hat sie auch die inneren Auseinandersetzungen beeinflußt. Auf den ersten Blick sieht es so aus, als käme dieser Wandel nur den hochgerüsteten »Verteidigern der inneren Sicherheit« zugute. Sie können ihre Widersacher mit Hilfe elektronischer Überwachungs- und Speichersysteme schon im Vorfeld der Auseinandersetzungen zu kontrollieren versuchen. Ihre »Stützpunkte« und »Festungen« sind durch raffinierte Schutz- und Alarmanlagen vielfach gesichert. Ihre Truppen verfügen nicht nur über Schlag- und Schußwaffen, sondern auch über chemische Kampfmittel, die abschrecken und lähmen. Hochentwickelte Kommunikationsnetze, die der Exekutive mobile und schnelle Einsätze ihrer Mannschaften durch blitzschnelle Informationsübermittlung erlauben, sind das Nervensystem dieses gegen die eigenen Bürger gerichteten Drohsystems.

Zu dieser systematisch immer weiter entwickelten, ständig gesteigerten Unterwerfungsmaschinerie gehört auch die niemals ruhende Propaganda mittels Broschüren, Inseraten, Plakaten, Beeinflussungen der Zeitungen und der elektronischen Medien.

Millionen werden für die Weiterverarbeitung von irreführenden »Fakten«, falschen Hoffnungen und gefährlichen Verharmlosungen ausgegeben. Am schlimmsten ist die Verunglimpfung aller derjenigen, die für ihre Heimat, für ihre Kinder und Enkel eintreten. Sie werden verleumdet, lächerlich gemacht, ja als Verbrecher hingestellt. Um das zu erreichen, werden nicht nur geschickte Schreiber, Graphiker, Medienexperten gekauft, sondern auch Psychologen beschäftigt, die mit wissenschaftlich erprobten Methoden der Verführung zugleich die »Akzeptanz« der abgelehnten Technik wie die Ablehnung ihrer Widersacher zu erreichen versuchen.

Eigentlich hätte der Einsatz all dieser Mittel längst den Widerstand der Bevölkerung brechen müssen – so hatten die »heimlichen Verführer« gehofft –, aus den Gegnern der Kernkraft überzeugte Befürworter machen sollen. Aber es hat nichts genutzt. Trotz gelegentlicher Resignation, trotz der unvermeidlichen Verstimmungen und Zwiste im Lager der Bedrängten lebt der Widerstand in und um Gorleben, Wyhl, Brokdorf, Kalkar, Wackersdorf und bei vielen anderen Atomanlagen des In- und Auslandes weiter. Aus den Funken des Protests wurde mehr als ein Strohfeuer. Gespeist durch die Wut über ständige Schikanen und die niemals aufhörende Angst vor Katastrophen, heizt das

Feuer des Widerstandes den »coolen« Managern nun schon so lange ein, daß sie sich immer öfter die Frage stellen, ob sich denn »das alles noch lohnt«.

Diese inneren Zweifel der staatlichen und industriellen Machthaber sollten nicht unterschätzt werden. Als Historiker habe ich erfahren, wie entscheidend wichtig es stets war, daß die Herrschenden den festen Glauben an ihre Zukunftsvorstellungen zu verlieren begannen. So geschah es vor der französischen Revolution, als aufgeklärte Aristokraten, wie zum Beispiel der Graf Mirabeau, auf die andere Seite überliefen. So geschah es auch in der vorrevolutionären Epoche des zaristischen Rußlands: Die russische Literatur des beginnenden zwanzigsten Jahrhunderts hat diese Zweifel der privilegierten Schichten vielfältig geschildert.

Heutzutage – zehn Jahre nachdem Ministerpräsident Albrecht sein grandioses Atomprojekt in Gorleben verkündete – ist die Überzeugung von der Zuverlässigkeit, Nützlichkeit und Unentbehrlichkeit dieses Vorhabens bei weiten Teilen der Öffentlichkeit, ja bis hinein in die Reihen der Befürworter erschüttert. Als Albrecht eingestehen mußte, daß er eine Wiederaufarbeitungsanlage in Niedersachsen nur mit Gewalt durchsetzen könne, und daher darauf verzichten wolle, gab er vorübergehend einer Eingebung der Vernunft nach. Er begriff – und vergaß es leider bald wieder –, daß eine so riskante Anlage auf die Dauer nicht gegen den Willen einer aufgewühlten, verängstigten Bevölkerung zuverlässig arbeiten könne.

Seither kommt nun vor allem das Erlebnis von Tschernobyl hinzu, um die Betreiber noch mehr zu verunsichern. Sie waren die Opfer ihrer eigenen Propaganda geworden und hatten daran geglaubt, daß sich ein ernsthafter Atomunfall nur alle paar tausend Jahre ereignen könne. Nun sind sie von der Wirklichkeit gezwungen worden, ihre Illusionen zu überdenken. Um dennoch weiterarbeiten zu können, machen sie sich vor, so etwas könne sich nur bei den »schlampigen Russen« ereignen. Tatsächlich aber hat es bereits Hunderte von ernsthaften »Störfällen« in den Atombetrieben jeder einzelnen nuklear ausgerüsteten Industrienation gegeben.

Ich meine, daß die Anti-Atombewegung nicht nur durch ihre aktive und passive Renitenz Geschichte gemacht hat, sondern auch durch ihre erfolgreichen Bemühungen, die eigene Gefolgschaft, und darüber hinaus Millionen andere mit warnenden Informationen zu versorgen. Historische Veränderungen können nur dann durchgesetzt werden, wenn sie auch Aufklärung verbreiten. Eines der bisher viel zuwenig beachteten Resultate des massenhaften Aufstandes gegen umweltzerstörerische, menschenschädigende Technik ist die auf Kenntnissen begründete Einsicht, daß der wissenschaftlich-technische Fortschritt nicht nur positiv, sondern weitgehend auch kritisch beurteilt werden muß, beachtet man seine Neben- und Zukunftswirkungen.

Daraus ist ein neuer Zeitgeist, ein verändertes Meinungsklima entstanden, mehr noch: eine neue Auffassung vom Weitergang der menschlichen Geschichte. Von heute aus gesehen, erscheinen uns die Hoffnungen und Ziele der Wissenschaftsgläubigen und Technokraten naiv, einseitig, unverantwortlich. Die mit Newton und Descartes begonnene Epoche der Ausbeutung der Natur und ihrer Kreaturen geht zu Ende, weil ihre Wirkungen unerträglich wurden. Gegen diese Unerträglichkeit wehrt sich die Natur mit Katastrophen, wehren sich die Menschen mit Aufständen, denen auf die Dauer keine Herrschaft widerstehen kann.

Aber nicht mit Gewalt, wie ihre Gegner, sondern mit Phantasie, mit Ausdauer, mit Aufklärung werden die Retter heutigen und künftigen Lebens sich schließlich gegen die blinden Verderber durchsetzen. Wie man das macht, ist in diesem Jahrzehnt gerade von den in früheren Jahrhunderten meist viel zu gehorsamen Deutschen beispielhaft vorgemacht worden.

Wir haben Geschichte gemacht, als wir der Atommafia und ihren bewaffneten Dienern zeigten: So geht es nicht! Ich bin überzeugt davon, daß die wirkliche »Wende« hin zur naturverbundenen schwester- und brüderlichen Gesellschaft schon begonnen hat. Dank sei allen, die daran mitgewirkt haben und nicht aufhören werden, eine ganz andere, bessere Zukunft vorzubereiten.

(1987)

Stoppt die Atomfanatiker

Sie sind bisher kaum erwähnt worden in der Diskussion um den Hanauer Atomskandal. Denn sie kann man nicht mit Geld bestechen. Aber sie sind meiner Ansicht nach viel gefährlicher als die Korrupten, denen es nur um schnell und schwarz verdiente Scheine ging. Ich spreche von den Atomgläubigen, die ihrem Kult unverändert anhängen: Fanatiker von ganz anderer Art als die Anhänger des Ayatollahs. Sie geben sich sachlich – das ist sogar ihr bevorzugtes Eigenschaftswort –, streben aber in Wirklichkeit mit blinder Begeisterung Träumen nach, die unerreichbar sind und die Menschheit in Gefahren von nie zuvor gekannter Größe stürzen: Atomwissenschaftler, Atomtechniker, Atomindustrielle, Atompropagandisten.

Man muß sich mit ihnen beschäftigen, ihrem Wahn und ihrer Hybris, weil sie in ein paar Wochen oder Monaten, wenn die Aufregung über die schmutzige Rückseite ihres hehren Glaubens abgeflaut sein wird, wieder das Sagen haben und ihre in Schwierigkeiten geratenen Projekte weiter vorantreiben werden. Schon jetzt sprechen sie auf ihren Tagungen und in ihren Zeitschriften von neuen Vorhaben: einem »Europa-Brüter«, den A.W. Eitz (RWE) international propagiert, einem Vordringen in den »zweiten und dritten Markt« der Schwellen- und Entwicklungsländer, von dem der Vater des von Pannen geplagten Kugelhaufenreaktors Professor Schulten öffentlich schwärmt, von »metallgekühlten Reaktoren«, die »im zivilen und militärischen Weltraumprogramm entstehen«.

Der Prototyp dieser »sternäugigen Idealisten« war Glenn Seaborg, der Schöpfer des künstlichen Elements Pu-239, dem er übrigens nach dem Planeten Pluto – nicht wie oft behauptet, nach dem Höllenfürsten – den Namen Plutonium gab. Richard Hewlett, Autor der offiziellen Geschichte der »Atomic Energy Commission«, erzählt von ihm: »Plutonium war für ihn sehr heilig. Er war der Ansicht, die ganze Welt müsse sich um diese Technik drehen, und er sei im Zentrum.« Seaborg, den ich auf verschiedenen internationalen Konferenzen getroffen habe, wirkt sehr ruhig und besonnen, aber er war ein leidenschaftlicher Visionär, der meinte, die Zukunft der Zivilisation sei in den Händen der Atomforscher, einer Elite, die »mit Hilfe der Nukleartechnik eine neue Welt bauen würde«.

Er hat mit seiner sanften Stimme oft davon gesprochen und immer wieder darüber geschrieben. Das Zaubermittel »Atom« werde die Menschen für immer aller Energiesorgen entheben. Er prophezeite die Ära der »planetarischen Ingenieurskunst«, die Berge bewegen, Flüsse umlenken, Wüsten zum Blühen bringen werde. Von Plutonium angetriebene Raketen würden die Besiedlung des Weltraums, Tauchern den tagelangen Aufenthalt auf dem Meeresboden und seine Erschließung ermöglichen. Und als man ihn einmal kritisch fragte, ob das nicht alles pure Sciencefiction sei, antwortete er: »Meine einzige Befürchtung ist, daß ich die Möglichkeiten unterschätze.«

Dieser Prophet des nuklearen Zeitalters war zehn Jahre lang, von 1961 bis 1971, Vorsitzender der Atomenergie-Kommission. Unter seiner Ägide wurden Baugenehmigungen für 69 Atomanlagen erteilt – und wenn es so gegangen wäre, wie er es erhoffte, sollten es bis zur Jahrtausendwende an die tausend werden. Dabei setzte er sich, wie die zum Teil öffentlich zugänglichen Akten seiner Behörde zeigen, mit einer fast unbegreiflichen Engstirnigkeit über alle Bedenken seiner Mitarbeiter hinweg, die auf mangelnde Sicherheit und ungenügende Vorsorge hinwiesen. Seine oft unüberlegten, viel zu schnellen und oberflächlichen Entscheidungen begründete er entweder damit, daß er es besser wisse und weiter sehe oder daß er keine Zeit habe. In der Tat reiste er als »number one salesman«, wie er sich mit gespielter Bescheidenheit nannte, in über sechzig Ländern der Erde, hielt Hunderte von Vorträgen, schrieb zahllose Artikel, gab unermüdlich Interviews, ein begeisterter Missionar.

Verglichen mit diesem Supermann sind seine Nachahmer von kleinerer Statur, aber sie haben viel von ihm gelernt. Vor allem das eine: Wenn man den Menschen das Paradies verspricht, merken viele von ihnen gar nicht, daß sie auf diesem Wege Schritt um Schritt in etwas geraten, das viel eher einer Hölle ähnelt.

Ich erinnere mich an eine lange, erregende Unterhaltung über diese Frage, die ich vor Jahren in der amerikanischen Universitätsstadt Cambridge mit einem Forscher führte, der in Los Alamos am Bau der ersten Atombomben mitgewirkt hatte. Pazifist und Sozialist seit seiner Jugend in Wien, hatte er nach Kriegsende zu den alten Idealen zurückgefunden und seinen Einfluß mit aller Kraft gegen die Atomrüstung eingesetzt. Aber an der sogenannten friedlichen Verwendung der Atomenergie zweifelte er nicht, ja sah in ihr eine nachträgliche Rechtfertigung jener »Arbeit für den Teufel« (so nannte sie Oppenheimer), an der er beteiligt gewesen war.

War er sich nicht klar darüber gewesen, daß die Militärs, einmal im Besitz einer so mächtigen Waffe, sie nicht nur – wie die meisten ihrer Erbauer meinten – zur abschreckenden Drohung gegen eine mögliche deutsche Atomwaffe nutzen, sondern tatsächlich gegen einen nicht atomar gerüsteten Gegner, Japan, zum Massenmord einsetzen würden? Nein, er und die meisten seiner Kollegen hatten in ihrer politischen Naivität das nicht bedacht. Und ebensowenig bedachten sie nun bei ihrem zweiten Sündenfall, daß auch die zivile Nutzung der von ihnen erschlossenen Energien in erster Linie von staatlichen Gremien und Konzernen entwickelt werden würde, die politische und wirtschaftliche Interessen allen anderen Bedenken voranstellen.

Naive Unterschätzung der Bedeutung des »Faktors Macht« von seiten der Forscher ist eine der Ursachen für ihre Fehlbeurteilung der tatsächlichen Entwicklung des erwarteten Heilsbringers Atomenergie zu einer »evil force«, einer »bösen Macht«, als die sie der für die »US-Navy« arbeitende Naturwissenschaftler Hyman Rickover, lange einer ihrer prominentesten und eifrigsten Förderer, im letzten Jahr seines Lebens erkannte, ein Urteil, das ihm natürlich von seiten der verschworenen »nuklearen Gemeinde« den Vorwurf eintrug, er habe plötzlich den Verstand verloren.

Ist es nicht vielmehr so, daß der alte Mann letztlich zu dem Schluß gekommen war, er habe sich wie alle seine Kollegen mit dieser neuen Kraft eingelassen, ohne auch nur im entferntesten alle ihre Auswirkungen zu kennen? Nicht zufällig hat ja ein anderer prominenter Befürworter der Nuklearenergie, Alvin Weinberg, Direktor des für ihre Entwicklung so wichtigen Laboratoriums Oak Ridge, in einem bestimmten Stadium eingesehen, man habe einen »faustischen Pakt« abgeschlossen, eine »Wette mit der Gesellschaft«, die unbedingt gewonnen werden müsse, und nicht ohne Absicht betitelte Lord Rothschild, einer der führenden Männer in der Entwicklung des britischen »atomic establishment«, seine Memoiren *Riding on a broomstick (Der Ritt auf einem Hexenbesen).*

Es bricht sich in solchen Äußerungen vielleicht mehr unbewußt als bewußt die Erkenntnis Bahn, daß man es mit etwas ganz Ungewöhnlichem, ja Ungeheuerlichem zu tun habe. Mit der bisherigen Sichtweise und Beurteilung werde man des außerordentlichen Phänomens »Kernkraft« nicht mehr Herr. Professor Weinberg zog daraus die für einen naturwissenschaftlich eingestellten Zeitgenossen des zwanzigsten Jahrhunderts ungewöhnliche Forderung, man müsse eine Art nuklearen Priesterorden gründen, um eine zuverlässige, von höheren ethischen Geboten geleitete Überwachung der jahrtausendelang strahlenden Rückstände gewährleisten zu können.

Doch diese erschreckende Einsicht, daß man es da mit etwas historisch noch nie Dagewesenem, schwer Faßbarem zu tun habe, einer gewaltigen unbedacht heraufbeschworenen Gefahr, die immer neue, andere, unbekannte und unvorhergesehene Aspekte entwickelt, ist eher die Ausnahme bei den engagierten Experten der Kernkraft. Sei es, um beruhigt mit ihr umgehen zu können, sei es, weil ihnen die Phantasie fehlt, das Monströse als solches zu begreifen, verharmlosen sie »das Atom« und sind jedesmal überrascht, wenn es seine durch keine Sicherheitsvorkehrungen zu bändigende Bösartigkeit beweist.

Nachträglich meint man dann durch Überprüfung dieses oder jenes »Störfalls« zu wissen, was übersehen oder was falschgemacht wurde. Aber korrigiert werden kann ja nur der schon bekannte Irrtum, die schon erwiesene Unvollkommenheit. Der nächsten und all den noch folgenden Pannen, die sich bis zur Katastrophe steigern können, vermag man nur mit Vermutungen zu begegnen, die bestenfalls erst zum Teil richtig sein können.

Weshalb eigentlich? Weil auch nach einem halben Jahrhundert

der Beschäftigung mit der Kernspaltung, ihrer Nutzung und ihren Folgen noch immer keine Eindeutigkeit und Klarheit herrscht, die zuverlässige Kontrollen erlauben würden. Das beginnt schon mit der Unsicherheit in der Werkstofforschung, die trotz jahrelanger Bemühungen bis heute nicht einwandfrei sagen kann, welche Baustoffe, die in Reaktoren und anderen kerntechnischen Anlagen verwendet werden, wirklich dauerhaft haltbar sind, um dem ungewöhnlichen Streß, dem sie ausgesetzt sind, lange genug standhalten zu können.

Nicht anders steht es bei der Frage, wieviel radioaktive Strahlung Menschen vertragen können, ohne krank zu werden. Immer wieder mußten seit 1947, dem Jahr, in dem die von der amerikanischen Akademie der Wissenschaften eingesetzte »Atomic Bomb Casualty Commission« ihre Arbeiten in Hiroshima begann, angeblich sichere Resultate mehrfach korrigiert werden. Da auf Grund der Studien des japanischen Arztes Dr. Shingeto der begründete Verdacht bestand, daß die amerikanischen Forscher die schädlichen Langzeitfolgen des Bombenabwurfs vom August 1945 absichtlich verharmlost hatten, wurde 1975 eine gemischte japanisch-amerikanische Stiftung mit der Fortsetzung der Untersuchung an 120000 Überlebenden betreut. Aber auch ihre Arbeiten erwiesen sich als so widerspruchsvoll, daß 1981 eine weitere spezielle Forschungsgruppe eingesetzt werden mußte, die ein ganz neues Messungssystem einführte. Sie hat nach sechsjährigen Anstrengungen einen ersten ausführlichen Bericht veröffentlicht, der einige aufsehenerregende Resultate enthält. So konnten insbesondere Dale Preston und Donald Pierce beim Vergleich ihrer verbesserten Meßmethoden mit den früher angewandten konstatieren, daß die auf Grund der alten Dosimetrie von der Internationalen Kommission für Strahlenschutz vermuteten Krebsrisiken als Folge radioaktiver Strahlung viel zu niedrig angenommen worden waren. Besonders bei jüngeren Menschen, die in ihrer Arbeit (oder auf andere Weise) radioaktiven Einwirkungen ausgesetzt sind, kann demnach die Wahrscheinlichkeit, daß sie krebskrank werden, fünf- bis fünfzehnmal höher sein, als bisher vermutet.

Zu erwarten gewesen wäre, daß die hochqualifizierten Forscher, die in der ICRP (International Commission on Radiological Protection) als weltweit höchste, offiziell anerkannte Autorität zusammenarbeiten und die ihrer Ansicht nach höchste zulässige Grenze der Strahlenbelastung empfehlen, diesen neuen Erkenntnissen sofort Rechnung tragen würden. Weit gefehlt. In ihrer fanatischen Entschlossenheit, die Atomindustrie zu schützen und zu erhalten, konnten sie sich letzten September bei ihrer Sitzung in Como dazu nicht durchringen. Sie meinten plötzlich, Belastungsgrenzen zu verkünden sei im Grunde überflüssig, solange die Betreiber das »ALARA-Prinzip« befolgten. ALARA bedeutet »as low as reasonably achievable« – »so niedrig wie vernünftig erreichbar«. Die Industrie legt nun dieses »vernünftig« nur wirtschaftlich aus und meint, daß eine dramatische Veränderung der Belastungsgrenzen ihr untragbare, daher »unvernünftige« neue Lohnbelastungen bringen würde. Und »ehrenwerte Wissenschaftler« lassen es geschehen. Sie trösten sich, wie erst kürzlich Hans Maier-Leibnitz in der *Welt,* mit der Behauptung: »Die Atomenergie stellt eine der kleineren Gefahren für die Menschheit dar.«

Edward Teller, einer der fanatischsten unter den Atomverfechtern, hat erkannt, daß die von Staat und Industrie verordnete Geheimhaltung eine tiefergehende Erforschung der durch die neue Kraft entstehenden Probleme schwer, wenn nicht sogar unmöglich macht. Und doch beugt er sich diesen erkenntnisfeindlichen Vorschriften, weil ihm die Erhaltung der »nuclear community« mit ihrem weltweiten Netz von Behörden, Laboratorien, Industrieanlagen vordringlicher erscheint als die Erhaltung seiner wissenschaftlichen Prinzipien.

Auch in ihm steckt hinter der aggressiven Ausdrucksweise ein »Atomträumer«, der schon 1949 mit all seiner unruhigen Energie und Beredsamkeit für eine kleine Bewegung eintrat, die eine Weltregierung als einzige Lösung der durch die Bombe geschaffenen Probleme propagierte. Als der englische Physiker Freeman Dyson nach einer ebenso anregenden wie anstrengenden Debatte mit dem eminenten Kollegen erschöpft nach Hause zurückkehrte, berichtete er seiner Familie: »Er ist ein gutes Beispiel für das Sprichwort, daß kein Mann so gefährlich ist wie ein Idealist.«

Nach den Erschütterungen, die das Vertrauen in die Zukunft der Atomenergie erlitten hat, wird dieser zum Teil vielleicht nur vorgeschobene, zum Teil aber durchaus ernst gemeinte Idealismus zu einem der häufigsten Argumente der Atombefürworter gemacht. Nicht etwa um Märkte in der Dritten Welt geht es, wenn dort die Kernenergie wider alle ökologische und ökonomische Vernunft propagiert wird, sondern um »unverzichtbare Hilfe« für die Hungernden und Darbenden. Daß dies ein gefährlicher Irrweg ist, der die andersentwickelten Länder in die Sackgasse einer riskanten Großtechnologie treibt und womöglich einige von ihnen dazu verführt, mit Hilfe der Industrieländer offen oder heimlich Atombomben zu bauen, ja, sie vielleicht sogar einmal in Kriegen mit benachbarten Rivalen einzusetzen, davon wollen die Atomfanatiker nichts wissen. Solche Perspektiven tun sie schlicht als »Spinnerei« ab, obwohl Atomruinen in Lateinamerika und Südostasien sowie die unverblümt geäußerten Absichten des Irak und Brasiliens, die »nukleare Waffen-Option« aufzunehmen, zeigen, wohin diese »guten Absichten« schließlich führen könnten.

Allein schon das Spektrum einer bedrohlich schnell steigenden Plutoniumflut – sie wird sich laut der Expertise Walter Pattersons aus ihrem heutigen noch »embryonischen Zustand« schnell zu einem immer weniger kontrollierbaren Unheil auswachsen – müßte eigentlich die Verstocktesten und Kurzsichtigsten zur Umkehr veranlassen. Aber nein, das können sie angeblich beim besten Willen nicht. Hans Blix, der in seiner Heimat Schweden stark angegriffene Generalsekretär der Internationalen Atombehörde, hat das nach Tschernobyl damit begründet, man habe längst den »point of no return« erreicht und könne schließlich diese Milliardenindustrie nicht einfach »wie ein altes Gewand wegwerfen«. Und K. Barthelt, Vorstandsvorsitzender der Kraftwerksunion sowie führendes Mitglied der Kerntechnischen Gesellschaft, verkündete schon wenige Wochen nach Tschernobyl, daß es ökonomische, ökologische, aber auch moralische Gründe dafür gebe, daß »die friedliche Nutzung der Kernenergie noch ihre Zukunft vor sich hat«.

Das ist ein Sprüchlein, das wir aus dem Munde der Atomfanatiker nun immer öfter hören werden, nachdem ihnen so viele andere Argumente nicht mehr geglaubt werden. Besonders wenn sie aus dem Munde von Wolf Häfele kommen, unter dessen Leitung die IASA (Institute for Advanced Systems Analysis) im

Jahre 1981 mit dem Titel *Energy in a finite world* eine globale Energieprognose erstellt wurde, die überwiegend kritisch beurteilt, ja sogar als eine Art Betrug bezeichnet wurde. Nun haben im Auftrag des Washingtoner »World Resources Institute« vier international anerkannte Energie-Experten, der Brasilianer Jose Goldemberg, der Schwede Thomas B. Johansson, der Inder Amulya Reddy und der Amerikaner Robert H. Williams, eine neue Zukunftsstudie erstellt, die zu dem Schluß kommt, daß der Energiebedarf in den nächsten vierzig Jahren nicht um das Zwei- bis Vierfache des Standes von 1980 steigen müsse, sondern sogar bei einer erwarteten Zunahme der Weltbevölkerung auf sieben Milliarden Menschen um höchstens zehn Prozent. Durch Umstellung auf den tatsächlich vorhandenen Bedarf statt übertriebener Vorratsbereitstellung, durch effizientere Energienutzung und endlich ernsthaft betriebene Entwicklung unschädlicher, sich selbst erneuernder Energiequellen (Sonne, Wind, Wellen, Biomasse) werde es bestimmt möglich sein, nicht nur genug Energie zu erzeugen, sondern sie auch gerechter zu verteilen. Statt einem Drittel sollen dann die Dritte-Welt-Länder über zwei Drittel verfügen.

Obwohl eine Vorveröffentlichung dieses aufsehenerregenden Dokuments seit 1986 zu erhalten ist, haben es die wohl ganz in ihre moralischen Überlegungen versunkenen Atomgläubigen noch nicht öffentlich zu diskutieren gewagt. Um so intensiver widmen sie sich zur Zeit in den USA der Beschäftigung mit den für den »Krieg der Sterne« notwendigen »Atomwaffen der dritten Generation« und dem EPW Programm (earth penetrating weapons), das Atomsprengköpfe herstellen soll, denen kein Bunker – auch keiner mit hochaktiven atomaren Abfällen – mehr widerstehen kann. Bemühungen, mit denen sich die europäischen Verteidigungsministerien – vermutlich auch wie früher schon das Bonner – zumindest theoretisch befassen »müssen«.

Einzige echte Hoffnung, den Atomfanatikern entgegenzutreten, wäre ein Widerstand, der nicht nur wie Strohfeuer bei jeder »Affäre« aufflammt, sondern obwohl unbezahlt und mit keinen Ehrungen verbunden, wie sie die Atomgemeinde an ihre Priester verleiht, so lange gegen eine Wahnsinnsentwicklung angeht, bis die letzten noch atomhörigen Politiker da nicht mehr mitmachen können, ohne sich noch mehr mit der Pseudoreligion des Atomfanatismus zu kompromittieren. In der Gesamtbevölkerung der BRD wollen nun schon über siebzig Prozent den möglichst schnellen Abschied von der Atomenergie. Die von den Betreibern gefürchtete »Nichtakzeptanz« der Bürger ist vorläufig das wirksamste Mittel, wenn sie wirklich sichtbar und spürbar wird. Vor allem aber sollte sie bei jenen Forschern und Technikern praktiziert werden, die nicht länger mit dem Odium der ungewollten Mitarbeit an Betrug und Gefährdung leben wollen. Die Deutschen haben es seinerzeit versäumt, sich rechtzeitig gegen eine »verschworene Gemeinschaft« zu wehren, die sie irreführte. Daraus müßten sie gelernt haben, daß man Fanatiker nicht gewähren lassen darf.

Es werden in den kommenden Monaten durch die Arbeiten des Untersuchungsausschusses zu den Nuklearskandalen vielleicht einige Betrüger entlarvt, man sollte darüber aber nicht die Verführer vergessen.

(1988)

Macht kaputt, was euch kaputt macht! – Die Rede von Hanau

Immer mehr Menschen meinen, Demonstrationen seien sinnlos und eigentlich ganz überflüssig. Ich möchte dem widersprechen, und ich nehme an, daß auch die meisten der hier Versammelten sich diesem Widerspruch anschließen. Wir sind hierhergekommen, um gegen Lug und Trug zu protestieren, die sich jahrelang mit behördlicher Duldung breitmachen konnten. Den Bestochenen, den Wahrheitsverdrehern, den Verschweigern und Beschönigern wollen wir durch unsere massenhafte Präsenz zeigen, wollen wir tausendfach zurufen: »SO NICHT! SO NICHT!« Nehmt eure habgierigen Finger aus unseren Taschen, hört endlich auf, uns Raubtiere als Schoßhündchen zu verkaufen, haltet uns, die gebrannten Kinder der Jahrtausendwende, nicht für so dumm oder so korrupt wie die Behörden der Republik, die ihr jahrelang ungestraft geleimt habt. Mit uns geht das nicht, und mit Millionen und Millionen anderen Bundesbürgern geht es auch nicht mehr. Wir sind heute einmal mehr zusammengekommen, um euch noch entschiedener als bisher zuzurufen: »Wir lassen uns von euch nicht mehr reinlegen und kaputtmachen.«

Aber es geht uns um noch viel mehr als die Wiederherstellung der guten Sitten. Es geht uns um ein gutes Leben. Darunter verstehen wir vermutlich etwas anderes als die Herren der NUKEM und die von ihnen mit Schlemmermahlzeiten und Gratis-Bordellbesuchen traktierten Kunden. Gutes Leben – das ist für uns ein Leben ohne Angst. Gutes Leben – das ist für uns ein Leben in Gerechtigkeit. Gutes Leben – das ist für uns ein Leben in Brüderlichkeit, in Solidarität mit unseren Mitmenschen. Gutes Leben – das heißt für uns sinnvolle schöpferische Arbeit für alle.

Aber bevor wir dieses gute Leben durchsetzen, müssen wir erst einmal zu erreichen versuchen, daß wir überleben. In dieser Stadt Hanau, die während des Zweiten Weltkrieges so furchtbare Luftangriffe erlitt, gibt es sicher noch genug Menschen, die wissen, was »VORWARNUNG« heißt. Sirenen heulten und gellten den Betroffenen in die Ohren: Bringt euch schnell in Sicherheit, in wenigen Minuten wird der Tod vom Himmel sich auf euch stürzen.

Wir leben jetzt wieder in einer Zeit der Vorwarnung. Aber es ist uns nur eine kurze Spanne gegönnt, um dem Unheil zu entgehen.

Wir sind vorgewarnt, daß die Flüsse und Meere, der Boden und die Bäume, die Luft, die wir atmen, und das Wasser, das wir trinken, so sehr vergiftet werden, daß Gesundheit und Leben fast aller davon bedroht sind.

Wir sind vorgewarnt, daß die Rüstung mit Waffen, die alle Existenz auf unserem Planeten unwiderruflich zerstören können, in immer größeren Mengen und von immer mehr Ländern hervorgebracht oder angeschafft werden.

Wir sind vorgewarnt, daß die Instrumente der Überwachung und Unterdrückung ständig an Effizienz zunehmen und uns Schritt um Schritt die Freiheit rauben.

Wir sind vorgewarnt, daß die neue Technik, Hochtechnik nennen sie sie, mehr und mehr Menschen aus dem Arbeitsprozeß verdrängt.

Wir sind vorgewarnt, daß Atomindustrie nicht nur körperliche Strahlungsschäden auslöst, sondern auch seelische.

Hören die Politiker diese Vorwarnungen? Einige schon, aber sie sind machtlos gegenüber den wahren Entscheidungsträgern, den Technokraten, den Investoren, den Spekulanten, den Zahlenbesessenen, die über ihren privaten Bilanzen die große Bilanz der Geschichte vergessen, die uns alle betrifft, und über ihren lebensverachtenden Zukunftsplänen das Wohl, die Zukunft der Menschheit, einschließlich ihrer eigenen Kinder und Kindeskinder opfern.

Wir können gar nicht laut genug rufen: »Hört auf, HÖRT ENDLICH AUF!« Wir können gar nicht entschieden genug handeln, um diesen »Zerstörern« alles Künftigen, jenen ahnungs- oder skrupellosen Mördern künftiger Generationen in den Arm zu fallen. Diese Entschiedenheit nenne ich *militant*. So wird dieses Wort in den Weltsprachen verstanden. Aber im Deutschen wird es verfälscht und dem Begriff *militärisch* gleichgesetzt.

Militärisch sollten wir in der Tat nicht kämpfen, und ich warne davor, die großen sozialen Bewegungen in diese Falle hineinzulavieren, wie es einige unserer autonomen Freunde versuchen. Denn militärisch werden wir den Experten der Gewalt, den Soldaten der inneren Aufrüstung nie gewachsen sein. Aber auch die Polizisten sollen sich nicht in Soldaten einer Bürgerarmee verwandeln und mißbrauchen lassen, in Verteidiger der neuen Festungen, welche die Technokraten an Orten wie Wackersdorf, Gorleben, Mutlangen, Heilbronn und Hanau errichtet haben.

Denjenigen, die meinen, daß nur mit Gewalt Veränderungen möglich werden, rufe ich zu: »Hört auf, Soldaten zu spielen, setzt nicht die Entschiedensten von uns immer wieder in unsinnigen paramilitärischen Aktionen aufs Spiel.« Das ist nicht nur gewissenlos, sondern auch politisch dumm. Denn so verlieren wir die Unterstützung der Millionen Bürger, die sich genauso betrogen und bedrängt fühlen wir wir. Und wir brauchen sie alle, um einen Umschwung zum Besseren herbeizuführen.

Wer behauptet, der gewaltlose Widerstand verändere nichts, der möge in dieser Stunde in die Schweiz schauen. Nach zehn Jahren haben die Betreiber des Atomkraftwerks Kaiseraugst bei Basel jetzt endlich aufgegeben. Oder nach Italien: Auch dort sind die Atomfanatiker gestoppt worden. Oder nach Schweden, nach Dänemark, nach Holland. Und wenn das stimmt, was mir meine kritischen Freunde aus Polen, aus Jugoslawien, aus der Sowjetunion mitteilen oder mitteilen lassen, hat auch dort der Rückzug vom Irrweg Kernenergie begonnen.

Aber im Osten wie im Westen gibt es immer noch eine Clique, die ungeachtet aller Gefahren, ungeachtet der Tatsache, daß sich die Wirtschaftlichkeit der Atomenergie als unerreichbares Ziel erwiesen hat, weitermacht und durchhält, wie einst Adolf Hitler, als sein Mordregime schon verloren hatte: Es ist die Clique der Militärs und ihre politischen Hintermänner.

Auf sie setzt letztlich auch die deutsche Atomindustrie. Sie hat ihre Hoffnung auf die deutsche Bombe nie aufgegeben. Weshalb sonst hortet sie Tonnen von Plutonium im Hanauer Bunker? Weshalb sonst will sie gegen den Widerstand einer ganzen politisch konservativ gesinnten Region die WAA (Wiederaufbereitungsanlage Wackersdorf) durchsetzen? Dahinter steckt das Festhalten an dem, was sie schönfärberisch die nukleare Option nennen, die Möglichkeit, doch noch im Spiel der Atomgroßmächte mitspielen zu dürfen.

Es ist vorgeschlagen worden, den endgültigen Verzicht auf eigene atomare Bewaffnung ins Grundgesetz aufzunehmen. Weshalb geschieht das nicht? Es wäre doch ein weltweit vernehmbares Signal des deutschen Friedenswillens. Die Weigerung, dem zuzustimmen, ausdrücklich auf etwas zu verzichten, das man angeblich überhaupt nicht anstrebt, zeigt doch, was die Herren der CSU und CDU eigentlich wollen: den Atomwaffenstaat Deutschland.

Das muß unbedingt verhindert werden, denn es könnte in den letzten Jahren dieses Jahrtausends abermals zu einer aggressiven deutschen Außenpolitik führen.

Noch einmal: Wir warnen, wir warnen die Gleichgültigen, die immer noch Unbekümmerten, die Unpolitischen, die, die schweigend zu Hause bleiben: »Versagt nicht noch einmal wie 1933 in Deutschland und 1938 in meiner Heimat Österreich.« Verweigert euch der Kriegsvorbereitung, der Gewalt, der Mitschuld an der Vernichtung unserer Lebensgrundlagen. Wir sollten Arbeitsplätze schaffen, welche die Zerstörung wiedergutmachen, wir sollten eine neue menschen- und umweltfreundliche Technik entwikkeln, wir sollten dem Streß, der Hetze, der Besitzgier entgegenwirken. In Kaiseraugst wollen sie jetzt an Stelle des AKW ein großes Zentrum für Umweltstudien und Umwelttechnik aufbauen. Wann wird jener unselige Komplex am Rand dieser Stadt in eine solche lebensfördernde Institution umgebaut?

»Weg mit NUKEM! Weg mit ALKEM!« und »her mit einer Keimzelle menschenfreundlicher, naturfreundlicher Produktion«. Wir werden nicht aufhören, »nein« zum Verderben zu sagen. Wir werden aber auch immer öfter unser »Ja« zu einer veränderten Welt hören lassen, an die ich angesichts der vielen guten Leute, die sich dafür einsetzen, unerschütterlich glaube.

»Macht kaputt, was euch kaputt macht!«

(1986)

Das Recht auf Leben – Die Verteidigungsrede von Hanau

Sie haben mich hier vor Gericht zitiert, weil ich mein Recht auf freie Meinungsäußerung genutzt habe. Ich tat das mit Worten, in denen Sie eine Aufforderung zur Gewalt sehen. Das ist eine völlig falsche Auslegung, ungewollt falsch oder – wie ich annehme – gewollt falsch. Denn Sie wollen einen Verzweiflungsschrei in den Rang der kriminellen Aufforderung erheben. Sie wollen durch die Bestrafung meiner Person den Widerstand der Bürger gegen die immer unerträglicheren Bedrohungen ihrer Gesundheit und ihrer Zukunft »glaubhaft abschrecken«, um es im brutalen und zugleich bürokratischen Jargon der »Landesverteidigung« auszudrücken.

Weshalb bin ich, weshalb sind wir alle, die begriffen haben, um wieviel es geht, verzweifelt?

Weil wir erleben, wie unsere Ängste und Sorgen bei den Verantwortlichen kaum Gehör finden, wie die Vergiftung der Umwelt, die Häufung von katastrophalen Risiken in diesem Lande trotz aller Beteuerungen und Versprechen ständig zunehmen. Wie können wir uns Gehör verschaffen? Wie können wir erreichen, daß unsere tiefe und durch immer neue Unfälle fast täglich bestätigte Sorge zu sichtbaren, greifbaren Maßnahmen der Zerstörung des Zerstörenden führt?

Ich gestehe: Ich habe nicht wie ein Leisetreter gesprochen, als ich am 8. November 1986 vor den Toren der Hanauer Atomfabrik eine Rede hielt, sondern aufgeschrien in höchster Not.

Damit Sie verstehen, weshalb gerade mir so deutliche und nachdrückliche Worte über die Lippen gekommen sind, muß ich etwas über meine persönliche Vergangenheit sagen.

Ich habe als Jude 1933 dieses Land verlassen müssen. Das hat mir damals das Leben gerettet. Aber viele meiner Freunde und meiner Verwandten haben sich nicht retten können. Sie sind in den Gaskammern oder unter den Bombenteppichen elend zugrunde gegangen.

Für sie, die nicht mehr sprechen, die nicht rufen, die nicht warnen können, erhebe ich meine Stimme. Für sie, die dem Machtdünkel oder dem Profit Geopferten. Und noch für andere, die man nicht hört: die künftigen Menschen, Tiere und Pflanzen, die als Folge eines Fortschritts, der sich zum »Fortschrott« entwikkelte, beschädigt, wenn nicht sogar umgebracht werden.

Es muß *Anwälte der Ungeborenen* geben, *Verteidiger der Zukunft,* die heute als Folge von Unbedenklichkeit und Ungerechtigkeit Tag um Tag immer stärker gefährdet wird. Umweltschädigung und Kriegsruinen hat es allerdings schon in der bisherigen Geschichte gegeben. Aber dieses Unheil wurde verschmerzt, weil bisher Regeneration und Wiederaufbau noch möglich war.

Nun aber ist die Entwicklung der Technik so weit gelangt, daß die Wunden, die sie bei Mißbrauch schlägt, unheilbar geworden sind, daß die Vernichtung des Lebens auf unserer Erde immer schneller einem Untergang entgegenstürzt.

Da einzugreifen, solange es noch möglich ist, erscheint uns, den Atomgegnern und Technikkritikern, als unbedingte, als eine heilige Pflicht.

Nicht mit physischer Gewalt werden wir das erreichen. Das ist eine Falle, in die uns die hochgerüsteten Vertreter der staatlichen und technokratischen Gewalt locken wollen. Nein, mit der Kraft des Wortes, mit der Kraft der Phantasie, mit der Kraft des niemals ruhenden gewaltfreien und beharrlichen Widerstands.

Wir müssen uns wehren im Interesse aller, auch der Betreiber, auch der Beamten des Staates.

Bitte erkennen Sie an, Herr Staatsanwalt, Herr Richter, daß wir auch in Ihrem Interesse in Hanau demonstriert haben und überall, wo es notwendig sein wird, auch weiterhin protestieren müssen. Bitte fällen Sie hier einen Spruch, in dem ein neuer Ton zu vernehmen ist, ein Spruch, der unsere und unserer Nachkommen Rechte auf unversehrtes Leben deutlich und weithin hörbar anerkennt.[12)]

(1987)

Kapitel 6

Für Frieden mit Mensch und Natur – Ökologie und Frieden

Das Schlüsselerlebnis

Neulich bin ich in den Unkrautfeldern und Steinhalden herumgeirrt, die in meiner Jugend »Alt-Berlin« hießen, damals ein verträumtes Inselchen der Gemütlichkeit im Asphalt der Weltstadt. Ich suchte nach drei oder vier kleinen Zimmern, zu ebener Erde gelegen und – wenn ich mich recht erinnere – durch einen gewöhnlichen Ladeneingang zu erreichen.

In diesen Räumen, unweit der Garnisonskirche gelegen, hatte ein Mann gelebt, dessen Arbeit für mein Leben entscheidend geworden ist. Er hieß Ernst Friedrich, und in jenem ärmlichen Lokal hatte er eine permanente Ausstellung errichtet, die er etwas pompös »Antikriegs-Museum« nannte.

Ich war als Kind, gleich vielen Knaben, begeistert von Fahnen, Uniformen, Marschmusik, von Sieg und Ruhm und Tod auf dem Schlachtfeld. Den großen Krieg, so erzählten uns unsere Lehrer, hätten »wir« ja eigentlich gewinnen müssen, wenn unsere braven Feldgrauen nicht von ein paar vaterlandslosen Schuften verraten worden wären. Und damit wir in einem »gesünderen Geist« aufwüchsen, führten sie uns recht oft an verregneten Wandertagen oder auch bei anderen Gelegenheiten ins Berliner Zeughaus, jene staubige Ablage von Preußens Gloria.

Nach einem dieser patriotischen Ausflüge in die Vergangenheit drückte mir jemand »Unter den Linden« einen Flugzettel in die Hand, der zum Besuch von Ernst Friedrichs »Antikriegs-Museum« aufforderte. Zu dritt oder viert machten wir Knaben uns auf, um diesem »Friedenshetzer« unsere Meinung zu sagen oder, wie wir es in der brutalen Rabaukensprache jener Tage ausdrückten, »ihm mal Bescheid zu stoßen«.

Brüllend, lachend, singend stürmten wir in das bis auf eine Aufsichtsperson menschenleere »Museum« und verstummten.

Denn unser Blick war auf ein großes gerahmtes Foto gefallen, aus dem ein schwarzverkohlter Schädel uns anstarrte: das sterbliche Überbleibsel eines der von uns so verehrten Kampfpiloten der Richthofen-Staffel.

Ich weiß heute gar nicht mehr, was noch alles in dieser kleinen Ausstellung zu sehen war, obwohl ich sicherlich zehn- oder zwanzigmal dorthin zurückkehrte, denn die Erinnerung an jene dunkle Fratze des abgeschossenen Fliegers hat alle anderen Bilder verdrängt. Sie ist für mich zum großen Warnzeichen an der Schwelle des eigenen Lebens geworden.

Ernst Friedrich habe ich nie sprechen, habe ihm nie die Hand drücken dürfen. Einmal – es muß in den Jahren der Pariser Emigration kurz vor Beginn des Zweiten Weltkrieges gewesen sein – zeigte man mir von weitem einen kleinen, zerknitterten, von der Ahnung kommenden Unheils gebeugten Mann: »Das ist Ernst Friedrich!« Ich lief durch die Menschenmenge auf ihn zu, aber ich fand ihn nicht mehr. So habe ich ihm nie dafür danken können, daß er mir die Augen für die furchtbarste aller Seuchen, für den großen Verkrüppler, den sinnlosen Vernichter Krieg, geöffnet hatte.

Auch die Stelle, wo das »Antikriegs-Museum« einst gewesen war, habe ich in dem Trümmerfeld von Alt-Berlin nicht mehr gefunden. Aber als ich die Suche aufgab und um mich blickte über Schutt und rostiges Eisen, über den dürren, menschenleeren Grund, der einst Mittelpunkt einer lebendigen, aufstrebenden Stadt gewesen war, da wurde mir klar: Das »Museum« war größere, war weitere, umfassendere Wirklichkeit geworden. Es umfaßte nun nicht mehr nur vier kleine Räume, sondern ganze Häuser, ein ganzes Viertel. Aber wieder sahen sie die Zerstörung nicht, wieder marschierten sie mit Bannern, wieder sangen sie, priesen ihre Siege und schauten weg von der Fratze menschenverschuldeten Todes.

Was können wir gegen das kommende Unheil tun, Ernst Friedrich? Was sollen wir tun?

(1966)

Die Sehnsucht nach Frieden

...In den fünfziger Jahren habe ich als Beobachter am Beginn eines westöstlichen Kontaktversuches teilnehmen dürfen, eines Kontaktversuches, der bis heute noch fortgesetzt wird, nämlich der ersten Sitzungen der sogenannten Pugwash-Bewegung. Sie wurde bekanntlich durch Einstein und Russell angeregt. Es waren Konferenzen, an denen hauptsächlich Wissenschaftler der beiden großen Lager teilnahmen, und sie wurden benannt nach einem kleinen Ort in Neufundland, Pugwash, dem Geburtsort eines kanadischen Millionärs, der der Ansicht war, man sollte mehr für den Frieden tun und den Krieg verhindern. Es gibt nämlich auch ein paar ganz vernünftige Millionäre, es sind nicht alle wahnsinnig.

Damals, mitten im kalten Krieg, hat man versucht, die Mitglieder einer angesehenen, für die Mächtigen unentbehrlichen Berufsschicht zusammenzuführen, hat man versucht, dem vorherrschenden eisigen Klima entgegenzuwirken, hat man begonnen, sich ernsthaft, konkret, detailliert über die Folgen künftiger Kriege zu unterhalten. Die Erfolge dieser Bemühungen sind zwar weit hinter dem zurückgeblieben, was schon damals als letztlich unverzichtbares Überlebensziel anerkannt wurde, den möglichst baldigen Abbau aller Massenvernichtungsmittel. Dennoch waren diese Begegnungen zwischen West und Ost, später zwischen Nord und Süd, politisch sehr einflußreich. Wenn es in den letzten 25 Jahren doch wenigstens Ansätze zu einer Entspannung und erste, wenn auch ganz ungenügende Kontroll- und Begrenzungsabkommen gegeben hat, dann war dies weitgehend eine Folge all jener Kontakte, Initiativen, Gespräche und Konzepte, die von – und das ist wichtig – Nichtdiplomaten, von politischen Amateuren eingeleitet und fortgeführt wurden. Ich wünschte, daß auch unsere von einem Nichtfachmann, dem Dichter Stephan Hermlin, ergriffene Initiative sich als folgenreich, sich vielleicht als noch folgenreicher erweisen könnte als die Friedensbemühungen der Forscher, und ich möchte ihm – sicherlich auch im Namen von allen – für diesen ungewöhnlichen Schritt danken.

Nun möchte ich aber auch kritisch fragen: Weshalb haben sich denn die viel weitergehenden Erwartungen der Pugwash-Bewegung, von der übrigens einige hervorragende Mitarbeiter hier vertreten sind, nicht erfüllt? Weshalb wurde sie – das ist mein persönliches Urteil – mit den Jahren immer einflußloser, so daß ihre mehrmals jährlich stattfindenden Seminare und Konferenzen, wenn überhaupt, heute nur noch am Rande vermerkt werden? Es lassen sich dafür beachtenswerte politisch-ökonomische Gründe angeben, und das hat man auch getan, und das sollte man tun. Aber es sind nicht die einzigen. Ich erinnere mich, wie mir bei der in Schweden stattfindenden Zehnjahrestagung der Gruppe mein Nachbar während einer besonders umständlichen und haarspalterischen Auseinandersetzung zwischen einem amerikanischen Rüstungsexperten und seinem sowjetischen Gegenpart zuflüsterte: »Die verhandeln jetzt schon wie bei den Vereinten Nationen.« In der Tat, die Anpassung vieler Forscher an die Argumentationsweise der Diplomaten nahm diesen Gesprächen die Frische, die Unmittelbarkeit und die Originalität, die sie anfangs ausgezeichnet hatte. Unmerklich war auch Pugwash in die große Politik integriert worden und hatte damit die Unbefangenheit, Radikalität und – ich meine das positiv – die Naivität verloren, die ihre Urteile und Vorschläge wertvoll gemacht hatten.

Doch dazu kam noch etwas anderes, möglicherweise noch Entscheidenderes. Forscher sind, nicht nur im Westen, sondern auch in anderen Ländern, wenn man von einigen Ausnahmen absieht, Elite. Sie haben viel zu wenig, oft so gut wie gar keine Verbindung mit dem Volk. Die Weiterentwicklung der Waffensysteme und die immer wiederkehrenden internationalen Spannungen, die die Menschen besorgt machen, hätten von der Pugwash-Bewegung der großen Öffentlichkeit, hätten den Bürgern viel deutlicher gemacht werden müssen. Die Pugwash-Bewegung hatte zu wenig Kontakt mit den Menschen, den bedrängten, den bedrohten Menschen. Die Debatten der Wissenschaftler, ihre Erkenntnisse, ihre Warnungen waren nur einem kleinen Kreis verständlich. Den meisten Zeitgenossen, und dazu gehören wir fast alle heute, blieb diese vertrackte Schicksalsfrage der mehr oder weniger moderneren Rüstung und Strategie weitgehend fremd. Ihre theoretische und abstrakte Beschreibung dieser Probleme verharmlost das Monströse, das Entsetzliche, das eigentlich den Überlebens- und Widerstandswillen der Bedrohten und Betroffenen wecken müßte. Nur wenn die Wissenschaftler zu diesen ungenügend oder gar nicht informierten Massen rechtzeitig Verbindung gesucht hätten – und von jetzt ab viel stärker suchen würden –, dann wären ihre Warnungen und Vorschläge schon vor Jahren viel einflußreicher gewesen. Sie hätten dann auch mehr politisches Gewicht gehabt, weil Menschen hinter ihnen gestanden hätten, die diesen Überlegungen Gewicht verliehen, und dann vielleicht auf die Politiker mehr Eindruck gemacht hätten. Ich habe das Beispiel der begrenzten Erfolge der Pugwash-Bewegung und des im letzten, meiner Ansicht nach, entscheidenden Versagens dieser Bewegung herangezogen, weil ich meine, daß wir, die hier zu einem Ost-West-West-Ost-Gespräch über neue Friedensbemühungen versammelt sind, daraus lernen könnten. Ich für mich ziehe daraus folgende Lehre:

Erstens: Schriftsteller und Künstler dürfen sich dem Denken und dem Stil professioneller Politiker nicht anpassen. Sie sollen sich keinen Denkschablonen unterwerfen, keinen vermeintlichen Sachzwängen beugen und die Gabe, die zumindest einigen von ihnen gegeben ist, die Phantasie, befruchtend auf die dürren Landschaften der Politik einwirken lassen. Ich meine, daß die Unterschätzung der Phantasie, ja, ich möchte beinahe sagen, die Verächtlichmachung der Phantasie im politischen Leben schuld ist an vielen der Krisen, die wir heute erleben. Franz Kafka hat einmal gesagt: Der Krieg ist aus einer furchtbaren Phantasielosigkeit entstanden – und ich möchte sagen: Der Frieden kann vorläufig auch noch nichts werden aus einer furchtbaren Phantasielosigkeit. Ich frage Sie alle hier einmal: Wie viele einleuchtende, die Menschen mitreißende Visionen eines Friedens gibt es eigentlich? Das sind doch bisher alles vage, dünne, blasse Utopien.

Ich glaube, die Schriftsteller und Künstler hätten die Aufgabe, hier miteinander an konkreten Vorstellungen eines wünschenswerten Lebens zu arbeiten und über den notwendigen Abwehrkampf gegen die Kriegsgefahren auch für eine solche ganz andere künftige Welt zu arbeiten. Für diese radikal andere menschliche Welt wären die Menschen zu begeistern. Denn wir leben heute in einer Zeit, da die Jugend konstatiert »no future«, weil sie keinerlei Vorstellungen mehr von ihrer Zukunft haben kann. Ich meine, wir müssen, über die Schrecklichkeiten der Situation hinwegspringend, mit den Menschen zusammen vielfache Vorstellungen einer besseren Zukunft entwickeln, und dies wäre die ganz besondere Aufgabe der Schriftsteller und der Künstler.

Zweitens: Wir sollten im Gegensatz zu den wissenschaftlichen Theoretikern und politischen Planern, die weitgehend den Abstraktionen und der Theorie verhaftet sind (es vielleicht auch sein müssen), als kritische und mitfühlende Beobachter des konkreten, des nahen alltäglichen Geschehens wirken. Wir dürfen den Bürgern nicht entrückt sein, sondern stets offen für ihre Mitteilungen sein, bereit, ihre Ängste und Befürchtungen nicht nur anzuhören und zu verstehen, sondern auch durch unsere Arbeit bekanntzumachen. Wir sollten das tun können ohne Rücksichtnahme aus persönlichen oder taktischen Gründen, ohne jene Furcht, die vielen Abhängigen und Überwachten in beiden Lagern heute die Kehlen zuschnürt und die Münder verschließt.

Drittens: Es haben sich spät, ich meine, eigentlich viel zu spät, in vielen Ländern die durch Rüstung Verarmenden, durch den schrecklichsten aller Kriege Bedrohten zusammengefunden, um eine mächtige Friedensbewegung zu beginnen. Jetzt endlich sind diejenigen, die die Arbeit der Wissenschaftler, der Schriftsteller und Künstler, die für den Frieden kämpfen und eintreten, unterstützen wollen, jetzt endlich sind diese vielen Menschen sichtbar und widerstandsbereit da. Ich möchte Ihnen sagen, daß ich als jemand, der in den letzten Jahren an vielen Kundgebungen dieser Tag um Tag wachsenden Bewegung teilgenommen hat, auch kleine Gruppen besucht und mit vielen dieser Menschen gesprochen hat, daß hier eine der ganz großen Hoffnungen aufgetaucht ist, die wir heute noch haben können. Diese Menschen, die sich gegen die Resignation der Mehrheit wehren, gegen die Resignation derer, denen nur noch ihr Wohlleben, ihre Karriere, ihre Sicherheit wichtig ist, sie sind ein enormes Versprechen, ein Licht in einer dunklen Zeit. Nur möchte ich auch das sagen: Immer wieder werde ich gefragt, nicht nur ich, sondern sicherlich auch Erich Fried und andere Schriftsteller, die an diesen Veranstaltungen teilnahmen: Ja, warum nur wir? Warum gibt es solche Massenveranstaltungen nur in unseren Ländern, warum demonstrieren nur wir? Warum treten nur wir so spontan und selbstorganisiert öffentlich für den Frieden auf? Warum gibt es nicht mehr davon auf der anderen Seite? Wir wissen zwar, daß es kürzlich in Rumänien eine große Friedenskundgebung gegeben hat. Wir wissen, daß letzte Woche in Ungarn eine große Friedensdemonstration stattfand. Aber wenn man das den Menschen bei uns entgegenhält, dann sagen sie: Na ja, das ist ja dirigiert, das ist ja »von oben« gemacht. – Ich glaube, der große Wert dieses Treffens hier ist es, daß man das Gefühl hat, hier sei nichts dirigiert, hier sei nichts von oben gemacht. Aber ich wünschte mir, und das ist ein ganz persönlicher Wunsch, den ich ausspreche, den ich aber auch ausspreche im Namen der großen Friedensbewegung, die heute in den USA, in Holland, in der Bundesrepublik, in Schweden, in der Schweiz, in Frankreich endlich wirkliche Kraft erlangt hat. Bitte gestatten Sie auch in Ihren Ländern nichtdirigierte, spontane Kundgebungen für den Frieden!

Ich habe anfangs meine Befürchtungen erwähnt, daß unsere Bemühungen um die Verhinderung des nächsten großen Krieges vielleicht wieder vergeblich sein könnten. Ich habe aber auch gesagt, daß ich besonders seit ein paar Monaten ermutigt bin und daß es vielleicht diesmal nicht vergeblich sein könnte, weil so viele junge Menschen – gerade die Menschen, die in dem Alter sind, in dem sie kämpfen sollen – nicht mehr mitmachen wollen.

Aber ich meine, es gibt auch noch andere Gründe, weshalb die Chancen der Kriegsverhinderung diesmal endlich etwas größer sind als in früheren Jahren. Dieses Urteil stützt sich auf vergleichende Erfahrungen, die ich seit 1931 gemacht habe. Vor fast 50 Jahren wurde ich von Pariser Polizisten buchstäblich zum Pazifisten geschlagen, weil ich einen Vortrag von Henri Barbusse, dem großen sozialistischen Antikriegsschriftsteller, hören wollte. Damals wurde ein Bericht über diese Kundgebung am Tage darauf in keinem anderen Blatt als in der kommunistischen Zeitung veröffentlicht. Die anderen schwiegen. Ich glaube, daß heute so etwas nicht mehr möglich ist. Es ist heute nicht mehr möglich, obwohl es immer wieder versucht wird, die Friedensanstrengungen, die Friedenssehnsucht der Menschen ganz zu verschweigen, zu unterdrücken oder falsch zu interpretieren.

Die Menschen sind aufmerksamer geworden, sie sind klüger geworden, sie lassen sich nicht mehr irreleiten. Sie wissen, was geschieht, und sie haben Erfahrungen. Und es gibt heute fast niemanden mehr, der das nicht wüßte, der nicht erfahren hätte, daß ein Krieg, wenn er heute stattfinden würde, ein Krieg wäre, der nicht wie die früheren Kriege einmal wieder überwunden werden könnte, sondern dessen Folgen Jahrhunderte, Jahrtausende dauern, ja vielleicht das Ende der Geschichte bedeuten würde. All das wissen die Menschen heute. Und weshalb wissen sie es? Ich glaube, sie wissen es, weil doch in den letzten zehn, zwanzig Jahren eine ganze Reihe von Kommunikationsnetzen über die Erde gespannt worden sind. Es gibt die offiziellen Kommunikationsnetze, es gibt die kontrollierten Kommunikationsnetze des Radios und des Fernsehens, es gibt aber auch, und das halte ich für so wichtig, die vielen inoffiziellen Kommunikationsnetze. Es gibt die Kommunikationsnetze der Freunde in Ost und West, es gibt die unsichtbaren Kommunikationsnetze von einem Land zum anderen, in denen man sich zuflüstert, wie es wirklich aussieht. Es hat sich im Westen – ich kann das nicht in bezug auf Ihr Land beurteilen, aber es wäre gut, wenn es das auch hier geben könnte – so etwas wie eine Gegenöffentlichkeit zu entwickeln begonnen, die dadurch, daß sie das sagt, was die offiziellen Kommunikationsnetze nicht wagen zu sagen, echtes Vertrauen bildet, weil sie die unterschlagene Wahrheit bekanntmacht. Wenn ich nämlich das Wort »Vertrauen« höre und gleichzeitig weiß, daß schon ein kritisches Wort bestraft werden kann, dann habe ich zu denjenigen, die ein solches kritisches Wort bestrafen, kein Vertrauen mehr, und das ist doch wohl verständlich.

Die resignative Gewöhnung kann, die Perspektive eines unvermeidlichen Krieges muß abgelöst werden von den Vorstellungen einer anderen, besseren Gesellschaft. Das habe ich vorhin schon gesagt, und ich möchte es noch einmal wiederholen. Ich habe mit Interesse den Vortrag von Klaus Fuchs gehört, und ich sage ganz offen, daß ich bei aller Verehrung, die ich für ihn habe, doch etwas enttäuscht bin, und zwar war ich deshalb enttäuscht, weil ich strategische Überlegungen, Rechnungen nicht zum ersten Mal, sondern zum dreißigsten oder vierzigsten Mal gehört habe. Ich meine, wir sollten heute über diese Rechnungen, die ja von den Strategen und von den Politikern gemacht werden, hinausgehen und noch etwas anderes vorlegen. Ich verstehe sehr gut, daß er von seinem Erlebnis her gesprochen hat, aus dem, was er mitgemacht hat, aus der – wie ich ausdrücklich sagen möchte – heroischen Verweigerung, die er gezeigt hat, indem er versucht hat, durch seine Kontakte zur Sowjetunion Rüstungsgeheimnisse weiterzugeben und damit zu verhindern, daß es damals zu einem atomaren Überfall auf die Sowjetunion oder einer einseitigen Beherrschung der Welt durch die USA und ihre Verbündeten käme.

Ich meine aber, wir würden zuwenig tun, wenn wir hier diese strategischen Spiele weiterspielen würden, wenn wir uns als Westentaschenstrategen verstehen würden. Ich meine, was wir hier entwickeln sollten, wäre doch etwas, was uns immanent fehlt. Es wäre humanistische Phantasie, und es wäre etwas, was in Diskussionen fast überhaupt nicht mehr vorkommt, nämlich Menschlichkeit. Menschlichkeit steckt nicht in Zahlen und Statistiken und Aufrechnungen, die man der einen oder der anderen Seite macht. Menschlichkeit bedeutet Mitleid, bedeutet Zärtlichkeit, bedeutet die Beobachtung des Gesichts des Menschen, das bedeutet in der Vorstellung die Vorausnahme des schrecklichen Schicksals der Menschen, wenn wir diese Menschen aus Fleisch und Blut über den Waffen und über dem strategischen Kalkül vergessen. Im Mittelpunkt dieser Veranstaltung sollte der Mensch, sollten die Menschen und ihre Aktionen stehen. Und es tut mir eigentlich leid, daß in einem Land wie der DDR – bei diesem Treffen – es nicht auch zu einer Begegnung mit durchschnittlichen Menschen kommen kann, mit diesen Menschen, mit diesem Volk, das die schwersten Opfer tragen muß, wenn es zu einem Krieg kommt, mit diesem Volk, dessen Sehnsucht nach Frieden so stark ist und dessen Sehnsucht so wachsen muß, daß der Krieg vielleicht verhindert werden kann.

Ich habe einmal einen Aufsatz eines amerikanischen Ökonomen und Soziologen gelesen, eines – wie man so sagt – »guten Amerikaners«, Kenneth Boulding. Er spricht darin davon, daß wir es bei unserer Gesellschaft heute mit sozialen Echosystemen zu tun haben; und je nachdem, was wir in dieses Echosystem hineinrufen, die Worte, die immer lauter und lauter werden, schließlich die Wirklichkeit verändern.

Wir müssen in dieses Echosystem das Wort »Frieden« hineinschreien und nicht das Wort Rüstung und Gegenrüstung. Wir müssen in dieses Echosystem nicht nur ein Nein, sondern auch ein Ja zum Menschen und zu einer besseren Zukunft rufen.

(1981)

Wieviel Waffen hat das Gewissen?

Sie sind Einzelgänger. Aber wenn es sein muß, dann finden sie sich schnell zusammen, schneller als jeder andere Berufsstand. Dies war der Fall in den ersten Monaten des Jahres 1981, als die Öffentlichkeit allmählich zu spüren begann, daß aus der Nachkriegszeit scheinbar ganz plötzlich wieder einmal eine Vorkriegszeit geworden war. Noch wollte es niemand ganz glauben, was der neue amerikanische Präsident verlauten ließ, noch nahmen nur wenige ernst, wie es da aus dem dunklen Osten zurückhallte. Wir hatten uns alle schon an den Gedanken gewöhnt, daß ein Atomkrieg unführbar, weil ungewinnbar sei. Unsere Sorgen galten der bedrohten Umwelt, dem zunehmenden Elend in der Dritten Welt, unsere kritische Aufmerksamkeit der wachsenden Arbeitslosigkeit, der vom Schleichen ins Laufen geratenen Inflation, unser kritisches Engagement richtete sich gegen menschenfeindliche »neue Techniken« und ihre bedrohlichen Folgen. Aber der Rüstungswettlauf? Der galt nur noch als verschwenderisches Nebengeleis des Fortschritts, ein kostspieliges Ritual, ein komplexes Spiel mit immer schwerer verständlichen Regeln, mehr »Sciene-fiction« als menschliches Drama.

Bernt Engelmann, Schriftsteller, historisch und politisch gebildet, nicht zufällig also auch »Funktionär«, nämlich Vorsitzender des den Gewerkschaften angeschlossenen deutschen Schriftstellerverbands, begriff früher als die meisten seiner Mitbürger, was die Uhr geschlagen hatte, und machte sich Gedanken darüber, wie er und seine Kollegen in diese bedrohliche Entwicklung eingreifen könnten. Als er Anfang Februar aus der Morgenzeitung erfuhr, daß Hermann Kant, Vorsitzender des Schriftstellerverbandes der DDR, in einer Münchner Buchhandlung lesen werde, rief er den ihm persönlich bis dahin Unbekannten an und lud ihn zu sich nach Rottach ein, weil es etwas Wichtiges zu besprechen gebe. Man einigte sich auf einen Treffpunkt in etwa gleicher Distanz vom Tegernsee und der bayrischen Hauptstadt, dem gemütlichen Brauhaus von Aying, und hier wurde am 8., möglicherweise auch am 7. Februar (denn das war ja damals nur ein Tag unter vielen, noch kein »historisches Datum«, das man sich genau merken mußte), im Laufe einer knappen halben Stunde ein Aufruf skizziert, der Zeitgeschichte gemacht hat.

Denn der »Appell der Schriftsteller Europas«, ursprünglich wohl nur als deutsch-deutsches Manifest gedacht, der dann am 20. August 1981 vom Verband deutscher Schriftsteller der Öffentlichkeit übergeben wurde, unterschied sich in einem ganz wesentlichen Punkt von anderen Beschwörungen der Weltöffentlichkeit. Er sprach »nicht allein im Namen seiner mehr als zweitausend Mitglieder, zu denen fast ausnahmslos alle bundesdeutschen Autoren von Rang gehören, sondern auch für die Schriftstellerverbände der Deutschen Demokratischen Republik, Frankreichs, Italiens und Jugoslawiens, außerdem auch im Namen der P.E.N.-Zentren BRD, DDR, Niederlande, Norwegen und Portugal sowie von rund hundertfünfzig Einzelunterzeichnern aus fast allen Ländern Europas«. Daß hier Schreibende »über alle Grenzen von Staaten und Gesellschaftssystemen, über Meinungsverschiedenheiten hinweg« dringend neue Abrüstungsverhandlungen forderten, war leider schon wieder ungewöhnlich genug. Es zeigte an, wie groß die gemeinsame Sorge um das Überleben der Menschheit war, größer als die üblichen Bemühungen um ideologische Abgrenzung und Rechthaberei. Noch ungewöhnlicher war es, daß als Folge dieses ersten grenzüberschreitenden Ereignisses schon sehr bald (im Dezember 1981) ein zweites folgte, das bis dahin kaum jemand für möglich gehalten hätte: eine offene, fast rückhaltlose Diskussion der kritischen Weltlage in einem Ost-Berliner Hotel vor den Fernsehkameras sowohl des östlichen wie des – in die DDR hineinstrahlenden und dort rege zur Kenntnis genommenen – westlichen Fernsehens.

Zum ersten Mal seit dem Ende des Zweiten Weltkrieges kamen die erstarrten geistigen Fronten in Bewegung, kritisierten nicht nur im Westen, sondern auch im Osten lebende Schriftsteller Haltungen und Handlungen ihrer Regierungen. Ich habe dieser »Berliner Begegnung« im Dezember 1981 beigewohnt und erfahren, wie groß damals die Hoffnung war, daß den Schriftstellern nun gelingen könne, was fast allen Berufssparten von den Politikern über die Wissenschaftler und Gewerkschafter bis zu den Sportlern und Militärs seit 1945 nicht mehr gelungen war: das andauernde, offene, kritische und selbstkritische Gespräch, die ehrliche und geduldige Suche nach Gemeinsamkeiten, die phantasievolle Bemühung um neue Wege, die vom Abgrund wegführen könnten.

In den kommenden Monaten und Jahren ist dann diese Erwartung nicht in Erfüllung gegangen. Auf beiden Seiten – man kann darüber streiten, auf welcher Seite zuerst – wurden die vorübergehend gelockerten Zügel wieder angezogen. Schon die nächsten Schriftstellerbegegnungen in Den Haag, Köln (1982) und West-Berlin (1983) standen wieder im Zeichen der üblichen Manöver und Mißverständnisse, weil das eisige weltpolitische Klima einmal mehr das begonnene Auftauen der Beziehungen verhinderte.

War also auch diese Initiative der Schriftsteller – wie so viele frühere Anstöße der Poeten, Literaten, der Romanciers und Dramatiker vor dem Ersten und Zweiten Weltkrieg – vergeblich? Haben die »Menschen guten Willens« – so nannte Jules Romains in seinem vielbändigen Epos über die Friedensanstrengungen in den zwanziger und dreißiger Jahren unseres Jahrhunderts seine bemühten und besiegten »Helden« – sich einmal mehr als zu schwach erwiesen gegenüber den Mächtigen? Ich meine, es wäre zu früh, eine solche negative Bilanz zu ziehen. Denn die Situation ist heute doch ganz anders als in den Jahren vor 1914 und vor 1939. Damals waren Nationalismus und Kriegsbereitschaft unter den Menschen der rivalisierenden Mächte noch ungleich größer als heute. »Man« wußte wenig über die Motive und Interessen, die zu Kriegen führen, und noch weniger über die Folgen bewaffneter Konflikte. Heute gibt es zwar immer noch eine beträchtliche Anzahl von Menschen, die Rüstung für »unverzichtbar« und Kriege für »unvermeidbar« halten. Aber sie sind deutlich in der Minderheit, und es gelingt ihnen immer weniger, ihre Auffassungen der großen Mehrheit glaubhaft zu machen. Und das, obwohl sie im Westen zu einem erheblichen Teil und im Osten total die wichtigsten Kommunikationsmittel beherrschen.

Daß die »Massen« kritisch geworden sind, daß sie nicht mehr so leicht blindem Chauvinismus oder Doktrinarismus verfallen wie noch in den ersten drei Vierteln dieses Jahrhunderts, ist weitgehend eine Folge schriftstellerischer Arbeiten. Das Wort, noch ist es nicht mächtiger als »das Schwert«, aber es bewirkt, daß fast niemand sich mehr für Waffen begeistern kann, daß selbst die Verteidiger der Waffengewalt beteuern müssen, sie wollten alles tun, daß ihre mächtigen Werkzeuge nie eingesetzt werden.

Es kommt dazu, daß Worte über alle Mauern, über alle Distanzen, über alle Gedankenbarrieren hinweg sich ihren Weg in die Köpfe und Gemüter bahnen. Alle Versuche, sie zu unterdrücken, zu verfälschen, auszulöschen, mißlingen. Immer wieder finden sie Schleichwege, dringen durch Ritzen und Lücken, sind nicht abzuhalten, nicht auszurotten. Die neuen Kommunikationsmittel, legal und immer häufiger auch illegal, weben rund um den Planeten neue Netze der aufklärenden Information, der Warnung wie der Ermutigung.

Nur so ist es zu begreifen, wie stark und schnell die Anstoßwirkung des »Appells der Schriftsteller Europas« war. Innerhalb weniger Monate gelang es ihm, die seit Jahren erschlafften und durch Mißbrauch diskreditierten Friedensbewegungen in zahlreichen Ländern des Erdballs neu zu beleben. Typisch dafür war das, was sich in Japan ereignete: Als ich 1980 meine Freunde in Hiroshima besuchte, meinten sie, die in sich zerstrittenen Anti-Atomorganisationen stünden vor der Auflösung, weil es ihnen nicht mehr gelinge, die Menschen zu mobilisieren. Hans Peter Bleuel, bayrischer Landesvorsitzender des Verbandes deutscher Schriftsteller, trug dann im November 1981 auf der »Intercultural Conference of Asia, Africa and Latin America« in Kawasaki den »Appell« vor und konnte damals nicht ahnen, welche ungeheure Wirkung davon ausgehen würde. Denn nicht nur war dies der Beginn eines Wiederauflebens der Friedensbewegung in Japan, sondern auch ein Neubeginn in Teilen der Dritten Welt.

Ich habe japanische Friedensfreunde gefragt, weshalb sie auf die Worte der Schriftsteller so viel stärker reagierten als auf die Ausführungen politischer und gewerkschaftlicher Funktionäre. Ihre Antwort war einfach, vielleicht zu einfach, aber sie verdient, gehört zu werden. Sie meinten: »Die Schriftsteller sind weniger an der Macht interessiert. Sie sagen nur, wie es ist und wie es sein könnte. Sie sprechen nicht als Taktiker und Strategen, sondern als Besorgte, Geängstigte, Hoffende. Sie wirken nicht allein auf den Verstand, sondern auch auf das Gefühl. Oft sehen sie, was andere noch nicht begreifen. Denn ihr Ahnungsvermögen scheint größer zu sein als das der meisten anderen. Ihr Wissen ist allgemeiner, umfassender. Wir haben zu ihnen und zu dem, was sie uns sagen, mehr Vertrauen.«

Angesichts der Größe der Gefahr, die uns alle und darüber hinaus die ganze Natur bedroht, werden die Schriftsteller, wo immer sie leben mögen, nicht mehr schweigen. Es ist ihre Aufgabe, den heute noch Lebenden klarzumachen, daß der mögliche kommende Konflikt etwas ganz anderes ist als je ein früherer Waffengang. Denn dieses Mal könnte Krieg das Ende allen Lebens bedeuten, würden seine Folgen nie wiedergutzumachen sein, wäre ein »Wiederaufbau«, wie nach früheren bewaffneten Auseinandersetzungen, vermutlich nie mehr möglich.

Angesichts solcher apokalyptischer Aussichten, die in voller Eindringlichkeit zu entwerfen eine der Aufgaben der Schriftsteller ist, dürfen und werden sie aber nicht vergessen, daß sie auch daran arbeiten müssen, ein »neues Denken« zu entwickeln und zu verbreiten, das aus den Todesgefahren der heutigen Katastrophengesellschaft hinausführen kann. Nicht nur die Abwehr des Schrecklichen ist ihnen aufgetragen, sondern auch, in Zusammenarbeit mit allen über den Abgrund Hinausdenkenden, die phantasievolle Entwicklung und Verbreitung einer Mentalität, die heutige Möglichkeiten und Schrecklichkeiten bedenkend, erneuerte Solidarität und Toleranz zur Grundlage des Verhaltens macht. Ein Denken, das Bomben und Raketen nicht nur überflüssig werden läßt, sondern sie darüber hinaus, als groteske Fehlgeburten, der Lächerlichkeit und dem Verschwinden preisgibt. Vielleicht werden wir dann einmal nicht nur sagen: »Wir sind noch einmal davongekommen«, sondern auch »Wir haben, erschüttert durch das, was beinahe geschehen wäre, endlich einen neuen Anfang gemacht.«

Den Zweifelnden und Resignierten möchte ich ein schönes Wort mitteilen, das Hermann Kant (den ich zwar bei der Schriftstellerbegegnung in West-Berlin in einem scharfen Wortwechsel kritisierte, aber hoch achten lernte) auf einem Friedenstreffen der Literaten sprach: »Mit dem, was in einem Buch steht, kann man nicht einmal eine Kerze ausblasen, das ist schon wahr. Aber Literatur hat uns Lichter aufgesteckt, hat manchen finsteren Winkel ausgeleuchtet und uns das Leben überschaubarer gemacht. ... Literatur hat das ungeheure Vermögen, aus einer Ahnung eine Gewißheit zu machen, alte Gewißheit neuem Zweifel auszusetzen; unerträglich werden zu lassen, was bis dahin nur gewöhnlich war, den Schlaf der Ungerechten zu stören und den der Gerechten auch. Unbegreiflichem Namen zu geben, Verdrängtes aufzudecken, Aufgedecktes zu bedrängen – sie hat dies Vermögen, und in dieser Stunde setzt sie es ein gegen die Barbarei, die da hofft, Gewißheit zu werden. Wieviel Waffen hat das Gewissen? Nun, wir werden sehen.«

(1983)

Verhindert das »Niewiedergutzumachende«

Kürzlich erschien in der letzten Nummer in einer Fachzeitschrift eine Literaturübersicht über die Literatur, die sich mit dem Problem der sozialen Zeit beschäftigt. In diesem sehr ausführlichen Bericht, in dem etwa 60 bis 70 Titel genannt worden sind, fehlt vollständig das, was der Gegenstand dieser Fragen ist. Es wird von Zeitknappheit, von der Zeitplanung, von Zeitgefühl, von den verschiedenen Auffassungen von Zeit unter verschiedenen Bedingungen gesprochen, es ist in anderen Büchern, besonders in denen von Rolf Bendorf, von den Zeitbegriffen verschiedener Kulturen gesprochen worden, aber die einzigartige Situation, in der wir zur Zeit leben, ist wissenschaftlich noch kaum erfaßt, nämlich die Tatsache, daß wir die erste Generation sind, für die ein Zeitende nicht etwa eine religiöse Vorstellung, eine mythische Vorstellung ist, sondern Realität, etwas das täglich, stündlich eintreten könnte. Diese Tatsache, daß so etwas möglich wäre, daß der Faden der Geschichte von einem Augenblick zum anderen abgeschnitten werden könnte, ist etwas so Enormes, daß die meisten Menschen sich diesem Problem, dieser besonderen Lage noch gar nicht gestellt haben. Ja, daß sie sich eigentlich noch gar nicht stellen wollen, daß sie immer noch, sozusagen im Hinterkopf, meinen, es würde schon nichts passieren oder es würde dann schon irgendwie weitergehen. Es ist aber so, daß jeder, der sich mit dieser Situation beschäftigt, sehen muß, wie realistisch es ist, ein solches Zeitende anzunehmen, und daß es nicht genügt, hier zu verdrängen, sondern daß ein Umgang mit dieser schrecklichen Möglichkeit notwendig ist, daß ein Reagieren darauf notwendig ist, mehr noch, daß ein Handeln zur Überwindung dieses Zustandes die dringlichste Aufgabe ist, die vor uns steht. Wir sind, und auch das ist vielen noch nicht in seiner vollen Schwere klargeworden, ja nicht nur eine Generation, die um ihre eigene Sicherheit fürchten muß, sondern die Generation, die zugleich die Verantwortung für das Leben aller folgenden Generationen hat. Wir müssen nicht nur versuchen, unsere Häuser, unsere Leben, die Natur, die uns umgibt, zu verteidigen, sondern wir sind auch aufgerufen, alle diejenigen, die nach uns kommen könnten, die Milliarden und Milliarden, die die Welt noch bevölkern könnten, mitzuverteidigen, wir müssen für sie handeln. Das ist ein enormes Mandat, das ist eine enorme Last.

Diskussionen über Endzeiten, Vorstellungen von Endzeiten, auch Erschrecken vor einer möglichen Endzeit hat es in der Geschichte immer gegeben. In all diesen Endzeitvorstellungen war immer auch von dem Paradies, das danach folgen würde, von dem Glück, das danach kommen könnte, von etwas, das aufbrechen würde, von dem ewigen Reich, das sich dann einstellen würde, die Rede. Es wurde das Ende immer als Vorspiel zu einer Höherentwicklung, zu einer Verbesserung angesehen. Heute, angesichts der realen Möglichkeit einer Endzeit, kann davon nicht mehr die Rede sein. Das Besondere dessen, was uns bevorsteht, das Charakteristische dessen, was uns und der Erde und was allem Lebendigen bevorsteht, ist ja das, was man das Phänomen der Irreversibilität nennen muß: Die Tatsache, daß nicht wie früher, wenn irgendwo aus irgendwelchen Gründen ein Krieg wütete, wenn irgendein Unglück geschah, nach diesem Unglück das Leben wieder wachsen konnte, das Neue zurückkehren konnte, das Furchtbare wiedergutgemacht werden konnte. Das wird diesmal nicht so sein. Die Irreversibilität dieses möglichen Endes, die Hoffnungslosigkeit, die Einsicht, daß hier eben nicht ein Paradies oder ein goldenes Zeitalter beginnen würde, sondern ganz einfach ein dunkles, düsteres, furchtbares Ende – und wenn es vielleicht sogar noch etwas hinausgezögert wäre, weil noch irgendwo, irgendwie, Menschen, Pflanzen, Tiere für einige Zeit überleben –, ändert nichts an der grundsätzlichen Möglichkeit eines Untergangs des Lebendigen, nicht unbedingt eines Untergangs der Welt. Der Mond, die Sonne, sie werden weiter da sein, der Kosmos geht deshalb nicht unter, nur die Menschheit, wie manche Leute meinen, eine Fehlentwicklung, deren Existenz und Karriere abgeschlossen wird. Ich will versuchen, kurz zu skizzieren, wie nun auf diese besondere

Situation reagiert wird, und habe drei Hauptreaktionen festgestellt.

1. Die Reaktion der Verdrängung.
2. Die Reaktion der Resignation.
3. Die Reaktion des Handlungsversuches, des Versuches etwas zu unternehmen, gegen das, was uns bedroht.

Ich möchte zuerst von der Reaktion der Verdrängung sprechen. Dr. Friedrich Beese hat sich auf der letzten Tagung der Psychoanalytischen Gesellschaft in Berlin mit dem Thema »Angst« beschäftigt. Er schildert aus seinen eigenen Erlebnissen, wie eine solche Verdrängung arbeitet. Er erzählt, wie er, als er als Soldat im Zweiten Weltkrieg von Vergasungen von Juden gehört hatte, zuerst nicht daran glauben konnte, später sich dann zwar der Einsicht beugen mußte, daß das stimmte, aber nicht fähig war, gefühlsmäßig darauf zu reagieren. Ich kann Ihnen eine parallele Erfahrung erzählen. Ich bin Jude, ich bin emigriert, und ich hatte das Glück, im Zweiten Weltkrieg in der Schweiz zu leben. Ich habe damals, Anfang 1942, von dem Oberrabbiner von Zürich, Herrn Dr. Taubes, wahrscheinlich den ersten Bericht, der aus dem polnischen Untergrund in die Schweiz gebracht worden war, gehört über das, was im Osten vorging, nämlich die Massenvergasung von Juden. Ich bin mit diesem Bericht damals nach Bern gefahren und habe versucht, ihn ausländischen, englischen, französischen, amerikanischen Korrespondenten und natürlich auch Schweizer Journalisten zu zeigen, und habe ihnen gesagt, ihr müßt hier etwas unternehmen, da lassen sich noch Menschen retten, tut etwas. Ich habe vielleicht mit 20 verschiedenen Kollegen gesprochen, die mich alle kannten, die also wußten, daß ich nicht irgend etwas erfinden würde. Jeder einzelne hat gesagt, wir wissen, Hitler ist ein Tyrann, er muß bekämpft werden. Aber daß er, und daß die Deutschen das machen, daß sie im Stande sind, Frauen, Kinder und alte Menschen wie Wanzen zu vernichten und das zu Hunderttausenden, das zu Millionen, das muß Greuelpropaganda sein. Sie haben einfach vor der Furchtbarkeit dieser Tatsache kapituliert. Sie waren nicht fähig, das zu fassen, sie mußten wegschauen, sie konnten es nicht fassen, sie wollten nicht darüber schreiben. Einige Monate später sind noch mehr solche Nachrichten gekommen, und sie mußten schließlich erkennen, daß das stimmte.

Ich bin im Laufe der letzten 18 Monate in weiten Teilen der Welt herumgefahren und habe mich um Friedensbewegungen und verschiedene Widerstandsbewegungen gekümmert, und ich habe immer wieder gemerkt, daß im Grunde niemand an die Furchtbarkeit dessen, was da kommen könnte, glaubt. Irgendwo hat jeder im Hinterkopf noch eine Reservation und meint, die werden schon die Sache in der Hand behalten, es wird schon vermieden werden. Ich hoffe das ja auch und trete ja dafür ein. Den Menschen fällt es außerordentlich schwer, das zu erfassen und darauf zu reagieren, das wirklich ernst zu nehmen, wenn ein gewisser Grad der Schrecklichkeit erreicht ist. Ich komme mir also genauso vor wie damals, wie ich nach Bern gekommen bin und die Menschen nicht erschüttern konnte, sie nicht dazu bringen konnte, das ernst zu nehmen, doch versuche ich es immer wieder, weil ich meine, wir werden uns allmählich dieser schrecklichen Möglichkeit voll stellen müssen. Nun, diejenigen, die heute diese Entwicklung in Gang gebracht haben, die an den Hebeln der Entscheidung sitzen, die tun ja nun sehr viel dafür, um das Nichtglauben, um das Wegschieben dieser Perspektive zu erleichtern. Eines ihrer Hauptargumente ist, wir haben die Situation im Griff, wir haben bisher diese schreckliche Möglichkeit kontrollieren können, es gibt ja Atombomben seit 1945, sie sind bisher nie explodiert, wir können uns darauf verlassen, daß es auch diesmal nicht anders sein wird. Die Tatsache, der sie sich nicht stellen wollen, ist einmal die Tatsache der neuen und weiteren Waffenentwicklung, die uns aus einer Strategie der Abschreckung in eine Strategie der gegenseitigen Aufreizung geführt hat. Es wird nicht mehr abgeschreckt, sondern der Gegner wird so nervös gemacht, so aufgereizt, daß er eben gerade seine Selbstkontrolle zu verlieren droht, und ich meine, daß gerade an dieser Strategie der Aufreizung die Amerikaner mehr Schuld haben, sich Schlimmeres zuschulden kommen lassen, daß das nicht so bleiben kann und nicht so bleiben wird, das kann man nachlesen in einem Artikel, der vor einigen Tagen in der *New York Tribune* erschienen ist, also in einer unverdächtigen Quelle, in dem ein amerikanischer Spezialist des sowjetischen Militärs einen russischen Gesprächspartner zitiert, der sagte, »ihr könnt nicht immer damit rechnen, daß wir in Krisensituationen so vorsichtig, so zurückhaltend agieren, wie wir es bisher getan haben«. Die Kontrolle ist in Frage gestellt. Ich brauche nicht auszuführen, daß die Komplexität der militärischen Apparate es immer schwieriger macht, sie wirklich zu kontrollieren, daß die an für sich geringe Fehlerquote von ein bis zwei Prozent Versagensquoten eben ein bis zwei Prozent zuviel sind, daß ein Krieg durch Versagen, durch Fehler, durch Irrtum möglich wird. Weiter muß man dazu sagen, daß die Potenzen, die da in Gang gesetzt werden würden, eine ganz ungeheure Steigerung im Laufe der letzten zwei bis drei Jahre erreicht haben, daß also die Atomrüstung des Jahres 1983 in keiner Weise mit der Atomrüstung zum Beispiel des Jahres 1975 zu vergleichen ist. Hier sind sehr viel gefährlichere und potentere, sehr viel vernichtendere Waffensysteme entwickelt worden, und diese Entwicklung wird von der Öffentlichkeit zuwenig wahrgenommen. An dieser Entwicklung sind außer den Regierenden, außer den Politikern, nicht unwesentlich die Rüstungsforscher beteiligt. Frank Barnaby, Stockholm, hat mir einmal gesagt, daß einer der Hauptmotoren, einer der Hauptantriebe der Rüstung die Forscher selber sind. Jedesmal, wenn ein bestimmtes Waffensystem entwickelt worden ist, ja meist bevor es fertig steht, kommen wieder neue Ideen, sagen sie, wir müssen uns etwas Neues einfallen lassen, es ist uns noch eine bessere, noch genauere, noch potentere Waffengattung eingefallen, und sie gehen dann zu den Militärs, den Regierungen, sie wenden sich an ihre Lobbys, und die sagen, wir müssen das unbedingt auch machen, wir müssen das auch noch bauen, wenn wir das nicht tun, tut es die andere Seite. Es wird also ständig, auch von seiten der erfinderischen Gehirne, dieses Rüstungswettrennen angeheizt.

Wenn man sich die Perspektive ansieht, was seit 1945 geschehen ist, dann kann man ganz deutlich sehen, daß es mindestens fünf, sechs Gelegenheiten gab, in denen die amerikanische Vorrüstung durchaus hätte abgebrochen werden können und nicht durch neue Weiterrüstung, neue Nachrüstung hätte vorgetrieben werden müssen. Man hätte zum Beispiel, als die Russen ebenfalls die Atombombe entwickelt hatten – die Amerikaner haben sie als erste entwickelt und als erste geworfen –, sich zusammensetzen können und auf die Entwicklung der Wasserstoffbombe verzichten können, man hätte bei der Wasserstoffbombe, die dann von den Russen in der Nachrüstung entwickelt worden ist, wiederum fragen können, müssen wir hier nicht haltmachen. Statt dessen sind die Fernraketen, dann die mehrfachen Sprengköpfe entwickelt worden. Man muß leider Gottes sagen, daß der westliche Erfindungsgeist, unterstützt von einer sehr starken, einer sehr machtgierigen Industrie, immer wieder die ersten Schritte gemacht hat, immer wieder diese Spirale höher und weiter gedreht hat, und wir werden selbstverständlich nach dieser Nachrüstung eine Nach-Nachrüstung, und wenn wir dann überhaupt noch da sind, eine Nach-Nach-Nachrüstung haben. Sie können das selbst fortsetzen, bis Sie noch etwa 20mal sagen, wann bricht das ab, wie wird das abbrechen. Wenn man verharmlost, wenn man meint, man wird die Kontrolle schon behalten, dann ist das ein Selbstbetrug. Die Kontrolle wird immer schwieriger, die ständige Verschärfung, die ständige Steigerung des Rüstungswettrennens macht es immer schwieriger, die Kontrolle zu behalten. Da ist die eine Gruppe derjenigen, die meinen, entweder gar nicht davon zu sprechen, entweder es zu verschieben, oder, daß sie behaupten, sie hätten es unter Kontrolle.

Dann gibt es die zweite Gruppe, derer, die resigniert haben. Die meinen, der Punkt »the point of no return«, der Moment ist schon vorbei, wo es noch möglich war, diese Entwicklung zu stoppen. Wir können nichts mehr tun, es ist eine Art von technologischem Determinismus, bei dem angeblich Sachzwänge es unmöglich machen, noch aus dieser Entwicklung auszubrechen, und es gibt einen Spezialfall dieser Entwicklung, der immer mehr Einfluß gewinnt, nämlich diejenigen, die sagen, wenn wir schon auf diesem Wege getrieben werden, wenn wir schon dieses Unheil nicht mehr verhindern können, dann sollten wir es doch wenigstens beschleunigen. Einige von Ihnen haben wahrscheinlich von Prof. Horstmann, Münster, gehört, der in seiner Schrift *Das Untier* ganz deutlich sagt, »wir sollten eigentlich, da das Menschengeschlecht sich so entwickelt hat, und da das im Menschen drinsitzt, da er nicht anders denken und handeln kann, diesen kollektiven Selbstmord beschleunigen, wir sollten kollektiv Hand an uns legen. Dann haben wir wenigstens noch eine Möglichkeit des Selber-Handelns, und sitzen nicht nur da und warten ab, bis wir schließlich untergehen«. Das halte ich für eine besonders gefährliche Variante, und diese Sicht macht sich immer stärker bemerkbar unter jungen Menschen. Es ist verständlich, daß viele die Spannung nicht mehr aushalten. Lieber ein Ende mit Schrecken, als ein Schrecken ohne Ende. Diese Beteiligung am Wettlauf zum Tode und sogar die Unterstützung dieses Wettlaufs zum Tode nimmt zu.

Es gibt schließlich die dritte Gruppe derer, die an ein Wunder glauben. Und hier, finde ich, ist besonders interessant, daß einer der schärfsten Kritiker, nämlich Erwin Chargaff, sehr kritisch und sehr skeptisch immer wieder vor Optimismus warnt, und der sehr schwarz, dunkel und kritisch in die Zukunft sieht, daß er jetzt, zum ersten Mal in seinem letzten Buch, *Kritik der Zukunft*, folgendes schreibt: »Unsere Welt kann nur durch ein Wunder gerettet werden. Worin kann das Wunder bestehen? Zum Beispiel im Abbau des unglaublichen Hasses, der die ganze Welt zu beseelen, ich möchte fast sagen, zu verunseelen scheint.« Im Vergleich mit dem Haß und seinem weniger furchterregenden Halbbruder, dem Neid, sind die anderen Eigenschaften jetzt matt und schlapp geworden. Aber der Haß gedeiht, wo ich lebe, also in den USA, mit einer ungeheuren Kraft, und er richtet sich zuerst gegen jeden anderen, besonders jedoch gegen Sowjetrußland. Ob dieser Haß auf der anderen Seite mit der gleichen Stärke erwidert wird, weiß ich nicht. Wie ich schon oft gesagt habe, halte ich wenig von organisierten Bewegungen, besonders, wenn sie auf einer fest angestellten, besoldeten Bürokratie beruhen. Jeder Aufstand muß im Herz des einzelnen beginnen, die Trommeln kommen erst nachher. Trotzdem muß man angesichts der ungeheuren Bedrohung der Welt in diesem Falle eine Ausnahme machen.

Nun gibt es in jedem Land viel zu viele Parallelbewegungen, die sich in der einen oder anderen Form dem Umweltschutz und der Erhaltung des Weltfriedens widmen. Der Zusammenschluß zu einem einzigen Verband wäre viel mächtiger als eine Stimme. Dann würde sich vielleicht herausstellen, daß einem winzigen Kain ein riesenhafter Abel gegenübersteht, und eine neue Geschichte eines neuen Anfangs könnte geschrieben werden.

Nun bin ich der Ansicht, auf Wunder kann man nicht warten, an Wundern muß man arbeiten, damit sie geschehen können, und genau das ist es, was die dritte Gruppe, von der ich spreche, die Überlebensbewegung, versucht. Ich möchte von dieser Bewegung reden, nicht so sehr theoretisch, sondern vielmehr aus eigener Anschauung. Es ist die breiteste politische Bewegung, die es bisher in der Geschichte gegeben hat. Das ist erklärlich daraus, daß die existenzielle Bedrohung, die ich kurz skizziert habe, und die Tatsache, daß wir eben mit dem Untergang rechnen müssen, Menschen zu politischen Aktionen veranlaßt, die sich sonst ganz unpolitisch sehen und geben. Es ist eben mehr als Politik, was da geschieht, es ist existenzieller Kampf. Es ist ein Aufschrei, es ist ein Irgend-etwas-tun-Wollen, nicht das einfach hinnehmen, sondern gegen das angehen, ohne daß in vielen Fällen eine ganz bestimmte Ideologie, ein bestimmtes Programm da ist. Der erste Schritt ist, diesen Weg in den Abgrund zu verhindern, hier zumindestens zu bremsen, zu schauen, daß es anders läuft, daß es anders gehen könnte. Die Überlebensbewegung ist eine Bewegung, die alle Altersklassen erfaßt, die Menschen erfaßt, die wie gesagt, bisher nicht politisch tätig waren, Hausfrauen, oder die sich durchaus konservativ verstanden haben, wie Bauern. Eines der interessantesten Phänomene innerhalb dieser Bewegung ist die Tatsache, daß sie in jenen Gegenden der Welt, die sonst immer als besonders gehorsam, besonders regierungstreu schienen, nämlich auf dem Lande, in der Provinz Fuß gefaßt hat und dort viel tiefer noch verwurzelt ist als in den Städten. Denn überall dort, überall auf dem Lande, ob das in der Bundesrepublik ist, in England, in Frankreich, in Italien, überall dort beginnen jetzt die Bauern, in den kleinen Orten, die Menschen, die in der Provinz leben, sich zu organisieren und gegen dieses beginnende Verhängnis zu protestieren, etwas dagegen zu tun. Das hat natürlich den Grund, daß ihnen heute diese zerstörerische Technik auf den Leib gerückt ist, daß sie täglich erleben, wie diese Technik ihre Felder zerstört, wie hinter jedem Berg, hinter jedem Wald, irgendwelche Waffenstellungen, irgendwelche Fabriken sind, wie also das, was ihre Welt war, vor ihren Augen verwandelt wird. Das bringt sie dazu, aus ihrer früheren Ruhe aufzubrechen und dagegen etwas zu tun. Das Interessante ist, daß die Überlebensbewegung wachsend von Berufsgruppen mitbestimmt wird. Dazu gehören selbstverständlich die Psychologen, es gehören die Pädagogen dazu, es gehören die Computerwissenschaftler dazu, es gibt die Ärzte, es gibt die Anwälte, sogar die Richter haben jetzt protestiert, und das sind nicht nur nationale Bewegungen, sondern es sind internationale Bewegungen. Ich weiß zum Beispiel, daß zur Zeit versucht wird, und das ist vielleicht außerordentlich wirkungsvoll, eine internationale Friedensbewegung der Manager in der Industrie, im Geschäftsleben zu organisieren. Weil es ja auch hier einige einsichtsvolle Menschen gibt, die sehen, daß man keine Geschäfte mit Toten mehr machen kann, daß man im Kriegsfall, daß man im Unglücksfall also auch nicht mehr weitermachen kann. Sie wollen ja gar nicht den Krieg, sie wollen nur an der Rüstung verdienen, an der Aufrüstung verdienen und dann sollen die Waffen veralten, sie wollen nicht zerstören, sondern noch einmal verdienen, oder sie wollen die Umwelt zerstören und dann an der Umwelttechnik verdienen.

Dies können sie aber nur unter der Voraussetzung, daß nichts schiefgeht, und sie beginnen einzusehen, daß es eben schiefgehen könnte, daß die Kontrolle verlorengeht, daß eben alles, was sie selber planen, hoffen, untergeht. Die Breite der Friedensbewegung, dieser Überlebensbewegung, ist nicht nur eine Breite, die schichtenmäßig und altersmäßig ist, sie ist auch international. Die Tatsache, wie weit verbreitet sie ist, wie international sie ist, ist den wenigsten in voller Weite, Größe bewußt. Es ist erstaunlich, wie wenig Kommunikation zwischen den verschiedenen Teilen der Friedensbewegung stattfindet, wie wenig zum Beispiel in Amerika, zumindest bis vor einem Jahr, von der europäischen Friedensbewegung bekannt war. Unbekannt ist die indische, kaum jemand weiß etwas von der japanischen oder von der pazifischen Friedensbewegung.

Weil das alles Bewegungen sind, die lokal, regional, national bestehen und die ihren eigenen Weg gehen, und es keinen Punkt, keine Zentrale gibt, die nun alles verbreitet und die alles lenkt, dadurch wird das Wissen über die Information, über die Weite dieser Bewegung ungenügend verbreitet. Es beginnt sich aber ein eigenes, weltweites Nachrichtennetz dieser Bewegung zu etablieren, es fahren Leute hin und her. Nun werden manche von Ihnen fragen: Ja, wie ist es denn mit den Ostländern? Auch dort gibt es solche Friedensbewegungen. Daß es dort – sehr viel schwieriger – trotz aller Gefährdung, trotz aller Überwachung, Menschen gibt, die es wagen, eine eigene Friedenspolitik, eine eigene Friedensbewegung, ohne Leitung von oben, zu versuchen, das macht die dortigen Machthaber hellhörig, und das ist mit der Grund dafür, daß sie dazu angetrieben werden, es selber mit dem Frieden ernster zu nehmen, als sie es sonst vielleicht täten. Wie die Gruppe der Rüstungswissenschaftler die Rüstung in Gang hält, halten diese autonomen und christlichen Friedensbewegungen im Osten die größere staatlich gelenkte Friedensbewegung in Gang. Die Regimes können es sich einfach nicht mehr leisten, hier nicht für den Frieden einzutreten. Bei Gesellschaften, die an die Versprechungen des Sozialismus nicht mehr glauben und wo die Menschen politisch gleichgültig geworden sind, spielt jetzt diese Friedenspropaganda eine ganz wichtige Rolle, nicht nur nach außen, sondern auch nach innen. Es finden sich Menschen wieder zusammen, sie beginnen sich überhaupt zum ersten Mal wieder für die Politik einzusetzen. Es ist den Menschen sehr ernst dort, und diese Friedensbewegungen werden immer stärker, und das dortige Militär fühlt sich immer bedrängter. Aber, und darüber müssen wir genauer reden, die Möglichkeit, daß sich im Osten Friedensbewegungen entwickeln, steigt in dem Maße, wie wir den Militärs, der Bürokratie und der Polizei, die dort herrschen, nicht die Legitimation geben, ihre Militärpolitik, ihre Überwachungs- und Unterdrückungspolitik fortzusetzen. Wenn bei uns entspannt wird, dann gibt es die Möglichkeit, auch dort zu entspannen, dann ist es möglich, daß sich dort Freiräume entwikkeln, für Initiativen, die nicht von oben kommen. In dem Maße, wie von uns, vom Westen her, der Druck vergrößert wird, schwindet die Möglichkeit einer etwas freieren Betätigung. Es werden dann diese Gruppen sehr schnell als mögliche Saboteure, als mögliche Unterwanderer, als mögliche Regimegegner, diffamiert. Wir helfen ihnen nicht, wenn wir hier den Druck verstärken. Mir haben Freunde in Ungarn, in der DDR gesagt, wenn wir am Fernsehen sehen, wie die Polizei sich versammelt, wenn wir diese vielen weißen Helme sehen und wie die Polizisten mit ihren Schildern gegen die Bürger vorgehen, dann sagen wir uns, wo ist noch der Unterschied, wo ist wirklich noch eine Hoffnung. In dem Maße, wie die Friedensbewegung im Westen unterdrückt wird, beginnen wir die Hoffnung zu verlieren, daß es überhaupt Bewegungen kritischer demokratischer Bürger gegen Regierungsmacht und Willkür von oben geben kann. Wir hätten also allen Grund, den Menschen auf der anderen Seite Mut zu machen und ihnen ein Beispiel zu geben.

Die Friedensbewegung ist das Sammelbecken für soziale Veränderungsbewegungen geworden, und sie ist zugleich die Spitze dieser Veränderungsbewegung. Wenn zum Beispiel die Rüstung weitergeht und die Friedensbewegung scheinbar erlahmt, dann wird der andere Teil in dieser Bewegung, sei es zum Beispiel die Bewegung gegen die Rationalisierung, sei es die Anti-Orwell-Bewegung, das heißt die Anti-Überwachungsbewegung, sei es die Frauenbewegung, weitergehen. Alles was heute in Frage gestellt wird, findet sich in dieser Bewegung, und wenn man genauer untersucht, dann findet man, daß alles, was an Unbehagen, an Unsicherheit, an Angst in dieser Zeit herrscht, aus derselben Wurzel kommt, nämlich dem Versuch, die Menschen, die Umwelt, die Welt, die Natur, mit Hilfe von moderner Technik zu beherrschen, das heißt Menschen und Natur auszubeuten und der Herrschaft einer Minderheit zu unterwerfen mit Hilfe von neuer Überwachungstechnik, einer neuen Bürgerkriegstechnik. Ich meine, daß diese Frage der Repressionstechnik zum Beispiel bei uns viel zuwenig gesehen wird. Die wenigsten wissen, wie sich diese Repressionstechnik in den letzten Jahren entwickelt hat, wieviel genauer Menschen beobachtet werden können, wieviel eher es möglich ist, Dossiers über jeden einzelnen zu führen. Ich wäre froh darüber, wenn im Jahr 1984 über diese Probleme öfter gesprochen würde als bisher und wir diese Repressionstechniken kennenlernen, auch kennenlernen, wie wir sie unterlaufen, sabotieren können.

Und das führt mich zur Frage der Taktik. Wie wird diese Überlebensbewegung weitermachen, wie kann sie versuchen, sich durchzusetzen, obwohl sie scheinbar, und so sieht es ja jetzt im Augenblick aus, erfolglos geblieben ist? Ich bin der Ansicht, daß sie keineswegs erfolglos geblieben ist. Denn ihr Haupteffekt ist es gewesen, daß sehr viel mehr Menschen sich über die Lage, in der sie leben, klargeworden sind. Die Friedensbewegung ist eine Aufklärungsbewegung. Sie hat viele Menschen überhaupt erst dazu gebracht, sich mit der Wirklichkeit, mit der Situation auseinanderzusetzen. Und es gibt eine Fülle von Wissen, das bisher nicht da war. Das ist schon einer der großen Erfolge der Friedensbewegung. Das wird weitergehen, denn noch viel mehr Menschen versuchen zu erkennen, wie es wirklich um sie steht, welche Kräfte hinter den technokratischen Machtsystemen stehen.

Aber es gibt einen zweiten Erfolg, der den wenigsten ganz deutlich ist. Vielleicht bin ich hier zu optimistisch, aber einige von Ihnen werden mir vielleicht bestätigen können, was ich meine. Durch das, was in den letzten zwei, drei Jahren geschehen ist, sind viele Menschen, die sozusagen die Stützen des Systems sind, die zum Teil auch die Betreiber sind, zum Teil auch die Entscheider sind, diejenigen, die dieses System an der Macht halten wollen, doch trotz allem erschüttert worden. Sie tun so, als seien sie nicht erschüttert worden. Sie tun so, als ginge sie das nichts an. Sie tun so, als würden sie das alles durchhalten. Aber ich höre immer öfter, wie viele Zweifel es unter den führenden Militärs gibt, wie viele Zweifel es in den Verwaltungsapparaten gibt, wie viele Zweifel es bis hinein in jene Parteien gibt, die sich immer noch für die Rüstung, für die Aufrüstung und für den alten Stil einsetzen. Um Ihnen ein Beispiel zu geben: Es gibt heute in den USA fünfzig Stiftungen, deren Mittel von Erben von mittleren und größerer Vermögen kommen. Diese Stiftungen geben ihr Geld, um soziale Veränderungen zu erreichen. Sie wollen damit Veränderungsbewegungen von einer sanften Veränderung bis hin zu einer unter Umständen auch sehr viel entschiedeneren Veränderung betreiben, und es wäre zum Beispiel die große New Yorker Friedenskundgebung im Juni 1981 nicht möglich gewesen, wenn ein Rockefeller nicht ganz entschieden, ganz entscheidend viel Geld dazu gegeben hätte. Das allein macht es nicht, aber die Tatsache, daß hier die Erben großer Familien nicht mehr mitspielen, das halte ich für hoffnungsvoll. Ich halte es auch für hoffnungsvoll, daß heute die Befürworter der Rüstung und der Ordnung immer wieder in ihren eigenen Familien, immer wieder von ihren eigenen Kindern herausgefordert werden. Es gibt heute in zahlreichen Familien eine Diskussion, die von den Jüngeren angeregt wird, und die die Älteren verunsichert. Die Verunsicherung geht sehr tief. Ich höre zum Beispiel immer öfter, daß Psychiater zum Beispiel, die Manager behandeln, ein Bild von dieser Verunsicherung bekommen. Daß sie ein Bild von dem bekommen, was wirklich in den Leuten vorgeht, und ich meine, diese nicht sichtbare Wirkung der Friedensbewegung, die die Mächtigen erschüttert und die Mächtigen vor neue Fragen stellt, die ist außerordentlich wichtig. Ich glaube, das wird weitergehen, es ist nämlich noch etwas anderes dabei. Diese Gesellschaft der

Technokraten hat keine glaubhafte Zukunftsvorstellung mehr. Sie kann den Menschen nicht mehr eine Welt versprechen ohne Angst, eine Welt der Freiheit, eine Welt der Freude, eine humane Welt. Die Menschen, die selber diese Gesellschaft stützen und die Entscheidungen treffen, wissen, daß sie das, und was sie versprechen, nicht halten können. Sie haben kein glaubhaftes Zukunftsbild mehr. Das ist im Osten schon lange der Fall. Und es ist jetzt im Westen auch immer mehr der Fall. Es ist aber so, das hat Fred Polak, ein holländischer Soziologe und Zukunftsforscher, schon lange gesagt, daß Gesellschaften ohne glaubhafte Zukunftsbilder, ohne engagierte Zukunftsbilder auf die Dauer nicht mehr leben können, sie müssen zugrunde gehen. Das ist der innere Auflösungsprozeß, den wir heute schon wahrnehmen und der durch die Friedensbewegung mit ausgelöst wird.

In der Friedensbewegung sehen wir Anfänge einer glaubhaften Gesellschaft, einer glaubhaften Zukunftsorientierung. Hier finden zunächst einmal Menschen in einer Art zusammen, wie wir sie aus politischen Bewegungen bisher nicht gekannt haben, nämlich nicht nur durch Ideologien miteinander verbunden, sondern durch die gemeinsame Bedrohung, durch Schicksal, durch Gefühle, durch Freundschaft, es ist ein völlig anderes Zusammensein, das die Menschen in diesen Bewegungen prägt. Es ist nicht einfach ein gemeinsamer Slogan, gemeinsame Schlagworte, denen man sich verschreibt, sondern es beginnt so etwas wie eine brüderliche, eine freundschaftliche, eine aus der Einsamkeit entfliehende Bewegung. Ich bin der Ansicht, daß viele, die heute zu Demonstrationen gehen, gar nicht nur gehen, weil da irgendwelche politische Forderungen aufgestellt werden, sondern auch einfach, weil sie andere Menschen treffen wollen, weil sie mit anderen Menschen zusammensein wollen, weil sie aus der Kälte, aus dieser Vereinsamung herauskommen wollen. Und das ist eine andere, eine Nebenwirkung, eine andere Funktion dieser Bewegung, die außerordentlich wichtig ist. Es fangen Menschen wieder an, einen Sinn in ihrem Leben zu entdecken, sie beginnen den Nachbarn, den Bruder, den Nächsten zu entdecken. Das ist alles noch sehr diffus, das hat kein Programm, das hat keine bestimmten Vorstellungen, aber immerhin, es hat ein gemeinsames Gefühl, das nicht nur negativ, sondern das auch positiv da ist. Intime Freundlichkeit, von der Brecht seinerzeit gesprochen hat, die kann man dort finden, daneben natürlich auch Streit, daneben auch Auseinandersetzung, aber das sind Auseinandersetzungen wie in der Familie. Es ist etwas anderes, ob ich mich mit Feinden auseinandersetze oder ob ich mich mit Freunden auseinandersetze. Ich finde es gar nicht schlecht, daß sich Menschen auseinandersetzen. Was ist es denn für eine Fehlvorstellung, daß nur Einigkeit immer richtig sei, das ist Gleichschaltung. Es muß Konflikte geben, es muß Auseinandersetzung geben. Sie dürfen nur nicht darin ausarten, daß man dem anderen seine Meinung mit Gewalt beibringt. Ich hoffe, daß die Entwicklung eigener Vorstellungen einer friedlichen und humanen Gesellschaft zunimmt, daß die Gruppen sich zusammentun, nicht nur um Aktionen zu beraten, sondern Zukunftsvorstellungen zu entwickeln, daß sie an die Stelle dieses Grauen, dieses Schwarzen, von dem ich vorher gesprochen habe, daß sie mitten in dieses Graue und Schwarze, in dieses mögliche Ende hinein, eigene Vorstellungen setzen, sozusagen als Einsatz gegen diese Vorstellung vom Nichts. Wenn nur diese Vorstellung vom Nichts da ist, dann gleitet man in dieses Nichts hinein, dann wird man im Grunde sogar mit schuldig. Ich bin befreundet und diskutiere seit 30 Jahren mit Günther Anders. Günther Anders ist heute, weil er eine sehr radikale Stellung einnimmt, bei vielen sehr beliebt. Ich habe ihm seit vielen Jahren immer wieder entgegengesetzt, 'ich glaube, dein Pessimismus kann im Grunde nicht helfen, sondern ist nur gut bis zu einem bestimmten Punkt. Es darf nicht soweit gehen, daß Menschen sich nicht mehr engagieren wollen, weil sie es für aussichtslos halten. Wenn Anders sagt, ein Präsident kann in einem Flugzeug aufsteigen und den Befehl zur Vernichtung geben – auch wenn Milliarden von Menschen protestieren –, dann hat er theoretisch recht. Aber ist man sicher, daß die Befehlskette, die ja den Befehl des Präsidenten weitertragen muß, wirklich intakt ist? Ist man sicher, daß es in dieser Befehlskette nicht schwache Glieder gibt im Sinne der Herrschenden, daß nicht schon jemand angesteckt ist von dieser Bewegung? Und ist man sicher, daß die Menschen nicht heute, ohne daß das nun von irgendeiner Programmkommission gemacht wird, allmählich positive, hoffnungsvolle Zukunftsbilder entwickeln, ist da nicht eine Kraft, die man nicht vernachlässigen sollte, sondern fördern sollte? Günther Anders wirft mir vor, ich sei ein Optimist, und ich bin ein

Optimist in dem Sinne, daß ich meine, daß wir diese schwierige Situation, diese einmalige Situation, nur überleben können, wenn wir trotz allem, trotz dieser Bedrohung, trotz der Nähe dieses Unheils, dennoch sagen, es muß anders weitergehen. Wenn diese Krise uns nicht resignieren macht, sondern in allen von uns oder zumindest in vielen von uns, das Bewußtsein weckt, daß eine radikal andere Gesellschaft gegründet werden muß, mit anderen Zielen, mit anderen Normen, mit anderen Verhaltensweisen, dann ist diese Krise, so wie es das chinesische Symbol sagt, nicht nur eine Endkrise, sondern der Anfang von etwas Neuem. Ich meine, wir dürfen diese andere Seite, diese Möglichkeit des anderen nicht vernachlässigen, daß aus dieser Krise heraus eine Entwicklung von 200 Jahren Wissenschaft, Technik, reiner Rationalität, Erfolg, Konkurrenz, Macht, Geld abbricht und etwas Neues beginnt in vielen kleinen Schritten. Ich meine, das ist eine große Revolution, eine Revolution, wie wir sie bisher nicht gekannt haben. Revolutionen sind heute nicht mehr eine Sache von einem Tag, von einem Monat, wir können nicht mehr sagen, 14. Juni 1989 oder November 1917. Die Revolution von heute zieht sich über Jahrzehnte, vielleicht über ein Jahrhundert hin, und es wird immer wieder Höhepunkte von Widerstand, von Protest geben, und allmählich wird sich über die vielen Jahrzehnte hinweg etwas Grundlegendes ändern. Selbst in diesen 50 Jahren, die ich heute übersehen kann, hat sich enorm viel geändert. Nur derjenige, der zu ungeduldig ist, der sieht diese Veränderung nicht. Wir haben ein Recht, ungeduldig zu sein, aber wir dürfen über dieser Ungeduld nicht vergessen, daß es langfristige Entwicklungen gibt, die wir in Gang setzen müssen und verfolgen müssen, selbst wenn wir keine Erfolgschance sehen. Um ein persönliches Wort zu sagen, ich bin persönlich jemand, der vom Holocaust ausgespart worden ist. Ich hätte als Jude umkommen müssen, eigentlich die meisten meiner Familie, ich habe überleben dürfen. Ich spüre daher die Verpflichtung als jemand, der dem Schrecklichen entronnen ist, sozusagen mein Überleben zu verdienen und denen, die heute resignieren wollen, zu sagen, auch wir haben, als wir 1942/43 das Schreckliche erfuhren, als Hitler im Kaukasus stand, als ganz Europa unter der Knute des Diktators stand, auch wir haben damals gesagt, jetzt ist es zu Ende, und ein paar von uns haben geglaubt, es darf nicht sein, es wird nicht so sein. Ich meine, wir werden die Schrecklichkeiten der Entwicklung nur dann beseitigen können, wenn wir sowohl kritisch wie hoffnungsvoll sind.

(1984)

Kapitel 7

Utopien denken und Utopien verwirklichen – Ansätze

Kunst als Zukunft

Wie die meisten Zukunftsforscher meinte ich zunächst, mich auf die vermutliche künftige Entwicklung von Wirtschaft, Wissenschaft und Technik und deren Wirkungen auf die Gesellschaft konzentrieren zu müssen. Aber diese Prognosearbeit erschien mir bald als höchst unbefriedigend. Sie ließ das Wichtigste aus: den Menschen selbst. Und das aus einem guten Grund. Der Mensch gilt mit Recht als unberechenbar. Es war also schwer, ihn als einigermaßen sichere oder auch nur wahrscheinliche Größe in Zukunftsrechnungen einzusetzen.

Und doch lag hier wohl die wichtigste Aufgabe. Es mußte versucht werden, den Schritt von der ökonomischen Vorausschau (»economic forecasting« in der ursprünglich englischen Fachsprache der Futurologie), der »technischen Vorausschau« (»technological forecasting«) und der erst rudimentär vorhandenen »gesellschaftlichen Vorausschau« (»social forecasting«) zu einer »menschlichen Vorausschau« (»human forecasting«) zu wagen.

Hier ist bisher nur auf der biologischen Seite fundierte Vorarbeit geleistet worden. Studien wie die des Zoologen Julian Huxley, des Genetikers Joshua Lederberg, des Erbbiologen Theodosius Dobzhanski und das berühmt gewordene CIBA-Symposion »Der Mensch und seine Zukunft« aus dem Anfang der 60er Jahre haben diesen Aspekt einer prospektiven Anthropologie bereits zu entwickeln begonnen. Aber wie steht es mit dem Menschen als geistigem Wesen? Kann er, wird er neue Fähigkeiten entwickeln? Oder ist die Entwicklung des »homo sapiens« bereits abgeschlossen? Das sind Fragen, die gerade angesichts der Bedrohung des Menschen durch seine eigenen Artefakte von entscheidender Bedeutung werden: Wir werden außerordentliche Kräfte der Einsicht, Übersicht, Voraussicht und Neusicht entwickeln müssen, um die Krisen der nächsten Jahrzehnte überwinden zu können. Das sollte nicht dem Zufall überlassen werden, sondern Gegenstand aktiven Bemühens sein. Vielleicht müßten wir »Geisteslaboratorien« gründen, in denen, ähnlich intensiv wie in den Versuchsstätten der Naturwissenschaften, an der Weiterentwicklung des Menschen, insbesondere an der Weiterentwicklung seiner sozialen Phantasie gearbeitet werden könnte. Aber gerade die Phantasie, die wir so dringend brauchen wie Brot, wird bei der Erziehung vernachlässigt, ja bei den meisten Menschen wird sie bereits im frühesten Kindesalter fast ganz abgetötet. Die Künstler gehören zu den wenigen, die ihre Phantasie gegen die Attentate der Eltern und Lehrer (die ihnen ständig mit ihren Belehrungen unter dem Motto »So gehört's!« in den Ohren lagen) zu retten verstanden.

Weil sie sich nicht auf das Vergangene, Gewohnte hin anpassen ließen, haben die Künstler sich eine Ahnung vom Kommenden erhalten. Bei ihnen wird der Prognostiker meist mehr über die Zukunft erfahren als bei den Zukunftsberechnern. Mir ist das zum ersten Mal klargeworden, als ich kurz nach dem großen Krieg in den Trümmerfeldern von Berlin stand. Diese Marmorköpfe der Kaiser und Könige, abgehackt durch Bombenhagel, aus deren Augen und Ohren jetzt Unkraut wuchs – wo hatte ich das lange vorher schon einmal gesehen? Bei den Surrealisten der 20er Jahre.

Jeder von uns weiß um diese zukunftsgerichtete Sensibilität der Künstler. Ein Kafka hat die Garnisonierung der Gesellschaft, die Anonymität der Tyrannei im modernen Industriestaat Jahrzehnte vorausgeahnt, Musil hat den »Mann ohne Eigenschaften« schon hinter seiner nur äußerlich noch intakten, in Wahrheit bereits antiquierten Maskerade entdeckt.

Wie kommt es dann, daß Kunst und Dichtung zwar gerühmt und anerkannt, aber doch nicht wirklich ernst genommen werden, wenn es um soziale, politische, geschichtliche Probleme geht? Sind der künstlerische Impetus, die künstlerische Weltsicht nicht vielleicht deshalb im »Kunstwerk« eingesperrt worden, weil man diese außerordentlichen Kräfte fürchtete, weil man sie einfangen, sie isolieren wollte? Phantasie, Intuition, Schöpferkraft sollten aber nun endlich befreit werden, damit ihre Ausstrahlung der Gesellschaft zugute komme. Das wäre eine wahrhaft revolutionäre Aufgabe der Kunst, nicht ein »sozialistischer Realismus«, der bestenfalls eine schlechte Wirklichkeit historisierend überhöht. Die große Aufgabe der Kunst ist es, die Gesellschaft ständig zu konfrontieren mit anderen Möglichkeiten. Alles was Wirklichkeit ist, wird, wie auch immer intendiert, schlechtere Realität als die der Vorstellungen und Visionen sein. Der Künstler ist der ewige Revolutionär, der die Gesellschaft mit dem anderen, dem vorläufig logisch noch nicht Erfaßbaren konfrontieren kann, mit den größeren Möglichkeiten des Menschen.

Die Kunst ist also für unsere Zukunft so notwendig wie das Atmen. Ohne Kunst würde der Mensch das Essentielle des Menschseins verlieren. Die Gesellschaft war in der Vergangenheit fehlorientiert, wenn sie der Kunst nur eine ruhmvolle, aber sozial unwirksame Existenz am Rande gönnte und den Künstler selbst als »monstre sacré« auf falsche Sockel stellte. Denn eigentlich ist jeder Mensch ursprünglich künstlerisch begabt, trägt als Erwachsener, Verwachsener einen ermordeten Künstler in sich.

Daraus ergibt sich auch die Antwort auf die Frage, welche Aufgabe heute einer Kunsthochschule zuzuweisen sei. Die Hochschulen insgesamt müßten die Experimentierfelder der künftigen Gesellschaft werden. Sie sollten in gewissem Sinn heilige Räume sein, wie früher die Tempel, Freiräume, in denen Neues nicht nur versucht werden kann, sondern versucht werden muß, weil die Menschen in Schulen noch nicht an die Realität des Karrieremachens gebunden sind.

Nun ist aber leider folgendes geschehen: Die falschen Zielsetzungen, mit denen die »Leistungsgesellschaft« den Menschen gerade um seine besten Möglichkeiten bringt, sind in die Hochschulen selber eingebrochen. Sie wurden zu Arenen des intellektuellen Leistungssports, und gerade das hindert sie daran, echte »Durchbrüche« in neue Felder der Erkenntnis zu erzielen. Die moderne Physik hat ihre wirklichkeitsumstürzenden Erkenntnisse ja auch nicht in den auf baldige praktische Verwertung zielenden Laboratorien der Großindustrie entwickelt, sondern in der theoretischen und experimentellen Grundlagenforschung jener akademischen Epoche, die nicht sofort ungeduldig fragte, welchen Nutzen denn diese Arbeiten später einmal haben könnten. Es würde aber die späteren technischen »Revolutionen« mit ihren nur zu greifbaren Resultaten nie gegeben haben, wenn man sich nicht zuerst einmal »zwecklos« mit Grundlagenwissenschaft beschäftigt hätte.

Hier regiert also eine ganz merkwürdige Dialektik: Wenn man Forschung zu stark auf praktische Zwecke hin orientiert, dann klappt es nicht mit der ersehnten Praxis. Gerade dann bleiben die großen konkreten Erfolge aus. Welchen gesellschaftlichen Nutzen hätten denn dem Experiment gewidmete Kunsthochschulen? Wenig, wenn sie sich nur damit begnügten, Produzenten handfester Waren, geschickte Hersteller von Bildern, Skulpturen und Häusern auszubilden. Viel, wenn es ihnen zum Beispiel gelänge, mit und durch ihre Mitglieder das Spielerische, das Schöne, die Erweiterung der sinnlichen und geistigen Fähigkeiten zu erproben und zu bewirken. Die Kunsthochschulen dürfen auch nicht der »Verwissenschaftlichung« verfallen. Sie drohen aber heute immer mehr, in der Empirie, dem Ansammeln von Vergangenem, steckenzubleiben, statt sich dem Aufspüren und dem Setzen neuer Zeichen zu widmen. Die Kunstakademien könnten Wesentliches zur Erweiterung der spezifisch menschlichen Möglichkeiten beitragen. Sie sehen sich zur Zeit meist noch als Nachzügler des Fortschritts, in Wahrheit könnten und sollten sie der Vortrupp des »Fortschritts in eine neue Richtung« sein, des einzigen Fortschritts, der einer an die Grenzen des materiellen Progresses gelangten Menschheit noch offenbleibt.

Denn die seit zwei bis drei Jahrhunderten zur Gewohnheit gewordene Steigerung materieller Macht und Ausdehnung, welche die wissenschaftlich-technische Revolution charakterisierte, nähert sich einer Endphase. Die Prognosen von Platt (University of Michigan), Basler (Zürich), Auger (Paris) zeigen alle in diese Richtung. Der Zunahme von Elektronenvolts in unseren Atombeschleunigern, dem Auflösungsvermögen unserer Mikroskope, der Reichweite unserer Teleskope sind unübersteigbare naturgesetzliche Grenzen gesetzt. Eine Geschwindigkeitssteigerung unserer Fortbewegungsmittel, wie wir sie während der letzten hundert Jahre erlebten, erweist sich als unmöglich; der Zunahme der Erdbevölkerung, der Expansion der Produktion, dem Wachstum der Städte wird durch die Begrenzung des Raums und der Rohstoffe ein »Halt!« entgegengestellt, das nicht mehr übersehen werden kann.

Die Frage ist: Wird sich der Mensch damit begnügen, an diesen materiellen Grenzen stehenzubleiben und sich in Bescheidung sagen »Wir gehen jetzt in eine statische Phase«? Ein solcher Entschluß muß gewiß gelten für die physische Welt. Nicht aber im Geistigen. Hier bietet sich die Chance, daß nunmehr die Impulse, die sich dreihundert Jahre lang vorwiegend auf die Durchdringung der physikalischen, der materiellen Welt gerichtet haben, auf die Erweiterung der geistigen, erfinderischen, bildnerischen Kräfte des Menschen drängen. Und infolgedessen werden Disziplinen, die wir jetzt noch aus unserer alten, materiellen, physikalisch-technischen Einstellung heraus als »nachhinkend«, als »altmodisch« ansehen, nämlich Philosophie, Religion, Kunst, zu »Wachstumssektoren« werden.

Wir sind an die Grenzen der äußeren Welt gelangt, aber noch nicht an die Grenzen der inneren Welt. Daraus ergibt sich die langfristige weitere Orientierung des menschlichen Fortschritts. Hier wäre einzuwenden, ob wir nicht dringendere, brennendere Sorgen haben. Gewiß. Der Planet Erde ist durch die Kurzsichtigkeit, durch die Zukunftsblindheit der früheren Generationen in eine Krisensituation geraten, die sich in den nächsten dreißig Jahren noch weiter verschärfen muß. Das Nächstliegende ist gewiß die Bekämpfung der Bevölkerungskrise, der Rüstungskrise, der Umweltkrise, der Rohstoffkrise, der Hungerkrise, der Krise zwischen materiell Überfütterten und materiell Vernachlässigten. Aber es ist ebenso notwendig, über diese Periode hinauszusehen, neue Ausblicke zu schaffen, neue Ziele zu setzen. Denn nur dann werden wir die dunklen, schwierigen Jahre, in denen das selbstverschuldete Chaos gebändigt werden muß, bestehen können. Überleben bedeutet nicht nur tägliche Selbstbehauptung, es braucht auch Hoffnung.

Es gibt heute noch eine scharfe Trennung zwischen Arbeitswelt und Freizeitwelt. Diese Trennung ist diktiert von der Leistungsgesellschaft. Von den Kunsthochschulen könnten heute schon Impulse ausgehen zur künstlerischen Aktivierung breitester Schichten, damit zur Beseitigung dieser Trennung. Ich habe in der Nähe von Neapel ein sehr schönes Erlebnis dieser Art gehabt. Es gibt in Pozzuoli eine Fabrik von Olivetti, die aussieht wie eine römische Villa. Sie ist ein am Meer gelegenes weißes Gebäude mitten in einem Garten. Jeder Arbeiter sieht von seinem

Arbeitsplatz aus ins Grüne. Im Betrieb ist eigens ein Künstler angestellt, der die Menschen bei der Arbeit zeichnet und ihnen auch Kunstunterricht gibt. Und sie begannen bald, aus den bunten Abfällen, zum Beispiel Drähten, Transistoren, Mikroschaltungen, Skulpturen zu machen. Nun kann man zwar mit einigem Recht einwenden, alles das sei nur ein phantastischer Trick der Unternehmer, die wirkliche Lage der Arbeiter bleibe unverändert. Tatsächlich wurde durch dieses »human energeering« die Produktion gesteigert, es wuchs aber auch – wie sich in den Arbeitskämpfen zeigte – das Selbstbewußtsein und die Widerstandskraft der Beschäftigten.

Der Architekt, der diese Olivetti-Fabrik entwarf, ist kommunistischer Stadtrat in Neapel. Er sagte mir, seine Genossen hätten ihm damals vorgeworfen, daß er das gemacht habe, denn durch solche »Abschlagszahlungen der Kapitalisten« werde »die Revolution verhindert«. Heute sieht man das schon anders, heute gehört der Kampf um den »Schutz der kulturellen Integrität der Arbeiter«, wie es André Gorz genannt hat, zu den neuen Forderungen der linksorientierten italienischen Gewerkschaften. »Die wesentliche Aufgabe ist, dem Arbeiter wieder die Möglichkeit zu geben, seine Fähigkeiten zu verwirklichen«, lautete die Parole, die Garavini, der Generalsekretär der italienischen Textilgewerkschaft, unlängst verkündete. Denn man müsse nicht nur die physische, sondern auch die psychische Verelendung der Arbeitenden in der monotonen, die Fähigkeiten der Lohnabhängigen meist verstümmelnden Industriegesellschaft aufhalten.

Nachdem einer der Arbeiter in Pozzuoli durch Kunsterziehung das spielerische Element kennengelernt hatte, ging er eines Tages mit Fäusten auf seine Maschine los, weil diese ihn in einen starren Rhythmus zwingen wollte, den er nun nicht mehr ertragen konnte. Daß er diesem Zwang hatte folgen müssen, war ihm vor seiner künstlerischen Betätigung gar nicht bewußt geworden.

Ein ganz anderes Beispiel für das Eindringen der Kunst in die Arbeitssphäre erlebte ich bei einem Tischgespräch zwischen einem Musiktheoretiker und einem Maschinenbautechniker an der Technischen Universität Berlin. Der Maschinenbautechniker erwähnte das arbeitspsychologische Problem der normierten Serien. Sie seien für den langweiligen Arbeitsprozeß und die langweiligen, gleichartigen Produkte verantwortlich. Könnte man nicht sogenannte »On-and-off-Maschinen« herstellen, in die man immer wieder neue Formelemente hineinbrächte, so daß verschiedenartige neue Typen herauskämen? Darauf fragte der Musiktheoretiker, warum es zwischen ihm und dem Maschinenbautechniker eigentlich noch keine Zusammenarbeit gebe. Die Musik kenne doch ein Notationssystem von verschiedenen Rhythmen. Sie könne auch Produktionsvorgänge »komponieren« und derart »Musik in die Maschinen hineinbringen«.

Das war nicht mehr als ein fruchtbarer Gedanke. Aber er läßt ahnen, was ein Vordringen der Kunst in die zum Großteil von innerer Armut bestimmte Technik bewirken könnte.

Wenn das künstlerische Denken in Sphären von bis jetzt geringem Freiheitsgrad, die noch ganz eindeutig von einem linearen, nüchternen, uniformen und verarmten Denken beherrscht waren, eindringt, dann könnte das zu einer völlig anderen Maschinenwelt führen, einer ganz neuen Technik. Was ich hier andeute, ist sozusagen eine Art Gegenrevolution zur industriellen Revolution; eine Gegenrevolution, die die Maschinen nicht zerschlägt, sondern zähmt und auf eine ganz neue Weise verbessert. Mit der Kybernetik und dem von ihr entwickelten Prinzip der Rückmeldung, mit kybernetisch veredelten Maschinen, die sozusagen mit »Sinnesorganen« ausgestattet sind, wird es möglich, mechanische Geschöpfe zu schaffen, die auf den menschlichen Rhythmus und das menschliche Wollen eingehen. Der Titel eines Buches, das ich kürzlich herausgegeben habe, lautet: *Maschinen wie Menschen*. Der Mensch muß zum Modell seiner Technik werden, und nicht, wie es jetzt ist, die Technik zum Vorbild des Menschen. Die heutigen Künstler und auch die Kunsthochschulen sehen sich viel zu klein. Sie meinen, daß sie bestenfalls der Luxus dieser Gesellschaft seien, die Fassadenverschönerer. Sie müssen sich die enorme revolutionäre Bedeutung der Kunst immer wieder klarmachen: die Aufgabe, in diese armseligen, menschenfeindlichen, unterdrückenden und viel zu undifferenzierten materiellen Strukturen, die wir uns durch unsere mechanische, profitorientierte Produktionsweise geschaffen haben, Verschiedenheit, Nuancierung, Sensibilität hineinzubringen. Wir haben trotz allen angeblichen technischen Fortschrittes eine starre, billige, lebensfeindliche Technik, die auf schnelle, kostensparende, profitabwerfende Produktion zielt. Das muß nicht so bleiben.

Der Kunsterzieher ist in erster Linie ein Missionar des Humanen, ein unermüdlicher Entwerfer anderer, menschlicherer Lebensumstände. Er ist auch ein Erinnernder. Das kunsthistorische Wissen, das er als Teil seiner viel weiterreichenden Aufgaben zu vermitteln hat, sollte von ihm zum Vorzeigen und Beweisen jener spezifisch menschlichen, den vielen abgewöhnten, doch auf erstaunliche Weise in einigen Glücklichen erhalten gebliebenen Fähigkeiten dienen. Es sollte die Schüler dazu anregen, nach dem Verschütteten in sich selbst zu suchen, das Nichtgeweckte in sich auferstehen zu lassen. Das ist heutzutage von ganz besonderer Bedeutung. Denn mir scheint, daß wir unsere Fähigkeit, die Welt in ihrer ganzen Fülle, ihren vielen Nuancen zu erfassen, kaum nennenswert entwickelt haben. Ja, im Vergleich zu den Naturvölkern sind wir in dieser Hinsicht sogar zurückgefallen: Unsere Sinne stumpften ab. Das liegt zum Teil an der Industrialisierung mit ihrer Normierung. Wir haben uns daran gewöhnt, nach durchdringenden, sich aufdrängenden Signalen zu arbeiten und uns auf sie zu konzentrieren. Der heutige Mensch kommt mit verhältnismäßig wenigen, überdeutlichen Zeichen aus, so, wie er auch mit wenigen Worten auskommt. Die Informationsflut bringt zwar Quantität, aber kaum Qualität. Das Plakative, Grobe verdrängt Nuancen und Zwischentöne. Die Sprache verarmt, die Umwelt verarmt, und damit ist es zur Rückbildung unserer Empfindlichkeit gekommen. Aufgabe des Kunsterziehers wäre es, die Fähigkeiten des Sehens, des Bildens und des Gestaltens zurückzugewinnen. Ich würde ihn daher am liebsten gar nicht mehr Kunsterzieher nennen, sondern Gefühlserzieher oder Kreativitätswecker oder Sensibilitätssteigerer. Das würde in der heutigen Situation bedeuten, daß er auch Forscher wird. Er dürfte nämlich nicht auf die überlieferte Pädagogik zurückgreifen, sondern er müßte in dieser industrialisierten Welt neue Methoden entwikkeln, das Verschüttete, Verkümmerte in Milliarden Geistern und Seelen aufspüren: ein Wünschelrutengänger auf der Suche nach den nächstliegenden und doch am tiefsten vergrabenen Schätzen im »Jedermann«. Ich hatte, als ich jung war, einen Lehrer, der kein ausgebildeter Kunsterzieher war und der mir mehr Kunstempfänglichkeit vermittelt hat als jeder andere. Wir machten einmal einen Ausflug und kamen an eine Tiefbaustelle mit Einblick in das verwirrende Netz der Leitungen. Dieser Lehrer, obwohl Naturwissenschaftler, erklärte nun nicht etwa, diese Linie im Bauch der Stadt bedeute Wasser, jene Elektrizität, sondern er sagte: Schaut euch das einmal an, das Gelb, das Rot, wie sich diese Kabel und Röhren überschneiden, wie sie den Boden durchziehen, wie sie im Dunkel der Erde Botschaften, Wasser, Strom weiterleiten... So wurde das zu einem ästhetischen Erlebnis, nicht zu einem technischen. Wäre ich Kunsterzieher, so würde ich mit den jungen Menschen zum Beispiel auf die Abfallhaufen der industriellen Zivilisation gehen, denn in der Zerstörung dieser »Ordnung« bricht man durch ihre Fassade. Ein Kunsterzieher sollte nicht nur mit Papier, Büchern und Museen leben, sondern er sollte die Schüler ständig mit der heutigen Realität konfrontieren und sie lehren, diese Erlebnisse dann an den Maßstäben zu messen, die sie aus der Kenntnis der großen Künstler und deren Gabe, das Wesentliche zu erkennen, gewinnen können. Ein Mensch, der Picasso wirklich zu verstehen begonnen hat, dürfte sich also nicht damit begnügen, Picassos Werk zu kennen, sondern müßte die besondere Sicht dieses Malers in seinen Begegnungen mit dem Alltäglichen nachvollziehen. Es mag vermessen klingen, lauter »kleine Picassos« erziehen zu wollen. Aber potentiell sind wir doch alle »Picassos«. Das Genie ist das Vorbild des Menschen, nicht der Un-Mensch, nicht der Über-Mensch. Und es darf nicht bei Picasso oder Michelangelo stehengeblieben werden. Jedes Zeitalter braucht seine Meister. Wir könnten sie am besten ehren, wenn wir sie als Erzeuger neuer, einer neuen anderen Zeit entsprechender Schöpfer auffassen.

In vielen Ländern wird heute die Stundenzahl des Faches Kunsterziehung eingeschränkt, weil man sich einbildet, wir gingen in eine naturwissenschaftlich-technisch dominierte Gesellschaft hinein und müßten die Jugend vor allem dafür erziehen. Das ist meiner Ansicht nach eine falsche, von der Gegenwart geprägte und eigentlich schon wieder überholte Sicht, weil die fortgeschrittensten Geister längst die Fragwürdigkeit und Enge der überwiegend naturwissenschaftlichen Weltsicht eingesehen haben.

Es könnte auch sein, daß der Abbau der Kunsterziehung im

Dienste bestimmter Herrschaftsinteressen steht, die gar nicht wollen, daß Menschen sensibilisiert, daß sie aus Kreaturen in Kreatoren verwandelt werden sollen. Denn »Kunst«, nicht wie bisher museal gesehen und als Spielwiese geduldiger Genies erlaubt, sondern als Hilfe im Versuch, die Gesellschaft zu vermenschlichen, das heißt, sie entschieden zu verändern, ist gefährlich. Walter Benjamin hat einmal geschrieben: »Es ist von jeher die Aufgabe der Kunst gewesen, eine Nachfrage zu erzeugen, für deren volle Befriedigung die Stunde noch nicht gekommen ist.« Solche »Nachfrage« sollte besonders in jenen erzeugt werden, die meinen, Kunst sei überflüssig. Sie haben in Wahrheit den größten Bedarf nach Spiel, Phantasie, Empfindung, Vision. Es gibt heute schon ganze Berufsschichten – zum Beispiel die in der Datenverarbeitung Beschäftigten –, die an »ästhetischer Aushungerung« leiden. Experimente haben aber gezeigt, daß gerade bei dieser neuen technischen Intelligenz durch die Begegnung mit der Kunst, wenn sie von geeigneten Interpreten vertreten wird, eine Erweiterung und Vertiefung der Persönlichkeit stattfindet, die richtungweisend ist.

Der Mensch hat sich bisher zu klein gesehen. Er verlor sich ganz an die Außenwelt und an seine Werkzeuge. Nun ist er vielleicht auf dem Weg zu sich zurück, zu neuen Entdeckungen und neuen Schöpfungen, wenn wir ihn, wenn wir uns nicht aufgeben.

(1974)

Neinsagen genügt nicht

Nicht nur die Gegner, sondern auch die Anhänger eines alternativen Lebensstils unterschätzen die geschichtliche Bedeutung dieser in unseren Tagen einsetzenden Wende. Nach Ansicht des amerikanischen Kulturphilosophen Willis W. Harman erfüllen Wohngemeinschaften, Landkommunen, selbstregierte Produktionsgruppen, Laboratorien für die Entwicklung »sanfter Technik« und zahlreiche andere Bemühungen um radikale Änderungen, die schon heute und hier einsetzen, eine historische Funktion, indem sie experimentell »Konzepte einer ganz anderen Zukunft« entwerfen oder sogar vorleben. Denn nur, wenn eine Gesellschaft in Krisenzuständen sich faßbare Vorstellungen davon machen kann, wohin die Reise gehen könnte, ist sie auch gewillt, einen neuen Kurs einzuschlagen.

In seinem Buch *An incomplete guide to the future* zeigt Harman überzeugend, daß die Vision von zunehmender wissenschaftlich-technischer Perfektion und ständig wachsender Produktion nicht mehr aufrechtzuerhalten ist. Er nennt fünf Krisensymptome unserer Zivilisation, in denen ihre Lähmung zum Ausdruck kommt.

Erstens: Unsere Gesellschaft versagt gegenüber der Aufgabe, jedem einzelnen die Gelegenheit zu sinnvoller Arbeit und verdienter Anerkennung zu geben.

Zweitens: Sie schafft es nicht, eine bessere Verteilung von Macht und Gerechtigkeit zu garantieren.

Drittens: Es ist ihr nicht gelungen, die Entwicklung und Anwendung der Technik sozial verantwortlichen Kontrollen zu unterstellen.

Viertens: Sie kann die Bewohnbarkeit unseres Planeten gegenüber umweltzerstörenden Einflüssen nicht mehr sichern.

Fünftens: Die heute bestehenden Gesellschaftssysteme können daher nicht mehr mit der Zustimmung ihrer Bürger rechnen.

Die Erkenntnis, daß es so nicht weitergehen kann, ist heute weltweit verbreitet. Auf meinen zahlreichen Reisen in der Alten und der Neuen Welt, durch Besuche bei technisch hochentwickelten wie unterentwickelten Nationen ist mir klargeworden, daß das Unbehagen mit jener Moderne, die sich einbildete, die Natur und die Menschen immer stärker in den Griff zu bekommen, um sie – angeblich zu ihrem Besten – auszubeuten, dabei ist, in offene Rebellion überzugehen. Ob es nun Kernkraftwerke, Schnellstraßen oder Steuerschrauben sind, gegen die protestiert wird – die Parole lautet überall gleich: Bis hierher und nicht weiter!

Aber das Neinsagen, so unentbehrlich es ist, genügt noch nicht, eine menschenwürdige Zukunft vorzubereiten. Es müssen auch neue Lösungen gefunden und erprobt werden. Und in der Tat: Der Planet Erde ist zur Zeit ein riesiges Versuchsfeld geworden, auf dem nun nicht mehr wie bisher nur wissenschaftliche und technische Experimente gemacht werden, sondern immer mehr auch soziale Experimente.

Mit die interessantesten Ansätze sind diejenigen, in denen neue Arbeitsformen und neue Berufe erprobt werden. Wurden bisher Arbeit und Verdienst unlösbar miteinander verkettet, beginnt man jetzt einzusehen, daß dieses Problem nicht nur unter dem Blickwinkel der Ökonomie betrachtet werden darf.

Harman hat dazu Ungewöhnliches zu sagen. Er ist der Ansicht, daß es in der Gesellschaft durchaus Menschen geben kann und geben darf, die nichts oder wenig Greifbares hervorbringen, sondern an sich und ihrer Entwicklung arbeiten. Sie sollte man nicht verachten, sondern ihnen sogar dankbar dafür sein, daß sie denen, die sich im üblichen Produktionsprozeß betätigen wollen, die seltener werdenden Arbeitsplätze überlassen.

Tatsächlich sind ja viele solcher »Arbeitsunwilligen« gar nicht faul, sondern nur nicht bereit, sich unschöpferische, langweilige Routine-Arbeiten aufzuladen. Sie könnten sogar besonders produktiv werden, wenn man es ihnen erlaubte, sich selbst zu finden.

In der Tat – das ist nicht nur Willis Harmans Prognose, sondern das wird auch in zahlreichen anderen Perspektiven über das mögliche Leben von morgen hervorgehoben – es sieht so aus, als werde im Mittelpunkt eines künftigen Kulturkonzepts nicht mehr die Weiterentwicklung der Instrumente der Menschen, sondern seine eigene Entwicklung stehen. Denn die Art »Mensch« hat erst einen sehr beschränkten Teil der in ihr steckenden Möglichkeiten entwickeln können.

(1978)

Die neuen Enzyklopädisten

In seinem Versuch die Absichten zu schildern, die ihn und seine Mitarbeiter bei der Zusammenstellung der berühmten französischen *Encyclopédie* geleitet hatten, erklärte Denis Diderot, sie hätten sich bemüht, »das Wissen, das über die Oberfläche der Erde verstreut ist, zusammenzubringen«. Dieser Versuch einer Sammlung möglichst vieler Einzelkenntnisse in einem einzigen großen Werk wird heute mit dem Begriff des Enzyklopädischen viel zu ausschließlich verbunden. Denn in Wahrheit ging es den Enzyklopädisten um mehr.

Sie wollten der chaotischen Welt zumindest auf dem Papier geordnete Umrisse verleihen. Deshalb versuchten sie, wie es der Mathematiker Jean Le Rond d'Alembert in seinem zur Einleitung des vielbändigen Opus geschriebenen *Discours préliminaire* zum Ausdruck brachte, »eine Verkettung der Teile menschlichen Wissens«.

Es lag ihnen zudem daran, mit dieser Arbeit auf die Gesellschaft zu wirken. Dies brachten sie in einer Sprache zum Ausdruck, die im Gegensatz zum wertneutralen esoterischen Stil heutigen Wissenschaftsjargons Partei nahm und jedermann verständlich war. Sie wollten, wie sie sagten, »das Gesamtsystem den Menschen erklären, mit denen wir leben, und es den Menschen übermitteln, die nach uns kommen, damit die Anstrengungen vergangener Jahrhunderte nicht nutzlos waren und unsere Nachkommen als Folge besserer Instruktion tugendreicher und glücklicher sein mögen. So werden wir dann nicht sterben, ohne uns um das Menschengeschlecht verdient gemacht zu haben.«

Tatsächlich wurde die vor über zwei Jahrhunderten gestellte Aufgabe der »Verkettung des Wissens« damals nicht gelöst. Und sie steht bis heute zur Erfüllung an, doch wieviel schwieriger ist das inzwischen geworden! Und zugleich wieviel notwendiger. Einmal hat die Spezialisierung und die Menge des Wissens in kaum vorstellbarer Weise zugenommen, andererseits ist dieses Neben-, Gegen- und Durcheinander von Einsichten in einer Zeit, die ihr Handeln aus solchen schmalen einander widersprechenden Grundlagen herleitet, zum Anlaß ernster Krisen geworden.

Mehr denn je brauchte man heute »enzyklopädische Geister«. Weniger denn je besteht aber begründete Hoffnung, sie heranbilden zu können, wenn man »enzyklopädisch« als ein Mengenmaß definiert. Denn wie könnten einzelne, seien sie auch aufnahmebereit und aufnahmefähig, die ständig wachsende Flut der Informationen noch bewältigen?

Es hat an Versuchen, mit diesem Problem der Probleme fertig zu werden, gewiß nicht gefehlt. Bessere Klassifikation, gekoppelt mit einer Technologie, die schnelles Auffinden durch mechanische Hilfen zu ermöglichen sucht, weist Wege durch Datenhorte und Informationslabyrinthe. Aber »Verkettung« oder gar »Verschmelzung« des Wissens vermögen sie nicht zu bewirken. Die kann nur in der Werkstatt der kritischen und entwerfenden Phantasie des Menschen vor sich gehen.

Auch die Versuche, der Verzweigung und Vermehrung des Wissens durch interdisziplinäre Teamarbeit entgegenzukommen, waren bisher nur selten und nur begrenzt erfolgreich. Man meinte zwar miteinander zu sprechen, mußte aber auf Grund verschiedener Denkmuster und Sprachformen aneinander vorbeireden.

Um so größer ist zur Zeit die Resignation. Ist und bleibt die enzyklopädische Bemühung eine Utopie?

Herbeigerufen, um Urbanisten, die mit einem Planungsproblem nicht weiterkamen, Lösungsvorschläge zu machen, kam der Neurophysiologe Warren Brodey auf den Gedanken, das große Blatt, auf dem die bisherigen Ideen des Teams skizziert waren, vom Zeichentisch aufzuheben, zu biegen und so die Rückseite sichtbar zu machen. »Vielleicht sollten wir in dieser Richtung weitersuchen«, erklärte er sein seltsames Tun.

Ein ähnliches Vorgehen wäre beim Umgang mit dem hier vorliegenden Problem zu empfehlen. Wir sollten uns von der faszinierenden und angstmachenden Informationsflut abwenden und diejenigen ins Auge fassen, die sich von ihr bedrängt fühlen: die Menschen. Bisher hat man gefragt: Sind die menschlichen Fähigkeiten nicht zu gering, um dem exponentiellen Wachstum der Kenntnisse gewachsen zu sein? Nun sollte man das Blatt umdrehen und fragen: Welche besonderen Fähigkeiten bringt der Mensch – und nur er! – mit, die es ihm ermöglichen,

– verstreutes Einzelwissen in Zusammenhängen zu erfassen,
– auf diese Weise neues Wissen kombinatorisch zu ermitteln,
– Wissen entsprechend echten Bedürfnissen zu nutzen.

Macht man den begrenzten Menschen zum Maß der grenzenlosen Information, sieht er sich als ihr Nutzer, nicht aber als ihr Meister, dann bahnt sich ein völlig neues Verständnis für die Rolle des Wissens an. Es wird nun der autoritäre Anspruch auf das Erfassen und die Kontrolle alles Gewußten aufgegeben, es heißt Abschiednehmen von dem untauglichen Versuch, die unerschöpfliche Vielfalt der Wirklichkeit in Wort- und Bildsymbole zu pressen, die stets zu eng und zu dürftig sein müssen.

Typisch für die bisherige Sichtweise ist die Enzyklopädie alten Stils. Sie bemüht sich, vielschichtige Tatbestände auseinanderzureißen, um sie dann hierarchisch nach Kategorien und Stichworten neu ordnen zu können. Sie vereint nicht (wie d'Alembert es erhofft hatte), sondern trennt. Das Komplexe vereinfacht sie, das Lebendige tötet sie ab, das Fließende bringt sie zum Erstarren. Aus der Fülle wird Verarmung, aus sich ergänzendem Widerspruch harte Konfrontation. Divide et impera: Jeder Leser des zwischen Buchdeckeln eingesperrten »enzyklopädischen« Universums soll sich als Herrscher über das Wissen der Welt wähnen.

Die Enzyklopädien, die seit dem 18. Jahrhundert in allen Kulturnationen und für viele Fachgebiete entstanden, haben die Zerstückelung der Wirklichkeit, wie sie die Naturwissenschaften als Arbeitshypothese eingeführt hatten, ernst genommen und befestigt. Sie spiegelten nicht nur diese auf Trennung beruhende Vorgehensweise wider, sondern vertieften sie noch. »Wissen« bedeutete fortan Spezialwissen, »enzyklopädisches Wissen« meinte sehr viel Spezialwissen.

So haben ganze Generationen in den Schulen ein von Sezierstücken angefülltes Informations-Universum eingeredet bekommen. Und die Anatomen dieser zerschnittenen, in Tausende Proben und Präparate zerfallenden Weltleiche waren noch stolz darauf, daß jeder von ihnen nicht mehr als nur ein einziges Organ oder sogar nur ein Fetzchen davon genau kannte. Nur solche Beschränktheit sahen sie als »wissenschaftlich« an.

Damit diese atomisierte Welt der Spezialisten wieder zusammenwachsen kann, wird man in der Zukunft zahlreiche Persönlichkeiten brauchen, die hinter dem Zerrissenen etwas Zusammenhängendes vermuten und danach zu suchen beginnen. Sie müssen gestörte Verbindungen wiederherstellen, zerrissene Netze neu knüpfen, Getrenntes zueinanderführen und damit unübersichtlich Verstreutes wieder übersehbar machen. Es gibt erst wenige Menschen dieses Typs. Ich möchte sie die »neuen Enzyklopädisten« nennen, und ich meine, sie werden entscheidend dazu beitragen, daß wir überleben, daß wir überhaupt eine Zukunft haben.

Im Gegensatz zu den »Systemanalytikern«, die als Planungselite die Welt nach ihren Vorstellungen »wieder in Ordnung bringen« wollen, sehen sich die »neuen Enzyklopädisten« nicht als Götter, sondern wissen um ihre Abhängigkeit. Sie schämen sich ihrer Subjektivität nicht, sondern freuen sich ihrer, denn sie ist ihr Beitrag zur Vielfalt des Lebens. Gerade weil sie ein Gefühl für das Ganze besitzen, sind sie sich der eigenen Begrenztheit bewußt und suchen sie durch Verbindung mit anderen »Begrenzten« auszugleichen. Ihre Bescheidenheit stammt aus Einsicht, ihr Solidaritätsempfinden aus Erfahrung. Denn im Zusammenschluß kann die eigene Einseitigkeit überwunden werden.

Der Spezialist hält seine eigene Arbeit für das Allerwichtigste. Die »neuen Enzyklopädisten« vergessen über dem Speziellen niemals das Generelle, sie verlieren auch über dem gegenwärtigen Moment nie die Weite des Kommenden aus dem Auge. Denn im Bewußtsein ihrer persönlichen und zeitlichen Begrenztheit bemühen sie sich für das, was sie nicht sind und was in ihrer Zeit noch nicht eingetreten ist, offen zu bleiben. So verketten sie heutiges Handeln stets mit seinen möglichen künftigen Folgen. Ihre Verbundenheit gilt besonders auch denen, die noch nicht leben und daher bei heutigen Entscheidungen, die sie morgen treffen werden, nicht mitreden dürfen.

Für die »neuen Enzyklopädisten« ist die Welt stets im Werden.

So wichtig wie die Kenntnis des schon Bestehenden und Bekannten ist ihnen das Aufspüren von kommenden Krisen und Hoffnungen, die sich erst in leisen Zeichen ankündigen. Ihre Offenheit und Empfindlichkeit befähigt sie, Umrisse von Veränderungen wahrzunehmen, die den in der Routine ihres gewohnten Spezialdenkens gefangenen Zeitgenossen verborgen bleiben.

Es gibt in unseren Tagen, gegenläufig zur Entwicklung zunehmender Isolation, eine starke Tendenz zur Vernetzung und Vereinigung. Sie begünstigt das Aufkommen von immer mehr »neuen Enzyklopädisten«. Schon heute läßt sich beobachten, wie viele Menschen, ohne ihre Besonderheit deswegen zu verleugnen, Grenzen aller Art überschreiten (geographische, berufliche, fachliche, gesellschaftliche, geistige) und oft, ohne sich dessen bewußt zu sein, bisher nicht bestehende Zusammenhänge herstellen. Die »neuen Enzyklopädisten« sind im Gegensatz zu den alten weniger Sammler als Sucher. Besonders dort, wo Verbindungen noch fehlen oder noch nicht sichtbar wurden, können sie fündig werden.

Vor ihnen öffnen sich Felder fast unerschöpflicher Kombinationen, Kreuzungen, Fusionen, Synthesen. So könnte möglicherweise durch die längst fällige Zusammenschau der radikalen Durchbrüche in den Wissenschaften und Künsten im 20. Jahrhundert jene nächste Stufe der menschlichen Entwicklung erreicht werden, in der sich die Widersprüche der Jahrtausendwende auflösen. Doch sollten bei solchen Versuchen besonders auch jene geistigen Kräfte einbezogen werden, die bis an die Schwelle unserer Tage entweder isoliert, unterdrückt oder nicht beachtet wurden. Es wäre eine dringliche Aufgabe der »neuen Enzyklopädisten«, die Denk- und Anschauungsweisen der Kulturen Asiens, Afrikas und Lateinamerikas für ihr Denken fruchtbar zu machen. Sie müßten versuchen, die vom »männlichen Chauvinismus« verachtete Art der Frauen, das Leben zu begreifen, endlich ernst zu nehmen. Zu lange schon sind Gefühl, Empfindlichkeit, Zärtlichkeit verdrängt worden. Und schließlich werden die »neuen Enzyklopädisten« lernen müssen, jenen Zahllosen zuzuhören, die bis jetzt fast nie dazu kamen, ihre eigenen Gedanken, Ideen, Visionen zu artikulieren, weil man ihnen das Selber-Entwerfen, Selber-Planen, Selber-Sprechen nicht zutraute.

Diese Milliarden Köpfe und Herzen zu aktivieren, sie nicht

mehr als Empfänger, Nachplapperer, Zustimmer zu sehen, sondern ihre eigenen Beiträge zu fördern, sie ernst zu nehmen, sie voll und ganz teilhaben zu lassen, das wäre die Aufgabe einer ständig zu erneuernden Enzyklopädie und ihrer Förderer, die nicht mehr nur für eine Schicht von Bildungsprivilegierten und Belehrern dasein sollte, sondern als die lebendige Selbstdarstellung aller, die einander ihre Erfahrungen und Wünsche mitteilen wollen.

Nicht nur die Isolation der Fachgebiete und der Anschauungen werden die »neuen Enzyklopädisten« zu überwinden suchen, sondern auch die Isolation der Existenzen. Damit würde der Welt des »Trenne und Herrsche« eine aus verbindendem Denken entstehende Welt der verbundenen Lebensbedingungen entgegengestellt. Sie setzt voraus:

– Ausbruch aus der Isolation der Klassen,
– Ausbruch aus der Isolation der Berufe,
– Ausbruch aus der Isolation der Familie,
– Ausbruch aus der Isolation der Nation und der Rasse,
– Ausbruch aus der Isolation der ideologischen Formierung.

So könnte aus »enzyklopädischem Denken« künftig »enzyklopädisches Leben« wachsen: offen, verbunden, schöpferisch.

Die französischen Enzyklopädisten bereiteten einer Revolution den Weg. Sie begann 1789 in einem gewaltigen Ausbruch der Hoffnungen, die bald in neuen Herrschaftsstrukturen erstarrten. Die Aufgabe bleibt also bestehen, und sie wird stets die Menschen finden, die sie weiterführen.

(1978)

Anders arbeiten

Wir sollten einen Begriff neu überlegen und neu fassen: Arbeitslosigkeit. Wer arbeitslos ist, also keinen regelmäßigen und bezahlten Job ausübt, muß noch lange nicht die Hände in den Schoß legen. Er wird basteln, reparieren, kochen, malen, gärtnern, nähen, anderen helfen, Besorgungen machen, aufräumen, nachdenken, sich Kindern widmen. Er (oder sie) ist dann kein Arbeitsloser, sondern ein Andersarbeitender. Ein Phänomen unserer Tage, die Entlassung vieler Menschen aus einem Produktionssystem, das immer mehr mit immer weniger menschlicher Anstrengung herstellen oder bewerkstelligen will, kann als Übergangsmöglichkeit von außenbestimmten zu eigenbestimmten, von sinnentleerten zu sinnvollen, von gleichförmigen zu vielseitigen Verrichtungen gesehen werden. Nicht ein böses Schicksal, das ins Unglück hinein führt, sondern sozial bedeutsame Wege öffnet, neue Vorstellungen möglich macht.

Die »Freigesetzten« könnten – wenn man ihnen die Chance dazu gäbe oder sie selbst diese Möglichkeiten ergriffen – Vorläufer neuer gesellschaftlicher Formen und Lebensstile werden, Experimentatoren auf einem Feld wichtigster menschlicher Bedürfnisse, dem Drang zu schöpferischer Selbstverwirklichung. Volkswirtschaftler, die im Wertsystem des Industriekapitalismus und -sozialismus befangen sind, bringen es bisher nicht fertig, den Menschen höher einzustufen als die Waren, seine Bedürfnisse für dringlicher zu halten als die Notwendigkeiten eines Marktsystems, das möglichst stabil gehalten werden soll.

Nun wird aber die wirtschaftliche und politische Stabilität immer stärker durch Faktoren in Frage gestellt, die von den Ökonomen bisher nur als Randgrößen (falls überhaupt!) betrachtet wurden. Das Streben der aus dem System Herausgedrängten, »sich zu rühren« und sich nicht länger durch die Abschlagzahlungen der Sozialversicherung »ruhigstellen« zu lassen, erschüttert die Gesellschaft in zunehmendem Maße. Dieses Verlangen nach Aktivität degeneriert besonders bei jungen Menschen, deren Kräfte nach Betätigung drängen, häufig ins Pathologische. Vandalismus, Bandenbildung, Drogenhandel, Schlägereien, motorisiertes Rasen sind nicht nur begreifliche, sondern fast unvermeidliche Negativformen eines Betätigungsdrangs, der sich nicht länger konstruktiv äußern darf. Radaumachen, »Motzen«, Steinwerfen, Schießen, Bombenlegen, Aggressionshandlungen verschiedenster Art bis hin zum Terrormord, die sich zwar politisch tarnen, aber in Wahrheit nicht progressives Denken, sondern regressivem Zwang entspringen, müssen als destruktive Formen von »Andersarbeit« verstanden werden, deren Folgen nicht länger als »Nebenerscheinung«, sondern als unerträglich hohe Sozialkosten von Rationalisierung und Enthumanisierung der Arbeit zu sehen sind.

Denkbar wäre es nun, daß die Angst vor dem Überhandnehmen solcher gegen das »System« gerichteten, es schwächenden und bis in die Grundfesten erschütternden Handlungen, die in ihren eindimensionalen Kosten-Nutzen-Rechnungen befangenen Herrschenden dazu bringen könnten, ihre Vorstellung von Rentabilität zu revidieren, um »Schlimmstes« zu verhüten. Es würden dann im Dienste des Krisenmanagements erhebliche Summen für Arbeitsbeschaffung ausgeworfen werden, ein probates Mittel der Globalsteuerung, das bisher stets im Dienste höherer Repression, Reaktion und schließlich Destruktion »eingesetzt« wurde.

Es ist zu fragen, ob das so sein muß oder auch anders gehandhabt werden könnte. Geht man einmal von der (allerdings noch recht schwachen) Hoffnung aus, daß der Weg von der Arbeitslosigkeit in den »starken Staat«, in die innere und äußere Aufrüstung und schließlich in den Krieg nicht schicksalshaft vorgezeichnet sein muß, sondern in eine andere Richtung gehen könnte, weil er sonst bei der gewachsenen Destruktionsgewalt der neuen Waffen höchstwahrscheinlich zum Untergang aller oder zumindest sehr vieler Menschen (einschließlich eines Teils der Entscheidungsträger) führen würde, dann erscheint die Vorstellung massiver anhaltender und kurzfristig gesehen unprofitabler Investitionen für Beschaffung von »Andersarbeit« als durchaus denkbar, ja machbar.

Während die herrschenden Systeme bisher Milliarden vorzüglich in Rüstungsforschung und -produktion, in Straßen- und in Kasernenbau, in die Aufstockung ihrer Streitkräfte (für den äußeren wie für den inneren Krieg) ausgaben, würden sie nun erhebliche Geldmittel zur Förderung gesellschaftlich notwendiger Erzeugnisse und Dienste auswerfen, die sich auf dem Markt nicht bezahlt machen würden.

Aufgabe fortschrittlich Denkender aller Schichten wäre es, den antiquierten Krisen»lösungs«- und Arbeitsbeschaffungsmodellen neue »soziale Experimente« entgegenzustellen, in denen Produktion und Kreation nach humanen Werten und Zielen hin ausgerichtet sein könnten. Einen solchen Versuch haben die »shop stewards« der englischen Firma »Lucas Aerospace« begonnen, als sie vom Staat eine Finanzierung zunächst einmal unprofitabler, aber gesellschaftlich wünschenswerter Produkte verlangten und nach langen Diskussionen auch erreichten. Sie werden künftig statt elektronischer Rüstungskomponenten nun jährlich Hunderte »künstlicher Nieren« herstellen und statt Kampfwagen neuartige umweltschonende Elektroautos für den Stadtverkehr.

Ein nächster Schritt, der z. B. in der von den Arbeitnehmern bestimmten französischen Uhrenfabrik Lip erprobt wird, ist die Änderung des inhumanen Arbeitsstils. Hier steht nicht mehr meßbare Effizienz, sondern die Selbstentwicklung der Beschäftigten und die damit verbundene Befriedigung bei der Arbeit im Mittelpunkt.

Es hat sich gerade in den seit Jahren anhaltenden Debatten der »Lip«arbeiter gezeigt, daß ihnen präzise Vorstellungen über eine Humanisierung der Arbeit zunächst fehlten, die sie nun erst in der Praxis allmählich zu entwickeln beginnen. So haben sie mit Erfolg neue Wege des Lernens und der Höherqualifizierung erprobt, Monotonie durch Abwechslung ersetzt, Eigeninitiative ermutigt und gestärkt, mit Methoden der Zusammenarbeit experimentiert, in denen die Geschickteren und Stärkeren den Schwächeren helfen, sowie die durch die antiquierte maschinelle Ausrüstung vorgegebene Starrheit des Produktionsvorgangs zu umgehen und zu modifizieren versucht, neue Möglichkeiten der

Belohnung erfunden (z. B. durch mehr freie Stunden statt durch Geld) und – auch während der Arbeitszeit – ständig Zeit gefunden, miteinander über den »Sinn« ihres Tuns zu sprechen.

Erweitert man das Konzept der »Andersarbeit« und sieht es nicht nur betriebsgebunden, sondern als gesamtgesellschaftliche Möglichkeit, so sollten Tätigkeiten wie Hausarbeit, Krankenpflege, nachbarliche Hilfe, demokratische Beratung (z. B. in Planungszellen und Zukunftswerkstätten), Instandhaltung und Verschönerung der natürlichen und gebauten Umwelt als »Andersarbeit« anerkannt werden, ja sogar die Unterhaltung oder Belehrung von Bürgern durch Bürger, die Kurse abhalten, musizieren, Theater spielen, eigene Gedichte vorlesen und Ausstellungen veranstalten, wären nicht mehr als »Freizeittätigkeit« zu sehen, sondern als gesellschaftlich anerkannte Leistungen, die nicht nur am »Feierabend«, sondern in der regulären Arbeitszeit vollbracht werden.

Nur Utopie? Heute nicht mehr unbedingt, weil die Furcht vor der Revolution und Krieg den Herrschenden – besonders jüngeren Managerkadern –, soweit sie des Nachdenkens und Vorausdenkens fähig sind, ein anderes als das bisherige sture, katastrophenschwangere Verhalten nahelegen müßte. Was sie vielleicht anfänglich nur dulden würden, um ihre Machtpositionen zu sichern, würde vermutlich eine Eigendynamik entwickeln, die ein Zurück zu den alten Strukturen abschneidet.

So wie die Angst vor der Möglichkeit planetarer Nuklearkriege an sich die unfriedlichen antagonistischen Staaten-Systeme de facto längst zu friedlichen Haltungen zwingt, die sie noch hinter immer sinnloseren Rüstungsanstrengungen verstecken, so dürfte die Furcht vor nuklearen Bürgerkriegen zugleich mit dem Aufziehen einer trotz aller Steigerung letztlich ineffizienten inneren Rüstung auch ein Abbröckeln der alten Klischees von Klassenherrschaft und Profitökonomie mit sich bringen. Auf einer »zweiten Ebene« der Gesellschaft würde sich das wirklich Zukunftsträchtige entwickeln und zu einer überlebensfähigen humanen Sozietät hinführen. Den Ratlosen »oben« und »unten«, die meinen, die Geschichte entwickle sich notwendig gradlinig und »wie gehabt« hin zu krisenhaften und unvermeidlich tödlichen Eruptionen, sollten von denen, die den geistigen Mut und die Phantasie haben, über andere als lineare Entwicklungen nachzudenken, zunächst einmal vor dem Versinken in Mutlosigkeit bewahrt werden. Wer »Krise« nicht nur als das Ende des Alten, sondern auch als Beginn des Neuen versteht, wird nicht aufhören, an Lösungsvorschlägen zu arbeiten. Auch eine Form der »Andersarbeit«, die es anzuerkennen gilt.

(1979)

Für einen sanften Tourismus

Schlangestehen vor den Raffaels und Botticellis in den Uffizien. Zehn Reihen tiefgestaffelt an der Costa Brava rösten. Allabendliches Massengeschiebe am Markusplatz, auf den Ramblas, auf der Ginza und auf den Champs-Elysées. Hunderte von Gipfelstürmern am Fuß des Matterhorns. All das ist bereits Gegenwart oder doch nahe Zukunft eines Tourismus, dem vor seinen jährlichen Zuwachsraten grausen sollte.

In zwei Jahrzehnten stieg die Zahl der Reisenden nach Spanien um das Sechsfache, nach Griechenland um das Zehnfache, nach Tunis um das Zwanzigfache, und wenn die Prognostiker des Fremdenverkehrs recht behalten, ist das alles erst der Anfang. 1973 kamen laut Umweltprogramm der Vereinten Nationen 52 Millionen Fremde in die Nordwestzone der Mittelmeer-Region nach Frankreich, Spanien und Italien, 1985 sollen es zwischen 80 und 90 Millionen sein, 1995 bereits 150 Millionen. Zwei Milliarden Menschen werden nach Berechnungen des amerikanischen Experten Stephen Papson im Jahr 2000 unterwegs sein – zu ihrem Vergnügen.

Wenn's dann noch eines ist, und das kann füglich bezweifelt werden. Denn wer diese statistischen Projektionen nicht nur in Deviseneinnahmen pro Kopf umrechnet, sondern sich vorstellt, mit wieviel privatem Ärger, Streß und Enttäuschung solche Reiserekorde bezahlt werden müssen, blickt in eine triste Zukunft, die fast unvermeidlich scheint.

Unvermeidlich, weil die Antriebe, die solche Entwicklung bewirken, nicht geringer werden, sondern sich eher noch verstärken. Denn die wirtschaftliche und technische Evolution, die teuer gewordene Arbeitskraft zu ersetzen versucht, stellt immer mehr Menschen für immer mehr Tage, Wochen und Monate

»frei«, macht sie durch Präzisions- und Zeitdruck erholungsbedürftig, durch zunehmende Routine und Monotonie erlebnishungrig. Die fern von Heim und Arbeit verbrachte Zeit wird immer mehr als das eigentliche Leben angesehen, der »Job« in vielen Fällen nur noch als notwendiges Übel.

So dringend ist das Bedürfnis nach der Droge »Reisen«, daß französische Berufstätige dem *Express* in einer Umfrage gestanden, sie würden eher bei den Ausgaben fürs Essen als beim jährlichen Urlaub sparen.

Die massenhafte Auswanderung aus dem Alltag, nicht nur einmal, sondern mehrmals im Jahr, wird also weitergehen und dafür sorgen, daß Herman Kahn und sein Hudson Institut ausnahmsweise einmal recht behalten, wenn sie in ihrer jüngsten Studie *World Economic Development: 1979 and Beyond* voraussagen, daß bis zur Jahrtausendwende der Tourismus »eine der größten Industrien der Welt, vielleicht sogar die größte« werden dürfte.

Es sind die Prinzipien und die Methoden der Großindustrie, die das Reisegeschäft der Gegenwart und verstärkt noch der Zukunft durch Vereinheitlichung des Angebots beherrschen:

Normierung (keine Sonderwünsche, bitte!), Rationalisierung (Vereinfachung und Beschleunigung des Durchlaufs), Produktionssteigerung (immer höherer »Ausstoß« der Organisationsmaschine), schneller Umsatz zu gerade noch erschwinglichen Preisen, weitgehende Monopolisierung aller Kundenbedürfnisse (vorbezahlte »Package Tour«) und Zentralisierung der wirtschaftlichen Macht in wenigen Händen (internationale Freizeit-Konzerne).

Wichtigstes, unentbehrlichstes Instrument hier wie bei Banken, chemischen Fabriken, Energieverbundsystemen oder Großhandelsketten: der Computer. Mit seiner Hilfe ist es möglich, eine amerikanische Hotelkette, die in vier oder fünf Dutzend Ländern auf vier Kontinenten ihre Bettenburgen und Schnellimbisse installiert hat, bis in die kleinsten Details hinein zu kontrollieren und zu dirigieren. Horace Sutton, ein Veteran der Tourismus-Berichterstattung, schildert dieses Herrschaftssystem geradezu ehrfürchtig. Er findet es großartig, daß Hans Sternik, Spitzenmanager der Intercontinental-Hotels, vor der »print out«-Konsole in seinem PanAm-Büro hoch über dem New Yorker East River sitzend, auf Knopfdruck darüber informiert werden kann, »daß Schnitzel in Kuala Lumpur gerade besser läuft als Gulasch«.

Wer in dieser computerisierten Reisewelt »nur« mit Bargeld und ohne Kreditkarte auftritt, kompliziert nicht allein die Abrechnung, sondern macht sich sogar ein wenig verdächtig. Bestenfalls ist er ein »Außenseiter«, vielleicht aber nicht – oder nicht mehr – kreditwürdig. Mißtrauen ist die dunkle Seite der »schönen neuen Reisewelt«. In den klimatisierten Reisekästen mit tausend und noch mehr Zimmern kann man ja wirklich kaum mehr wissen, ob der Gast, der den Schlüssel verlangt, nicht vielleicht ein diebischer Eindringling ist – obwohl die professionellen Schnellfinger nicht einmal mehr dieses kleine Risiko auf sich nehmen, sondern längst Nachschlüssel haben.

Die Gegenoffensive der »Sicherungsbeamten«, die nun nicht mehr »Hoteldetektive« genannt werden wollen, läuft aber schon an. In einigen Hotels der USA bekommt man zum Aufsperren seines vom Zentralcomputer kontrollierten Zimmers eine »personalisierte Lochkarte«, deren Muster für jeden Kunden wechselt. Das gleiche Datengerät steuert auch die Lichtschalter des »Einzel mit Bad« im 33. Stockwerk, knipst sie aus, wenn der Kunde das vergessen hat, und meldet über die in den Wänden versteckten Sensoren jederzeit, ob sich während der Abwesenheit des rechtmäßigen Gastes eine andere Person dort eingeschlichen hat.

In einer unruhigen, krisengeschüttelten Welt wird der Schutz jener von der Reiseindustrie aufgebrachten Touristenbataillone natürlich als wichtige Planungsaufgabe angesehen. Die Manager wissen, daß die in kompakten Gruppen – sogar Touristen-Apostel Kahn spricht von »Horden« – auftretenden Fremden nicht länger als liebe Gäste angesehen werden, sondern häufiger als störende Eindringlinge, ja als »neue Kolonisatoren« und »Imperialisten«. Um sie zufriedenzustellen, muß man ihnen außerdem den gewohnten materiellen Komfort bieten und dafür mit der einen Hand wieder ausgeben, was man mit der anderen einnimmt. Die heimische Kultur hingegen wird zur Show banalisiert. Das in den Touristenzentren verdiente »schnelle Geld« lockt junge Menschen aus Landwirtschaft und Handwerk in den Dunstkreis einer ihnen fremden Zivilisation, korrumpiert sie und kann ihnen nur während der »Saison« einen Erwerb bieten. Den

Rest des Jahres bleiben sie oft ohne Arbeit, lungern herum, werden nicht selten kriminell.

In den Zukunftsprognosen der Tourismusindustrie ist von solchen nicht quantifizierbaren, wenn nicht sogar ganz und gar unberechenbaren menschlichen Faktoren nie die Rede. Da wird zum Beispiel in einer im Vorjahr erschienenen Jubiläumsnummer der amerikanischen Fachzeitschrift *Travel Trade* die stets verläßliche und einfache Gemüter beruhigende Science-fiction-Prophetie von immer schnelleren Fluggeschwindigkeiten (1989: 500 bis 1300 Meilen pro Stunde, 2009: 3000 Meilen, 2029: bis zu 6000 Meilen) gesprochen, von »häufigen Wochenendreisen über Hunderte und sogar Tausende von Meilen«, von Unterwassertrips und natürlich von Weltraum-Exkursionen. Für 2029 werden »billige, schnelle, bequeme Reisen überallhin« verheißen.

Der Gedanke an Restriktionen aus politischen Motiven oder gar an Krieg und Bürgerkrieg paßt nicht in das problemlose Weltbild der hochtechnisierten Ticketverkäufer und Zimmeranbieter, die sich heute schon ausrechnen, daß auf der ganzen Welt die Einnahmen des Tourismus-Business von 170 Milliarden Dollar im Jahre 1979 auf 300 Milliarden (1989), 800 Milliarden (2009), 1400 Milliarden (2029) steigen werden – eine schöne steile Kurve, wie sich das gehört. Fallende Linien gibt's bloß bei der Arbeitszeit, die ja noch in den achtziger Jahren auf durchschnittlich 35 Stunden pro Woche sinken soll, 2009 nur noch ärgerliche 20 Stunden dauern und 2029 »sehr gering« sein könnte, so daß dann die Reiserei zur Hauptaktivität der glücklichen Zukunftskreaturen werden kann.

Wer nun meint, solche unbeschwerten Sprünge einer einfältigen Phantasie könne doch niemand ernst nehmen, täuscht sich. »Schwierigkeiten«, etwa die Energiekrise, werden zwar als mögliche Hindernisse erwähnt, aber – wie Peter Shackleford, stellvertretender Forschungsboß der »World Tourism Organization« mit Sitz in Madrid, 1979 selbstbewußt verkündet hat – nicht allzu schwer genommen: »Die Reiseindustrie gedeiht in Notlagen und blüht durch Herausforderung auf.«

Ihre Antwort auf die Benzinverteuerung? Ganz einfach: »Eine Wendung zu kollektiven Verkehrsfirmen gegen Ende des Jahrhunderts erscheint unvermeidbar.«

Überfüllung: »Wahrscheinlich werden die internationalen Touristenströme, von denen bis jetzt 70 bis 80 Prozent in entwickelte Regionen fließen, mehr zu den Entwicklungsländern hin gelenkt werden.«

Allerdings haben diese sich einer solchen Maßnahme würdig zu zeigen. Darum nennt der führende Fremdenverkehrs-Funktionär als eine der Bedingungen, die erfüllt werden müssen, bevor eine solche Neuverteilung der Touristen stattfinden kann: »Das neue Reiseziel muß politisch und sozial auf den Tourismus aus dem Ausland vorbereitet werden.«

Was ist darunter zu verstehen? Sollen die unruhig und oft sogar rebellisch gewordenen Bewohner der in Frage kommenden Reiseländer im Stil der Kolonial- und Entwicklungspolitik »beruhigt« werden? Soll man – wie das heute schon in den Ostblockländern geschieht – die Touristen von der Bevölkerung und die Bevölkerung von ihnen isolieren? Oder gibt es andere, weniger autoritäre Lösungen? Es gibt sie. Der Marokkaner Mohamed A. Tangi, der für das nach der großen Stockholmer Umweltkonferenz gegründete UNEP (United Nations Environment Program) arbeitet, hat im Rahmen einer umfassenden internationalen Bemühung zur Rettung der vom Tourismus besonders heimgesuchten Mittelmeer-Region unter anderem folgende Vorschläge gemacht:

- Die Unterbringung von Touristen soll nicht länger auf die Hotels beschränkt bleiben. Die Möglichkeit, Zimmer bei Privaten als Alternative zum Bau großer Hotels zu mieten, sollte entwickelt werden. Das würde auch dazu beitragen, zwischen Fremden und der Lokalbevölkerung Freundschaften zu stiften.
- Der Tourismus soll sich von den überfüllten Küstenregionen weg und nach Gegenden hin entwickeln, die dünn besiedelt sind und wo es noch genügend Raum gibt.
- In allen Fremdenverkehrsregionen müssen Naturreservate geschaffen werden, die vom Tourismus ausgespart und geschützt werden sollen.
- Bei allen am Meer gelegenen Orten müssen Höchstraten für den Touristenzustrom festgesetzt werden: etwa ein Maximum von 600 Menschen pro Hektar Strand.
- Es sollen sowohl auf seiten der Gastgeber wie der Gäste beson-

dere Vermittler ausgebildet werden, die nach Kenntnis und Charakter geeignet sind, wechselseitiges Verständnis zu wecken.
- Es muß ein Kodex des Tourismus entwickelt werden, den sowohl die Gäste wie die Gastgeber verpflichtend anerkennen.

Bemerkenswert erscheint mir daran, daß der hohe Beamte einer internationalen Behörde, die sich dem Schutz der Biosphäre widmet, den Rahmen seiner Umwelt-Überlegungen erweitert und in den Beziehungen der Menschen zueinander eine, vielleicht sogar *die* Wurzel eines Zerstörungsvorganges erkennt, der nicht nur die Natur, sondern auch die Kultur und schließlich die mit ihr und in ihr lebenden Menschen, die Landesbewohner, bedroht. Es müßten demnach außer dem schon seit fast einem Jahrhundert bestehenden Naturschutz ein »Kulturschutz« und ein »Einheimischenschutz« entwickelt werden, um den Gefahren des »Fortschritts« der industriell organisierten Reiselust entgegenzuwirken.

Allerdings, mit Vorschriften und Verboten allein wird das kaum gelingen. Denn ihrem geregelten Paragraphen-, Zaun-, Ausweis- und Überwachungs-Alltag wollen die Touristen ja gerade entfliehen. Sollen sie denn nur von einem »Gefängnis« ins andere reisen?

Das Dilemma, von dem hier berichtet wird, läßt sich an allen Spielarten der Industriezivilisation beobachten. Sie wollte befreien von Hunger, Anstrengung, Krankheit, Unsicherheit, Willkürherrschaft – und das ist ihr auch in mancher Weise gelungen. Doch um den Preis neuer, anderer Nöte, die so drängend geworden sind, daß sie uns jetzt schon oft unerträglich scheinen, in die Zukunft hinein weitergedacht aber vollends unheimlich werden, weil sie nur die Substanz des Lebens selbst auf nicht wiedergutzumachende Weise gefährden.

Verträge, Abkommen, Gesetze, Strafen, dekretierte Beschränkungen und beteuerter Verzicht – sie halten diese Entwicklungen nicht wirklich auf, werden umgangen, gebrochen, abgeschwächt, in ihr Gegenteil verkehrt. Hoffnung, daß das einmal anders werden könnte, gäbe es nur, wenn eine grundlegende und allgemeine Gesinnungsänderung einträte, ähnlich jener, die Mord und Totschlag zu einem seit Generationen verinnerlichten Tabu gemacht hat.

Das kann nur ein langsamer Prozeß sein, der allerdings hier und dort durch katastrophale Ereignisse beschleunigt werden könnte. Ansätze zu solchen veränderten Haltungen sind in allen »entwickelten« Industriegesellschaften heute schon zu bemerken. Man beginnt, mit der Umwelt, mit der Kultur, mit den Mitmenschen hie und da doch etwas vorsichtiger, etwas sanfter umzugehen.

Was könnte das für die Zukunft des Tourismus bedeuten? Wie sähe ein »sanfter Tourismus« aus? Dem Beispiel meines Freundes Robin Clarke folgend, der eine vielbeachtete Kontrastliste von »harter Technik« und »sanfter Technik« entworfen hat, möchte ich hier etwas Ähnliches für die herrliche, aber durch ihre industrielle Ausformung gefährdete Aktivität des Reisens versuchen:

Den Einwand, ein solches Reisen sei nur empfindsamen und gutbetuchten Bürgern möglich, will ich nicht gelten lassen. Es spricht daraus Hochmut und Phantasiemangel. Gerade wer bescheiden reist, hat meist mehr Spaß und Gewinn. Schwerer wiegt schon der Einwand, die Ferien der meisten Menschen seien zu knapp bemessen, als daß man vom Hetztourismus aufs echte Reisen umsteigen könnte. Hier dürfte die künftige Entwicklung mit den zu erwartenden weiteren Arbeitszeitverkürzungen neue Möglichkeiten schaffen.

So wie die Umstellung von der harten zentralisierten Großtechnik weder so schnell noch so vollständig gelingen wird, wie manche Anhänger einer sanften Technik hoffen, wird auch der Tourismus sich nur allmählich und nur teilweise in neue, weniger destruktive Richtungen hin entwickeln. Ein Kurswechsel wird mit Gewißheit eintreten. Aber wie entschieden er sein wird, hängt von menschlichen, politischen, gesellschaftlichen Notwendigkeiten und Entwicklungen ab; die exakt vorauszusagen nur jemand riskieren wird, der in technokratischem Planerhochmut die Geschichte für eine Maschine hält, deren Verhalten bestimmt und kontrolliert werden kann.

Hartes Reisen	**Sanftes Reisen**
Massentourismus	Einzel-, Familien- und Freundesreisen
Wenig Zeit	Viel Zeit

Hartes Reisen	**Sanftes Reisen**
Schnelle Verkehrsmittel	Angemessene (auch langsame) Verkehrsmittel
Festes Programm	Spontane Entscheidungen
Außengelenkt	Innengelenkt
Importierter Lebensstil	Landesüblicher Lebensstil
»Sehenswürdigkeiten«	Erlebnisse
Bequem und passiv	Anstrengend und aktiv
Wenig oder keine geistige Vorbereitung	Vorhergehende Beschäftigung mit dem Besuchsland
Keine Fremdsprache	Sprachenlernen
Überlegenheitsgefühl	Lernfreude
Einkaufen (»Shopping«)	Geschenke bringen
Souvenirs	Erinnerungen, Aufzeichnungen, neue Erkenntnisse
Knipsen und Ansichtskarten	Fotografieren, Zeichnen, Malen
Neugier	Takt
Laut	Leise

(1980)

In den Landschaften des Unheils

Umweltverschmutzung? Ach, schon wieder. Waldsterben? Schlimm, aber was kann man dagegen tun? Gifte überall? Besser nicht zuviel davon erfahren. Verplanung, Zersiedelung, Zerstörung? Wohl unvermeidlich. Stacheldraht, Mauern, Gitter, Wachtürme, Silos, Raketen, Massentod? Aufhören! Aufhören! Aufhören! Hört doch endlich auf!!!

So betonieren sich die Zeitgenossen ein, um nichts mehr durchlassen zu müssen. Die neue Gleichgültigkeit ist kein Kind der Ahnungslosigkeit wie die gestrige. Sie kommt aus greisenhafter Abstumpfung: zuviel gesehen, zuviel gehört, zu oft gequält worden durch Fotos und Filme, durch Nachrichten und Fernsehreporte. Bis die Medientortur schließlich nicht mehr wehtut und jener Zustand der Fühllosigkeit erreicht ist, in dem quälende Wirklichkeit zu schemenhafter Unwirklichkeit wird und die Wut längst in Ohnmacht umgeschlagen ist.

Diese Abwehr zu durchbrechen, ist eine so unverzichtbare wie unmöglich scheinende Aufgabe. Gelänge sie nicht, dann wäre schon jetzt alles verloren. Denn wenn die Alarmglocken nicht mehr gehört werden, weil man ihrer überdrüssig geworden ist, wenn die Warnsignale nicht mehr gesehen werden, weil man das Wahrgenommene nicht mehr an sich herankommen lassen will, dann hat das Unheil freie Bahn, wird aus blindem Fortschritt blinder Fortsturz: ab in den Orkus – wir haben aufgegeben!

In seiner *Ästhetik des Widerstands* mit ihren großartigen Bildbeschreibungen hat mein Jugendfreund Peter Weiss zu erklären versucht, weshalb vor allem die Künstler auf die durch Enttäuschung und Abstumpfung entstandene Lähmung noch einwirken können. Indem sie die Nähe des Todes so intensiv, so erbarmungslos, so eindrücklich schildern wie kein gewöhnliches Auge und schon gar kein gläsernes Objekt sie einfangen könnte, sprengen sie die Kerker der Resignation, befreien sie die Widerstandskräfte der Betrachter. Die zur Füsilierung aufgereihten Aufständischen Goyas in ihrer Angst und ihrem Trotz, die berstenden Leiber und aus den Fugen geratenen Gesichter in Picassos *Guernica* wecken in den nachgeborenen Betrachtern den schon verschütteten Überlebenwillen. Die schmerzliche Provokation der Kunst ruft zur Erhaltung des Lebens, die Vision naher Vernichtung mobilisiert noch einmal selbst diejenigen, die sich schon mit dem Ende abgefunden hatten, weil sie seine Schrecklichkeit unterschätzten.

Nun ist es leichter, Menschen zur Verhinderung des Untergangs der eigenen Art zu motivieren als zum Schutz der Tiere, der Pflanzen, der Flüsse, der Erde und der Luft. Eine Behauptung, die allerdings nur für die Angehörigen der Industriegesellschaft ganz zutrifft.

Die »primitiven« Völker, die wir Fehlentwickelten als unterentwickelt bezeichnen, haben das Wissen, daß sie nicht über die Natur gestellt sind, sondern in ihr und mit ihr leben müssen, noch nicht ganz verloren. Wenn ihre Künstler die Sonne mit Armen und Händen ausstatten, die uns wärmen oder würgen können, wenn sie den Bäumen Gesichter geben, die Erde ihre Mutter, die Wässer ihre Brüder und Schwestern nennen und den Äther als göttlichen Hauch empfinden, dann gelingt es ihnen, Nähe und Identifikation zu schaffen, die wir »Zivilisierten« nicht mehr kennen.

Und genau jene nicht mehr empfundene Verwandtschaft mit den wortlosen Wesen der Biosphäre, die verlorenging, als Galilei, Descartes und Newton, die furchtbaren Vereinfacher, das vielfältige Universum zu geometrischen Linien einschrumpfen ließen und die Sinnesempfindungen als subjektive Täuschungen aus dem Reich ihrer mathematischen Wahrheiten verbannten, kann durch die Phantasie der Künstler wiederhergestellt werden. Denn in ihrem Universum wird nicht nur gemessen, sondern auch das Nichtmeßbare erkannt: die Farben, die Gestalten und das Unsagbare, das sich aus ihrem Zusammenspiel ergibt. Eben das macht die Verzauberung der Landschaften aus, ihre Vielfalt, ihre Eigenart, ihre offenbare wie ihre heimliche Schönheit. Jahrhunderte haben sich an solchen Nachschöpfungen und Neuschöpfungen erfreut: Fernsichten und Stilleben, Seegemälde und Blumenstücke, Tierbilder und Himmelshorizonte, dörfliche und städtische Ensembles, in denen von Menschen Gebautes in Würde und Schönheit, in Pracht und noch im Zerfall etwas ausstrahlten, das rührte, bewegte, aber die Betrachter wohl kaum je zornig stimmte.

Erregen von Ärger und Abwehr ist nun im Zeitalter der fortschreitenden Destruktion die Aufgabe unserer Landschaftsmaler geworden. Sie müssen, wenn sie die Hinrichtung von Bäumen zeigen, ein ähnlich starkes Mitgefühl zu erwecken versuchen, wie Goya es tat, als er in den *Desastres de la Guerra* Exekutionen in Erinnerung rief. Es ist ihre durch die Not der Zeit erzwungene Mission, prophetisch die letzten Tage der Gebirge und der Ströme, der Seen und der Täler dazustellen, damit es dann vielleicht nicht zur Verwirklichung solch dunkler Visionen kommt.

Und wenn sie die Tanks zeigen, die in ihren Manövern den Boden der Saatäcker schänden, wenn sie die mechanischen Monstren malen, die mit ihren Riesengebissen den Boden zermalmen, wenn sie uns einsichtig machen, wie der Himmel von Drähten gewürgt, die Flüsse von Erbrochenem und Verdautem versaut werden, wenn sie Dürre und Wüste, Rost und Zerfall, Dreck und Müll uns als die »Landschaft« am Ende des zweiten Jahrtausends enthüllen, dann ist das nicht, wie manche Unheilbringer uns weismachen wollen, »Nestbeschmutzung«, sondern verzweifelter Appell, der nicht nur vernommen werden muß, sondern auch etwas in Bewegung setzen sollte: eine Bewegung, die nicht nur zur Rettung unserer lebenden Generation, sondern aller noch kommenden Generationen bereit sein müßte.

Die abwehrende Geste, die warnt, Kunst werde unkünstlerisch, wenn sie sich zum Träger von Botschaften mache, sollte diese Künstler nicht irremachen. Nie haben sie einen wichtigeren Auftrag erfüllt.

Die Menschen, die in ihren so ganz anderen Landschaftsbildern vorkommen, müssen Masken tragen, wenn sie nicht als Zerschundene, Zerschmetterte, Zerrissene zugrunde gehen wollen. Als Teufel oder Gepeinigte vegetieren sie in Höllen, die nicht irgendeinem religiösen Mythos entstammen, sondern einer Wirklichkeit, die entweder schon da ist oder bald kommen wird, wenn alles so weiterrast wie bisher.

Die Warnzeichen der Kunst mahnen zum Anhalten, zum Nachdenken, aber auch zu einer Phantasieanstrengung, die Bilder einer Wiedergeburt zu entwerfen hätte. Dies könnte, wenn die böse dunkle Zeit in düsterer Landschaft überwunden sein sollte, die kommende, die herrliche neue Aufgabe der Künste sein.

(1984)

Die Entwicklung der Wissenschaft

Nach dem Versagen der Religion, glaubhaft Sinn zu stiften und den Menschen in ihrer begreiflichen Verwirrung zu helfen, nach der Enttäuschung über die ins Gegenteil umschlagende Verwirklichung der Glück und Gerechtigkeit verheißenden politischen Ideologien, nach dem Entsetzen vor einem Fortschritt, der in den Abgrund zu führen scheint, wäre in der Tat die Stunde einer orientierenden, Ein- und Übersicht vermittelnden Philosophie gekommen, die nicht predigt, sondern beobachtet und erklärt, nicht länger in esoterischer Haarspalterei und Tüftelei steckenbleibt, sondern eine Sprache spricht, die den Betroffenen und Geängstigten keine Rätsel aufgibt, sondern allgemein verständlich ist. Kann sie das aber? Ist sie wirklich, wie Hegel meinte, »der Erkenntnisweise neuzeitlicher Wissenschaften« und ihnen überlegen? Stimmt es, daß allein die Philosophie eine »auf den Gesamtzusammenhang gehende Theorie hervorbringen kann«?

Es sollte nicht vergessen werden, daß seit den ersten atomaren Paukenschlägen von Hiroshima und Nagasaki unter den Naturwissenschaftlern selber ein zum Teil radikaler, die eigene Tätigkeit und ihre Voraussetzungen infragestellender Prozeß des Nachdenkens eingesetzt hat. Da die Philosophen ihrer Ansicht nach dem sich überstürzenden Tempo und der verwirrenden Vielfalt der neuen Erkenntnisse nicht mehr nachkamen, begannen die Naturwissenschaftler, wie nicht mehr seit dem 17. Jahrhundert, als die englischen Physiker noch Mitglieder der Philosophical Society waren, wieder zu philosophieren. Und in der Tat ist es ihnen aufgrund ihrer genaueren Kenntnis dessen, was in den Laboratorien geschieht und sich in drängender, bestürzender Weise dort weiter vorbereitet, gelungen, tiefere und folgenreichere Interpretationen dieses Geschehens zu liefern, als den Philosophen.

Hervorzuheben sind vor allem die »Gnostiker von Princeton«, die Physiker Wheeler und Bohm, sowie der in Belgien lebende Nobelpreisträger für Chemie Ilya Prigogine, dessen »Dialog mit der Natur« eine grundlegend neue Haltung des Naturwissenschaftlers beschreibt. Er nähert sich der Welt, die er begreifen will, nicht mehr als Richter, der sie streng verhört, sondern eher als Schüler, der von ihr lernen will. Er versucht sie weder zu beherrschen noch zu kontrollieren, hält sie nicht in dem Netz eines logischen und letztlich geschlossenen Systems gefangen, in dem sich nichts mehr Neues, wirklich Überraschendes ereignen kann, sondern weiß, daß zumindest Teile der Entwicklung nicht determiniert sind und vom Zufall bestimmt werden. Da kann es in der offenen Zukunft Fluktuationen geben, Gabelungen – Bifurkationen nennt sie Prigogine –, an denen schon geringe Einflüsse über die eine oder andere Richtung entscheiden. Eine Erkenntnis, die nach seiner Ansicht auch für gesellschaftliche Entwicklungen gilt und damit den Einfluß zahlenmäßig kleiner, aber entschiedener Gruppen in der Massengesellschaft aufwertet.

Zwar hat die Öffentlichkeit bereits verstanden, daß die Naturwissenschaften, genauer gesagt: die Minderheiten »kritischer Wissenschaftler«, begonnen haben, ihren Forschungsstil und ihre Forschungsziele radikal in Frage zu stellen. Aber es ist noch zuwenig bekannt, daß dieses »nein« zur traditionellen, zur Zeit noch vorherrschenden Establishment-Wissenschaft nur als erster und notwendigster Schritt hin zu einer grundlegenden Transformation verstanden wird, die eine Erweiterung, Öffnung und Humanisierung der Wissenschaften, insbesondere der Naturwissenschaften, zum Ziel hat.

Noch 1981 konnte der Physiker und Mathematiker Claudio Hofmann in seiner eindrucksvollen Streitschrift *Smog im Hirn* schreiben: »Was immer Wissenschaft einmal gewesen sein mag; heute ist die Wissenschaft am Ende ihrer geschichtlichen Entwicklung angelangt, sie kann in ihrem eigenen System nicht weiter funktionieren, denn die Wissenschaft muß endlich begriffen werden als Institutionalisierung der Denkform einer auf Unterdrückung und Männerherrschaft beruhenden Gesellschaft.«

Heute sieht es eher so aus, als sei nur eine bestimmte Phase der Wissenschaftsentwicklung in jene grundlegende Krise geraten, die Thomas Kuhn als Vorbote eines Paradigmawechsels diagnostizierte. Beispielhaft für eine solche grundlegende Veränderung des wissenschaftlichen Weltbildes ist für ihn die »kopernikanische Wende« zu Beginn der Neuzeit. Nur dann können die Wissenschaften sich erneut entwickeln und das verlorene Vertrauen zurückgewinnen, wenn ihre Zielsetzungen, ihr Denk- und Arbeitsstil stets neu überprüft, verändert und erneuert werden. Die Erkenntnis, daß die Infragestellung des Menschengeschlechts in unserer Zeit ganz wesentlich eine Folge naturwissenschaftlicher Entdeckungen und deren Umsetzung in technische Macht ist, führt nun zu einer intensiven Fragestellung über Sinn und Absichten naturwissenschaftlicher Tätigkeit.

Die folgenden Thesen zu diesem Veränderungsprozeß wurden in der Hoffnung formuliert, diese Revolution der wissenschaftlich-technischen Revolution voranzutreiben und derart in zeitgemäßer Umkehrung der Entwicklung von Hegel zu Marx die Geschichte der Naturwissenschaften – zumindest zeitweilig – wieder »auf den Kopf zu stellen«.

Erster Trend: Von der Enge zur Weite

Die großen Erfolge der Wissenschaften im 19. und 20. Jahrhundert sind wesentlich durch Isolierung und Spezialisierung zustande gekommen. An die Stelle der umfassenden Konzepte und Systeme traten die aus den weiteren Zusammenhängen ausgegrenzten Detailforschungen, die »immer mehr über immer weniger« zu erfahren versuchen. Diese »Atomisierung der Forschung« (Guardini) hat sich als Irrweg erwiesen, da man bald vor lauter »Bäumen« den »Wald« nicht mehr erkennen konnte. Bemühungen um interdisziplinäre Zusammenarbeit, die möglichst viele Splitter zu Gesamtvorstellungen zusammenfügen sollten, sind zwar seit Ende des Zweiten Weltkrieges immer wieder unternommen worden, gelangen aber fast nie, weil die Teilnehmer weder sprachlich noch gedanklich imstande waren, die Wände ihrer selbstgewählten Gefängniszellen zu durchbrechen.

Ganzheitliches Denken und aus ihm erwachsendes ganzheitliches Forschen stehen erst am Anfang. Aber die Zahl derer, die versuchen, nicht nur auf einem engen Gebiet tätig zu sein, sondern die Weite und Fülle der Möglichkeiten wissenschaftlicher Arbeit wahrzunehmen, nimmt ständig zu. Diese »Generalisten« setzen sich dem Vorwurf des Dilettantismus aus, können ihm aber das Argument entgegenstellen, die an ihnen bemängelte »Oberflächlichkeit« sei weniger gefährlich als die »Blindheit« der Fachleute. Auf gegenseitige Ergänzung und Anerkennung von »Spezialisten« und »Generalisten« im Rahmen übergreifender Systemforschung ist zu hoffen.

Zweiter Trend: Von der Abstraktion zur Realität

Bedenklich ist die Entwicklung bezüglich einer Problematik, die einige hervorragende Denker des zwanzigsten Jahrhunderts wie z. B. Elias und Foucault zunehmend mit Sorge erfüllt hat; die Entsinnlichung des Denkens und Handelns. Die Reduktion konkreter und komplexer Erfahrungen auf abstrakte Symbole oder Theorien macht sie weithin anwendbar und leicht manipulierbar, jedoch nur durch folgenschwere Verluste an Lebensnähe. Dies entspricht der seit Descartes und Newton dominierenden Haltung der Gelehrten, sich *über* die Wirklichkeit der Welt zu stellen, statt *in* ihr und *mit* ihr zu leben.

Auch hier hat eine Gegenbewegung eingesetzt, die Rücksichtnahme auf biologische und ökologische Bedingtheiten für unerläßlich hält; weil eine rein »verkopfte« Wissenschaft im Grunde unwissenschaftlich sei. Besonders ernst werden nun auch psychologische und subjektive Faktoren genommen, die nunmehr bisher vernachlässigte Dimensionen in die Bemühungen um die wissenschaftliche Beobachtung und richtige Beurteilung der Realität einführen.

Alltagserfahrungen, literarische und künstlerische Erlebnisse sollen die Wissenschaften bereichern, die sonst in ihrer gewollten Wirklichkeitsferne zu verdorren drohen. Die Spaltung der »zwei Kulturen«, einer wissenschaftlichen und einer künstlerischen, die C. P. Snow in den fünfziger Jahren beklagte, könnte derart allmählich überwunden werden.

Dritter Trend: Von der Elitewissenschaft zur bürgernahen Wissenschaft

Die Tatsache, daß Leben und Überleben aller Menschen weitgehend von dem abhängen, was in den Forschungsstätten erdacht und erprobt wird, ist erst nach dem Zweiten Weltkrieg ins allgemeine Bewußtsein gelangt. Das hat den Naturwissenschaften einen enormen Prestigezuwachs gebracht, sie aber auch auf ihre politische Verantwortung verwiesen. Die Forscher können sich daher nicht länger elitär in ihre Elfenbeintürme zurückziehen. Sie müssen sich den Fragen und Einwänden der Bürger und ihrer politischen Vertreter öffnen.

Hier stellt sich ganz zuerst die Frage nach der Mitteilbarkeit des Erforschten. Es müssen Erkenntnisse, die bisher nur in Fachsprachen formuliert und im Kreis der Wissenden diskutiert wurden, in eine verständliche Wort- oder Bildsprache übersetzt werden. Gewiß gelingt diese Vermittlung nicht hundertprozentig, denn bei dem Versuch, Abstraktion und Theorie bildlich und konkret darzustellen, müssen Nuancen verlorengehen. Dennoch erscheint eine solche etwas vergröberte Weitergabe an Millionen von Betroffenen so wichtig, daß diese Notwendigkeit bei der Abwägung von Vor- und Nachteilen einer »Popularisierung« als vorrangig erkannt wird.

Neue Institutionen, wie von kritischen Gelehrten organisierte »Wissenschaftsläden«, die sich bemühen, besorgten Bürgern wissenschaftliche Argumente im Kampf gegen industrielle und bürokratische Verplanungen zu geben, sowie von Staat und Wirtschaft und dem universitären Bereich unabhängige Forschungsinstitute – z. B. das »Ökoinstitut« in Freiburg – sind Ausdruck dieser Annäherung von Wissenschaft und demokratischer Willensbildung.

Vierter Trend: Von der Anpassung zum Widerstand

Ein anderer und immer wichtigerer Aspekt der heutigen Wissenschaften ist die gewollte oder ungewollte »Einbindung« der Forscher in die Interessen und Institutionen der Mächtigen. Nicht nur in Kriegszeiten bedient sich das Militär der ihm zur Verfügung stehenden »Kopflanger«, sondern auch schon in den Jahren, die der Vorbereitung gewaltsamer Konflikte dienen. Der Rüstungswettlauf hat eine zunehmende Militarisierung der Forschung zur Folge, der industrielle »Fortschritt« eine zunehmende Instrumentalisierung und kommerzielle Verwertung fast aller Resultate. Davon werden auch Bereiche der Grundlagenforschung betroffen, die bisher als esoterisch betrachtet wurden und der »reinen Wahrheitssuche« reserviert bleiben sollten, wie z. B. die Teilchenphysik oder die fortgeschrittene Mathematik.

Gegen diese Vereinnahmung ist aber eine weltweite Bewegung

»verantwortlicher Wissenschaftler« entstanden, die sich durch Widerstand und Weigerung der menschen- und umweltfeindlichen Nutzung ihrer Arbeit entgegenzustellen versucht.

Obwohl nur eine Minderheit der Forscher es riskiert, sich mit der Macht anzulegen, ist ihr Einfluß auf die gesamte »scientific community« beträchtlich. Sie haben den »Angepaßten« und all denjenigen, die sich noch nicht aktiv für Erhaltung der Forschungsfreiheit einsetzen wollen oder können, zumindest ein Bewußtsein ihrer Abhängigkeit beigebracht. Damit wird aber die unentbehrliche Voraussetzung für eine Entwicklung geschaffen, die eine künftige Befreiung der Wissenschaften aus diesen wahrheitsverhindernden Abhängigkeiten erhoffen läßt.

Fünfter Trend: Von der Geheimhaltung zur Offenheit

Wissen als Besitz und wichtiger Bestandteil der Macht kann nicht mehr jedermann offen zugänglich sein wie noch im 18. und 19. Jahrhundert. Daher werden immer mehr Forschungs- und Entwicklungsresultate unter Verschluß gehalten. Militärische und industrielle Geheimhaltung ist Ursache für einen bedenklichen Klimawechsel in allen wissenschaftlichen und technischen Bereichen. Wo einst der offene Meinungsaustausch und die Veröffentlichung aller Resultate selbstverständlich waren, herrscht nun von oben und außen auferlegtes Schweigen. Diese zuerst im Ostblock, dann aber mehr und mehr auch im Westen zu beobachtende Entwicklung hat zu einem deutlichen Rückgang der Kreativität geführt. Zwar erleben wir als Folge der Vermehrung von Forschern und Forschungsarbeiten eine unvermeidliche quantitative Steigerung der Publikationen, aber es fehlen qualitativ hervorragende, grundsätzlich neue und wegweisende Arbeiten, »Durchbrüche«, wie sie z. B. für die letzte Jahrhundertwende typisch waren.

Der Konkurrenzkampf der bewaffneten Nationen und der auf permanente technische Innovation setzenden Firmen findet seine Entsprechung im harten und nicht immer fairen Wettbewerb der Forscher untereinander. Neue Ideen werden von ihren Urhebern nur noch selten gesprächsweise in der wissenschaftlichen Öffentlichkeit erörtert, sondern – oft in viel zu unreifem Stadium – zu Papier gebracht und den Fachzeitschriften angeboten, um die Priorität zu sichern. Hier müßte eine tiefreichende

Wandlung bis zur völligen Offenheit hin eintreten. Daß diese Problematik jetzt immer intensiver diskutiert wird, könnte – langfristig gesehen – der Beginn eines neuen Trends sein. Aber ohne einen allgemeinen Wertewandel kann er kaum Wirklichkeit werden.

Sechster Trend: Vom Dogma zum Pluralismus

Daß ein solcher Wertewandel im Gange ist, haben zahlreiche Erhebungen seit Anfang der siebziger Jahre konstatiert. Eine neue Studie des Wissenschaftszentrums Berlin, die zusammen mit einer englischen Universität (der University of Bath) und einer amerikanischen Hochschule (Buffalo) aufgrund von Rundfragen geschrieben wurde, stellte fest, daß alternative Denk- und Lebensweisen zunehmend Zustimmung finden.

Als einflußreich dürfte sich auch die rasche Entwicklung der Wissenschaften in den Ländern der »Dritten Welt« erweisen. Während sie bisher weitgehend unter dem Einfluß der Forschung in den Industrienationen standen, beginnen sie jetzt einen eigenen, von ihren kulturellen und religiösen Traditionen mitbestimmten Wissenschaftsstil zu entwickeln. Eine spezifisch islamische, chinesische, japanische Forschung beginnt sich zu formen. Darin spielen bereits jetzt spirituelle Wahrnehmungsweisen und ethische Leitideen, die von der traditionellen Wissenschaft als »zu subjektiv« abgelehnt werden, eine Rolle. Die zunehmende Bedeutung der andersentwickelten Länder, ihre Überlegenheit an Menschenzahl und ihre erfolgreichen Bemühungen, die eigenen menschlichen und materiellen Ressourcen selbst zu nutzen, werden den Einfluß der »Dritte-Welt-Wissenschaften« vermutlich vergrößern. Ihre Anerkennung würde das Dogma und den Primat westlicher Wissenschaftskonzepte aufbrechen und pluralistische Bereicherung ermöglichen.

Noch sind die hier angedeuteten Tendenzen mehr oder weniger marginal. Aber es ist zu erwarten, daß heute schon erkennbare historische Krisen diese Entwicklungen begünstigen. Ein dialektischer Umschlag ist zu erwarten: Die Wissenschaften kommender Jahrhunderte werden sich grundlegend von den bisherigen unterscheiden.

(1988)

Vita

1913	Robert Jungk wird am 11. Mai 1913 in der Amtswohnung seines Vaters, des Dramaturgen, Schauspielers und Regisseurs Max Jungk (Künstlername für David Baum; 1872–1937), in Berlin geboren. Seine Mutter, die Schauspielerin Elli Branden (eigentlich Sara Bravo; 1885–1948), steht noch am Vorabend seiner Geburt auf der Bühne.
1920	Eintritt in die Sexta des humanistischen Mommsen-Gymnasiums (Berlin-Charlottenburg).
1923–33	Wichtiger als der Schuleintritt: die Teilnahme an der antibürgerlichen deutsch-jüdischen Jugendbewegung.
1929	Mitarbeit im Sozialistischen Schülerbund (SSB) und der Internationalen Arbeiterhilfe (IAH).
1930	Vorsitzender der Schulgemeinde (Schülerselbstverwaltung seiner Schule).
1932	Abitur (Arbeit über Ricarda Huch und die deutsche Romantik).
1932	Assistent des Filmregisseurs Richard Oswald.
1932	Immatrikulation an der Universität Berlin (Hauptfach Philosophie).
1932	Häufige Kontakte zum »Gegnerkreis« (Harro Schulze-Boysen u. a.).
1933	Verhaftung am Tage nach dem Reichstagsbrand, Befreiung durch Sven Schacht, einem Neffen Hjalmar Schachts (ein Jahr danach Ausbürgerung). Abreise ins Exil auf dem Kollektivpaß einer Skigruppe. Nach Abwarten in Seefeld (Tirol) Auswanderung nach Paris Anfang Mai 1933.
1933–35	Studium an der Sorbonne (Psychologie und Soziologie). Mitarbeit an Filmen von G. W. Pabst, Max Ophüls, E. Charrell. Mitarbeit am Dokumentarfilm über das Straßburger Münster mit Ludwig Bamberger. Gelegentlich journalistische Arbeiten bei der Agence Européenne de la Presse, Paris.

1935–36	Ab Juni '35 Filmarbeit in Barcelona an einem Dokumentarfilm über die *Sagrada Familia.* Erhielt unter dem Titel *Simbolos Eternos* den katalanischen Staatspreis.
1936	Wegen Erkrankung illegale Einreise nach Deutschland. Zusammenarbeit mit einer illegalen Artikelagentur, illegale Kurierdienste. Verbindung mit der Widerstandsgruppe »Neu Beginnen«.
1937	Nach Auffliegen des Artikeldienstes illegal über die »grüne« Grenze in die Tschechoslowakei. In Prag ab Frühjahr 1937 kritischer Pressedienst in deutscher Sprache *heute aktuell.*
1937	In Prag: Beginn der Freundschaft mit Peter Weiß. Gespräche u. a. über Harro Schulze-Boysen und dem Widerstand in Deutschland.
Sommer 1938	Nach Drohungen von sudetendeutscher Seite Verlegung des Pressedienstes nach Paris. Weiterarbeit unter dem Titel *Mondial Press.* Gründung des Pressedienstes *Air Mail Press* in London.
Frühjahr 1939	Wiederaufnahme des Studiums in Zürich (Hauptfach Geschichte).
1939–45	Von der Fremdenpolizei nicht erlaubte Mitarbeit an Schweizer Zeitungen und Wochenzeitungen unter verschiedenen Pseudonymen. Besonders beachtet wurden die mit F. L. gezeichneten Artikel gegen das Dritte Reich in der *Weltwoche.*
1943	Ausweisung und mehrmonatige Internierung.
ab 1944	Korrespondent des *Observer* (London) in Bern. Zusammenarbeit mit der US-Botschaft (deutsche Sendungen der »Stimme Amerikas«) und Ausarbeitung von Nachkriegsplänen. Studienabschluß (Dr. phil.) in Zürich.
Ab Kriegsende Sept. 1945	Korrespondententätigkeit für die *Weltwoche* (Zürich). Berichterstattung aus Deutschland (u. a. Nürnberger Prozesse), Frankreich, England, Italien.
Sept. 1946	Sechs Wochen als Korrespondent der *Weltwoche* in den USA.
1946–47	Korrespondent für Schweizer Zeitungen, Hauptsitz Paris.
1948	Korrespondent für Schweizer Zeitungen in New York bei den UN und Washington.
1948	21. April Heirat mit Ruth Suschitzky in Washington. Recherchen für das Amerikabuch.
1949	Wohnsitzverlegung nach Los Angeles. Korrespondententätigkeit für Schweizer, deutsche, holländische, französische Publikationen.

1952	*Die Zukunft hat schon begonnen* (Bern).
1952	Geburt des Sohnes Peter Stephan Jungk.
1953	Korrespondententätigkeit in Los Angeles.
1954	Recherchen für *Heller als tausend Sonnen* in Europa.
1955	Recherchen für *Heller als tausend Sonnen* in USA.
1956	Buch *Heller als tausend Sonnen* (Bern).
1956	Erste Reise nach Hiroshima.
1957	Domizil in Wien.
1958	Buch *Strahlen aus der Asche* (Bern). Aktive Beteiligung an der Bewegung »Kampf dem Atomtod«.
1958–66	Aktiv in der Ostermarsch-Bewegung für Demokratie und Abrüstung.
1960	Vorsitzender der österreichischen Anti-Atombewegung. Freundschaft mit Günther Anders – »Charta der Hoffnung« (London).
1964	Gründung des »Instituts für Zukunftsfragen« in Wien.
1966	Buch *Die große Maschine* (Bern).
1967	Gründung von »Mankind 2000« (London) und (in Zusammenarbeit mit James Wellesley-Wesley sowie Johan Galtung) Organisation der ersten Weltkonferenz für Zukunftsforschung in Oslo. Herausgeber der Buch-Reihe *Modelle für eine neue Welt* (München) mit H. J. Mundt.
1968	Berufung zu Gastvorlesungen über Zukunftsforschung an die Technische Universität Berlin.
1970	Domizil in Salzburg.
1970	Ernennung zum Honorarprofessor an der TU Berlin mit Vorlesungsverpflichtung für das neue Fach »Zukunftsforschung«.
1973	Buch *Der Jahrtausendmensch* (München).
1977	Buch *Der Atomstaat* (München). Mitarbeit beim Internationalen Russell-Tribunal.
1978	Mitherausgeber *Enzyklopädie der Zukunft.*
Ab 1980	Aktiv in der Friedensbewegung.

1980	Buch *Zukunftswerkstätten* mit N. Müllert.
1983	Buch *Menschenbeben* (München). Sprecher am 10. Oktober auf der Massenkundgebung der Friedensbewegung in Bonn.
1985	Blockade in Mutlangen.
Okt. 1986	Eröffnung der Robert-Jungk-Stiftung »Internationale Bibliothek für Zukunftsfragen« in Salzburg.
Dez. 1986	Verleihung eines »alternativen Nobelpreises« in Stockholm.
1987	Nach 14jähriger Tätigkeit als Kolumnist (»Politik und Wissenschaft«) bei der Zeitschrift *Bild der Wissenschaft* Hinauswurf wegen unliebsamer öffentlicher Äußerungen bei einer Kundgebung gegen die Plutoniumfabrik in Hanau.
Juni 1989	Ernennung zum (achten) Ehrenbürger der Stadt Salzburg.

Buchpublikationen

Die Schweiz unter dem Pressekonklusum von 1823 bis 1829 (Phil. Diss. Straßburg 1947). Veröffentlicht unter dem Namen Robert Baum.

Die Zukunft hat schon begonnen. Amerikas Allmacht und Ohnmacht. Stuttgart 1952.

Heller als tausend Sonnen. Das Schicksal der Atomforscher. Stuttgart 1956.

Strahlen aus der Asche. Geschichte einer Wiedergeburt. Bern 1959.

Die große Maschine. Auf dem Weg in eine andere Welt. Bern 1966.

Vom blinden zum wissenden Fortschritt. Essen 1969.

Griff nach dem Atom. Stuttgart 1970. Teilausgabe von: Die Zukunft hat schon begonnen.

Der Jahrtausendmensch. Bericht aus den Werkstätten der neuen Gesellschaft. München 1973.

Plädoyer für eine humane Revolution. Ein Gespräch mit Adelbert Reif. Zürich 1975.

Der Atomstaat. Vom Fortschritt in die Unmenschlichkeit. München 1977.

Der Mensch. Gefährdung und Zukunft. München/Offenbach 1982.

Menschenbeben. Der Aufstand gegen das Unerträgliche. München 1983.

Und Wasser bricht den Stein. Streitbare Beiträge zu drängenden Fragen der Zeit. Freiburg i. Br. 1986.

Sternenhimmel statt Giftwolke oder den Frieden erfinden. Zürich 1987.

Projekt Ermutigung. Berlin 1988.

Deutschland von außen. Beobachtungen eines illegalen Zeitzeugen. München 1990.

Anmerkungen

1. vgl. *Scientific American,* September 1985; A. Moles: *La Création Scientifique,* Genf 1958; und eine wachsende Anzahl von Kreativitäts-Studien, besonders in den Vereinigten Staaten.
2. Dieser Terminus wurde von R. Jungk in der Zeitschrift *Futures,* Nr. 3/68 verwendet. I. Bestushew-Lada gebrauchte den mehr wissenschaftlichen Terminus »anthropological forccasts« in der Zeitschrift *International Social Science Journal,* Vol. XXI. Nr. 4/69.
3. R. Jungk: Imagination and the future, in: *International Social Science Journal,* Vol. XXI. Nr. 4/69.
4. E. Jantsch erwähnt in seinem Buch *Prospectives of Planing* (Paris 1969), daß die Bezeichnung »logische« und »gewollte« Zukunft von R. Dubos in der Korrespondenz mit H. Ozbekhan geprägt wurde.
5. R. Jungk: Plädoyer für die soziale Phantasie, in: *Modelle für eine Neue Welt* – Bd. 1, München 1963.
6. D. Schon: *Change and Technology,* New York 1965.
7. Als repräsentatives Beispiel der Delphi-Studien vorgelegt von J. R. Bright in: *Technological Forecasting for Industry and Government,* Englewood Cliffs 1968.
8. Diesem Beitrag liegt die englische Fassung eines Vortrages zugrunde, den Robert Jungk auf der »International Futures Research Conference« in Kyoto im April 1970 gehalten hat.
9. Anhänger des Ned Ludd aus Leicestershire, der um 1810 neue Textilmaschinen zertrümmerte, weil sie Männer und Frauen ersetzten und arbeitslos machten.
10. Dieser Aufsatz erschien erstmals in dem UNESCO-Paper *IMPACT* (New York 1972); er wurde von Marianne Frisch aus dem Englischen übersetzt.
11. Nach einer alten jüdischen Sage.
12. Das Verfahren gegen R. Jungk wurde eingestellt, nachdem sich herausgestellt hatte, daß der Laienrichter mit dem Anzeiger, der die gerichtliche Verfolgung ausgelöst hatte, identisch war.

Quellenverzeichnis

Eine menschengerechte Zukunft erfinden.
Auszüge aus einem Interview für die ZDF-Reihe *Zeugen des Jahrhunderts.* Ausstrahlung am 22. Januar und 4. Februar 1990.

Ich hoffe, denn nur dann werde ich überleben.
In: Dutwyler Notwendigkeiten. Zürich 1985, S. 198 ff.

Hoffnung auf eine bessere Welt.
Aus: Hans Jürgen Schultz (Hrsg.): Mein Judentum. München 1972, S. 98 ff.

Vom Versuch, in dieser Zeit zu leben.
Rede anläßlich der Annahme der Goldenen Wilhelm Bölsche Medaille im Jahr 1970.

Unbewältigte Zukunft.
Aus: Hans Werner Richter (Hrsg.): Bestandsaufnahme – Eine deutsche Bilanz 1962. München 1962, S. 428 ff.

Die Zukunft gehört allen.
In: Offene Welt – Zeitschrift für Wirtschaft, Politik und Gesellschaft; Heft Nr. 97/98, Köln 1968, S. 280 ff.

Mehr Phantasie für das Morgen.
Aus: Ernst Benda/Ralf Dahrendorf/Robert Jungk (Hrsg.): Zukunftsbezogene Politik – Notwendigkeit, Möglichkeiten, Grenzen. Bad Godesberg 1969, S. 51 ff.
Originaltitel: *Zukunftsforschung und Gesellschaft.*

Die Chance der Imagination.
Aus: Alvin Toffler (Hrsg.): Kursbuch ins dritte Jahrtausend. München 1973, S. 319 ff.
Originaltitel: *Zukunftsforschung und Imagination.*

Plädoyer für eine neue Wissenschaft.
Aus: Alfred Grosser/Eberhard Jäckel/Robert Jungk/Peter Christian Ludz/Peter Penzkofer: Wirtschaft, Gesellschaft, Geschichte. Stuttgart 1974, S. 247 ff.
Originaltitel: *Zukunftsforschung und Zukunftsgestaltung – Plädoyer für eine neue Wissenschaft.*

Statt auf den großen Tag zu warten.
Aus: Kursbuch 53 – Utopien. Berlin 1978. S. 1 ff.

Humane Technik.
Aus: Ernst Schmacke (Hrsg.): Zukunft im Zeitraffer. Düsseldorf 1968/2. S. 163 ff.
Originaltitel: *Die Zukunftsforschung und die humanen Möglichkeiten von morgen.*

Kontrolle oder Verwandlung.
In: Freibeuter; Heft Nr. 9/81, Berlin 1981, S. 79 ff.
Originaltitel: *Schwierige Aussichten für andere Technologien.*

Der Ruinen-Komplex.
Aus: Manfred Hamm (Hrsg.): Tote Technik. München 1984 (Taschenbuchausgabe), S. 7 ff. (zuerst 1981).

Das Recht auf geistige Nahrung.
In: Stimme – Stimme der Gemeinden zum kirchlichen Leben, zur Politik, Wirtschaft und Kultur; Heft Nr. 15/16, 1971, S. 231 ff.
Originaltitel: *Informationsprivilegien und Beteiligung der Bürger.*

Die Informationspartisanen.
In: medium; Heft Nr. 4, Frankfurt 1977, S. 17.
Originaltitel: *Informationspartisanen und Informationsvögte.*

Erst berichtenswert, wenn es knallt.
In: medium; Heft Nr. 5, Frankfurt 1979, S. 28 f.

Der neue Turm zu Babel.
Aus: Brauchen wir eine andere Wissenschaft? Graz 1980, S. 181 ff.

Politischer Journalismus ist keine Lebensversicherung.
In: Forum Wissenschaft; Heft Nr. 3, Marburg 1988.
Vortrag über die Zukunft des kritischen Journalismus anläßlich der Ossietzky-Tage 1988 an der Oldenburger Universität; Erstdruck im uni-info 5/88 der Carl von Ossietzky-Universität Oldenburg.

Schatten über der Atomzukunft.
In: Die Weltwoche; Nr. 1138, Zürich 1955, S. 7.
Originaltitel: *Die »unheimliche Krankheit«.*

Vom 1000jährigen Atomreich.
In: Der Spiegel; Heft Nr. 11, Hamburg 1977, S. 46 f.

Wir machen Geschichte.
Aus: Wolfgang Ehmke (Hrsg): Zwischenschritte – Die Atomkraftbewegung zwischen Gorleben und Wackersdorf. Köln 1987, S. 13 ff.

Stoppt die Atomfanatiker.
Originalmanuskript.

Macht kaputt, was Euch kaputt macht! – Die Rede von Hanau.
Originalmanuskript. Rede am 8. November 1986 anläßlich einer Protestveranstaltung gegen die Atommüll-Verschiebungen in den Atombetrieben Alkem und Nukem.

Das Recht auf Leben – Die Verteidigungsrede von Hanau.
Originalmanuskript.

Das Schlüsselerlebnis.
Aus: Als wir noch Lausbuben waren. München 1966, S. 103 ff.

Die Sehnsucht nach Frieden.
Aus: Berliner Begegnungen zur Friedensförderung – Protokolle des Schriftstellertreffens vom 13./14. Dezember 1981. Neuwied 1981, S. 18 ff.
Ansprache zur Eröffnung des ersten Ost-West-Schriftstellertreffens in Ost-Berlin.

Wieviel Waffen hat das Gewissen?
In: Gewerkschaftliche Monatshefte; Heft Nr. 9, Köln 1983, S. 572 ff.
Originaltitel: *Der Schriftsteller und der Friede.*

Verhindert das Niewiedergutzumachende.
Aus: Tübinger Ärzteinitiative gegen den Krieg (Hrsg.): Ärzte warnen vor dem Atomkrieg – Unser Eid auf das Leben verpflichtet zum Widerstand – Dokumentation des 4. Medizinischen Kongresses zur Verhinderung eines Atomkrieges. Tübingen 1984, S. 37 ff.
Originaltitel: *Leben ohne Zukunft.*

Kunst als Zukunft.
Aus: Olaf Schwencke u. a. (Hrsg.): Plädoyers für eine neue Kulturpolitik. München 1974, S. 94 ff.

Neinsagen genügt nicht.
In: Pardon; Heft Nr. 8, Frankfurt 1978, S. 34.

Die neuen Enzyklopädisten.
Aus: Robert Jungk u. a. (Hrsg.): Enzyklopädie der Zukunft. Tübingen 1978. S. V.

Anders arbeiten.
Aus: Joseph Huber (Hrsg.): Anders arbeiten – Anders wirtschaften. Dualwirtschaft: Nicht jede Arbeit muß ein Job sein. Frankfurt 1979, S. 104 ff.
Originaltitel: *Die Chancen der »Andersarbeit«.*

Für einen sanften Tourismus.
In: GEO; Heft Nr. 10, Hamburg 1980, S. 154 ff.
Originaltitel: *Wieviel Touristen pro Hektar Strand.*

In den Landschaften des Unheils.
In: Art – Das Kunstmagazin; Sonderheft *Deutsche Landschaft – heute* zur Ausstellung des Neuen Berliner Kunstvereins. Hamburg 1984.

Die Entwicklung der Wissenschaft.
Originalmanuskript. Öffentlicher Vortrag im Rahmen des Hegelkongresses 1988 in Berlin.

TASCHENBÜCHER VON ROBERT JUNGK IM WILHELM HEYNE VERLAG

ROBERT JUNGK
NORBERT R. MÜLLERT
Zukunftswerkstätten
Mit Phantasie gegen Routine und Resignation
240 Seiten
ISBN 3-453-03743-X

*

ROBERT JUNGK
Deutschland von außen
Beobachtungen eines illegalen Zeitzeugen
304 Seiten
ISBN 3-453-03394-9

*

ROBERT JUNGK
Die Zukunft hat schon begonnen
Amerikas Allmacht und Ohnmacht
320 Seiten
ISBN 3-453-04010-4

*

ROBERT JUNGK
Heller als tausend Sonnen
Das Schicksal der Atomforscher
416 Seiten
ISBN 3-453-04019-8

WILHELM HEYNE VERLAG MÜNCHEN

Die Autogesellschaft steht
vor dem Kollaps.
Ein radikaler Kurswechsel
ist unausweichlich und
auch für die Automobilindustrie
zur Überlebensfrage geworden.
Gefragt sind in Zukunft neben
umweltschonenden
Antriebssystemen vor allem die
Entwicklung komplexer,
integrierter Verkehrssysteme.

FREDERIC VESTER

Ausfahrt Zukunft

Strategien für den Verkehr von morgen
Eine Systemuntersuchung
320 Seiten
mit zahlreichen Schaubildern
und Tabellen
ISBN 3-453-03983-1

WILHELM HEYNE VERLAG
MÜNCHEN

Perestroika hat die Welt verändert
und den humanitären Werten
und Idealen einen neuen Weg in die
Zukunft gewiesen.
Alexander Zipko, einer der führenden
Geisteswissenschaftler der UdSSR,
analysiert die Philosophie der
Perestroika, untersucht die Ursachen
des Stalinismus und erläutert die
zur Perestroika führenden historischen
Prozesse.